イヴァン雷帝の『絵入り年代記集成』

モスクワ国家の公式的大図解年代記研究序説

栗生沢猛夫
kuryuzawa takeo

成文社

絵 1-1　クリコヴォの戦い、1380 年（O-II, l.75; Kn.9, s.455）。本文 72 頁

Тогда по сѧ нощи полки бы[...]естра шно . и во́рони и о́рли по всѧ нощи гра́юще и слѣгу́юще . ждоуще го знаго н ѣ гомъ и здоле́нна го дни ро про ли́тна го . по ре́ченно́моу гл́ѣ боу де троупъ тамъ со́береу се и о́рли . и тогда́ оу́бо о́ т ма́ло́го стра́ха бо́га́ты ре сѧ сердца оу далых влѣсть . нача́ша ш крѣпла́ти се́ли моуже́ствовати .

絵 1-2 クリコヴォの戦い、1380 年 (O-II, l.76; Kn.9, s.457)。本文 72-73 頁

絵 1-3 クリコヴォの戦い、1380 年（O-II, l.96; Kn.9, s.497）。本文 73-76 頁

Кнѧже веденіи Михаило Александрови
ч тферескіи . побѣжа в Литву к зѧтю
своемү великомү кнѧю Литовскомү
Олгердү Гедимановичю . и нача понү
жати и посоуепати его иттирать
к Москвѣ на великаго кнѧ Дмитрея
Ивановича . дабы мѣсть его сотвори
и сборонил бы его . молѧсѧ к нѣмь
челомь со слезами . и сестроу свою на

絵 1-4 トヴェーリ公ミハイル、リトアニア大公オリゲルドの下へ逃れる。
1368 年 (O-I, l.597 ob.; Kn.8, s.382)。本文 79 頁

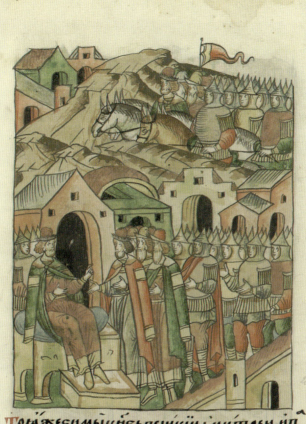

Тогѩ же зимы кнѩзь великїи Дмитреи Ивановичь собра рати многи. и посла ратью брата своего изъдвоуроднаго кнѩзѩ Володимера Андрѣевича. да кнѩзѩ Андрѣѩ Ѡлгердовича Полотскаго. да кнѩзѩ Дмитреѩ Ивановича Волынска. и ины воеводы и боѩре и вельможи многи. и ѿпоусти ихъ мцѩ декабрѩ въ .д҃. въ пѩтокъ на литовскоую землю.

絵 1-5 モスクワ大公ドミトリーが軍をリトアニアへ差し向ける、1379 年 (O-II, l.13; Kn.9, s.331)。本文 80 頁

絵 1-6 ユーリー・ガリツキー公、大公ヴァシーリー 2 世に対し軍を起こす。1433 年（G, l.427; Kn.13, s.143）。本文 81-82 頁

絵 1-7 イヴァン 3 世の二人の弟(アンドレイ・ボリショイ(大)とボリス)、大公の下から「退去」する、1480 年(Sh, l.317; Kn.16, s.413)。本文 82-83, 156 頁

絵 1-8 ビザンツ皇帝コンスタンティノス・モノマコスがキエフ大公ウラジーミル・モノマフに帝権の標章を贈る (G, l.3 ob.; Kn.1, s.6)。本文 84-85, 93 頁

絵 1-9 ラテン帝国初代皇帝ボードゥアン(「コンド・フラレンド」)(L, l.547; Kn.3, s.515)。本文 85 頁

絵 1-10 アレクサンドル・ネフスキー公、バトゥ・カンの下へ出頭する、1247 年（G.l.379; Kn.6, s.119）。本文 86, 261 頁

絵1-11 コソヴォの戦い、1389年。スルタン・ムラトとセルビア公ラザル (O-II, l.277; Kn.10, s.295)。本文87頁

絵 1-12 コソヴォの戦い、1389 年。ムラト、殺害される（O-II, l.277 ob.; Kn.10, s.296）。本文 87 頁

絵 1-13 スルタン・バヤジットとセルビア公ステファン、テミル・アクサク（ティムール）と戦う、1402 年（O-II, l.496; Kn.11, s.235）。本文 87-88 頁

絵 1-14 捕らわれ檻に入れられたバヤジット (O-II, l.530; Kn.11, s.251)。
本文 88 頁

絵 1-15 ポロツク公女ゴリスラーヴァ＝ログネジ（紙葉番号なし、G, l.54 と l.55 の間；Kn.1, s.113）。本文 88-89 頁

絵1-16 ウラジーミル・モノマフのキエフ入城、1113年（G, l.1; Kn.1, s.1)。
本文92頁

絵 1-17 玉座のウラジーミル・モノマフ（G, l.1 ob.; Kn.1, s.2）。本文 92 頁

絵 1-18 「モノマフの冠」がウラジーミル・モノマフ大公に渡される（G, l.4; Kn.1, s.7）。本文 93 頁

絵 1-19 ウラジーミル・モノマフ、キエフでエフェソス府主教より冠を受ける（G, l.4 ob.; Kn.1, s.8）。本文 93 頁

絵 1-20 ウラジーミル・モノマフ大公、ビザンツ皇帝と「友好関係」を築く（G, l.5; Kn.1, s.9）。本文 93-94 頁

絵 2-1 ノヴゴロド民会の鐘、モスクワへ移送される、1478 年（Sh, l.275 ob.; Russ.let.ist.Kn.16, s.330）。本文 127 頁

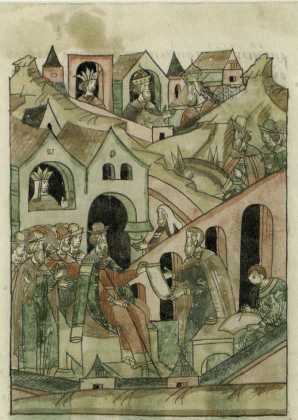

絵 2-2 イヴァン・フリャージン、ローマへ向かう。1472 年（Sh, l.26; Kn.15, s.315）。本文 128-129 頁

絵 2-3 ソフィヤ・パレオローグ、ローマを出立。リューベックから海路ロシアへ向かう、1472 年（Sh, l.73; Kn.15, s.409）。本文 135 頁

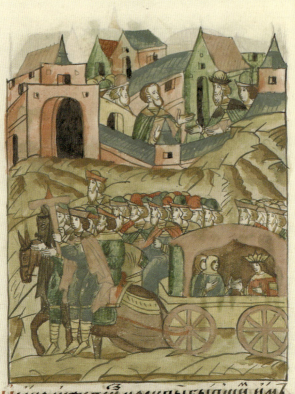

絵 2-4 ソフィヤ一行のラテン十字架（Sh, l.74 ob.; Kn.15, s.412）。本文 136 頁

絵 2-5 イヴァン 3 世とソフィヤの結婚、1472 年 11 月 12 日（Sh, l.79 ob.; Kn.15, s.422）。本文 137 頁

絵 2-6 「ウゴールシチナ」（ウグラ河畔の対峙）、1480 年、アフマト軍進発の報モスクワに入る（Sh, l.332; Kn.16, s.443）。本文 145 頁

絵 2-7「ウゴールシチナ」、火器を使用するモスクワ軍（Sh, l.339 ob.; Kn.16, s.458）。本文 147 頁

絵 2-8 「ウゴールシチナ」、アフマト・カン殺害される (Sh, l.343; Kn.16, s.465)。本文 148 頁

絵 2-9 下部、「ウゴールシチナ」、ソフィヤ、ベロオーゼロよりモスクワへ戻る（Sh, l.357; Kn.16, s.493）。本文 157 頁

絵 2-10 モスクワ大公ヴァシーリー 1 世の即位、1389 年（O-II, l.346; Kn.10, s.433）。本文 165-166 頁

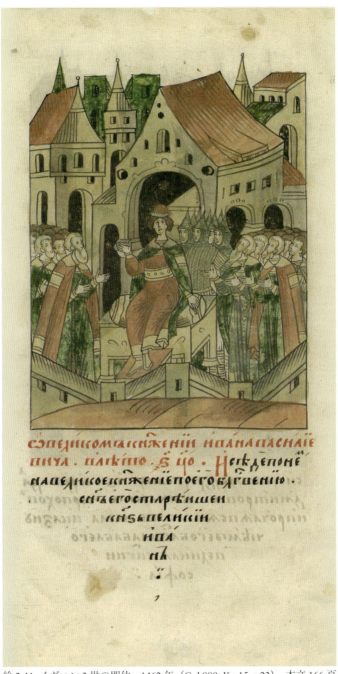

絵 2-11 イヴァン 3 世の即位、1462 年（G, l.889; Kn.15, s.23）。本文 166 頁

絵 2-12 ドミトリー・イヴァーノヴィチの戴冠式、1498 年。玉座のドミトリー (Sh, l.553; Kn.17, s.359)。本文 168-169 頁

絵 2-13 ドミトリー・イヴァーノヴィチの戴冠式。大公イヴァン 3 世と府主教の前に立つドミトリー (Sh, l.556; Kn.17, s.365)。本文 169 頁

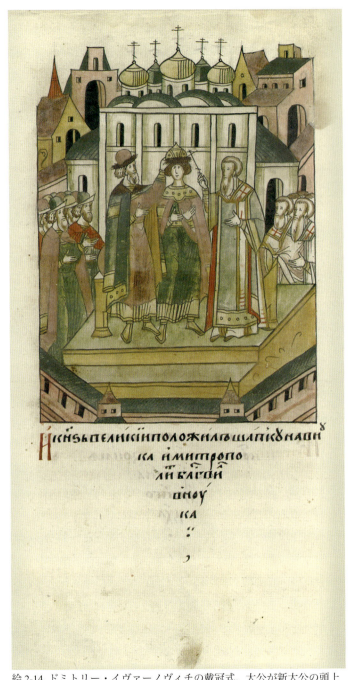

絵 2-14 ドミトリー・イヴァーノヴィチの戴冠式。大公が新大公の頭上に「モノマフの冠」をおく（Sh, l.560 ob.; Kn.17, s.374）。本文 169 頁

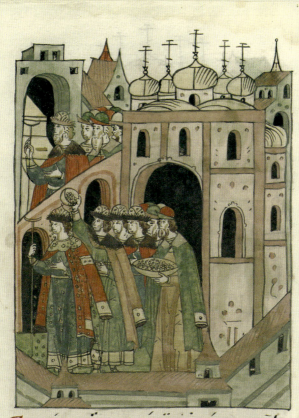

絵 2-15 ドミトリー・イヴァーノヴィチの戴冠式。式後ウスペンスキー聖堂を出る新大公（Sh, l.564 ob.; Kn.17, s.382）。本文 170-171 頁

絵 2-16 ドミトリー・イヴァーノヴィチの戴冠式。新大公に跪く公子たち（Sh, l.562 ob.; Kn.17, s.378）。本文 170-171 頁

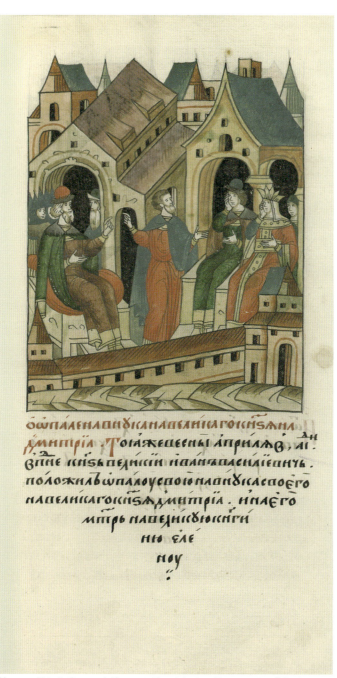

絵 2-17 ドミトリー・イヴァーノヴィチとその母エレーナ、「オパーラ」
（失寵）を蒙る（Sh, l.619; Kn.17, s.489）。本文 172 頁

絵2-18 イヴァン3世、ヴァシーリー・イヴァーノヴィチを祝福し後継者とする（Sh, l.620; Kn.17, s.491）。本文172頁

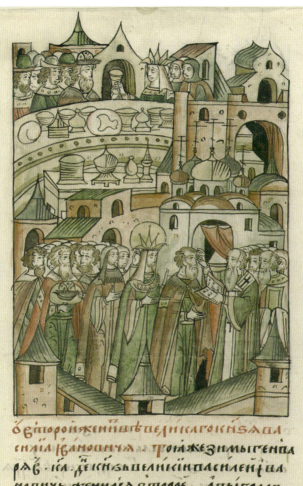

絵2-19 ヴァシーリー3世のエレーナ・グリンスカヤとの再婚、1525年(Sh, l.863; Kn.18.s.483)。本文189頁

絵 2-20 ソロモニヤの剃髪、ヴァシーリー 3 世の離婚、1525 年（Sh, l.862 ob.; Kn.18, s.482）。本文 190 頁

絵 2-21 ヴァシーリー3世のソロモニヤとの結婚、1505 年（Sh, l.649 ob.; Kn.18, s.54）。本文 194 頁

絵 2-22 イヴァン 4 世の誕生、1530 年（Sh, l.888; Kn.19, s.29）。本文 197 頁

絵 2-23　イヴァン 4 世の戴冠式、1547 年（Ts, l.288; Kn.20, s.313）。本文 200 頁

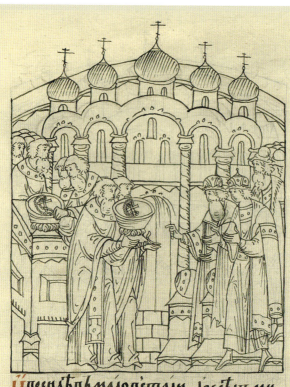

絵 2-24 戴冠式直前のイヴァン 4 世の冠（Ts, l.286; Kn.20, s.309）。本文 200 頁

絵 2-25 イヴァン 4 世の戴冠式、府主教マカーリーによる祝福（Ts, l.289 ob.; Kn.20, s.316）。本文 201 頁

絵 2-26 イヴァン 4 世のアナスタシーヤとの結婚、1547 年（Ts, l.293 ob.; Kn.20, s.324）。本文 202 頁

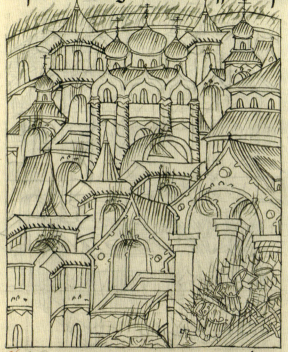

絵 2-27 モスクワ大火、1547 年。クレムリが炎に包まれる（Ts, l.298; Kn.20, s.333）。本文 202-203 頁

絵 2-28 モスクワ大火、1547 年。市内各所に火が拡大（Ts, l.303 ob.; Kn.20, s.344）。本文 203 頁

絵 2-29 モスクワ大火、1547 年。ユーリー・グリンスキー公殺害さる (Ts, l.305; Kn.20, s.347)。本文 204-206 頁

写真 Shmidt, *Stanovlenie*.s.49 より（前頁に同じ、Ts, l.305 の紙葉全体）。本文 204 頁

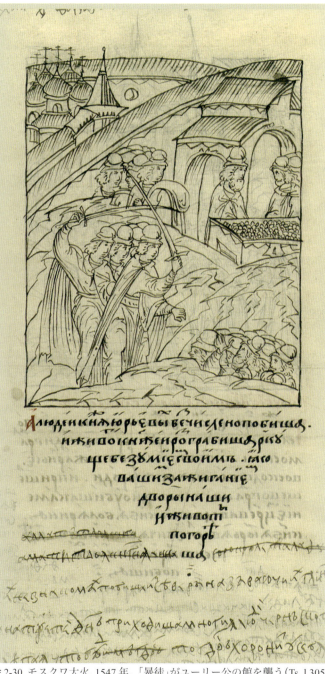

絵 2-30 モスクワ大火、1547 年。「暴徒」がユーリー公の館を襲う (Ts, l.305 ob.; Kn.20, 348)。本文 206-207 頁

写真 Shmidt, *Stanovlenie*.s.51（前頁に同じ、Ts, l.305 ob. の紙葉全体）。本文 206 頁

絵 2-31 モスクワ大火、1547 年。ツァーリが「暴徒」を捕らえ処罰するよう命令する（Ts, l.306; Kn.20, s.349）。本文 207-208 頁

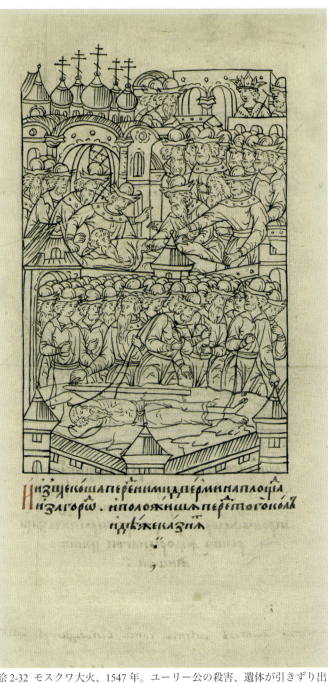

絵 2-32 モスクワ大火、1547 年。ユーリー公の殺害、遺体が引きずり出される (Ts, l.683; Kn.21, s.569. 絵 2-29=Ts, l.305 の「追記」に基づく細密画)。本文 212-213 頁

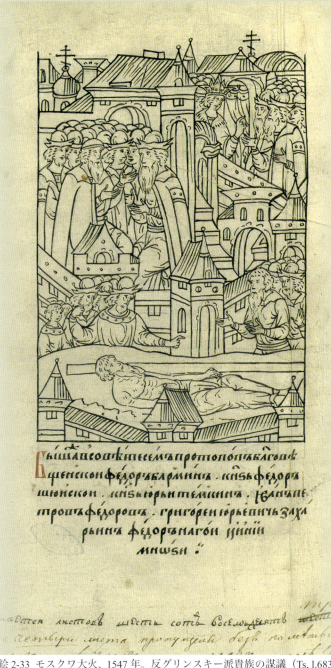

絵 2-33 モスクワ大火、1547 年。反グリンスキー派貴族の謀議（Ts, l.683 ob.; Kn.21, s.570。絵 2-30=Ts, l.305 ob. の「追記」に基づく細密画）。本文 213-214 頁

絵 2-34(a) 1553 年の項に書き込まれた「追記」のテクスト（細密画はなし。部分）。(Ts, l.650 ob.; Kn.21, s.504)。本文 220-221 頁

絵 2-34(b) 前頁に同じ、紙葉の全体 (Ts, l.650 ob.; Kn.24, s.472-473)。本文 220-221 頁

絵 2-35(a) 同 1553 年の項に書き込まれた「追記」、細密画はチェルカス使節のモスクワ到来を描く（部分）（Ts, l.651; Kn.21, s.505）。本文 220-223 頁

絵 2-35(b) 前頁に同じ、紙葉全体（Ts, l.651; Kn.24, s.474-475）。本文 220-223 頁

絵 2-36 病床につくツァーリ、1553 年。「遺言状」の作成（Ts, l.666; Kn.21, s.535）。本文 230 頁

絵 2-37 病床のツァーリが貴族らに皇子ドミトリーへの宣誓を訴える、1553 年（Ts, l.668; Kn.21, s.539）。本文 231 頁

絵 2-38 パレツキー公の使者ヴァシーリー・ペトロフ、スターリツキー公母子の下へ出かける、1553 年（Ts, l.679; Kn.21, s.561）。本文 232 頁

絵2-39 ニキータ・ロバーノフ-ロストフスキー公のリトアニアへの逃亡、1554年 (S, l.106 ob.; Kn.22, s.26)。本文238頁

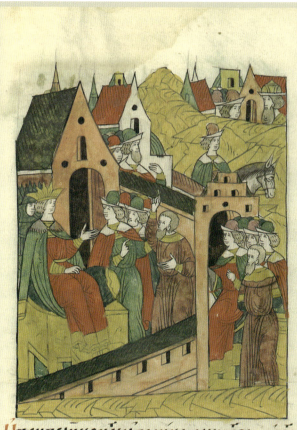

絵 2-40 ニキータ公の尋問 (S, l.107; Kn.22, s.27)。本文 238-239 頁

Нцрьвеликиꙵкнѧѕь велеⷢⷭкнѧзасе
мена поимать . и выпросиⷮего
икнѧзьсеменьсказалъ чтохотѣⷧ
побѣжаⷮ шоубожества . и мала
оумьства . понежсоудотꙋ ѹнего
была разоума . ивсѧки добры дѣлⷧ
тоуне ѥпоѹстоши . изꙋбѣдаюшⷩ
црское жалование . идомашнѧлеⷣдоⷧ

дѣлаеⷨ тотосказавⷩꙵ кточь досадовⷷ тꙋ поⷮтвръкⷮто
ктоꙸ пⷡⷩдтькстал сᲂⷧ ⷯсомногим ⷮпⷷми потоⷬ
ⷯпо всѐговориⷯ хотѧ г дарь кн змⷩ надатарстогопослаⷧ
достои каⷡⷯ добро то с мꙵ м имѧт дритофѣнⷯ до
кто вели сѧзлое

絵 2-41 セメン・ロバーノフ-ロストフスキー公の逮捕（S, l.107 ob.; Kn.22, s.28）。本文 232, 239 頁

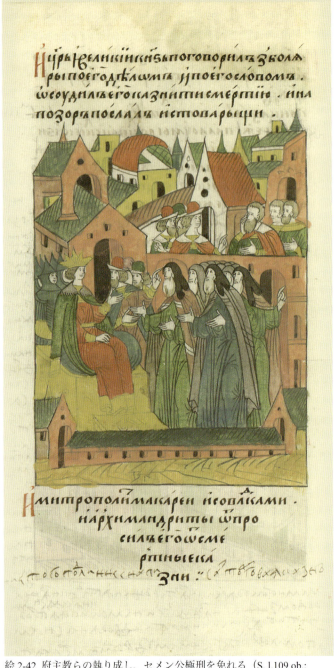

絵 2-42 府主教らの執り成し、セメン公極刑を免れる（S, l.109 ob.; Kn.22, s.32）。本文 239 頁

絵 2-43 アナスタシーヤ皇妃の崩御、1560 年（S, 489 ob.; Kn.23, s.248）。
本文 249-250 頁

目　次

まえがき ………………………………………………………………………………… 3
まえがき・注 …………………………………………………………………………… 6

第1部　『絵入り年代記集成』の成立 ………………………………………… 9
第1章　『集成』とは何か──全体像と成立の経緯── ……………………… 10
第2章　『集成』編纂の歴史──研究の歴史から── …………………………… 16
　第1節　手稿本の発見、テクストの刊行 …………………………………………… 16
　第2節　成立時期、編纂者（および監修者）、編纂過程 ………………………… 18
　　（1）成立時期、編纂者（および監修者） ……………………………………… 18
　　（2）編纂過程 ……………………………………………………………………… 43
第3章　『集成』における「クロノグラフ編」と「レートピシ編」…… 53
第4章　『集成』の細密画 …………………………………………………………… 68
第1部・注 ……………………………………………………………………………… 98

第2部　史料としての『集成』
　　　──モスクワ大公国の歴史はどう描かれているか────── 123
はじめに ………………………………………………………………………………… 124
第1章　イヴァン3世治世（1462-1505年） …………………………………… 126
　第1節　イヴァン3世のソフィヤ（ゾエ）との結婚（1472年） ……………… 127
　第2節　「ウゴールシチナ」（ウグラ河畔の対峙、1480年） ………………… 140
　第3節　ドミトリー・イヴァーノヴィチの戴冠（1498年） …………………… 161
第2章　ヴァシーリー3世治世（1505-1533年） ……………………………… 188
第3章　イヴァン4世（雷帝）治世（1533-1584年） ………………………… 196

第 1 節	イヴァン 4 世の誕生（1530 年）	197
第 2 節	ツァーリとしての戴冠および結婚（1547 年）	198
第 3 節	モスクワ大火と暴動（1547 年）	202
第 4 節	ツァーリの発病と貴族「騒乱」（1553 年）	216
第 5 節	皇妃アナスタシーヤの崩御（1560 年）	248

おわりに 256

第 2 部・注 257

あとがき 287

付録 289
　掲載細密画（口絵）一覧 289
　その他の写真、図版、地図等一覧 292
　リューリク朝系図 293
　文献表 296
　索引 312

まえがき

　2009-2010年、モスクワのアクテオン社から『16世紀の絵入り年代記集成』(本書では以下『集成』と略記する) と題される全24巻の豪華本がファクシミリ出版された (第24巻は補巻)。これは正確には、『集成』のロシア史部分のみの刊行であったが (「ロシアの年代記的歴史」という副題が付されている)、さらに続く 2010-2011年には、『集成』の冒頭部を飾るべき『聖書の歴史』が (全5巻、最終巻は補巻)、またこれと並行してほぼ同時に、『集成』の構成上、聖書編のあとに位置し、かつロシア史編の前におかれるべき『全世界史』も刊行された (全11巻、最終巻は補巻)。これにより『集成』は全40巻 (補巻が3含まれ、『集成』本体としては全37巻) からなる壮大な年代記集成として、はじめてわれわれの前にその全貌を現すこととなった[1]。

　『集成』の存在は、言うまでもなくロシア史研究者には早くから広く知られていた。ただこれまでテクストはおろか細密画を含む全巻がまとめて出版されたことがなかったので、その全体像や編纂過程、成立状況、文化的・歴史的意義また歴史史料としての研究上の価値について、研究者間で一致した認識がえられていたわけではない。今回の刊行により『集成』研究が従来に比し格段に進展するであろうことは疑いないが、とりわけ重要なのは、研究そのものの基盤、前提がここにはじめて形成されたことである。刊行の意義については、以下に順を追って考えていくが、これまで未刊行であったことにはそれなりの理由があったとみるべきである。さしあたり思いつくのは、それがあまりに膨大な作品であることである。とくに、含まれる細密画が夥しい数に上ることを考えると、刊行が容易でなかったことは十分に理解できる。しかしながら、『集成』の歴史的、文化史的意義の大きさを思うならば (その編纂が当時のロシア国家あげての企画であったことは疑うべくもない)、国威発揚にことのほか熱心なモスクワ国家とそれに続く近代ロシア帝国、ソヴィエト国家、さらには現ロシ

ア連邦にいたるその時々の国家当局が、何ゆえこれを全体として刊行しようとしなかったのかは、問われてしかるべき重大な疑問である。とくにこれまで知られている中世ロシアのほぼすべての年代記が帝政期以来『ロシア年代記全集』において続々と刊行されてきたことを考慮に入れるならば[2)]、本『集成』がそのなかに含まれてこなかった理由は大きな謎とさえいえる。本書はこうした点を念頭におきつつ、『集成』とはいったいいかなる年代記であるのか、その刊行のもつ意義は何なのかについて考えていこうとするものである[3)]。

　なお本書が主に対象とする時代のロシアは、本来「ルーシ」と表記されるべきところである。16–17世紀までの年代記を中心とする史料では基本的にそう記されてきたからである。近年の研究によると、ロシアが「ロシア」と表記されるようになったのは14世紀後半以降である。最初この語は教会関係の記述の中に現れる。状況が大きく変化したのは、15世紀後半である。そのころになると「ロシア」の語はモスクワ大公の称号でも用いられるようになる。いうまでもなくその背景にはモスクワ大公国の急速な発展があった。ビザンツ帝国はすでになく、モスクワが国内的、国際的に強力な存在として台頭してきたのである。それゆえ「ロシア」はモスクワの発展と強く結びついていると考えることができる。ロシアは最初（9–13世紀）「ルーシ」ないし「ルーシの地」と呼ばれ、ロシアの年代記等でもそのように記されてきた。そのころの中心はドニェプル川中流域のキエフにあった。14世紀以降ルーシの中でも北東部に位置するモスクワの成長がめざましくなるが、それでも15世紀中ごろまではノヴゴロドやガーリチ・ヴォルィニ、トヴェーリ、スモレンスク、ニジェゴロド、リャザンといった数多くの中心地がそれぞれ独立の存在を主張していた。「ルーシ」はこのように政治的に多様、複雑でありながら、宗教的・文化的に一定の共通性で結ばれていた時代の国の在り方を表す歴史的用語なのである。ここでいう宗教的・文化的一体性とは、ビザンツ帝国（ギリシア）からもたらされたキリスト教（「東方正教」）を基盤に形成されたものである。これにたいし「ロシア」は、当初の正教会的ニュアンスにもかかわらず、それまでの「ルーシ」には含まれなかったさまざまな民族や諸地方がモスクワ国家の版図に組み込まれつつあることを表現する新たな用語となったと考えられる。

　ロシアの歴史家は、近代以前も以後も関係なくすべて「ロシア」と表記する

傾向が強いが、厳密に言えばこれは正しくない。「ルーシ」の歴史は、15、16世紀まではけっして「ロシア」史と同義ではない。換言するならば、最古の時代からの歴史を「ロシア」史として一括することは、ウクライナやベラルーシ史の重要な部分を無視、あるいは不当に軽視することにつながるのである[4]。

とはいえ本書では、基本的には「ロシア」の語を用いることにする。その理由は、「ルーシ」の歴史も常にその後のそれぞれの「現在」の地点から振り返ってみる以外にないという意味で、双方を厳密に区分することが難しいことにある。本書が考察の対象とする『集成』自体がルーシ史を16世紀後半のモスクワ国家の立場から、いわば「ロシア史」として描いている。それゆえ以下では両用語が併用されることもあるが、基本的には、史料からの引用の際や、あるいは中世に限定しまたとくに強調しようとする場合を除いて、慣用に従って「ロシア」の語を用いることとしたい。

まえがき・注

　以下本書の注における文献表記は、一部の例外を除き簡略形でなされる。キリル文字はラテン文字に翻字して示す。完全なタイトルは末尾に掲げる文献表をご覧いただきたい。

1) *Litsevoi letopisnyi svod XVI veka*［以下 LLS、ときに LS と略記］. Russkaia letopisnaia istoriia. M., 2009-2010; *LLS.*Bibleiskaia istoriia. M., 2010-2011; *LLS.*Vsemirnaia istoriia. M., 2010-2011. 『集成』は以上のごとく三部構成で、全40巻を数える。ただすでに記したとおり、各部の最終巻はそれぞれ補巻（解説、研究、索引などで構成される）となっているので、年代記自体（細密画とテクストおよびその現代語訳）は、全37巻（聖書編4、世界史編10、ロシア史編23巻）である。以上のうちロシア史編については現在電子版でもアクセスできるようになっている（http://ruvera.ru/lib/letopis/russian_history）。なお『集成』は今回刊行されるまでは、全10巻に装丁された手稿本の形で伝えられてきた。各装丁本の構成やその成立史、保管場所などについては後述するが（13~15頁）、各巻の古文書学的解説および各装丁本ごとの校訂テクストと詳細な索引からなる『学術補助資料編』全11巻が、『集成』本体の刊行に先立って出版されている（*LLS.*Nauchnyi apparat. M., 2006-2008）。ここでも最終第11巻は補巻（Prilozhenie、付録）であるが、そこには原手稿本第1巻（M）からある段階で削除され、『絵入り聖ニコラ伝』（後述参照）に移し入れられた旧約聖書「創世記」関係の紙葉14丁の細密画（その数は28）、さらには P.P. ヴャゼムスキー蔵書中の1丁（細密画数2）が採録され、加えて『集成』用紙の透かし模様に関する解説論文（E.V.Ukhanova による）と関連資料が含まれている。

2)『ロシア年代記全集』（*PSRL*）は 1841 年から古文献委員会により最初にその第3巻（『ノヴゴロド第一年代記』）が刊行されて以来、今日に至るまで国家体制の変化に関係なく、刊行され続け、21世紀初の現時点では43巻を数える。なお第1巻『過ぎし年月の物語』（『ロシア原初年代記』、本書ではこれを『原初』と略記する）の刊行は 1846 年である。『集成』はそれ自体として（つまり一つにまとまった形で）は全集に含まれていない。それはなぜかが本書で解明されるべき最初の検討課題となる。

3) なお著者は『集成』の構成と内容、および刊行の意義についてすでに概略論じたことがある（拙稿「ロシア中世の世界」）。本書は、『集成』の編纂過程について研究史を繙きながらより立ち入って検討すること（第1部）、そして『集成』の歴史研究のための史料としての意義について、モスクワ時代史に焦点を合わせながら具

体的に考察することを（第 2 部）、主な目的として執筆された。

4)「ルーシ」と「ロシア」の呼称、前者から後者への転換時期やその背景となった事情をめぐる問題は複雑である。この問題について数ある研究の中で、これまで通説的地位を占めてきたのは、1953 年に科学アカデミー会員となる M.N. チホミーロフの同年の論文と言ってよい（Tikhomirov, O proiskhozhdenii nazvaniia «Rossiia»）。それによれば、「ロシア」は外来語ではなくロシア固有の土着的用語で、史料に最初に現れるのは 15 世紀末のことである。それは以後次第に普及するが、「ルーシ」の語にとって代わるまでには相当の期間が必要であったという。ただその後、従来の研究では分析対象となった「ルーシ」や「ロシア」の語の用例が少なくまた限定的であり、これでは確かな結論に到達することは難しいとする認識が強くなった。近年（2012 年）B.M. クロスがこうした弱点の克服をはかり、新たな結論に到達しているので、それを以下に記しておく（Kloss, O proiskhozhdenii nazvaniia «Rossiia»）。クロスによれば、「ロシア」の語は本来ビザンツ帝国が「ロース」の人々が住む国を表記する語（'Ρωσία/Rosiia）に由来し（それは早くにはすでに西方フランク王国の『ベルタン年代記』839 年の項に Rhos として現れる）、最初に確かにロシアに関連して確認できるのは、コンスタンティノープル総主教座が 10 世紀末に創設したキエフ府主教座を指して呼んだ際のことであった。一方、当のキエフの民は自身を「ルーシ」（その国を「ルーシの地」）と表記していたが、やがてギリシア語風の表記を用いるロシア史料も現れ始めた。1387 年にブルガリア人のキプリアンを「キエフと全ロシアの府主教」〈mitropolit Kievskii i vseia Rosii〉と表記したのがその最初の例である。その後 Rosiia の語は教会関係を中心に用いられ続け、15 世紀前半には広く民衆の意識にも浸透し始めたことが伺えるという（1435 年のある「教会規定」における使用）。同世紀の後半には世俗の支配者（イヴァン 3 世とその子イヴァン・マラドイ）も「全ロシアの」大公と呼ばれるに至る。15 世紀後半から 16 世紀を通じてこの語はきわめて多くの著述家の用いるところとなり、公式的文献でも使用され始める。ただ 17 世紀前半までのツァーリと総主教の公式的称号では「全ルーシの」の語が維持されたことには注意が必要である。それでも教会関係者の相当数は「ロシア」の語をより多く使用したことも事実であった。おそらく決定的変化が起きたのは 1654 年である。皇帝アレクセイ・ミハーイロヴィチが「全大ロシアと小ロシアの」ツァーリにして大公の称号を採用したのである（翌 1655 年には「そして白ロシアの」も付け加わる）。Rosiia という s が一つの綴りは官庁文書では 17 世紀末まで維持されたが、1654 年からはモスクワ・クレムリ内の印刷局では、おそらくは南スラヴ人校正者らの影響で Rossiia（s が二つ）の綴りの語が用いられはじめる。s が一つと二つの綴りの「ロシア」はその後 18 世紀初まで併存したが、最終的

に 1721 年にピョートル 1 世が「全ロシアの皇帝」imperator Vserossiiskii の称号を採用するに至って、二つの s をもつ現在の「ロシア」の形が支配的位置を占めるに至った。以上である。

　クロスの以上のごとき結論は今のところ分析対象とした史料や文献の圧倒的数からしてももっとも考慮に値いするものと言ってよい。「ルーシ」と「ロシア」の語源について、また前者から後者への転換の歴史的意味をどうとらえるかなどについては、まだ検討の余地が残されているように思うが、「ロシア」の語の出現が従来信じられてきたより 1 世紀も早かったこと、転換過程はより長期にわたったこと、最終的に決着をみるのがピョートル 1 世治世末（18 世紀初）であったことなどを史料的に跡付けたことの意義はきわめて大きいと評価される。一方公式的地位を降りた「ルーシ」も、言うまでもないことであるが、その後まったく忘却の彼方へ追いやられたわけではない。それは詩や文学作品において、また人々の意識の中で長く生命を保ち続けることになる。ただそれについて論じることはここでの課題ではない。

第 1 部
『絵入り年代記集成』の成立

第 1 部 『絵入り年代記集成』の成立

第 1 章
『集成』とは何か
―― 全体像と成立の経緯 ――

　『集成』の歴史史料としての意義についての考察を始めるにあたって、今回刊行されるまでの間、それがどのような状態で今日に伝えられ、研究されてきたかを念頭においておく必要がある。

　『集成』は長い間、一本の手稿本の形で伝えられてきた。手稿本は全 10 巻にまとめられて今日に伝わる（各巻の具体的構成とその概要については後述する）。手稿本ではほとんど 1 万丁にものぼる二つ折判（foliant/folio）、すなわち大判の紙葉に、1 万 7000 とも、1 万 8000 ともいわれる極彩色の細密画が描かれ、個々の絵の後に続いてこれを説明する年代記テクストが付されている[1]。『集成』のテクストはさまざまな史料を利用して作成されているが（多くの場合、既存の諸年代記を基盤に、多少の改変を加えつつ写し取られている）、細密画はそれを図解する役割を果たしていると考えられる。ただ、まずは絵がきて、その後にテクストが配置されるので、むしろ絵のほうが第一義的な意味をもつと考えることもできる[2]。

　『集成』の大規模で豪華な外観が人目をひいたことは言うまでもないが、内容的にもそれは注目すべきものを含んでいた。絵とテクストの双方で歴史が描かれるというだけではない。太古からの「世界」の諸国家・諸帝国の壮大な歴史がたどられ、その後にこれを直接継承するかのごとくにロシア史の記述が続くのである。具体的には、手稿本全 10 巻のうち最初の 3 巻が世界史、これに続く 7 巻がロシア史を描く。なかでもロシア史を扱う最終 2 巻は「新しい時代」、すなわち「イヴァン 4 世雷帝治世史」にあてられている（ただし記述は 1567 年で中断している）。このようにロシア史と「世界史」とが一体となって描写されているところに、『集成』の通常の年代記とは異なる大きな特徴があった。

第1章『集成』とは何か──全体像と成立の経緯──

　換言するならば、『集成』はロシア史を記述する「レートピシ」と、旧約聖書に基づく「天地（世界）創造」後に始まる「世界史」を記述する「クロノグラフ」という、年代記編纂上の二つのジャンルを統合する独特の作品であったのである。

　『集成』の成立時期や編者ないし監修者の問題、編纂過程については長い研究の歴史がある。『集成』がイヴァン雷帝の指示により、あるいはその意向に沿って編纂されたことは、雷帝自身の関与の度合いについては議論があるとはいえ、ほぼ一致して認められている。したがってこれがロシア史、とりわけ16世紀モスクワ国家史の研究にとっての第一級の史料であることも確かである。研究者は早くから『集成』の存在を認識していた。しかしながら、『集成』が研究対象としてこれまで大きく注目されてきたとはいいがたい。従来、それまでのロシア史、とりわけモスクワ時代史の研究に際しては、『ニコン年代記』や『ヴォスクレセンスカヤ年代記』、あるいは『皇国の始まりの年代記』などの諸年代記がとくに重視されてきたが、『集成』に対する言及は、例外的な場合を除き、きわめて少なかったのである。『集成』はなぜ広く利用されてこなかったのであろうか。いうまでもなくそれには理由がある。すでに記したこととも関係するが、今回の『集成』の出版のもつ意義を理解するためにも、このことについて少々考えておく必要がある。

　まず、第一に、これまで『集成』は独立した年代記とは考えられてこなかったことがある。『集成』はときに「絵入りニコン年代記」ないし「ニコン年代記続編」などと呼ばれたことからもうかがえるように、『ニコン年代記』に絵を付しただけのもの、あるいはテクスト的にはこれをたんに補足するものとみなされ、その一つの版（ないし写本）にすぎず、『ニコン』で代用できると考えられてきたのである[3]。もちろん1万7000余もの細密画を含むとなれば、それ自体、美術史や思想史研究、また当時の都市景観や日常生活の諸条件をヴィジュアルに知るためのかけがえのない資料として巨大な意味をもったと考えてもよいのであるが、おそらくはツァーリのために一部しか作成されなかった豪華本を、他の者が自由に参照することなど想定されておらず（同時代の人々のみならず、後代の「知識人」にとってもこれにアクセスする手段や可能性はほとんどなかったであろう）、また写本の作成ももとより容易ではなかったので、

11

近現代の研究者も、美術史家など一部を除いてこれを事実上考慮の外においてきたのである。後述するような『集成』装丁本の分散的保管状況を合わせて考慮すると、研究者もこれを全体としてはおろか、部分的にすら利用することができなかったと考えられる[4]。ときに言及され、利用される場合ももちろんあったが、それは部分的にとどまり、例外とみることができる。後に検討することになるが、とくに装丁本の最後の部分を構成する「シノド本」と「ツァーリの書」と名付けられた2巻（後述のS、Ts）の場合は、例外的に頻繁に言及されてきた。これは「イヴァン雷帝時代史」にあてられた、『集成』の末尾を飾る部分であるが、ここには雷帝研究にとって注目すべき記述があり（とくに後述する、いわゆる「追記」の場合である）、これが研究者の関心をひきつけてやまなかったのである。しかしその他の面においては、『集成』は研究者が徹底した利用を要請される文献とはみなされなかったといえる。

　第二に、実はいま記したことはもう一つの致命的ともいえる点と結びついている。『集成』の原本が分散して保存されてきたという事実である。すなわちそれは今回出版されるまで、三か所に分かれて保存されてきた（この状況は出版後の現在も変わらない。原本は依然として分散保管されているのである）。具体的に記すと、二か所がサンクト・ペテルブルク（ロシア科学アカデミー図書館 BAN、およびロシア国立図書館 RNB［旧 GPB, サルティコフ-シチェドリン名称国立公共図書館］）であり、他の一か所がモスクワ（国立歴史博物館、GIM）である（各図書・博物館が具体的にどの巻を所蔵しているかは、後述する各巻の概要を参照されたい）。このようなことになった背景には、最初一体をなしていた原本が（その時点でこれは装丁されておらず、膨大な紙葉の山ないし束、部分的には仮綴じ冊子体の形で横たわっていた）、時とともに分割され（ばらばらになり）、それぞれに（さまざまな時点で別々に）製本（装丁）され、その都度所有者を変えてきた歴史がある。このようにして結果的に全10巻の装丁本が成立したが、『集成』自体はオリジナルであったにせよ、装丁は後代のものであり、装丁された時点で（巻によっては装丁は何度か繰り返された）、さまざまな混乱が引き起こされた。それゆえ研究者にとって、今回全体が出版されるまでは、ペテルブルクとモスクワの三図書館の手稿本部門に貴重図書として厳重に保管されていた平均1000丁の紙葉（そこに平均1700余

第 1 章『集成』とは何か——全体像と成立の経緯——

の細密画が描かれていた）からなる大型本（きわめて重い紙葉のコーデクス）全 10 巻を、全体として利用することなど考えられない、すくなくともおそろしく困難なことであったのである。全体などと軽々しく述べたが、各部分が装丁され始めたとき（17 世紀半ば以降のことであろう）、それが何らかの全体の一部分であることは推測できても、各巻、紙葉の個々のまとまりが全体のどの部分を構成するかということ、さらに言えば、全体がどのような形態をなすものなのかも、はっきりとは分からなかった。各巻はそれぞれ別個のものとして「発見」され、やがてまとめられ（装丁され）たと考えられるのである。今回全体が一括して出版されたとはいえ、それが可能となるためには多くの研究者、とりわけ古文書学や写本学の専門家による長い研究の歴史が前提にあったことを認識する必要があろう。出版の意義を十分に理解するためには、まずは『集成』の編纂状況について、また成立した各装丁本が今日に伝えられた状況について明らかにする必要がある所以である。

　以上のような事情であるから、これまでは『集成』全体が研究対象となることはほとんどなかった。『集成』の歴史史料としての価値が十分に認識される状況になかったといってもよい。それが膨大な数の細密画を含む、豪華で、個々の装丁本としても相当の規模の作品であることから、大きな関心をひいたことは疑いないが、内容に関わる総合的な分析という点では、研究者の十分な注意をひきつけることができなかったのである。

　本書における分析の主たる対象である『集成』装丁本全 10 巻について、以下に、19 世紀以来の学界で受け入れられている名称、現在の所蔵場所と所蔵された時期、紙葉数と細密画数、現本の装丁時期、叙述内容の概略等を簡単に記しておく。各装丁本が所有者を変えながら最終的に現保存所に帰属するに至った経緯なども興味深いところであるが、これについては立ち入らない[5)]。

　第 1 巻。「博物館集成」Muzeiskii sbornik（以下 MS ないし M と略記）。現在の所在場所—モスクワ国立歴史博物館 GIM（1897 年に所蔵。古文書番号等については注 5 にあげた諸文献をみられたい。この点は以下同様）。1031 葉（丁）（36.4 cm × 25 cm、厚さ 16-16.5 cm）、細密画数 1677。現在に伝わる装丁は 18 世紀のもの。聖書に記される世界創造から前 13 世紀ごろと考えられるトロイ

アの破壊までの歴史、古代ユダヤ（ヘブライ）および古代ギリシアの歴史。刊行版では LLS.Bib.ist.Kn.1-2; Vsemir.ist.Kn.1-2 に含まれる。

第2巻。「クロノグラフ集成」Khronograficheskii sbornik（以下 KhS）。現所在―アカデミー図書館（サンクト・ペテルブルク）BAN（1743年から所蔵）。1469葉（40.0 cm × 28.3 cm）、2539 細密画。17 世紀の装丁。古代東方、ヘレニズム世界、古代ローマの歴史。刊行版―Bib. ist.Kn.2-4; Vsemir.ist.Kn.3-5 に所収。

第3巻。「絵入りクロノグラフ」Litsevoi khronograf（以下 LKh）。現所在―ロシア国立図書館（サンクト・ペテルブルク）RNB [GPB]（1827年から）。1216/1217葉（40.5/40.9 cm × 29.0/29.2 cm、厚さ約 15cm）、2191 細密画。18 世紀の装丁。紀元70年代から 377 年までの古代ローマ史、およびこれに続く 10 世紀までのビザンツ史。刊行版―Vsemir.ist.Kn.6-10 に所収。

第4巻。「ゴリーツィン本」Golitsynskii tom（以下 G）。現所在―RNB [GPB]（1830年から）。1038 葉（IV + 1034）(40 cm × 30 cm)、1964 細密画。装丁は 18 世紀以後。1114–1247 年、1425–1472 年のロシア史。刊行版―Russ.let.ist.Kn.1, 5, 13-15、一部 Kn.2, 6 にも所収。

第5巻。「ラープチェフ本」Laptevskii tom（以下 L）。現所在―RNB [GPB]（1827年から）。1005 葉（39 × 30 cm）、1951 細密画。17–18 世紀の装丁。1116–1252 年のロシア史。刊行版―Russ.let.ist.Kn.1-6 に所収。

第6巻。「オステルマン第一本」Ostermanovskii pervyi tom（以下 O-I）。現所在―BAN（1740 年代から）。802 葉（37.5 × 24 cm）、1552 細密画。18 世紀の装丁。1254–1378 年のロシア史。刊行版―Russ.let.ist.Kn.6-9 に所収。

第7巻。「オステルマン第二本」Ostermanovskii vtoroi tom（以下 O-II）。現所在―BAN（1740 年代から）。887 葉（37 × 24 cm）、1581 細密画。18 世紀の装丁。1378–1424 年のロシア史。刊行版―Russ.let.ist.Kn.9-12 に所収。

第8巻。「シュミーロフ本」Shumilovskii tom（以下 Sh）。現所在―RNB [GPB]（1814年から）。986 葉（39 × 27 cm）、1893 細密画。装丁は 19 世紀以後。1425, 1478–1533 年のロシア史。刊行版―Russ.let.ist.Kn.13, 15-19 に所収。

第9巻。「シノド（宗務院）本」Sinodal'nyi tom（以下 S）。現所在―GIM（1920 年代から）。626 葉（39.6 × 28 cm）、1125 細密画。17–18 世紀の装丁。1533–1542, 1553–1567 年のロシア史。刊行版―Russ.let.ist.Kn.20, 22-23 に所収、一部（冒

頭部）は Vsemir.ist.Kn.6 に含まれる。

　第10巻。「ツァーリの書」Tsarstvennaia kniga（以下 Ts）。現所在—GIM（1920年代から）。687葉（47.1 × 33.2 cm）、1281細密画。18–19世紀の装丁。1533–1553年のロシア史。刊行版—Russ.let.ist.Kn.19-21に所収[6]。

　叙述内容からみて、全10巻からなる手稿本は二部に分けて考えることができる。最初の3巻はいわば「クロノグラフ」編で、「世界史」の記述にあてられている（3巻は紙葉数で言えば合計3717丁）。今回の出版（ファクシミリ版刊本）では、この「クロノグラフ」編は二部構成全14巻（「聖書編」が全4巻、「世界史編」が全10巻、それぞれに補巻が加わり、全体では16巻となっている）としてまとめられている。「（旧約）聖書」編をも「クロノグラフ」編に含めて考える理由は、そこではユダヤ民族を中心とする「人類」最初期の歴史に叙述の主眼がおかれているからである。刊本の「聖書」編が「聖書的歴史」と銘打たれていることは、以上を裏付けている。また装丁本の最初の2巻に「聖書」部分と「世界史」部分とが混在していることも、これを裏付けるものといえる。

　続く7巻は「レートピシ」編で、「ロシア史」の叙述にあてられている（総紙葉数6028丁）。「レートピシ」編は、刊行版では全24巻となっている（補巻1を含む）。「ロシア史編」の装丁本全7巻のうち5巻（第4～第8巻）は「旧い時代」（イヴァン雷帝以前のロシア史、1114–1533年）の年代記、続く2巻は「新しい時代」すなわちイヴァン4世治世（1567年まで）を扱う年代記である[7]。

　なお歴史叙述の二つのジャンルである「クロノグラフ」と「レートピシ」、とりわけその『集成』における現れ方については、後に検討する予定である（第1部第3章）。

第1部『絵入り年代記集成』の成立

第 2 章
『集成』編纂の歴史
——研究の歴史から——

第 1 節　手稿本の発見、テクストの刊行

　さておよそ以上のごとき内容をもつ『集成』であるが、原本の分散した保存状況からも推測されるように、これらがひとつの作品を構成するものであることは、最初のころ、すなわち 17 世紀以降これが個々別々に装丁されるようになって以後もしばらくの間は、その時々の装丁本所有者にも認識されていなかった。それゆえ『集成』がいつ、どのようにして成立したのかも問われるべくもなかったのである。

　近代初期の歴史家たちの場合にも同様であり、18 世紀の V.N. タチーシチェフや M.V. ロモノーソフらは『集成』の存在を知ってはいたが、それが全体としていかなる作品であるかは理解していなかった。『集成』を最初に世に広く知らしめたのは、歴史家で蔵書家としても名高い M.M. シチェルバートフ公であった[8]。かれは 18 世紀 60 年代、宗務院（旧総主教庁）図書室で、細密画に彩られた多数の紙葉の「束」（あるいは「山」）を「発見」する。それはイヴァン雷帝治世前半期（1533–1553 年）の出来事を描く紙葉（後に Ts と呼ばれるようになる部分）であったが、保存状態は良好といえず、部分的に破られたり汚れたり、あるいは本来の順番をとどめない形で雑然とおかれていた。かれはこれを正しいと思われる順序に整理したうえで、装丁（製本）し、エカチェリーナ 2 世の裁可を得て、1769 年そのテクスト部分を「ツァーリの書」のタイトルを付して刊行したのである[9]。

　かれは自ら刊行した手稿本が、何かより大きな作品の一部分であることは認識していたが、同じ図書室にもう一つ別の紙葉群（後に S として知られるよう

第 2 章『集成』編纂の歴史──研究の歴史から──

になるコーデクス）が保存されていたことには気づかなかった。ほとんど半世紀後にこれに注目したのが歴史家 N.M. カラムジンであるが、かれはこちらが 1567 年までの記述を含んでいたので、それをシチェルバートフの先の刊本（Ts）の続編と推測した[10]。シチェルバートフは最初の出版の三年後の 1772 年には、さらに別の「絵入り」年代記紙葉群（ゴリーツィン公家の蔵書中にあった、後に G として知られる手稿本）のテクストをも刊行している[11]。こうしてシチェルバートフの二度のテクスト刊行により『集成』の存在は広く世に知られるようになった。

　『集成』テクストはその後も個別的な形で出版され続ける。手稿本第 4 巻（G）は、シチェルバートフの後にも、『ロシア年代記全集』第 9、10、12 巻（『ニコン年代記』）の刊行に際し利用され、まとまった形においてではないが活字化された。その際シチェルバートフの刊本に数多くみられた編集上の不備を、今日からみれば不十分ではあるが正す努力がなされたことは、指摘しておくべきであろう。第 5 巻（L）も同様である（同『年代記全集』、第 9、10 巻において）。第 6 巻（O-I）は 1774 年に個別的に刊行され（I.E. グレボフスキー編）、『年代記全集』第 11 巻の刊行に際し利用、刊行された。第 7 巻（O-II）も 1775 年に別個に刊行され（G.V. コジツキー編）、さらに『年代記全集』第 11 巻の発行に際しても利用された。第 8 巻（Sh）は別個に独立して出版されることはなかったが、『年代記全集』第 12、13 巻において活字化されている。第 9 巻（S）も同年代記全集第 13 巻において印刷された。第 10 巻（Ts）は上記シチェルバートフ以外に、『年代記全集』第 13 巻の第 2 部において特別に刊行されている（1906 年、S.F. プラトーノフ編、『年代記全集』第 13 巻、409-532 頁）。

　以上のように、『集成』のロシア史（「レートピシ」）部分のテクストは 20 世紀初頭にはほぼ全体が活字化され、公刊されていたといえるが、それが主に『年代記全集』中の『ニコン年代記』を増補する形での刊行であったことは、すでにみたように、『集成』が独立の年代記ではなく、もっぱら『ニコン年代記』の特定の版（ないし写本）と理解されていたことを如実に示していた。『集成』テクストの全体が一つの独立の作品として扱われなかったことがこういう形での刊行につながったのである。それだけではない。最初の 3 巻（「クロノグラフ」編）については、ほとんど顧みられることもなかった。このたびのファクシミ

リ出版は以上とはまったく異なっていた。それは「クロノグラフ」編（聖書・世界史編）をも含む全体が考慮に入れられたばかりでなく、全細密画がテクストとともに（現代語訳付きで）複写印刷されたのである。その意義は画期的であった[12]。

第2節　成立時期、編纂者（および監修者）、編纂過程

(1) 成立時期、編纂者（および監修者）

『集成』は、今回の刊本の標題にも明記されているように、16世紀に作成されたことが確認されている。しかしながら、それはあくまでも長い研究史を経たうえでの結論として理解されるべきものである。加えて、「16世紀」ではあるとしても、厳密にいつの時点なのかは、いまだ明確になっていないといってよい。

そもそも『集成』はどのような経緯で、いかなる史料に基づいて編まれたのであろうか。編纂者はだれで、編纂作業は具体的にどのように行われたのか。『集成』最後の部分（雷帝治世の歴史を記述するSとTs）には、欄外や行間に多くの「追記」が記されている。これは『集成』が最終段階で編纂者とは異なる、いわば「監修者」の手で校閲を受けた痕跡とみることができるが、はたしてこの監修者とはだれなのか。

『集成』編纂の具体的側面にかかわるこれらの論点は長い間多くの研究者によってさまざまに論じられてきたが、いまだ最終的に解決をみたとはいいがたい。以下には研究の歴史をふり返りながら、これらの点が今日どのように捉えられるにいたっているのかをみていきたい。

最初はやはりM.M.シチェルバートフから始めるのが適切であろう[13]。

先にも記したが、シチェルバートフは1769年に「ツァーリの書」（Ts）のテクストを刊行した。これは『集成』の最末尾を構成する部分であったが、そのことについてかれは当時まだ明確には認識していなかった。ただかれがこの書の成立時期を「ツァーリ、フョードル・イヴァーノヴィチ治世初期」とみていたことは注目される（フョードルはイヴァン雷帝の子でその後継者、リュー

リク朝最後の皇帝である。在位は 1584–1598 年)。シチェルバートフがこのように考えた根拠は、既述のごとく (注7)、写本中にこの皇帝の戴冠式など (1584/1585 年) を描く紙葉があったからである。かれは『集成』がフョードル帝戴冠式についての記述の直後に中断され、そのまま未完に終わったと考えた。すなわち、もし『集成』がフョードル帝期にも引き続き書き継がれ、たとえば当時の実力者ボリス・ゴドノフ (後に皇帝、在位 1598–1605 年) の下で、ないしはさらにその後の時期に完成をみたとするならば、「雷帝がただたんに称賛されるだけ、というわけにはいかなかったであろう。誰の目にも明らかなかれの過酷な統治についても言及されたはずである」と考えたのである。シチェルバートフはここでは、のちに『集成』として認識されるにいたる作品が16世紀80年代中頃に成立したとする立場を、表明していたことになる (ただしかれがフョードル帝の戴冠式を描く紙葉を自らの刊本に含めなかったことには注意が必要である。その部分が雷帝史を扱う主要部と直接関係しないと考えたからであると思われるが、既述のごとく、この紙葉はその後失われてしまい、現在には伝わっていない)。

　もっとも、『集成』を16世紀80年代の作品とするシチェルバートフの立場は確固たるものではなかった。かれはこれも既述のとおり、Ts の刊行から三年後の1772年にもう一つの部分 (手稿本 G のテクスト) を出版した際には (注11 を参照)、別の観点を表明しているからである。すなわち、かれは、こちら (G) を「1769 年に印刷された書[Ts] の最初の部分」と考えたうえで (この見方は厳密にいえば正しくない。G に記述された内容が Ts のそれに先行する時代に関するものであったことはそのとおりであるが、少なくとも雷帝治世期を扱う Ts の「最初の部分」ではないからである)、双方が「[幼少期の] ピョートルの教育のために」作成されたと推測するにいたっている。かれはここでは自身が出版した両部分を、幼少の、後のピョートル1世のために、すなわち17世紀後半に作成されたと考えるに至っているのである。

　シチェルバートフの『集成』成立時期に関するこうした見解の矛盾 (動揺) は、要するに、当時まだ『集成』の全体像が明らかでなく、その編纂状況や意図が十分に解明されていなかったところからきているが、この矛盾はその後の研究者に少なからぬ影響を与えた。その後の研究の展開を詳しくたどることはしな

いが、およそ 19 世紀末–20 世紀初までは、多くの研究者の支持を受けたのは、どちらかと言えばこれを 17 世紀の作品とする立場であった（17 世紀のどの時点かについては見解はさまざまであった）。ただシチェルバートフのもう一つの 16 世紀説も忘れられたわけではなく（とりわけイヴァン雷帝との直接的関連性を想定する研究者がこの立場をとった）、両説並存の状況がしばらく続いたといえる[14]。いずれにせよ分散保存された手稿本そのものに直接あたって研究することが困難な状況が続く限り、確固たる結論に到達することは望むべくもなかったのである。

　こうした状況に大きな変化をもたらしたのは、帝政末期からソヴィエト期にかけて古文書学や史料学、印章学等の幅広い分野で巨大な足跡を残した N.P. リハチョフである。かれは古文書研究を「テクストの物質的伝達媒体」[15]、すなわち用紙とその透かし模様（filigrane/filigree, ロシア語で filigran'/vodianoi znak、これを基に紙の製造地と使用時期を割り出すことができる）の分析を基盤にして行ったロシア最初の研究者といえるが、1899 年、大著『紙の透かし模様の古文書学的意義』を出版した[16]。『集成』についてはその第 1 部第 4 章（「絵入り年代記とツァーリの書」）で扱われるが、ここでかれは主に A.E. プレスニャコーフを念頭におきつつ、17 世紀成立説を批判した。かれは次のように記す。「もし著者［プレスニャコーフ］が、『ツァーリの書』が 16 世紀の作品である可能性に一瞬でも思いを馳せたならば、必ずや、それが目撃者により書かれたものではないかと考えたはずである。」[17]

　『集成』を 16 世紀の作品とする根拠として、リハチョフがまず注目したのは、その細密画に現れる諸特徴である。かれは『集成』雷帝史部分のテクストが基本的に行書体で書かれていることに関連して、次のように記す。「わたしは 16 世紀末の行書体を、17 世紀後半のそれから確実に区別する諸特徴を示すことが可能かどうかは知らない。だが他方で、ロシア細密画の歴史がこれら二時代の絵画を混同することはけっしてない［ことは知っている］。」すなわち、『集成』細密画の特性（画法、また人々の衣装や建築物の描き方などに現れた諸特徴）は 17 世紀のそれとは明白に異なっている、というのである。かれのこの認識が完全に正しいかどうかは疑問であるが、それはいま措いておく。重要なのは、かれがこれとの関連でさらに、『集成』細密画の画法が、確実に 16 世紀（イ

第 2 章『集成』編纂の歴史──研究の歴史から──

ヴァン雷帝期)の写本と確認できる絵入り『ニコラ伝』(後注 32 参照)のそれと、「細部に至るまで」一致することを明らかにしたことである。『集成』細密画は明白に 16 世紀の特徴を帯びているとする結論である。

　もっとも、美術史的分析に基づく判断が主観的に傾きがちなことは否定できない。より客観的な証拠が必要となる。このように考えたリハチョフは、『集成』の作成に際し使用された用紙とそれがもつ透かし模様の分析に取り組む。かれは『集成』はもとより、ロシアの他の諸文献、さらには広くヨーロッパ諸国の諸文書、写本をも渉猟して、それらの用紙を対照した結果、およそ次のような結論に到達した。『集成』編纂に際し使用された紙の大部分は同一のタイプに属している。それらの紙の透かし模様は、当該用紙がフランス製の最上質紙であることを示している。この紙の主要な使用者はフランス王室であり、それが普及した時期は、年代が厳密に確定される文書から判断して、1566–1585 年と推定できる。ロシアではこのタイプの紙は事務的行政文書に用いられたが、購入されたのは 1575 年ごろで、使用されたのは 1570 年代後半である。『集成』と同じ透かし模様をもつ紙は使節庁(Posol'skii prikaz)においても使用されたが、このことは公式的年代記編纂が雷帝の外交官庁と結びついていた可能性を示唆している。

　リハチョフによると、『集成』編纂は国家の孤立した営みではなく、一連の文化政治的事業の一環であった。それは『ニコン』などの大規模年代記編纂や『君主の系譜書』、『総補任書』、『大地図』の製作、モスクワ・クレムリの大壁画、国家印刷局事業等々とともに総合的に論じられなければならない一大企画であった。「巨大な歴史集成の規模が確定できるようになったのは、ようやく［16 世紀］70 年代初めになってのことであった……この想定に基づいて『集成』全体のための同一種類の用紙が同時に購入され備蓄された。」

　『集成』編纂は以上のごとき経緯で 70 年代に開始されたとする結論であるが、その後の展開についても、リハチョフは次のように推測している。

　『集成』は基本的に 1580 年ごろに編纂作業が終了した。しかしそれがイヴァン雷帝の高閲に供せられたとき、「雷帝は、大公ヴァシーリー 3 世薨去に始まり、雷帝治世を描く［『集成』の］末尾部分にたいしては、承認を与えなかった。」雷帝はこの部分に不満を抱いたのである。かくて『集成』末尾部分、すなわち

第 1 部『絵入り年代記集成』の成立

雷帝にとり「直近の」数十年間の記述は改訂を余儀なくされたが、雷帝は治世最晩年の悲惨な出来事ゆえにこの改訂作業を完遂する熱意を失い、さらにかれの死（1584 年）そのものが作業を完全に終了させることになった。こうして残されたのが雷帝史の未完の改訂版ともいうべき「ツァーリの書」(Ts) である。Ts には後継者フョードル帝の戴冠式を描く部分もあったが、これは編者が新帝を「寿ぐ」べく、編んだものである（それは少なくとも 18 世紀のシチェルバートフの時までは存在していた。ただし既述のごとく、シチェルバートフはかれの刊本にこの部分を含めなかった。その後この部分は失われてしまった）。しかし新帝フョードルはこれには関心を示さず、かくして『集成』の編纂作業は中断され、放置されたまま、再び取り上げられることはなかった。

　リハチョフのこのような見解には、以下にもみるように、現時点からみれば、誤りや不正確な点も少なくない。たとえば、編纂（開始と終了）時期の問題は今日では、より厳密にあるいは別様に考えられている。用紙と透かし模様の検討もいっそう全面化、精密化が進んでいる（リハチョフの透かし模様の分析は手稿本の最初の 2 巻 M、KhS には及んでいなかった）。用紙が同一種類のものからなり、1575 年ごろに一括購入されたかのごとくに考えるかれの理解もいまでは疑問とされている。Ts の位置づけ（とりわけ S との関係で二次的とみる）についても、かれの見解は当初多くの研究者に受け入れられ、ほとんど通説となったといってよいが、これにもその後深刻な疑念が表明され、いまではまったく別様に考えられている。『集成』編纂に対するイヴァン雷帝の関与にかんしても、以下に見るように、疑義が出されている。ただしこの時点でもっとも重要だったのは、かれが用紙という「テクスト伝達媒体」を分析対象として取り上げたことである。このようにしてその後の研究のための確固たる基盤が築かれたのである。かれが到達した『集成』16 世紀 70 年代編纂説は基本的に無理のない結論として多くの研究者に受け入れられることになる。『集成』17 世紀成立説は、リハチョフ以後ほとんど根拠を失ったといってよい[18]。

　ただ 16 世紀と言っても、リハチョフの 70 年代以降説が直ちに学界の共通認識となったわけではない。具体的な時期についてはさまざまな見解が表明された。とくに『集成』はソヴィエト時代にイヴァン雷帝研究との関連で大きな注目をあびたが[19]、その際、雷帝治世史を記述した S と Ts の成立年代（それは『集

第 2 章 『集成』編纂の歴史――研究の歴史から――

成』全体の完成時期でもあると考えられた）がオプリーチニナ導入期、つまり 16 世紀 60 年代、と考えられることが多かったのである。N.P. リハチョフが用紙の分析に基づいて到達した結論は、雷帝研究との関わりの中ではほとんど顧みられなかった、あるいは棚上げされた形になったのである。この点にもふれておく必要があろう。

　雷帝治世史研究との関連で『集成』にとくに注目したソヴィエトの最初の研究者は D.N. アリーシッツであろう。かれは 1947 年の論文「イヴァン雷帝とその時代の絵入り年代記集成への追記」において、S、Ts 両本の「追記」を初めて本格的に分析対象とした[20]。

　S および Ts 本には、行書体で書かれたテクストの行間や欄外に草書体の「追記」が何か所にもわたって数多く、ときに欄外余白を埋め尽くすほどに書き込まれている。これら両本の「追記」は、『集成』の（とくに雷帝史部分にかかわる）編纂の最終段階において「監修者」が改訂を加えた痕跡とみることができるので、『集成』成立時期をめぐる諸問題の解決のみならず、「監修者」（これを雷帝自身とみる研究者が多かった）の政治思想等の解明にとっても、本質的な意味をもつものと考えられた。まずアリーシッツが到達した結論を記しておくと、以下のようになる。すなわち、S およびそれへの「追記」は雷帝によるオプリーチニナ導入以前の 1563 年ごろのものである。他方 Ts（アリーシッツはこれを S とその追記の写しと考える）は、あらたにそれ独自の「追記」を含み、その成立時期はオプリーチニナ導入後の 1567/1568 年ごろである。

　アリーシッツの見解をより詳しくみてみよう。

　かれによれば、S、Ts 両本における追記は、S で 10 か所、Ts では 60 か所以上にのぼる[21]。これらの追記はさまざまな年の記述に関連してなされたが、とりわけ Ts の 1547 年と 1553 年部分の追記が重要である。それぞれモスクワにおける大火とその後の民衆暴動、および雷帝発病時における貴族層の「騒乱」事件に関係しているからである。ただ、ここでいまその内容に立ち入ることは控える。それについては本書でも第 2 部第 3 章において検討を試みようと思うからである。またともに雷帝治世を記述する S、Ts（とそれぞれの追記）の相互関係に関するアリーシッツの理解について、さらに今日の研究が到達している地平から見てそれがどう評価されるべきかについても、後述したい。いま重

23

要なのは、アリーシッツがとくに両本の追記をとりあげ、それらの執筆時期を分かつ時点として、1564/1565 年という分水嶺を考えたことである。すなわちこの時期に生じた一連の出来事、つまり有力貴族 A. クールプスキー公の「裏切り」(リトアニアへの逃亡、逃亡先からの雷帝批判の書「クールプスキー第一書簡」の送付)、ツァーリによる反論の執筆(「イヴァンのクールプスキーあて第一書簡」)[22]、ツァーリのモスクワからのいずこへとも知れぬ出立、オプリーチニナの導入等が、両本追記の執筆時期を明確に分かっているとしたのである。基本的に S の追記はそれ (1564 年) 以前、Ts はそれ以後 (1568 年まで) に書かれたと考えるのである。これを示すのは、たとえばミハイル・V・トゥチコフ公が、S の追記では反ツァーリの有力貴族家門シューイスキー家の横暴の犠牲者として描かれているのにたいし、Ts のテクストでは逆に貴族らの反ツァーリ陰謀の組織者の一員に数えられていることである。すなわち、両本においてトゥチコフ公にたいする取り扱いが正反対となっている。これはそれぞれの執筆時期が異なっており、その間に同公にたいする評価の逆転がおきていたからだというのである。

アリーシッツはさらに両本の追記とイヴァンのクールプスキーあて「第一書簡」の内容および双方の文体・語彙を比較対照した結果、両追記の著者がほかならぬイヴァン雷帝その人であるとする結論に到達する。こうした結論の背景には、公式的年代記である豪華本『集成』に、乱雑に、思う存分手を入れることのできる人物は雷帝以外に考えられないとする判断もあったように思われる。

以上のようにアリーシッツは雷帝治世研究との関連から、『集成』がオプリーチニナ前後に成立したとする見解を発表したが(上掲論文に続いて 1960 年までにさらにいくつかの論文を発表して自説を補強・展開している)[23]、これに何人かの研究者が反応し、活発な論争が展開された。詳細に立ち入ることは控えるが、まず N.E. アンドレーエフと A.A. ジミーンがそれぞれ独自に追記内容を分析し、『集成』の成立は 1560 年代末 (1568–1570 年) のこととする結論に到達した[24]。両者の見解も多くの興味深い指摘を伴うが、ここで重要なのは、『集成』成立の厳密な時期に関して両者はアリーシッツと見解を異にしたとはいえ、60 年代とする点では同様で、三者ともにそれぞれの立場から、用紙の分析に

第2章『集成』編纂の歴史——研究の歴史から——

基づく N.P. リハチョフの結論（70 年代以降説）を否定、ないし無視する結果になっていることである。

　これら三者の立場をさらにいっそう推し進めたのが、これも雷帝研究で名高い R.G. スクルィンニコフであった。かれも独自の分析を進めた結果、『集成』のような大規模な年代記がオプリーチニナ導入（1565 年）以後の混乱期に編纂されるべくもなかったことを指摘し、60 年代初め（遅くとも半ば、すなわちオプリーチニナ導入以前）には成立していたと、時期をさらに前倒しする結論にいたっている[25]。

　主に画像資料にかんする研究に従事してきた O.I. ポドベードヴァも、基本的にはアリーシッツの立場を支持しつつ、編纂作業はすでに 1547 年には始められていたとする。かの女によれば、「クロノグラフ編」3 巻（第 1–第 3 巻）は 16 世紀 50 年代初頭には完成していたこと、「ロシア史編」の最初の 5 巻（いわゆる「旧い時代」を記述する第 4–第 8 巻）は 1553–1560 年（A.F. アダーシェフ率いるいわゆる「選抜会議」政府の時代）、S, Ts の最終 2 巻（「新しい時代」、つまり雷帝期の記述）は 1563–1568 年（書記官 I.M. ヴィスコヴァーティ指導下）に作成されたという[26]。ポドベードヴァは出発点においてはリハチョフの見解を是としたが、全体としてはこれが巧妙に回避されたかのごとくになっている。

　以上にみたアリーシッツらはリハチョフの『集成』用紙の研究を正面から批判したわけではなかった。しかしながらかれらは「追記」に関心を集中させるあまり、結果的にリハチョフの諸結論を否定ないし無視することとなったと考えられる。かれらはいわば研究の前提部分で重大な誤りを犯したといってよいが、より内在的側面からかれらの研究の問題点を指摘することも可能であるように思われる。かれらの主張をいま少し具体的に見ておこう[27]。

　アリーシッツが S, Ts の追記の内容分析からその部分の成立時期を推測した手法は、以下のごときものであったと考えられる。まずかれによれば、「追記」はその執筆者（それをアリーシッツは雷帝自身と考えた）の自己弁明の手段である。執筆者は 60 年代、とりわけオプリーチニナ期に、多くの有力貴族に怒りを振り向け、かれらを厳しく処分したが、「追記」はこれら貴族に対する処罰の事後的正当化を図ったものにほかならない。それゆえ「追記」が書かれた

のは個々の貴族に対する否定的評価が定まった（あるいは否定的評価への転換）後、基本的にはかれらの処罰後のことである。こうした評価の確定（あるいは転換）は基本的にオプリーチニナ導入期に行われた。既述のごとくアリーシッツが S、Ts 両「追記」の執筆時期を分かつ分水嶺がこの時点にあると考えた所以である。

　しかしながら、「追記」に記される個々の貴族にたいする取り扱いの分析から執筆時期を探るという方法に問題はないのであろうか。それは部分的な考察でしかないのではないか。たとえば、アリーシッツの方法では、Ts の編纂と改訂・監修（すなわち追記の執筆）の時期は、相当の幅をもって設定されざるを得なくされる。というのもツァーリによる貴族らに対する失寵や処罰は、個々の貴族によってそれぞれ時期的に相当に異なっているからである。それゆえかりにアリーシッツの手法を採用した場合には、「追記」執筆時期はその都度個別的に結論づけられ、結果的に 1564 年から 1570 年までの 7 年間の幅をもって考えられなければならなくなる。ところが「追記」は後述するように、むしろある人物（監修者）によって一時期に集中的に書かれたと考えられるので、これでは「追記」の正確な執筆時期とは言えなくなる。

　同様のことはスクルィンニコフの場合についても言える。かれの場合、執筆時期はオプリーチニナ導入以前の 1563–1564 年と比較的厳密に設定されているが、これに当てはまらない諸事実（失寵時期がそれ以外の時期である場合もある）の説明のために、「追記」は何度かに分けて書かれたと考えざるを得なくさせられている。現にかれは 1568–1570 年にも改訂（監修）作業が行われ、結果的に「追記」は何度かにわたってなされたと考えるに至っている。

　何よりもアリーシッツらの手法は以下の二点で決定的な欠陥を抱えている。
　第一は、すでに指摘したところであるが、N.P. リハチョフ以来の、用紙という素材の分析に基づく結論を無視しているということ。かりに用紙の製造、また購入が 1570 年代以降でしかなかったとするならば、アリーシッツらの議論は最初から砂上の楼閣ということになる。換言するならば、アリーシッツらのテクスト内容分析に基づく考察は、文書自体の性格を問う古文書学・写本学 (paleography, codicology) 的検討による裏づけを欠いているということである。
　第二に、「雷帝史」部分の記述である 2 手稿本（S と Ts）の関係についてのアリー

シッツらの認識が、その後の研究史の展開の中で、受け入れがたいものであることが明らかになったことである。これについては、まずは両本の関係をどうとらえるかという大問題を解決しなければならないので、ここで立ち入って論じるわけにはいかないが、後にみる B.M. クロスなどの研究からも明らかなごとく、今日、S と Ts を別個の手稿本ととらえ、しかもアリーシッツのように S が主で Ts はその後に作成された清書版と単純に理解するわけにはいかないことを指摘しておくにとどめたい。

　かくてアリーシッツらの、『集成』成立時期を、テクスト(とくに「追記」の)分析からオプリーチニナと直接的に関連づけて割り出そうとする試みは、少なくとも『集成』研究という点では的外れ、ないし大きな誤解に基づくものと結論づけざるをえない。

　現にソヴィエト(とりわけスターリン)期のイヴァン雷帝に対するある種の熱気も失せた今日では、『集成』を雷帝その人と直接的に結びつける志向も弱まり、研究は新たな段階に立ち至ったかのようにみえる。『集成』が雷帝の意を体して、ないしかれの意向に沿って編纂されたこと自体は否定できない。ただかれが追記を自ら書きつけるなど、直接『集成』(の雷帝史に関わる部分)を監修したかのように考えることができるかどうかは微妙なのである。その後の『集成』研究の中心に立つのは、B.M. クロスや S.O. シュミット、さらにはシュミットの薫陶を受けた A.A. アモーソフ、また V.V. モローゾフ、S.A. モローゾフらである。かれらはいずれも、N.P. リハチョフの基礎的、古典的研究の成果を受け入れ、それを精緻化しながら、その延長線上で議論を組み立てている。今回の『集成』の刊行事業そのものも、シュミットや V.V. モローゾフらの直接的指導と参加があってはじめて実現されたのであった。

　そこで以下には近年の研究状況について少々具体的にみておきたい。

　まずアリーシッツらソヴィエトの多くの研究者が『集成』の成立時期を 16 世紀 60 年代のいずれかの時点へと前倒しする傾向が強かったなかで、一人孤高を保ったのは S.O. シュミットであった。かれは N.P. リハチョフの立場を引き継ぎつつ、ソヴィエトの研究者としてはおそらく初めて、古文書学資料(用紙の透かし模様、筆跡等の書体、さらに細密画の画法)を広く分析対象とし、『集成』の最終部分が 16 世紀 70 年代後半から 80 年代初にかけて編纂されたとす

る結論に到達した[28]。かれは今回の『集成』全巻刊行の責任者となった。なおかれがこのような立場から、『集成』を歴史研究の史料として具体的にどのように分析しているかは、本書の第2部（第3章第3節）をご覧いただきたい。

次に B.M. クロスである。かれは 1980 年に『ニコン年代記』に関する画期的な研究を著したが、そのなかで『集成』にも一章を割いた。クロスの研究は『集成』についての研究を大きく前進させ、その後の議論の出発点となったとも考えられるので、以下にこれを少々詳しく見てみたい[29]。

クロスはまず、N.P. リハチョフが『集成』の用紙に着目したことを評価し、その方向で研究の一層の精密化を図ろうとする。かれは『集成』用紙の透かし模様を、当時使用された紙の透かし模様のアルバム集と照合しながら、初めてその特徴づけを行った。その結果かれは、『集成』用紙を、以下のごとき 3 タイプに分類する。

第 1 タイプの紙（10 種類の透かし模様をもつ）は、『集成』手稿本の最初の 2 巻（M, KhS）のみに使用され、他の巻では用いられていない。それはイタリアおよびドイツ製で、『集成』編纂の最初の段階で使用された。このタイプの一つの重要な特徴は、それが『集成』の専用紙ではないということである（『集成』以外の作品、たとえば絵入り『エゴーロフ集』の用紙としても使用されている。『エゴーロフ集』については後注 32 を参照）。これは 16 世紀 60 年代末から 70 年代初の紙と考えることができる。

第 2 タイプ（17 の透かし模様）は、フランスおよびポーランド製（後者は数量的に前者に比しはるかに少ない）で、『集成』主要部（第 3–9 巻、LKh, G, L, O-I, O-II, Sh, S の各巻）に用いられている（部分的には最初の 2 巻にも現れる）。このタイプの透かし模様は 16 世紀 70 年代を示しており、80 年代の可能性は低い。ここから、『集成』の「レートピシ」部分、つまり「ロシア史」にあてられた諸巻、すなわち第 4 巻（G）以降を 60 年代の執筆とする上記アリーシッツらの説は成立しないことが判明する。

第 3 タイプ（6 の透かし模様）は、手稿本の最終巻（Ts）でのみ使用され、先行する諸巻にはみられない。これは編纂の最終局面で使用された紙で、16 世紀 60–70 年代（おそらくは 70 年代）のものと判断される。ただし Ts の全体が第 3 タイプの紙を用いているわけではない。むしろ Ts の大部分（3 分の 2）

第 2 章『集成』編纂の歴史——研究の歴史から——

では第 2 タイプの紙が使用されていた。第 3 タイプは Ts の残りの 3 分の 1 に用いられたに過ぎない[30]。Ts において第 2、第 3 タイプの紙が併用されるにいたった理由は、およそ以下のごとく考えられている。これはまさに手稿本の最終 2 巻（S と Ts）の相互関係をどう理解するかという問題と密接に絡みあう論点である。すなわち、両巻はそれぞれ「雷帝史」を記述し、相互に重なり合うところがあるように見えながら、あたかも一体ではなく各々「独立」の巻のごとくに存在している。それはなぜかが問われているのである。

クロスによれば、S は 1534/35–1542、1553–1560、1563–1567 年部分の記述にあてられている。ここには『集成』の主要紙、つまり先に記した第 2 タイプの紙が用いられている。これらの行書体で記されたテクストの一部（1536–1542、1554–1558、1564 年部分）には追記が草書体で書き込まれているが、それは S が部分的に、氏名不詳の「監修者」による改訂を受けたことを示している。他方 Ts で記述されるのは 1534–1553 年の雷帝史である。そのうち 1542–1553 年部分のテクストにも、S と同じ筆跡とインクで追記が書かれている。Ts のこの部分にも第 2 タイプの紙が使用されている。

以上から、第 2 タイプの紙を使用している S と Ts のテクストは相互に補完し合っており、両者を合わせると 1534/35 年から 1567 年までのほとんど切れ目のない記述が得られることになる（若干の空白は当該部分の紙葉がその後失われたことに起因するであろう）。「雷帝史」は本来『集成』の主要部に用いられた用紙（第 2 タイプのそれ）にまとめて書かれていたのである。換言すると、S と Ts は本来一体をなしており、後にある原因で（とりわけ改訂・監修作業の過程で）あたかも二つの独立した手稿本となったものと推測される。

一方、Ts で第 2 と並んで第 3 タイプの紙が用いられるに至った経緯はおよそ以下のごとく考えられている。すなわち、『集成』最末尾にある夥しい数の追記は、S のテクストが書かれた後に（おそらく直後、ないしはほぼ同時平行的に、テクストと同筆跡、同インクで）改訂が施されたことを示している。この改訂された S テクストは部分的に清書されたと考えられる。そしてこの清書された部分のためには、まったく新たな紙（第 3 タイプ）が使用された（おそらくその段階では第 2 タイプの紙は尽きており、残っていなかったのである）。この清書部分は S と内容的に重なっているので、クロスはこの部分の紙を「繰

り返し（再現）」の紙葉（povtornye listy）と呼ぶ。

　換言するならば、元来『集成』の最末尾を構成するのは、第2タイプの紙に記された1534/1535–1567年部分のテクストであったが、その一部（1536–1542、1554–1558、1564年部分）には、それと同筆跡で改訂の手が入れられた。ところが雷帝史部分の、とくに1542–1553年部分は、これもSと同じ手で改訂されているだけでなく、部分的に新たな紙（第3タイプ）に清書された。これがTsを構成しているのである。つまりこの部分は本来のSから抜き出され、別の手稿本とされた（その際テクストの1534年以降の部分も合わせられた）と考えられる。Ts部分がSより抜き出された結果、Tsの主要部1542–1553年部分は、Sにはまったくみられないこととなった。Tsでは清書された部分が第3タイプの紙に、清書されなかった部分は第2タイプのままで残った。

　クロスのSおよびTsに関する以上のごとき見解がいかなる意味をもつかは、かれ以前の研究者が両本をどう見ていたかと関係してくるが[31]、いずれにせよ、かれは両本が本来は一体であったことを明確に主張したのである。これを異なる時期に書かれた二部分とみて、その間にみられる矛盾を書かれた時期の違いから説明しようとして、雷帝史研究に多くの新知見をもたらしたかのようにみえたアリーシッツらの試みは、根本的に誤った前提に立っており、逆に研究に大きな混乱をもたらしたと言わざるを得ない。

　次にクロスが『集成』編纂の場所と厳密な時期、作業の具体的状況にかんしどう考えたかについてもみてみたい。

　クロスは各手稿本テクストの筆跡を調べたうえで（ただかれはモスクワの国立歴史博物館蔵の3巻M, S, Tsについての独自調査は断念している。かれがモスクワを拠点とする研究者であったにもかかわらずである。3巻へのアクセスがとくに困難であった、あるいは何らかの意味で制限されていた可能性が考えられる）、以下のごとき結論に到達する。

　『集成』編纂には10余人の写筆（筆記）者が従事していた。そのうち写筆（筆記）作業に恒常的に関わったのは5~6人であり、他の者たちの関与は一時的、部分的であった。編纂作業は全体が同一箇所、すなわちオプリーチニナ本拠地の「アレクサンドロフ村」（アレクサンドロフスカヤ・スロボダー）にあるツァーリの書籍製作所（tsarskaia knigopisnaia masterskaia）の聖母ポクロフ聖堂附属写

本室（skriptorii/scriptorium）で行われた。

　クロスによれば、16世紀60年代末の同「村」（スロボダー）では疑いもなくツァーリの書籍製作所が活動していた。そこではイヴァン雷帝の命により、府主教マカーリー編の『大教会暦』（Velikie Minei Chetii）の写本やその他数々の書籍（絵入り『エゴーロフ集』、同じく絵入り『ニコラ伝』など）が作成された[32]。さらに、筆跡の共通性や同一用紙の使用という諸事実から判断して、『集成』も『大教会暦』などと同じく、このツァーリの書籍製作所において作成されたと推測することができる。『集成』はオプリーチニナ期の雷帝の活動から生み出された作品であったことになる。ただしその作成時期にかんして、クロスは『集成』をオプリーチニナ導入と直接関連づけた上記アリーシッツらとはまったく異なる結論に達する。

　『集成』の厳密な作成時期に関するクロスの見解は以下のごとくである。
　まずかれは『集成』の第1巻（M）の用紙が、1568年および1569年のスロボダー版『大教会暦』の写筆に際しても利用されていることを突きとめる（透かし模様の分析からである）。一方、当時の「ツァーリ・アルヒーフ（古文書室所蔵文書）目録」に、ちょうど同じころにスロボダーの古文書室からいくつかの文書がツァーリの下へ届けられたとする記述がみられることを指摘し[33]、これらの文書が『集成』作成の資料として用いられたと考えつつ、『集成』編纂が1568年ごろにスロボダーにおいて開始されたと結論づけた。

　編纂の開始時期が以上のごとくであるとして、クロスはその終了時期についてはどう考えたのであろうか。かれによれば、それは1570年代におけるスロボダー印刷局（Pechatnyi dvor）の諸刊行物資料の分析から明らかになるという。かれが注目したのは1576年から1577年にかけてスロボダーで印刷されたチモフェイの子アンドロニク・ネヴェジャ Andronik Timofeevyi syn Nevezha の『詩編』である。クロスはモスクワおよびレニングラードに現存する同書12部（35冊子）の用紙の分析に基づいて、それらの用紙が『集成』のそれと同じものであることを突きとめ（全35冊子中13は『集成』第2タイプの用紙と、他の22は『集成』第3タイプと同種であるという）、『詩編』の印刷段階で上記第2タイプの紙の備蓄が尽き、新たな紙が導入されたが、その一部が『集成』第3タイプの紙として用いられたと考えた。換言すると、『集成』第3タイプの用紙は（既

述のとおり、それは Ts のみに使用されている)、スロボダー版『詩編』の新たに補充された用紙であり、それが『集成』に転用されたのは『詩編』が印刷され始めた 1576 年のことであった。『集成』の編纂は第 3 タイプの用紙が導入されてまもなく終了したと考えられるので、編纂期間は 1568 年から 1576 年ごろにかけてのことであった[34]。

　クロスの『集成』編纂にかんする見解はほぼ以上のごとくまとめられるが、これはどう評価されるであろうか。本書の著者にはクロスの研究は説得力があり、基本的に受け入れられるように思われるが、まずはかれ以後の研究動向もみてみたい。

　クロス後の研究者で最初に取り上げられるべきは、A.A. アモーソフであろう。かれは古文書学・写本学の専門家として、『集成』研究にも早くから取り組んだが、生前その成果をまとめて公にすることはできなかった。1998 年に出版されたその遺著『イヴァン雷帝の絵入り年代記集成』は、その時点で『集成』研究史上最初の専門書 (モノグラフィヤ) となった (師である S.O. シュミットが長い序文を書き、研究史的意義を解説している)。それまで『集成』を特別、専門的に考察した研究書が存在しなかったとは驚きであるが、本書の冒頭部で指摘したように、それだけ長いこと未刊の状態にあった『集成』が歴史家にとって困難な研究対象であったことがここにも表れている。アモーソフの著書は副題に「総合的写本学研究」とあるように、歴史史料としての『集成』を、もっぱら手稿本としての側面に焦点を当てて、それをいわば外的、形式的、そして包括的に分析したものである[35]。

　中心となるのは第 2 部「『集成』の諸手稿本——写本学的分析」(s.120-222) であるが、もとより『集成』の用紙分析の理論的考察にはじまるその内容の詳細に、ここで立ち入ることはできない。以下にはもっぱら、アモーソフが先に見たクロスの見解にたいし行った批判を中心に見てみることにしたい。アモーソフによれば、クロスの「事実にかんする観察は基本的に正しい」が、その考察は不十分であり、結果として導き出されたその結論も正確さに欠けるという。アモーソフは古文書学専門家として、クロスの見解にみられる弱点を明確にし、その克服をはかろうとしている。

　アモーソフの批判は主に、『集成』とスロボダー版『詩編』双方の用紙の比

較対照の具体的手法にむけられている[36]。アモーソフによると、クロスは『詩編』に二つのタイプ（二つの山）の紙が用いられているとする観察にとどまり、個々の紙葉が『詩編』印刷の過程で用いられた具体的側面に立ち入らずに（すなわち、何種類にも及ぶ各用紙の透かし模様の現れ方、その使用順 ocherednost' を明らかにすることなしに）、議論を性急に進めたために、誤った結論に陥ったという。具体的には、クロスは『集成』編纂が1576年に完了したと結論付けたが、これはまったく受け入れられない。かれは『集成』編纂が多くの史料を利用しながら、複雑な過程を経て慎重に進められたことを考慮せずにこうした結論に至っている。アモーソフの見るところでは、クロスが終了時点と考えた1576年末には、『集成』編纂は「クロノグラフ」部分（聖書編と世界史編、すなわち装丁本の第1–第3巻）が完了していただけであり、「レートピシ」部分（「ロシア史」編、第4巻以降）はいまだ作業の真っただ中にあった。『集成』編纂は、その時点では想定された作業全体の半分強が終わっただけで、40–45%以上はまだ残されていた。手稿本G（第4巻）の過半、Sh, S, Ts（第8–第10巻）の全部、さらに今日は失われた雷帝史「第3巻」部分（雷帝治世の後半部、すなわち1567年以降の記述）のテクストと細密画は、まだ手付かずの状態にあった。編纂作業はクロスが推測したよりはるかに長期間にわたったというのである。

　以上のアモーソフのクロス批判には首肯すべき点が多いようにみえる。ただ批判が全面に及ぶものでないことも確かである。むしろアモーソフはクロスのあとを承けて、用紙の分析をより精密化し、当時の印刷技術の具体的側面に分け入って考察することで、クロスの大ざっぱな結論の精緻化をはかったとみた方がよいように思う。

　いずれにせよアモーソフは、『集成』編纂終了時期にかんするクロス説を以上のごとく批判したが、それではかれ自身は具体的にいつの時点で終了したと考えたのであろうか。この問題に対する回答は、かれの V.V. モローゾフとの共著論文（1990年、刊行は1994年）において与えられている[37]。この論文は『集成』を最終的に「監修」したのが誰かの問題に独自の接近を試みている点でも、きわめて重要な意味をもっている。

　さてアモーソフとモローゾフは、クロスの『集成』編纂期間にかんする見解

(基本的に 4 年、最長に見積もっても 1568–1576 年の 8–9 年間)を具体的に以下のように批判した。すなわち、クロスは『集成』の編纂が多大な労力を要する複雑な作業であったことに留意していない。クロスの誤解の原因は、かれが『集成』を基本的に『ニコン年代記』(そのオボレンスキー写本)の写しと考えていることにある。ところが『集成』と『ニコン』のテクスト間には多くの相違・異同があり、クロスはこれを見逃した結果、編纂を単純な写筆作業と考えてしまった。実際には『集成』のテクストは複雑な構成をしており、編纂に際しては『ニコン』とは異なる「別の直接的史料」を利用したか(両研究者はこちらの可能性をより強く考え、「1560 年集成」などいくつかの具体的な史料名をあげている)、あるいはかりに『ニコン』(オボレンスキー写本)を利用したとしても、それに大幅な改訂を加えつつ利用したと考えるかのどちらか以外には考えられない(こちらの可能性をとる場合でも、作業はたんなる写筆ではなく文字通りの編纂であり、相当の労力と時間が要求されたであろう)。『集成』が未完に終わったという事実からだけでも、編纂作業が困難で労苦の多いものであったことを認識する必要がある。

　両者のこうした見解はその後さらに具体化され、その後 2005 年に自らの研究をまとめて発表した共著者のひとり V.V. モローゾフなどは、『集成』の史料として十指を超える作品をあげ、編纂者がそれらをいかに利用し、自らのテクストをどのように作り上げていったかについて詳細に論じている[38]。モローゾフは、『集成』が『ニコン』のたんなる写しではなく、広範な史料的基盤の上に立ち、独自の記述をも含みながら丹念に編まれた作品であることを具体的に明らかにして見せたのである。

　共著論文に戻ると、両研究者は以上のごとき検討を重ねた後、『集成』編纂の終了時期について、次のように考えた。

　まずかれらは、『集成』末尾の「雷帝史」(手稿本 S と Ts)に、フョードル帝のトロイツェ・セルギエフ修道院詣でと、かれの戴冠式に言及する部分(7093 /1585 年)があったことに着目する。既述のとおり、『集成』の「雷帝史」部分は現存手稿本では 1567 年の箇所で終わっている。それがフョードル帝について記述する紙葉が実際にあったとするならば、「雷帝史」は雷帝没後も編纂され続けた可能性がでてくる。この現在に伝わらない部分が『集成』「雷帝史」

第 2 章『集成』編纂の歴史——研究の歴史から——

中に（あるいは雷帝治世後の部分に）かつて確かに存在したという証拠は、「雷帝史」（S、Ts）の 17 世紀中葉の写しとみられる『アレクサンドル・ネフスキー年代記』（Aleksandro-Nevskaia Letopis'、以下 ANL と略記）のうちに見いだされるという（もちろん写されたのはテクストだけであり、細密画のことは問題となっていない）[39]。

実は 17 世紀中ごろに『集成』の「雷帝史」部分を写した年代記には、もう一つ『レベジェフ年代記』（Lebedevskaia Letopis'、以下 Leb.L と略記）もあるが、それは ANL とともに「雷帝史」を二つに分割する形で写し取っている。ANL は「雷帝史」の 1533–1553、1563–1567、加えて 1584–1585 年部分。Leb.L は 1553–1563 年部分である。両部分を合わせると、基本的に『集成』「雷帝史」の記述と重なる。両年代記ともに『ロシア年代記全集』第 29 巻に所収されている[40]。17 世紀に作成された両年代記は、一部分を除いて、『集成』「雷帝史」のある段階での「原初版」（オリジナル）を「驚くほど良心的に写し取っている」という。それゆえ両年代記は、現 S、Ts 両本中の今日では失われた諸断片の復元に際して、依拠することのできる『集成』研究史上の貴重な史料である。このように両年代記は「雷帝史」原初形の忠実な写しではあるが、その一部（Ts に「後に含まれることになる」1533–1542 年部分）を欠いていることには注意を要する。すなわち 17 世紀の写しである上記二年代記は、S と Ts の編纂の途中段階にある「オリジナル」を写したものであることが判明する。17 世紀の写筆者は Ts の完成段階の手稿本（監修者の手が入った、すなわち「追記」が記された紙葉の、「清書」された部分を含む）は手にしていなかったのである。先に記したフョードル帝の戴冠式について記述する部分は、以上のような性格をもつ ANL 中に含まれているのである。

さて ANL 中のフョードル帝に言及する部分であるが、この部分は ANL の付録（No.6-8）として『ロシア年代記全集』第 29 巻中に収録されている[41]。そのうちとくに重要なのは付録 7 と付録 8 である。付録 7 は 1585 年のフョードル帝の戴冠に至る経緯の記述であり、付録 8 は付録 7 の冒頭部分に修正を加えたその新たなバージョンである。フョードル帝の戴冠について記述する二つのバージョンの存在は、少なくとも『集成』が雷帝治世以後も編纂され続けたことを示しているが(現存『集成』の記述が途切れている 1567 年の項以降も年々

第1部『絵入り年代記集成』の成立

書き継がれたのか、それともいったん中断され、1585年部分のみが書き加えられたのかなどは明らかにしがたい)、双方の内容を比較してみると、さらに重大な結論が得られる。

　すなわち、付録7では、まずフョードル帝が高位聖職者らの聖者者会議や貴族会議との間に行った協議とツァーリ自身の「演説」rech'について記される。新帝はそこで、かれが「古式にのっとりツァーリの帝冠と宝飾とにより、われらロシア皇帝支配の大いなる国家の座に戴冠し即位する」旨を表明している。その後新帝は府主教以下の聖職者にたいし、かれの統治の幸運を祈願するよう(「われらツァーリの名がすべての大いなる諸君主の前で称えられ、われら君主の大いなる支配が拡大し増し加わるよう」)、また貴族らにたいしては、新帝に忠実に仕えるよう(「そして貴族たちよ、汝らがわれらに、わが父にたいすると同じように、仕えるように」)呼びかけている。新帝と聖職者・貴族らとの以上のごとき「協議」は最後に府主教の祝福により締めくくられる。知能的に統治に不適格であったと言われるフョードル帝が実際にこうした協議や演説を行ったかどうかは、いまここでの問題ではない。公式的年代記にこのように記されているということだけを確認するにとどめよう。

　さてこのように付録7では、フョードルと聖職者や貴族らとの「協議」については、比較的詳細に描写されていた。他方付録8では、この「協議」部分は大きく切り詰められた。ただしそれを埋め合わせるかのように、こちらではこれに続く部分において皇后イリーナが前面に現れ、次のように述べたとされる。「主なる神があなた様ツァーリの手を、あなた様の支配に抗う敵どもすべての上に及ばされ、あなた様ツァーリの名があらゆる大いなる君主らの前で称えられますように。」すなわち、付録8で前面に出てくるのは新帝フョードルというよりは、その妻、皇后イリーナなのである。そして周知のとおり、かの女はボリス・ゴドノフの妹であり、このボリスこそフョードル亡き後に帝位を襲うことになるのであった。

　『集成』「雷帝史」部分の17世紀の写し(ANL)の付録に収められた以上二つの記述(付録7と8)は、先述のとおり、現行「雷帝史」手稿本(SとTs)には含まれていない。しかしアモーソフとモローゾフによれば、二つの記述は『集成』編纂の最終段階で「雷帝史」が編まれたときの二つの段階を伝えている。

第 2 章『集成』編纂の歴史——研究の歴史から——

付録 7 は「雷帝史」の最初の版を、付録 8 は監修者によるその改訂版を伝えているとするのである。

　フョードル・イヴァーノヴィチ帝の戴冠にかんする内容の異なる二つのヴァージョンの存在は何を意味するのであろうか。アモーソフ、モローゾフの表現に従えば、「その作成は誰にとってもっとも好都合であったのか」ということになる。両著者はこのようにして、改訂版（付録 8）の成立の背後にボリス・ゴドノフが見え隠れしていること、それどころかボリスこそが『集成』最末尾の改訂（「監修」）作業を主導したとする結論に到達する。両著者はこれを具体的に以下のように説明する。

　まずただちに思い浮かぶのは、皇后イリーナを前面に押し出すことが兄ボリスの意向に沿うものであったことである。ボリス・ゴドノフの存在がにわかに注目をあびるようになる。次に「雷帝史」（S、Ts 両本）における改訂（「追記」の執筆）をどう見るかという問題である。従来これはイヴァン雷帝が、貴族層のツァーリ（雷帝その人）にたいする「裏切り」を非難し、かれらを極刑に処したことのツァーリ自身による事後的「弁明」とする解釈が一般的であった。しかし両著者によれば、これは正しくない。貴族層も多様でさまざまであり、これを単純化することはできないからである。たしかに「追記」では貴族層の反専制・反中央集権的志向や、皇帝権にたいする「悪意」が告発されてはいるが、そこでとくに槍玉に挙がっているのは、まずはシューイスキー家の貴族である（1539 年、1542 年、1544 年、1547 年、1553 年の追記）。ついでザハーリン - ユーリエフ家（雷帝の后アナスタシーヤの出身家門）貴族も 1547 年の項で「庶民を扇動し」、「悪意を露わにした」と非難される。このザハーリン家（それは後にロマノフ家へと収斂される）はまた、1553 年のツァーリの発病に際し、ツァーリ死去の場合に備えてなんとか自分たちだけは助かろうと露骨な「裏切り」に走り、ツァーリから「ああ汝らこそわが子とその母親のために生命を投げ出し、わが妻を貴族らの侮りから守ってくれなければならないのに」と叱責されたのである。シューイスキー、ザハーリン両家は雷帝が晩年、統治能力に欠ける皇太子フョードルのために任命した摂政会議のメンバーであった（摂政としてはほかに I.F. ムスチスラーフスキー、B.Ia. ベーリスキーが知られている。前者はゼームシチナ貴族の代表であったが、高齢で政治的影響力は大きく

なかった。後者はおそらくツァーリに忠実な貴族ということで任命されたと考えられる。また 1547 年の「追記」では F. ナゴイの名もあげられている。こちらはツァーリの最後の妻マリヤ・ナガヤの親族である。マリヤは雷帝との間に皇子ドミトリーを産んでいた。これはボリスらにとって言うまでもなく潜在的なライバルであった)。通説では雷帝は「追記」の執筆者と考えられているが、もしそうだとすると、かれは自らが書いたとされる「追記」において、わが子の摂政会議の最重要成員であるシューイスキー、ザハーリン両家の貴族を叱責し、その名誉を失墜させるようなことをしたことになる。そんなことが考えられるであろうか。それはツァーリにとって矛盾した行為ではなかろうか。アモーソフ、モローゾフは「追記」の著者を雷帝とする通説をこのように批判するのである。両者によれば、以上にあげられたフョードル摂政会議の成員はすべてボリス・ゴドノフの行く手に立ちはだかる者たちであった。とりわけボリスにとって危険なのはザハーリン・ユーリエフ・ロマノフ家であり、さらに皇子ドミトリーを擁しウグリチに居を構えるナゴイ家であった。もちろんリューリク朝のもっとも由緒ある家門の一つであるシューイスキー家も侮れなかった。現にヴァシーリー・シューイスキーは一時（ボリス没後のことであるが）皇帝位に選出されたほどである。「追記」はこれらの貴族を非難し、新帝フョードルにとってボリス・ゴドノフこそがもっとも頼りにすべき摂政であることを暗に訴えているのである。

　かくて両著者は追記の執筆者、少なくともその背後にあったのはボリス・ゴドノフであったとする、研究史上あまり例のない結論に到達しているが[42]、本書の著者としても、長らく古文書学・写本学的観点から雷帝史研究に従事してきた両著者の結論は衝撃的ではあるが、軽くはなく、考慮に値するものと考えている。『集成』編纂の指示がイヴァン雷帝から出たこと自体は否定できないとしても、最終段階において書かれた「追記」の主、すなわち「監修者」の問題は複雑で、今後ボリス・ゴドノフも有力な候補の一人として考える必要がでてきたというべきであろう。

　ここで『集成』の監修者の問題に議論が及んだので、以下にこの問題についてさらにふれて、本節を閉じることとする。

　既述のとおり、D.N. アリーシッツなどは『集成』末尾の雷帝史部分 (S, Ts 両本)

第 2 章『集成』編纂の歴史――研究の歴史から――

における「追記」の分析に基づいて、「監修者」は雷帝その人であると考えた。研究史上、ときにこれは『集成』の編者をめぐる問題として議論されることもあったが、研究が深化するにつれて、つまり近年においては、編者 sostavitel' と監修者 redaktor（「追記」執筆者）とを区別して論じる傾向が一般的となった。両者は必ずしも同一人とは限らない。こうした意味では、以上に主に問題とされてきたのはもっぱら「監修者」をめぐってのものであった。

　他方、編者の問題はどう考えられるのであろうか。『集成』自体には、実際に編纂作業に携わり、あるいはこれを指導した人物（編者ないし編者たち）をうかがわせる記述はみられない。これは監修者についても同様であったが、ほかにも編者について何か示唆を与える史料などが知られているわけでもない。以下にはそれでも研究史上ときに話題となる候補者名について若干ふれておこう。

　研究史上編者の候補としてもっともよくあげられるのは、モスクワ府主教マカーリー（府主教在位 1542–1563 年）、改革期雷帝政府（いわゆる「選抜会議（イズブランナヤ・ラーダ）」）を実質的に指導したといわれる A.F. アダーシェフ(1561 年没)、雷帝外交の責任者(使節庁書記官)I.M. ヴィスコヴァーティ(1570 年没) の三人であろう。これにアダーシェフと同時期に若き雷帝に対し精神的影響力を行使したとされるブラゴヴェーシチェンスキー聖堂司祭シリヴェーストルを加えてもよいかもしれない。かれらはいずれも雷帝治世のある特定時期の政治・外交、宗教・精神的指導者として、『集成』のみならず他の年代記等国家的な企画にも関与したと考えられてきた。かれらの経歴や活動についてここで立ち入るわけにはいかないが[43]、たとえば、O.I. ポドベードヴァなどは、イヴァン雷帝のツァーリとしての戴冠と、その後のカザン戦役などにおける「偉大なる勝利」の時期が『集成』編纂の企画上決定的な意味をもったこと、つまりは当時の「選抜会議」政府の指導者たちこそが『集成』の成立に大きな役割をはたしたことを指摘している。具体的に言えば、1547 年から 1563 年にかけてはマカーリーとアダーシェフが、それに続く時期についてはヴィスコヴァーティと最終的監修者（redaktor）としての雷帝その人が特別な役割を演じたことを強調した[44]。ただしこうした見方は『集成』のテクスト学的、写本学的分析に裏付けられたものではなく、あくまでも時代状況と『集成』を貫く基本

第 1 部『絵入り年代記集成』の成立

理念の解釈から類推された見解にすぎない。既述の N.P. リハチョフ以来の研究史的伝統からは大きく逸脱するものと言わざるをえない。マカーリーや雷帝その人（かれはとくに自ら著述に励んだことでも知られていた）はともかくとして、内外政治の実務に忙殺されていたに違いないアダーシェフなどが実際にどのように編纂作業を組織し、これに具体的にどう関わったのか想像しがたいという意味でも、こうした見方は大きな問題を抱えている。少なくともかれらが実質的に編集を指導したとは考えにくい。

ただかれらの中で、I.M. ヴィスコヴァーティに関しては若干興味深い議論も展開されたので、ここでとくに見ておきたい。ヴィスコヴァーティは、下層身分の出身であるが、その官吏としての能力により昇進を遂げ、雷帝治世後半（「選抜会議」政府崩壊後）の改革期に、使節庁の長官（書記 d'iak）としてモスクワ国家の外交を指導し、最終的に「国璽尚書」pechatnik にまで登りつめた。フランクフルト・アム・マインで 1572 年に出たパンフレットには、かれは「大公の印章を首に下げもつ」「最高宰相（Der öberst Cantzler）」と記されているという。かれについては外交分野での活躍とは別に、イコン画について一家言もった人物としても知られている。すなわちやや遡るが、1547 年のモスクワ大火（これについては本書第 2 部でふれる）に際し、クレムリ内でも諸宮殿、聖堂がその壁画やイコン画もろとも焼失する事態となったが、その後行われた大規模な復興事業のなかで、かれは新たに描かれた壁画やイコン画に異端的傾向があるとして激しい批判の声をあげたのである（いわゆる「ヴィスコヴァーティ事件」delo Viskovatogo）。批判の矛先はとくに壁画等の復元作業のイデオロギー的指導者と目された司祭シリヴェーストルに向けられたが、おそらくこうした批判に現れたヴィスコヴァーティの思想的傾向と『集成』編纂との間には何らかのつながりがあると考える研究者も出てきた。『集成』編纂との関連でヴィスコヴァーティにとくに注目した研究者は N.E. アンドレーエフである。かれは先に記したアリーシッツを批判するなかで、ヴィスコヴァーティ説を展開した。それによると、ウラジーミル・スターリツキー公の最終的排除を決断した雷帝の命をうけて、1568 年から 1570 年（この年ヴィスコヴァーティ自身が処刑された）にかけてのある時点で、『集成』末尾（Ts）に「追記」を執筆して雷帝の「敵」に対する厳しい措置の正当化をはかったのは、ほかならぬヴィス

コヴァーティであったという。もっとも、アンドレーエフの立論には大いに興味をそそられる面もあるが、これまたもっぱら状況証拠に基づく推論によっている点は否定できない。それだけでなく、かれに対しては他の研究者（例えばスクルィンニコフなど）からの強い批判もあり、さらにまたすでに本書でもみたような、『集成』用紙をめぐる写本学的分析の結果から判断しても、容易に受け入れがたい立論であることは指摘しておかなければならない[45]。

　『集成』の編纂者をめぐる問題においては、さらに幾人かの者に言及される場合もあるので、それにも簡単にふれておこう。

　17世紀初のいわゆるイヴァン・チモフェーエフの『年代記』（Vremennik）の著者も候補の一人として挙げられる場合がある。かれも16世紀末から官庁の書記官として活躍したが、死去する（1629年ごろ）までの間に、雷帝治世から「動乱」期、さらにはロマノフ朝成立にいたる激動の時代に関して独特な記述を著した。チモフェーエフ説を唱えた一人がS.F.プラトーノフであるが、かれはとくに『年代記』と『集成』の文体的特徴が類似すると考えて、こうした結論に到達した[46]。ただしこの説も一面的で決定的な証拠を欠いていることに変わりはない。

　またスヴィヤシク修道院掌院ゲルマン・ポーレフの名をあげる者もいる（スヴィヤシクはモスクワ軍によるカザン遠征に際し、そのヴォルガ川の対岸に1551年に建造されたカザン攻撃の拠点要塞である。ゲルマンはカザン征服後その教区の大主教となる）。これはイヴァン雷帝のカザン征服にとくに注目した見解で、興味深いところであるが、これも確実な証拠に欠けるだけでなく、大規模な作品の編纂に伴う膨大な作業量というものを念頭に入れていないという点で、受け入れがたいというべきである。たとえゲルマン・ポーレフが有能な人物であったにせよ、『集成』編纂のごとき大事業が築造されたばかりの、しかも戦いに明け暮れる最前線基地において進められたと考えることには、明らかな無理がある[47]。複雑な作業を伴うテクスト編纂のみならず、膨大な数の細密画をどのようにして作成したのか、専門絵師を含む人員はどのように確保したのかなどを考慮する必要があるだろう。

　本書でこの問題について独自の判断を下す準備はないが、いまの時点では以下を結論的に記しておきたい。すなわち、まず『集成』が雷帝の強い意向で編

纂されたことはたしかであろうこと、残念ながら作業を実際に指導した編者名
(複数名ということも考えられる)を特定することは困難であること、最終的
な監修者名としては、イヴァン雷帝自身を当然とする従来の見解に加えて、ア
モーソフ／モローゾフによって提唱されたボリス・ゴドノフ説も有力な仮説と
して今後念頭におく必要があること、以上である。

　この項の最後に、編纂作業の行われた場所の問題についてもふれておきたい。
　編纂地・場所について独自の見解を表明した研究者は多くはない。すでにみ
たように、B.M. クロスは『集成』がアレクサンドロフ村(スロボダー)で編
纂されたと考えた。他に考えられる候補地としてモスクワ・クレムリ内のツァー
リの、ないしは府主教庁の工房をあげる者もいるが、いまのところ作業地とし
て確かな場所を指し示す決定的な史料は知られていない。カザン攻撃の拠点ス
ヴィヤシク要塞(内の修道院)は、上述のとおり真剣に考慮する必要はないで
あろう。長らく『集成』を専門的に研究してきた V.V. モローゾフなどはクロ
スに従ってアレクサンドロフ村の可能性が高いとする立場に傾いており、こち
らは十分に検討する価値があると考えられる[48]。ただしこれにも確かな根拠
があるわけではない。とくに同村が国家中心地として重きをなしたのが、オプ
リーチニナ期(1565-1572年)であったことを考慮するならば、静穏な環境が
要求されたであろう編纂作業が、比較的短期間にこの政治的に沸騰していた地
で行われたと想像することはむずかしい。もちろん同村での編纂となれば、作
業はもっぱらオプリーチニナ廃止後に行われた(あるいは廃止後も引き続き行
われた)と考える必要があるが、もしそうであるならば、政治的中心がモスク
ワへ戻された後に、どのようにしてこの国家的大事業がこの地で行われたので
あろうか。むしろ編纂は最初からモスクワ(クレムリ)でおこなわれたと考え
る方が合理的であるように思われるが、これにも確証はない。アレクサンドロ
フ村とモスクワの双方でときに作業場所を替えながらという可能性も考えられ
るが、大規模かつ大型本の絵入り年代記であることを考慮すると、どのように
して用紙や職人を準備しまた移動させたか、なかなか想像しがたい。残念なが
らいまのところここでも決定的な結論は控えるべきであるように思われる。

（2）編纂過程

　さて以上に『集成』の編纂時期と編者および監修者、また編纂地についてのおおよその研究状況を見てきたが、次に問われるべきは『集成』の具体的編纂過程の問題である。『集成』はそもそもどのようにして編纂され、作業はどのように組織されたのであろうか。クロスや、とりわけアモーソフはこの問題についても興味深い議論を展開しているので、以下かれらによりながらこれについて少々考えてみよう。

　クロスの見解はすでにみたが、かれは『集成』の古写本学的検討（用紙の透かし模様および書体の特徴や細密画の画法の分析）に基づいて『集成』の作成には10人を超える写筆者が従事していたことを割り出した（うち写筆作業に恒常的に関わったのは5、6人で、他の者たちの関与は一時的、不定期的であった）。そのうえでかれは、編纂作業の全体が同一場所、すなわちアレクサンドロフ村のツァーリの書籍製作所で行われたと推測したが[49]、編纂のさらなる具体的手順にまで踏み込んで論じたのがアモーソフである。

　アモーソフは1983年の論文「『集成』作成の歴史――手稿本作成作業の組織」において、実際の編纂作業についてより立ち入った考察を試みた[50]。

　かれはまず、現在われわれが目にしている装丁本が、『集成』成立時の姿を伝えるものではないことの確認から出発する。それによれば、現存本がいまある形をとったのは17世紀半ば以降のことである。それを物語るのは現存本それぞれに施されている装丁である。すなわち、現存本第1巻（M）の装丁は18世紀のものである。第2巻（KhS）は17世紀半ば、第3巻（LKh）は17世紀、第4および第5巻（GとL）はおそらく17-18世紀の交に、第6、第7（O-IとO-II）は18世紀、第8（Sh）は18-19世紀、第9（S）は17世紀に装丁された。最終巻（Ts）は、既述のごとくシチェルバートフが1769年にそのテクストを刊行した際に、装丁を施したことが知られているが、現存本の装丁はそのときのものではなく、後に19世紀になって新たに施されたものである。

　現存本が成立当時の姿を示すものでないことは、記述の順序に混乱が見られることからもうかがえる。各巻ごとの紙葉順に乱れがあったり、個々の部分（場合によっては大きな塊）が欠落していたりするのである。ある巻の一部が他の

巻の中に紛れ込んでいる場合もある。たとえば、当初Mにあったはずの聖書「創世記」の一部は、今日では絵入り『ニコラ伝』の末尾におかれている。「ルツ記」も元来Mに含まれていた可能性が高いが、今日ではKhSで伝わる。LKhの若干の紙葉は今日ではSの冒頭部と末尾とにおかれている。GとLでは相互に10か所以上の位置の移動がある。Shの冒頭部分も本来はGに含まれるべきものであった。SとTsが相互に複雑な問題を抱えていることについてはすでに記した。絵入り『エゴーロフ集』と絵入り『ニコラ伝』も本来『集成』の一部分を構成していた可能性が高いが、そうだとすると、これが除外されている現存本内に欠落や順序の乱れが見られることも不思議ではない。もっともこれらの件に関しては議論もあり、すべてについて明確になっているわけではない。

　要するにアモーソフによれば、今日に伝わる『集成』の膨大な数にのぼる紙葉自体は作成された当時（16世紀70年代以降）のオリジナルであるにせよ、現存本が成立当時の姿をそのまま伝えているわけではない。換言するならば、『集成』は成立当初から現存本のように全10巻に分けられていたわけではないのである。それゆえ実際の編纂作業がこれらの巻を単位として行われたと考えるわけにはいかない。手稿本の第1巻から第10巻までが順次に作成されたと決めつけるわけにはいかないのである。第1巻から順に作成されたとするのは、これまでの研究者が無意識的に前提としてきたところであるが、今日それはもはや維持できない仮説にすぎないという。

　アモーソフによれば、編纂作業解明の鍵を握るのは、手稿本の第2巻（KhS）である[51]。写本学的総合分析の結果、KhS本は独立した二つのコーデクス（古手稿本）から構成されていることが分かる（かれはこれをそれぞれKhS・A、KhS・Bと表記する）。二つのコーデクスの存在は、その作成が二つの作業グループ（写筆者集団）により同時並行的に進められたことを物語っている。

　次ページに掲げた図表にみられるように、KhS・Aに使用された紙の透かし模様は全部で8種類あり（aからhまで、dは「模様のない」紙であるがこれも1種と数える）、KhS・Bの場合は10種類であるが（aからjまで、iは二度現れる）、各模様の現れる順序とそれぞれの用紙の枚数は両コーデクスにおいておおよそ一致している（KhS・Bの最後に現れる2種類iとjはKhS・Aには現れない）。つまり同じ模様をもつ紙が一定数使用され、次の模様の紙に替

第 2 章『集成』編纂の歴史——研究の歴史から——

図表 『集成』手稿本群の写本学的構造
—— M 前半部および S、Ts を除いた部分 ——
（Amosov, Iz istorii sozdaniia. s.217 より著者作成）

a...... 以下は用紙の透かし模様のタイプ。ただし d は透かし模様のない紙。原図表では a は「イノシシ kaban」、b は「半月形の文字 N, N v "polumesiatse"」など具体的模様名が記されているがここでは模様名は省略し（記さず）、a から順にアルファベットで示す。

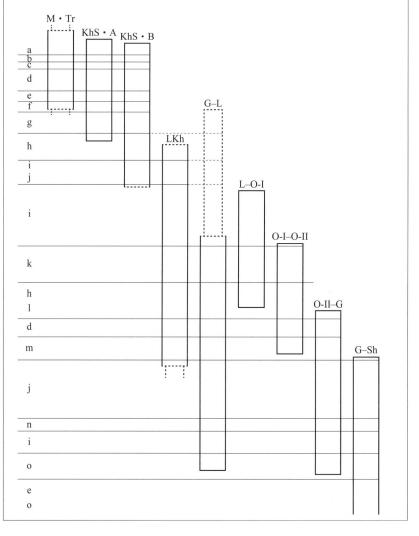

えられるが、その枚数と順序は両コーデクスにおいてほぼ一致するのである。このことは両コーデクスの作成作業が二つの異なるグループの写筆者集団により同時並行的に行われたことを示している。というのも、各手稿本群における写筆者による新たな紙の導入順序を明らかにすることは、編纂作業の相対的な時期と個々の部分の編成順の解明に導くからである。両コーデクスの作成が同時並行的に行われたことは両者の古文書学的諸特徴（書体、筆跡など）の分析からも裏付けられるという。

　KhSの両コーデクスの分析結果を、『集成』クロノグラフ部分の他の諸手稿本のそれと対照することで、さらに注目すべき結論が得られる。すなわち上に得られた観察結果は、第1巻（M）の後半部（「トロイアの歴史」部分、M・Trと表記）においても得られる。M・Trでは6種類の透かし模様をもつ紙が用いられているが（aからfまで）、この出現順が先の2コーデクスにおけるそれとまったく同一である。これら3コーデクス（M・Tr、KhS・A、KhS・B）において、同じ模様をもつ紙が一定数使用され、次の模様の紙に、そしてまた次のという具合に替えられてゆくが、その順序と枚数が一致しているのである。つまり3コーデクスにたいする作業は、3グループの写筆者により同時並行的に進められたと推測しうるのである。

　同じようにして他の諸本を見てゆくと、最終的に以下のような結論が得られる。上掲図表を参照していただきたい。

　まず第3巻（LKh）が書き始められたのはKhS・Aの終了以前のことではない。換言するならば、LKhに対する作業はKhS・Bの後半部にたいする作業と並行して行われた（LKhの用紙の最初の3種の透かし模様とKhS・Bの最後の3種の出現順、また枚数も基本的には一致する）。

　次にLKhに使用された紙の種類が、その後に続く諸本（G, L, O-I, O-II, Sh）のそれと重なっていることが指摘される。そこからこれらの諸手稿本群の編纂作業の実際がみえてくる。すなわち既述のごとく、KhS・Aの作業終了後ただちにLKhの編纂が開始された（前者の作業に従事したグループがその終了後、後者の作業に着手したのである）。KhS・Bの終了時は手稿本群L–O-Iの開始時にほぼ一致する。L–O-I終了後すぐにO-II–Gの編纂が始められる。O-I–O-IIの終了はG–Shの始まりとほぼ一致する。以上の作業（グループ）の移行は用

紙の種類の交替順のみならず、古文書学的資料（書法 manera pis'ma）によっても裏付けられる。たとえば、KhS・B の末尾部分の字体は主要部分において L–O–I（の最初の部分）にも認められ、それはやがて O–II–G へも移っていく。O–I–O–II の主要な字体の持主は続けて G–Sh の作業にも従事している。

　以上は先に掲げた表からはっきりと読み取れるところであるが、ただし表にはいくつか検討を要する問題も含まれている。たとえば、M・Tr の作業が終了した後、この作業グループは G–L へと移ったと考えられるが、表には G–L の始めの部分（表の G–L の上部）に、一種の「窓ないし空間」(okno)、つまりすき間がある（点線で示される）。これは以下のように説明される。KhS・A および KhS・B の 2 グループの写筆者は最初の作業を終えた後、それぞれ LKh と L–O–I の写筆作業に移った。一方、M・Tr のグループは作業終了後、しばらく作業をせず、かれらは一時「宙に浮いて」いた。これが先の「窓、すき間」である。手稿本 G–L 群の作業が始められたのは相当期間を経た後（1983 年論文の注 38 では「数か月の間をおいて」とある）であることが明らかである。ただ『集成』の「ロシア史」の（1114 年以後の）記述が現存 G 本において開始されていることを考慮に入れると、この「すき間」の部分はいわゆる『過ぎし年月の物語』（つまり『原初』）に相当する 1114 年以前の記述に関わる部分で、それがある時点で（手稿本が装丁された時点ではすでに）『集成』から失われてしまっていた可能性もある。現に多くの研究者はそう考えている（クロス、アモーソフもそうである。上記注 7、下記注 86 参照）。もしこの推測が正しいとすると、M・Tr の作業を終えたグループはただちに G の最古のルーシ史（『原初』部分）に着手しこれを完成させたが、この部分はその後失われたということで、先の「すき間」の問題は説明がつくことになる。

　表が提起する第二の問題は、O–I–O–II の手稿本群に従事したのはどのグループかということである。これまでの検討では、『集成』編纂作業は 3 グループの写筆者集団により始められたことが推測された。そのうちの第 1 グループは M・Tr の作業を終えると、次に G–L へと移った。第 2 グループは KhS・A から LKh へ、第 3 グループは KhS・B から L–O–I へと進んだ。はたして O–I–O–II はどのグループが担当したかという問題である。これは表からは見えてこない。アモーソフによれば、これには二つの可能性が考えられる。第一は、『集

成』には、いまは失われその存在が明らかでないコーデクスがあって、これに従事していた上記3グループとは異なる集団が、O–I–O–II に従事したとするものである。ただしこれは実際には考えにくいという。アモーソフが提唱するのは、以下のもう一つの可能性である。すなわち、L–O–I に従事していた上記の第3グループが最初の用紙（iの透かし模様をもつ紙）をほぼ使い切り、新たな用紙（k）の投入を考え始めたころ、編纂責任者は作業の促進化を図り、それまで作業に従事していた写筆者の現員から一部を割き、それまでの3グループに加えて第4のグループを組織する。そのうえでL–O–I に従事していた第3グループの作業量を減じて、その箇所（O–I、O–II にある大公ドミトリー・ドンスコイ治世部分）を新たな第4グループに任せた。その結果L–O–I の作業は当初の想定より若干（大幅にではないが）早く終了し、こうして早めに解放された第3グループは予定より早くヴァシーリー（1世）・ドミトリエヴィチ治世の記述(O–II)に着手することができた。そして O–I–O–II の終了後、このグループはこれも予定より早くイヴァン3世治世の記述（G–Sh）に進んだという。

　表が提起する第三の問題は、こうして組織された4グループのその後の作業実態についてである。結論的に記すならば、アモーソフによれば、手稿本 LKh に従事した第2グループは作業を終えた後、いずれかの手稿本群にとりかかった形跡がなく、おそらくこのグループは解体され、『集成』全体の改訂や増補作業に、あるいは交代要員となったと考えられるという。

　アモーソフは表に関連して、さらにもう一つの課題を導き出している。それは表では考慮の外におかれている手稿本 Ts の、ある紙葉上に見える「第4部」と「ツァールストヴェンナヤ第1部」という書き込みをめぐる問題である。アモーソフは二つの書き込みから、『集成』の「ロシア史」部分の構成を推測するにいたっている。かれによれば、この「第4部」は、おそらくイヴァン雷帝治世を描く「ツァールストヴェンナヤ第1部」（それにはおそらく「同第2部」以降も続いたであろう）に先行する記述が4部分あったことを示している。その内わけは、おそらく「第1部」が最古の時代（失われた『原初』部分）とモンゴルの「くびき」（の開始1240年）までの記述（手稿本群 G–L）、「第2部」がアレクサンドル・ネフスキーの華々しい活躍の時代からドミトリー・ドンスコイによるタタールに対する最初の勝利（1380年のクリコヴォの戦い）まで

(L-O-I, O-I–O-II)、「第 3 部」がモスクワの勃興と強力な統一国家の形成まで(O-II-G)、そして「第 4 部」がイヴァン 3 世・ヴァシーリー 3 世治世のモスクワに「ツァールストヴォ」(皇国)が形成され始めるまでの記述 (G-Sh) を指しているという。これらの後に雷帝治世の記述(「ツァールストヴェンナヤ第 1 部」以降) が続くのである。以上のことは、「ロシア史」編が成立当初は現在に伝わる 7 巻 (『集成』全体としては 10 巻) に区分されていたのではなく、本来は上に示されたような形に、すなわち 4 部から成る「旧い歴史」と雷帝治世にあてられた「新しい歴史」(これが「ツァールストヴェンナヤ第 1 部」であり、これにおそらくは「同第 2 部」以降も続いていた) とから構成されていた (つまりそのように分けて編纂された) ことを示しているであろう。

　先に掲げた表からここまでのことが言えるのかどうか、著者にこれについて最終的な判断を下すための準備ができているわけではない。とりわけ本書では、表作成の前提となった『集成』用紙の透かし模様にかんするアモーソフの分析については具体的に立ち入ることができなかった。ただ、アモーソフの試みが示唆に富む、きわめて興味深いものであることは明らかである。少なくとも以上に示されたことから、『集成』現存本が本来の原初的なあり方を伝えるものではないこと、それが今ある姿をとったのは、後世にほとんど偶然的な契機でまとめられた結果であり、つまりは、これが第 1 巻から最終巻まで順を追って作成、装丁されたわけでないこと等は、確認できるように思われる。アモーソフが編纂作業の実態解明に向けて野心的な試みを行ったことは評価できると考える。

　もっともこのアモーソフの見解もその後批判にさらされたことにふれておく必要はあるだろう。『集成』の刊行に先立つ 2008 年に出版された『学術補助資料編』補巻 (第 11 巻、付録編) に「『集成』の透かし模様」と題された E.V. ウハーノヴァの解説論文が現れた[52]。ウハーノヴァによると、アモーソフはそもそもクロスの研究成果に然るべき敬意を払っておらず、その評価においても重大な誤りを犯している。『集成』用紙の透かし模様にかんするアモーソフの分析も、またそれに基づく諸結論も多くの問題を抱えている。たとえば、アモーソフは用紙の透かし模様の分析に基づいて、手稿本の諸集合体において用紙の諸層が一定の類似のパターンで交替していることに注目し、それが諸手稿本群

における作業の同時並行的進行を示すものと判断したが、かれの用紙分析は厳密性に欠けている。すなわち、かれは諸手稿本の個々の紙葉番号を明らかにすることなく、総数のみを示すことで満足している。ウハーノヴァによれば、これでは論拠とはみなしがたい。個々の紙葉ごとの分析結果の明示が必要なのである。それを欠いた結果、アモーソフの用紙の諸層の解説はきわめて大ざっぱ、その順序づけは恣意的、その組み合わせ方も正確さを欠くこととなったという。ウハーノヴァのアモーソフ批判はさらに詳細に及ぶが、ここでこれ以上に立ち入ることはしない。

　ウハーノヴァの立場は、アモーソフが正当に評価し損なった（とかの女が考えた）クロスに回帰する（あるいはクロスを正当に評価する）ことであり、そのうえで用紙の透かし模様の分析を、デジタル技術を活用しつつさらに精密化することである。具体的にはかの女は相互に似通う透かし模様間の類似の程度を厳密に見究めることにより、従来以上の透かし模様の種類の識別化に成功している。すなわち、かの女は手稿本各巻の全紙葉の透かし模様を逐一検討し、その結果を一覧表にまとめている[53]。それによると『集成』用紙の透かし模様は、クロスの分類による第1タイプが3グループ94種類に（クロス自身は33種類を確認していた）、第2および第3タイプ（そしてきわめてわずかな使用数ではあるが、第4タイプの紙も現れるという）をも合わせると、全体で104種類に識別されるという。これらの模様をもつ用紙が『集成』各部分において複雑かつ多様な現れ方をするが、こうしたことに留意することのない概数的な検討では誤った結論に導かれざるをえないというのである。

　ウハーノヴァは『集成』編纂作業についてさらに立ち入って検討しているが、たとえば手稿本の最初の2巻（M, KhS）にたいする編纂作業に関しては、以下のように推測している。既述のごとく、クロスのいう第1タイプの用紙は最初の2巻に、つまり『集成』編纂の最初の段階で使用されたが、第1タイプといっても複雑であり、それはさらに3ないし4グループに細分して各部分を精確に分析する必要がある。すなわち、第1タイプ第1グループの透かし模様は、第1巻（M）の始めの部分においてのみコンパクトに、他の模様の紙とは混じらずに使用されている。第2グループは手稿本第1、第2巻（M, KhS）の主要な透かし模様である。それは他の諸巻では用いられていない。ただこのグルー

プの紙はここではコンパクトに現れるのではなく、他の透かし模様とときに不規則に混じりあっている。第3グループもこの両巻に現れるが、若干は後続の諸巻にも混入している。M, KhS両巻においては第2タイプの模様の紙も顕著な位置を占めている。もっとも既述のごとく、この第2タイプは手稿本の第3巻以降の『集成』主要部に現れる主要な用紙であるので、最初の2巻では例外的に用いられたと考えるべきであろう（第3タイプは、これも既述のとおり、最終巻（Ts）のみに用いられ、『集成』の基本的部分では見られない）。ウハーノヴァはさらに以上に加えて、第4タイプの透かし模様の用紙の存在に言及する。それは数的にはきわめて少ないが、他とは異質で、『集成』の全体にわたってときに偶発的に現れる。

以上のような分析からウハーノヴァは『集成』最初の2巻の作成過程について、次のような結論に到達している。最初の2巻の作成に際し、まずは6種の透かし模様（そのうちの一は「無模様」である）をもつ6連（山）の用紙が等分され、順に4「作業台」に配られ、作業が始められた。その後別の3種の模様をもつ3連（山）の用紙がそのうちの3作業台に追加配分された。その際作業に従事した写筆者はアモーソフが考えたように同一の写筆者グループや個人ではなく、クロスの指摘したように4写筆者と5人を下回らない補助者が、混じりあって作業した。どのように混じり合い組み合わされたかは複雑でその解明は今後の課題である。作業過程はアモーソフが推測した以上に複雑であるというのである。ウハーノヴァはさらに最終2巻を含む第3巻以降の編纂作業についても筆を進めているが、ここでは省略したい。

以上にウハーノヴァの『集成』用紙の透かし模様にかんする見解を見てきたが、これをどのように評価するか、ことが用紙の透かし模様の分析という技術的側面に及ぶので、本書の筆者が誤りなく判断することは難しい。かの女のアモーソフ批判には誤解もあるようにみえるが[54]、用紙の透かし模様の個別的検討に基づくその徹底した研究態度には感服せざるを得ない。かの女に従うならば、先にみたアモーソフの推測した編纂の具体的作業方式は、過度に単純化された、場合によっては恣意的なものとすら言わなければならなくなる。ウハーノヴァの綿密な分析からえられる結果に基づいて具体的にどのような作業手順が想定されるかはいまひとつ明らかでないが、いずれにせよかの女自身が

記すように、「新たな道に立った研究は緒に就いたばかり」であるのも事実である[55]。今後の研究の進捗を見守りたいと思う。

第3章
『集成』における「クロノグラフ編」と「レートピシ編」

　先に記したように、『集成』は3部に分けて刊行されたが、年代記としての記述内容また年代記編纂の歴史から見た場合には、これを大きく二つに、すなわち「クロノグラフ編」と「レートピシ編」とに分けて考えることができる。
　「クロノグラフ」khronograf とはロシアにおける年代記編纂の一つの形式で、世界の創造から当該作品編纂時点にいたるまでの、当時知られている限りでの「世界史」を記述したものである[56]。当然キリスト教的世界観の立場に立つ。このジャンルはロシアでもキエフ時代から知られていたが（いうまでもなく当初はもっぱらビザンツの歴史書や年代記の翻訳の形をとった。この場合は通常「クロニカ」khronika と呼ばれる）、モスクワ時代になって、とくに盛んに編まれるようになった。「クロノグラフ」はふつう編年記的形式はとらず、聖書の記述や文学作品、伝説、聖者伝の類その他の物語や記録等で構成する読み物風の年代記集成である。内容的に歴史、哲学、神学、文化全般にわたる多様な分野の情報を含む一種独特の百科事典的な文献となっている。
　これにたいし「レートピシ」letopis' はもっぱら編年記形式でロシア史を叙述した年代記である。それも通常さまざまな史料に依拠して編まれるが（記録文書、条約、法的文献、聖者伝、書簡、さらには文学作品等も含む）、たんなる集成ではなく、特定の観点から意識的総合的に編まれた歴史叙述という性格をもつ。モスクワ時代には国家ないし大公権、また正教会当局の立場がとくに明瞭に打ち出されるようになった。
　『集成』においては、全10巻の手稿本中第1から第3巻までが「クロノグラフ」とみることができ、第4から第10巻までが「レートピシ」部分である。ファクシミリ版刊本でいえば、「聖書編」全4巻と「世界史編」全10巻（これにそれぞれ補巻がついている）の計14巻が「クロノグラフ」部分に相当し、「ロシ

ア史編」全23巻（補巻を除く）が「レートピシ」部分である。

　さて『集成』の最初の部分が「クロノグラフ」であることは、ひとつの大きな意味をもっているように思われる。そこにはロシア国家が「天地創造」以来連綿として続いてきた「世界」の諸帝国を引き継ぐ、ないしそれらに連なるものとする思想が鮮明に表明されているからである。ロシアは、とくに前近代においては、文化的、精神的に孤立しており、それゆえ知的水準も高くなかったと考えられることが多かった（少なくとも暗黙の前提とされていた）。これは15世紀後半からひんぱんにロシア（モスコーヴィア）を訪れるようになったヨーロッパからの来訪者や近現代の欧米のロシア研究者の側からみたやや一方的な見解と言ってよい。たしかに中世以来目覚ましい「発展」を遂げてきたヨーロッパ人の目からするならば、ロシアは遅れた、まったく異なる性格をもつ国に見えたであろう。このような見方は産業革命以降さらに強められて一種の固定観念となった感がある。問題を複雑にさせているのは、ロシア人自身にも同様に考える者が少なくなかったことである[57]。ここでこの問題を掘り下げて検討するわけにはいかないが、こうした、中世農業革命の欠如や都市の未発達等に起因するロシアの「後進性」は、過酷な自然や気候条件、常時ステップ世界との対峙を余儀なくされるという特殊な地政学的状況、さらには平らで広大な国土とそれゆえの住民の不断の移動（浮遊）性や人口密度の希薄性によって、相当程度は説明可能である。けっして「ロシア（人）」に固有の、変更不能な与件ではない。何よりもいま検討しようとしている「クロノグラフ」が示すところでは、中近世のロシア人自身は、最初から自己を「キリスト教世界」の中に位置づけ、自らの歴史を「世界史」（今日からみて、その内容がいかに偏ったものであるにせよ）との関連の中で見ようとしていたこと、すなわち自身が決して「異質」で、孤立した存在であるわけではないと考えていたことがうかがえるのである。

　ロシアにおける「クロノグラフ」編纂の歴史は古く、11世紀90年代には最初の集成が成立していたと考えられる。それは「大いなる叙述によるクロノグラフ」と呼ばれる作品であるが、これはロシア独自のクロノグラフ集成作成の最初の試みで、その影響は、A.A.シャーフマトフのいう、いわゆる「原初集成」を介して『原初』（『過ぎし年月の物語』）にも及んでいる[58]。

第 3 章『集成』における「クロノグラフ編」と「レートピシ編」

　ロシア人が「クロノグラフ」編纂に着手する以前にも、ビザンツの世界史記述「クロニカ」は早くから翻訳でスラヴ世界に知られていた。ロシア人を「世界史」に最初に馴染ませたのは、こちらの方であった。とりわけ重要なのが 9 世紀半ば（867 年ごろ）に成立したゲオルギオス・モナコス（かれは自身をハマルトーロス「罪びと」と称したので、一般的にはこちらの名で呼ばれる）のそれである。これは「世界創造」のときから 842 年（テオフィロス帝没年）までの「世界史」記述であるが、その後ビザンツの別の年代記作者（シメオン・ロゴテテースといわれる）により 948 年（ロマノス帝没）まで書き継がれて、今日に伝わる。ロシアには遅くとも 11 世紀には翻訳で知られていた。ハマルトーロスの「クロニカ」は四部からなり、第 1 部は「世界創造」からマケドニアのアレクサンドロスまで、第 2 部は聖書に基づく古代ユダヤ史が、ペルシアなど東方の諸王とユリウス・カエサルまでたどられる。第 3 部は 4 世紀 30 年代までのローマ史記述（コンスタンティヌス大帝の洗礼まで）であるが、ここにはキリスト教定着に至る数々のエピソードや種々の神学的考察が入り混じっている。第 4 部は「キリスト教諸君主の年代記」と題され、ここでも本来の歴史記述（その末尾には上記シメオンに帰せられる詳細なテクストがおかれる）が、聖像画崇拝をめぐる問題を含む初期公会議における神学上の諸論争の記述と組み合わされている。ハマルトーロスのスラヴ語訳「クロニカ」はロシアでは二つの形で流布した。一つは各種「クロノグラフ集成」において伝えられるものであり、なかでも上記「大いなる叙述によるクロノグラフ」中のそれは、「原初集成」の編者にも知られており、それを通じて『原初』にも影響を与えたと考えられる。他の形態は、ゲオルギオスの個々の独立の「クロニカ」として普及した。こちらに属す「トロイツキー」写本は、後述するように「絵入りクロニカ」として知られる[59]。

　以上のように、ロシア人は『原初』のような「レートピシ」と並んで、早くから、というより最初から「クロノグラフ」（「世界史」叙述）に目を向け、もっぱらそれとの関連で自己を位置づけてきた。しかもロシアにおけるクロノグラフ編纂はレートピシ以上に長命であった。全ロシア的年代記編纂が 17 世紀には事実上行われなくなっていたのに対し、クロノグラフ編纂の志向は 16、17 世紀からむしろ強まり、こちらの方が優勢になった。クロノグラフ（とその基盤に

横たわる諸クロニカ）の表現力豊かな凝った文体、歴史上の諸人物の情緒あふれるメタファーと対比のちりばめられた描写はロシア知識人に多大な印象を与え、その結果 17 世紀ロシアの「高度な」文学のすべてが、何らかの仕方でクロノグラフの影響をうけたといって過言ではないという。クロノグラフは 18 世紀になっても新たに編纂され続けている（いわゆる「特別構成のクロノグラフ」Khronograf osobogo sostava など）。

かくしてクロノグラフは古ルーシ知識人の文化的視野の拡大に大きく貢献した。かれらはまさにクロノグラフを通して古典古代文学の諸テーマ（アルゴー船乗組員の冒険物語、トロイア戦争に関するさまざまな伝承、ペルセウス、セメレー、オイディプスなどに関する神話）、またマケドニアのアレクサンドロス（大帝）期のヘレニズム文学、さらにはビザンツ諸文学（コンスタンティヌス大帝とヘレナの伝記、帝都のソフィア聖堂建立物語その他）について知ることができたのである[60]。

「世界」の中に自己を位置づけるという考え方が早くから、しかも長期にわたってあったということは、ロシア人が必ずしも自身を特殊で異質な存在と理解していたわけではないことを示している。特殊性や独自性の強調は往々にして独善的傾向につながるが、それが目立つようになるのはロシアの場合、「スラヴ主義」や「ロシア精神」をとくに強調した近代になってからのことである。キリスト教という一つの宗教に属すことが、中世のロシア人の自己認識に初期「ヨーロッパ」人のそれに通底するものを与えたことは否定できないように思う。

さて『集成』「クロノグラフ編」の内容であるが、これ自体も二部分に分かつことができる。第 1 部「(旧約) 聖書編」、第 2 部「世界史編」である。「聖書編」は手稿本で言えば、基本的に第 1 巻（M）の主要部および第 2 巻（KhS）の冒頭部（第 2 巻全体の 3 分の 1 弱）を占める。「世界史編」は第 1 巻からすでに始められ、第 2、第 3 巻(LKh)と続く。このように二部構成とはいっても、「聖書編」と「世界史編」が完全に分離されているわけではない。聖書部分は最古代の「世界史」と密接に絡み合っているのである。旧約聖書（「創世記」）に基づく天地の創造のときから「人類」（当初は「ユダヤ人」）の歴史が始まることになる。古代ユダヤ史に続くいわば本来の「世界史」がこれに続く。具体的には、

前13世紀とも12世紀ともいわれるトロイア戦争を含む古代ギリシア史、さらにはヘレニズム世界の歴史（「アレクサンドリヤ物語」）、そして古代ローマ史（紀元377年まで）が続き、さらに10世紀までのビザンツ史が描かれる。ロシア人にとっての「世界史」とはこのような内容のものであった。

　手稿本各巻の内容を「クロノグラフ」部分を中心により立ち入って具体的に見てみよう。

　第1巻（M, MS）は、一見逆説的ではあるが、『集成』手稿本のなかでもっとも遅く研究者に知られるようになった。1897年までそれはある私人のもとにあったが、この年にモスクワの国立歴史博物館（GIM）が購入し（ある紙葉上に3500ルーブリと書かれている。購入価格であろう）、同館に所蔵されることとなった[61]。

　Mの冒頭部に来るのが旧約聖書の「七書」である（いわゆる「モーセ五書」、すなわち「創世記」、「出エジプト記」、「レビ記」、「民数記」、「申命記」。これに「ヨシュア記」、「士師記」が続く。後述するごとく、第2巻（KhS）冒頭部におかれている「ルツ記」も本来こちらに属していたとする見方が正しいとすれば、「八書」となる）。ここには、神による天と地と人間の創造、原罪とアダム・エヴァのエデンの園からの追放、カインによるアベルの殺害、全世界を呑み込む洪水、義人ノアの子孫の全地への移住拡散と繁栄、つまりはユダヤ民族の始まりについての、王制成立以前の士師の時代に至る歴史が記述される。以上に挿絵がつけられている。とりわけモーセ、ヨシュア、ギデオンといったユダヤの英雄たちの、戦闘場面を中心としたさまざまな物語が見事な細密画に描かれる。かれらは伝統的に有能な軍事指導者、主なる神の意志の敬虔なる遂行者、理想的君主の祖型とみなされていた。民族（祖国）の「敵」に対するかれらの勝利の場面が、イヴァン雷帝時代に製作されたモスクワ・クレムリ内の「黄金宮殿」の壁画に姿を現すのも、『集成』編纂と「黄金宮殿」の壁画制作がほぼ同じ時期に行われたことを考慮するならば、けっして偶然ではないのである[62]。Mは紙葉全1031丁を有し、そこに1733の細密画が配されている。

　Mの半ば以上（全1031丁中約586丁）は旧約「七書」によって占められるが、これに続く後半部を構成するのは「トロイア戦争の物語」である（古代トロイアの都市創建から、前13ないし12世紀と推測されるギリシア人による破

壊までの伝説的歴史）。ギリシア人によるトロイア攻略は中世クロノグラフ的通念によれば、イスラエル最初の諸王（ツァーリ）、サウルとダビデ（ダヴィド）の治世（前1020 ごろ–960 年ごろ）と同時代の出来事と考えられていた。M では「トロイア物語」は二つのヴァリエーションで登場する。一つは中世ヨーロッパにおいて広く読まれた紀元13 世紀末のグイド・デッレ・コロンネ（Gvido delle Kolonne/Gvido de Kolumna, Guido delle Colonne、神聖ローマ皇帝・シチリア王フリードリヒ2 世の宮廷詩人）による「偉大なるトロイアの破壊の物語」に基づくものである。ロシアでは「トロイアの物語」はさまざまな形で知られているが、このグイドの作品は、15 世紀末–16 世紀初にラテン語から古ルーシ語（教会スラヴ語）に翻訳されて広く読まれ、イヴァン雷帝が読んだと考えられるのはこちらの版であったといわれる。かれの「クールプスキーあて第一書簡」に、「トロイアの裏切り者アンテノールとアイネアース」への言及がある[63]。

もう一つは、ビザンツのコンスタンティノス・マナセスの「クロニカ」中に含まれるトロイア物語と、すでに存在していた南スラヴ語版トロイア戦争史とに基づき、ロシアでおそらくは16 世紀初に編まれた「トロイアの創建と陥落の物語」である。こちらはトロイア戦争にかんしグイド版とは異なる内容を有し、トロイアものの中ではロシアにおいてもっともよく読まれたという[64]。いずれにせよロシアではトロイア戦争をめぐる物語は、ホメーロスその人の『イーリアス』ではなく、中世ヨーロッパやビザンツ、また南スラヴ人の下で広く流布した後代の翻案された作品を通じて知られていたということになる。

続く手稿本第2 巻（KhS）は「クロノグラフ編」全3 巻の中間部に位置し、そのなかでもっとも内容豊かな巻である[65]。テクストは三部に区分できる。各部分の構成は以下のごとくである。

1）最初の部分は旧約聖書から以下の部分が収められている。「ルツ記」、「四王国記」（Tetrovasilios、Chetyre knigi Tsarstv.「サムエル記上下」、「列王記上下」の四書）、「トビト記」、「エステル記」。

このうち「ルツ記」が本来第1 巻（M）に含まれていたとする見方のあることについてはすでに記した[66]。

続く「四王国記」の「第1（サムエル上）」、「第2（サムエル下）」、「第3（列王上）」

の各王国記はそれぞれまとまった形でこの順におかれ、その後に「第4（列王下）」が、途中にいくつかの挿入記事を含みつつ、続いている。すなわち、まず「第4王国」の第1章から第18章第12節までがくる。この後に、旧約外典の「トビト記」がおかれる（これは『1512年版クロノグラフ』第70章の簡略版である）[67]。続いて「第4王国」第18章第13節–第21章第16節がきて、その後に同第21章第17節の代わりに、ゲオルギオス・ハマルトーロスの「クロニカ」断片（第62章から。イスラエルのマナセ王治世の記述）がおかれ、最後に「第4王国」の第21章第18節から最終章までが続くという複雑な構成となっている。

　KhS本の「聖書」編末尾を飾るのは「エステル記」である。これは、他の聖書諸書とは異なってラテン語からではなく、古ヘブライ語から古ルーシ語に翻訳されたもので、第1章から第10章第3節までのヘブライ語本文全体が含まれる（ギリシア語訳セプチュアギンタで付加された部分は入っていない）。

　2)「聖書」編の後には「世界史」の記述が続く。最初に記されるのは、カルデア（新バビロニア）のネブガドネザル王とその後の諸王の治世、いわゆるバビロニア（バビロン）捕囚時代（前586–538年）のユダヤ人の歴史である。それが預言者ダニエルの見たとされる12の幻の形で記述される。その内容は旧約聖書「ダニエル書」第1章–第14章に相当するが（ヘブライ語聖書は第12章で終わっている。第13、14章はセプチュアギンタから訳出される）、ここでは聖書の「ダニエル書」テクストが直接利用されているわけではない。『集成』編纂時にすでにロシアで翻訳、編纂されていたクロノグラフの一つ『ギリシア・ローマ年代記（第二版）』の記述が利用されているのである。記述の順序も聖書「ダニエル書」と同じではない。たとえば、最初に記される第1の幻は「ダニエル書」の第13章に相当する。続く第2の幻から第1章、第3が第2章に相当、以下同様という具合になるが、それもすべてが聖書テクストと順序通りに対応するわけではない。それだけではない。たとえば、第5の幻の後に、ゲオルギオス・ハマルトーロスの「クロニカ」からの断片（バビロニアにおけるネブガドネザル以下の諸王の治世の記述）がおかれるなど、同クロニカからさらに一断片（ペルシア王ダレイオス1世治世にかんする記述）が、またヨハンネス・マララスの「クロニカ」からも二つの断片（ヴァルタサル＝ペ

ルシアザル王の宴会、また同キュロス2世についての記述)が途中に挿入され、最後の第12の幻の後に、ダニエルにかんするキプロスのエピファニオスの「説話」Skazanie がおかれて、この部分が完結するという具合である[68]。

バビロニア捕囚期の預言者ダニエルの幻にかんする記述に続く「世界史」は、古代ペルシアの歴史である。バビロニアを征服しユダヤ人の捕囚を解いたペルシア王キュロス2世の「子」ダレイオス1世の治世(前522-486年)から、ダレイオス3世(「この王をマケドニアのアレクサンドロスが殺した」)にいたる古代ペルシア史が叙述される。その途中にエルサレムおよびエルサレム神殿再建の記述が挿入される。ここも先の項と同様『ギリシア・ローマ年代記』が利用されている[69]。

古代ペルシア史に続くのは「ローマ帝国の始まり」と題される、王政から共和政にかけての古代ローマ史である。この部分はギリシアの「哲学者と著述家」やトロイアを逃れたアイネアースについての記述から始まるが、やがて「ロムとリム［ロムルスとレムス］の誕生について」、続いて「ローマの町の建造について」記され、さらに「タルクニ王［ツァーリ、タルクィニウス・スペルブス傲慢王］について」、「［ルキウス・］ブルートゥスのローマ支配［タルクィニウス追放］」、「マレオン［マルクス・マンリウス・カピトリヌス］のローマ支配とフェヴルアリウス［ローマのパトリキウス］殺害について」と続く。この部分も『ギリシア・ローマ年代記』に依拠している[70]。

続く「世界史」は、マケドニアのアレクサンドロス大王の偉業をめぐる記述である。これは紙葉数で言えば200丁を超える長大な物語で、紀元2-3世紀のギリシア語作品、いわゆる「偽カリスフェン(カリステネス)のアレクサンドリヤ」に基づくという。ロシアではこの物語は遅くとも13世紀中ごろには南スラヴ語訳で知られていたが、独立の作品としてではなく、諸クロノグラフ集成の中でのみ知られているので、「クロノグラフ版アレクサンドリヤ」とよばれる。物語はアレクサンドロス大王にかんする歴史叙述というよりは、空想や伝説を交えた奇想天外な冒険譚の連続といった作品となっている(たとえばアレクサンドロスはエジプト王にして魔術師ネクトナフの子とされるなど、すでにその出生の記述からして「史実」からかけ離れている。また史実に反してかれはイタリアやアフリカ、カルタゴなどへも遠征したとされている)[71]。

第 3 章『集成』における「クロノグラフ編」と「レートピシ編」

　アレクサンドロス大王の「生涯」には、その没後のギリシア、エジプトそして近東諸王国の短い興亡史が続く⁷²⁾。
　この後にくるのはローマ帝国の歴史である。
　ここには「ローマ帝国の始まり。第 1 のディクタトール支配。5447 年に……」という表題の下に、まずはユリウス・カエサルの独裁体制樹立について記され、それに「第 2 の、ユリウスの子アウグストゥスの支配」の項が続く。ここにはオクタヴィアヌスが「5465 年、アウグストゥスとして選ばれた」と記されているので、先のカエサルの独裁官就任が「5447 年」とされていることも理解できる。カエサルの支配は「18 年間であった」とマララスのクロニカなどにも記されているからである⁷³⁾。ただし世界創造年に基づくこれらの年代を西暦何年とみなすべきなのか、それらを今日受け入れられている年号とどう折り合わせるかは難しいところである⁷⁴⁾。
　これに続くのはイエス・キリストの生涯をめぐる記述である。ここは「聖なる教父エピファニオスの……聖母の生涯に関する説教」という表題がつけられている。つまりこの部分は、エルサレムの修道士エピファニオスの著とされる 11–12 世紀ごろの作品に基づいている。ロシアではこの著作はギリシア語からの訳で遅くとも 14 世紀には知られており、それが『ギリシア・ローマ年代記』を経て『集成』に採り入れられたと考えられる⁷⁵⁾。内容をみてみると、まず「聖母」の系譜から、その「誕生」、幼少時のエピソード、容貌や人となりが記述され、「聖告（受胎告知）」、イエスの誕生、「占星術師［いわゆる東方の三博士］」の来訪、エジプトへの逃亡など重要な出来事を中心に聖母の生涯がたどられる。イエス・キリストについての記述がこれに続く。洗礼者ヨハネによる「洗礼」にはじまり、数々の奇跡、人となり、容貌など、「磔刑」と「復活」に至るまでのイエスの全生涯および宗教としての「キリスト」教のはじまりが記される。この項は聖母の「就寝について」で閉じられるが、それまでのイエス・キリストについての記述の合間には、「第 3 の、ティベリウスの支配」に始まる、ガイウス（すなわちカリグラ）、クラウディウス、そしてネロに至る諸皇帝の支配の記述が、「第 4」から「第 6 の支配」として挿入されている。このようにここでは最初期のキリスト教史が初期ローマ帝国史と並行して記述される形をとっている⁷⁶⁾。

古代ローマ史は、この巻（KhS）ではさらにネロ帝続編、ガルバ、オト、ヴィテリウス帝の記述と続きヴェスパシアヌス帝期までたどられる[77]。

3) KhS 本の最末尾を飾るのは、ヴェスパシアヌス帝治世のユダヤ戦争の記述である。この部分は、紀元 69–70 年のローマ軍によるエルサレム包囲攻略戦の目撃者でありかつ当事者でもあったヨセフス・フラヴィウスの『ユダヤ戦史（ユダヤ戦記）』に基づいている。この著作はロシアにおいてもよく知られていた。

ヨセフスの『ユダヤ戦史』はローマ帝国臣民のためにギリシア語で書かれたが（ギリシア語は当時の東地中海世界における文化的共通語であった。これは後にラテン語にも訳された。著者本人の説明によれば、最初はアラム語で書かれギリシア訳されたというが、アラム語版は今日に伝わらない）、ロシアでは早くも 11–12 世紀には翻訳され、広く読まれたと考えられる[78]。『集成』研究史上興味深いのは、20 世紀 50 年代に V.F. ポクロフスカヤがこの書のソロヴェツキー修道院蔵写本の紙葉上に蠟の滴の跡を 800 か所以上発見したことである。ここからポクロフスカヤは『集成』編纂作業の具体的な手順を明らかにすることができると考えた。すなわち、かの女は KhS 本のユダヤ戦争史にかんする記述とソロヴェツキー写本とを比較検討し、その結果、両部分が一言一句まで一致していることをつきとめたのである。具体的にいえば、ソロヴェツキー写本では、KhS で細密画が付されているテクストのその部分に蠟滴の痕が残っていた。つまり名の知れない『集成』編者はソロヴェツキー所蔵本『ユダヤ戦史』を読み、どの部分を写筆し、絵を付すかを定めて、写本のその箇所に蠟で印をつけ、その部分のテクストを写させ、そこにさらに絵を描かせたのである。『集成』編纂作業の一端が明らかになってきたということである[79]。その後 B.M. クロスも同様の蠟印のついた別の写本（『ニコン年代記（オボレンスキー写本）』）を発見し、『集成』編纂作業の実態解明に大きく貢献したこともここに記しておこう[80]。

「クロノグラフ」編の最終手稿本（第 3 巻、LKh、「絵入りクロノグラフ」）は、上記に続くほとんど 1000 年にわたるローマ、ビザンツ史を概観している[81]。具体的には、ローマ皇帝ティトゥス治世（79–81 年）に始まりビザンツのコンスタンティノス 7 世ポルフィロゲニトス帝治世（919 年に始まるスコレーのド

第 3 章『集成』における「クロノグラフ編」と「レートピシ編」

メスティコス（連隊長）、レオン・フォカスの反乱）までを記す。

　内容の詳細は省略するが、ティトゥス治世の短い記述（79 年のヴェスビオ山噴火後の平安の回復にかんするある「説教」断片で始まるが、冒頭部は欠けており、中途から始められている）に続いて、まずはコンスタンティヌス大帝までの歴代「ローマ皇帝」の治世がたどられる。ティトゥスの次は、「第 12 の支配」とされるその弟ドミティアヌス帝の統治であり、それが「第 42 の支配」、すなわちコンスタンティウス帝（コンスタンティヌス大帝の父）の治世までたどられる。

　以上の「ローマ皇帝」の記述に続くのは、コンスタンティヌス大帝「敬虔帝」pravovernyi を始祖とする「キリスト教帝国［支配］」の項で、コンスタンティヌスはその「初代［第 1 の支配］」である。「第 2 の支配」は大帝の子「ローマ皇帝」コンスタンティヌス 2 世治世で、かれの代になって初めて「コンスタンティヌスの都に君臨す」と明記される。大帝によるコンスタンティノポリス（コンスタンティノープル）建造と遷都をうけてのことである。「キリスト教支配」の記述は、「第 7 代」テオドシウス大帝以降はほぼ完全に帝国東方部分の叙述（ビザンツ史）に限定され、それは「第 48 代」とされる 10 世紀のコンスタンティノス・ポルフィロゲニトス帝治世までたどられている。

　本巻におけるキリスト教皇帝にかんする記述で、力点がおかれているのは、言うまでもなく、初代キリスト教皇帝であるコンスタンティヌス大帝で、かれについてはマクセンティウスとの決戦に先立って天に見たという十字架とそれに続く勝利および「洗礼」に始まり、その「崩御」に至るまで、本巻全体のほぼ一割が費やされている（全 1217 丁のうち約 120 丁）。次いで多いのがテオドシウス大帝（約 64 丁）や「第 16 代」ユスティニアヌス 1 世（約 67 丁）、「第 33 代」の聖画像破壊皇帝レオン 3 世（約 53 丁）、「第 44 代」ミカエル 3 世（母テオドラの摂政時代を含めると約 86 丁）、「第 45 代」マケドニア朝のバシレイオス 1 世（約 56 丁）、「第 46 代」レオン 6 世（約 98 丁）、そしてコンスタンティノス 7 世ポルフィロゲニトス帝（約 54 丁）である。

　本巻の叙述は政治、軍事、経済から自然現象を含む歴史のあらゆる側面に及ぶが（言うまでもなくそれは体系的ではなく、偶然的、選択的である）、そのなかでも重点が教会（正教会）ないし聖職者の目で見たキリスト教帝国史にお

63

かれていることは明らかである。このことはコンスタンティヌス大帝治世の記述が聖者伝（「聖コンスタンティヌスとエレーナ［ヘレナ］伝」）に依拠していることからもうかがえるが、編者は迫害の時代に信仰のために苦難を受けた殉教者の名を熱心に記録するだけでなく、教会の立場から見ての「異端」者の名を列挙し、「異端」を厳しく論駁しつつ正教会の立場を固めた七つの全地公会（公会議）のすべてについて詳細に物語る。3世紀に芽生え、4世紀以降目覚ましい発展をみせる修道制についても大きな関心が寄せられている。さらにはビザンツ帝国にきわめて深刻な影響を及ぼした8–9世紀前半の聖画像破壊運動も重大な関心を呼んでいる。本巻において個々の支配者の活動がなによりもまずそのキリスト教（正教）との関係という視点から評価されていることは疑いのない事実である。

　ところですでにふれたように、本巻の冒頭部には欠落があった（ティトゥス治世の項の最初の部分）。研究が進展する中で、本来ここにあるべき紙葉10丁ほどが手稿本の第9巻（S）に入っていることが明らかになった（Sの最初の6丁、ll.1-6が、本来LKhの冒頭部に来るべきものである。またSのll.623-626がLKhの末尾に位置すべきことも判明している）。これについて、A.P. ボグダーノフとA.M. ペントコフスキーが興味深い指摘をしている。すなわち、かれらによると、『集成』原本は17世紀末まで未装丁のままツァーリの文書保管庫に巨大な山となっておかれていたが、1683年に国庫庁附属のツァーリ工房に移され、このことにより『集成』の一体的存在に終止符が打たれることとなったという。「『集成』が君主自身の図書室から国庫資産の一部へ移管されたことで、国有財産の公然たる横領で名高いロシア官吏の下にあっては、悲劇的な結末が不可避となった」とされる[82]。とくに1699年、本巻（LKh）とSに含まれることになる紙葉の束（あるいは仮綴じ、ないし冊子体）がモスクワ印刷局長カリオン・イストミンによって持ち出された。これらは、おそらくは印刷局で同時に修復され現在に伝わる形に装丁されたが、そのときに混乱が起きた。上記のごとく、LKhの冒頭部などがSに紛れ込むに至ったのである。以上は各手稿本が長らく紙葉の束のまま放置され、最終的に装丁された時点で、紙葉の順序に混乱が起きたことを暗示している。ここではこれにとどめるが、こうした事例はほかにもみられるという。

第 3 章『集成』における「クロノグラフ編」と「レートピシ編」

　本巻におけるローマ史およびビザンツ史の叙述は、いずれも既述の以下の二作品を主要史料として利用している。『ギリシア・ローマ年代記（第二版）』および『1512 年版ロシア・クロノグラフ』である[83]。

　以上みたのが『集成』「クロノグラフ」部分（手稿本の最初の三巻から構成される）のおおよその内容である[84]。

　これに続くのは、手稿本の第 4 巻から最終第 10 巻までの「レートピシ」部分、すなわちロシア史の叙述である。具体的には 1114 年から 1567 年のイヴァン雷帝治世途中までのロシアの歴史が描かれる。手稿本各巻は古い時代からほぼ順序どおりロシア史を記述してゆくが、必ずしも厳密に年代順であるわけではない。たとえば第 4 巻（G）は 1114–1247 年のロシア史にあてられているが、奇妙なことに 1425–1472 年の記述も含まれている。続く第 5 巻（L）、第 6 巻（O-I）、第 7 巻（O-II）が 1116–1252 年、1254–1378 年、1378–1424 年と順序よく記述されているところから判断すると、第 4 巻の 1425–1472 年部分は、本来第 8 巻（Sh）に含まれるべきものであったと推測される。手稿本が各所に分散されてゆく過程でこうした事態が起こったと考えられる。現存本の第 8 巻（Sh）は、1425、1478–1533 年の記述となっている。

　最大の問題を抱えるのは、『集成』最後の二巻である（S および Ts）。これについてもすでにみたが、第 2 部において両巻の内容にまで立ち入って具体的に検討することになるので、ここで改めて確認しておきたい。この二巻は「レートピシ」のなかでも「新しい時代」すなわちイヴァン雷帝治世にあてられた部分であるが、第 9 巻（S）は 1533–1542、1553–1567 年の、第 10 巻（Ts）は 1533–1553 年の記述となっている。両巻は部分的に重なっているようにもみえる。これが研究史上、『集成』においてはイヴァン雷帝治世史が二重に、S と Ts において別々に描かれているとする見解、あるいは S が主で、Ts はその写し（清書版ないし改訂版）とする見方を生み出した。この両巻の関係をめぐって研究史上さまざまな見解が表明されてきたのである。S と Ts 両手稿本の関係をめぐる問題をどう解決すべきか、本書でもすでにみたところであるが（上述 29–30 頁）、ここでは研究史上の複雑な過程には立ち入らずに、近年の代表的研究者らが到達した結論を改めて想起しておきたい。すなわち、両巻は本来雷帝治世史を描く一体のものであったが、『集成』の編纂ないし改訂の過程で、

65

後に二つに分割されて今日に伝わることとなった、というものである。両者を最初からそれぞれ独立した手稿本と捉えて雷帝史を構築しようとした研究者らは誤った前提にたっていたことになる[85]。

ロシア史の最初期部分（すなわち 1114 年以前の『原初』に相当する部分）を記した紙葉も、かつて存在したがその後失われたと多くの研究者によって推測されている[86]。さらにビザンツ帝国の衰退が始まって以降の、10-15 世紀の世界史（ビザンツ史）記述もあったが、これまた失われ今日に伝わらなかった可能性について言及する者もいる。おそらくイヴァン 4 世治世晩年（1567 年以降）を記述した紙葉もあった可能性が高い。18 世紀中葉にはまだフョードル・イヴァーノヴィチ帝の戴冠式（1584 年）を描く紙葉が保存されていたことが分かっているので、雷帝治世晩年についても書かれたと推測されるのである。ただしこの部分は現存本にはみられない。すでに記したように、M.M. シチェルバートフが Ts のテクストを刊行したとき（1769 年）、これらの紙葉をも手にしていたという。かれは、それらが破損したり、汚れがひどかったりしたことがあったためか、自身の刊本には含めず、その後この部分は失われてしまった。もっともクロスなどは、そのテクストが『集成』の 17 世紀の写本である『アレクサンドル・ネフスキー年代記』（ANL）によって復元可能であると考えている[87]。

『集成』の内容上の全体構成はおよそ以上のごとくであるが、ここでは『集成』に「クロノグラフ」部分が存在することの意味について改めて注意を喚起しておきたい。この部分で発揮される編者の視野の広さは想像以上のものがある。ロシアは天地「創造」以来の「世界史」に直接連なる、現存する唯一の「正教」帝国とする認識が明瞭に示されているのである。その意味では、「帝国」を体現する第一と第二のローマ、新旧両ローマ帝国（ローマとコンスタンティノープル）が滅びた「いま」や、これを受け継ぐのは自ら以外にはないと自覚したモスクワ国家の、よく知られた「モスクワ第三ローマ理念」を歴史叙述によって具体化し、展開したものとみることもできる[88]。こうした視野の広さは、当時のロシア人の知的水準の高さを示すものなどではもちろんない。しかしそれは、モスクワ時代のロシア知識人が自らを「キリスト教ローマ」的な、あえて言えば「ヨーロッパ」的な存在であることを疑っていなかったことを示すも

のではあるだろう。当時のロシアの世界史認識の質がどのようなものであったかは当然問題になりうるが、いまはそこに焦点を当てる必要はなかろう。中世ロシア人にとって「キリスト教世界」が本質的な意味をもっていたということが改めて確認されれば、それで十分であるからである。

第 1 部『絵入り年代記集成』の成立

第 4 章
『集成』の細密画

　『集成』の最大の特徴は、いうまでもなく膨大な数の細密画に彩られていることである。本章では歴史上の出来事や諸人物、さまざまな場面がそこでどう描かれているかをみることにより、その史料（資料）としての意義について考えてみる。もとより膨大な数の細密画を網羅的に取り上げるというわけにはいかない。『集成』がとくに注目する公や大公、またツァーリに焦点を合わせ、その一面をみるにとどめざるをえない。

　年代記その他の諸作品に細密画を付すことは、『集成』のみにみられる特徴ではない。古ルーシでは手稿本を細密画で飾ることは早くから行われ、ひとつの伝統にすらなっていた。個々の例を除いて[89]、そうした作品の中でとくに重要なのはビザンツの年代記作者ゲオルギオス・ハマルトーロス（モナコス）の「クロニカ」のスラヴ（古ルーシ）語訳である。原本は既述のごとく、10 世紀中ごろまでの「世界史」を叙述した年代記の一種で、『集成』クロノグラフ部分が依拠する最重要史料の一つでもある。テクストのスラヴ語訳はさまざまなクロノグラフ的集成本中に含まれる形で、ロシアでも早くから知られていた（同クロニカについて、またそれが『原初』の最重要史料の一つであったことについては本書上記注 59 を参照）。この作品のロシアで現存する最古の写本は 13 世紀末−14 世紀初のトロイツキー本であるが、これが「絵入り」本であった。これはトヴェーリのミハイル・ヤロスラヴィチ公（在位 1304−1318 年）の命で作成されたと考えられ、含まれる細密画は全部で 127 を数える（テクストに先行する扉にさらに 2 ある）。絵の一部は明らかに当該写本より以前に遡る手稿本からの模写で、ビザンツの原本に近い特徴を示しているとされるが、それ以外の細密画はより後期のロシア（トヴェーリ）起源のものと考えられている[90]。

第 4 章『集成』の細密画

　『原初』の最古の写本（15 世紀末）の一つでもある『ラジヴィウ（ラジヴィル）年代記』も絵入り年代記として名高い。テクストの冒頭部分は『原初』であり、それがさらに 1206 年部分まで書き継がれている。これが 600 を超える細密画によって飾られているのである[91]。

　『集成』が以上のような伝統の上に成り立っていることは明らかである。ただしこれまで見てきた通り、細密画数において他を圧倒する『集成』は、今回の全巻出版によりようやくその全貌が明るみに出されたばかりであり、これを以上のごとき流れの中に正確に位置づけながら全体として論じることは、容易にできることではない。以下では近年の諸研究者（アルツィホーフスキーやポドベードヴァ、あるいは V.V. モローゾフなど）に導かれながら対象を限定して、著者にとって重要と思われるいくつかの点について若干の考察を加えるにとどめざるをえない。

　ちなみにロシア以外の国々における類似の作品、『大フランス年代記』やムガール帝国の祖バーブルの回想録『バーブル・ナーマ』（バーブルの孫の代になされたペルシア語訳のひとつに宮廷画家らによって見事な細密画が付された）などと『集成』を比較してみることができれば（含まれる細密画の芸術性や完成度はともかく、数的には『集成』は前二者を圧倒している）、有意義ではあろうが、それも今後に期待される課題の一つとなる[92]。

　さて『集成』の細密画であるが、ポドベードヴァの指摘をまつまでもなく、その目的は年代記テクストの記述を読み手の前に具体的、視覚的に提示し、理解の促進を図ることにあった。それゆえ絵師には、テクストに記される多様な主題、幾多の歴史的出来事、古ルーシ人のもつさまざまな理念、感情、諸観念をできる限り忠実に描き出すことが求められた。制作にかかわった絵師の数は相当数に上ったと推測される。何しろ膨大な数の細密画を仕上げる必要があったからである。かれらはある種の団体（ドルジーナ、アルテリ）に組織され、分業的に作業に従事したことが知られている。絵師の個別的特徴を識別することはある程度可能とされるが、個々の絵師の名はいうまでもなく、絵師集団を指導・統括した人物名も伝わっておらず、これまでのところこれを特定することはできていない[93]。このような事情から、『集成』の絵師を芸術家というよ

69

りは職人（手工業者）とする見方が出されることもある。そうした側面をもつことは否定できないが、なかには高い芸術性を示す細密画も少なくなく、あえて二者択一的に割り切って考える必要もないように思われる[94]。

　芸術的であるかどうかはともかく、ここでまず実際にいくつかの絵を見ておきたい。全体を代表する例というわけではないが、とり急ぎ具体的イメージをえるためである。もっともその前に、本書でみる『集成』細密画とそれを例示する際の記述方法について、あらかじめ若干の説明が必要と考える。

　本書で検討するのは、原本（原紙葉）そのものではなく、あくまでも刊本（ファクシミリ版）である。刊本の各頁主要部にみられるのは、まずは原細密画であり、その後に行書体で書かれた原テクストが続くが、いずれもそれらのカラー写真である（テクストが絵の前にくることもあるが、それは通常前頁の絵を説明する文の続きである。また言うまでもなく細密画がなくテクストだけの紙葉もある）。そして各頁の左右いずれかの脇（端）には、刊行に際して編集された部分が配置されている。すなわちその下部に現代文字に転写（翻字）された原テクスト、上部にその現代ロシア語訳が印刷されている。この原紙葉にはない、編集された部分があることで、原紙葉の一部、とくに後に問題となる余白部分に書かれた「追記」などが一部隠され、見えなくなっている場合があることに注意が必要である。

　ところで本書が検討する細密画は「口絵」として一括して掲げてある。これらは、『集成』刊本の出版元アクテオン社が本書の企画を高く評価され、著者と成文社の求めに応じて直接送ってこられたものである。ここに同社のご厚意に深甚なる謝意を表しておきたい。送られてきた写真は原紙葉を直接撮影したものであるが、紙葉全体ではなく、絵とテクスト部分だけの（つまり紙葉の主要部の）写真である。本書の執筆は刊本を手元におきながら行われたが、本書が最終的に掲げるにいたった写真（口絵）は刊本からのものではないので、先に説明した左右の余白部とそこに印刷された編集部分（翻字された原テクストと現代語訳）などは含まれておらず、それゆえ説明にやや齟齬が生じたところがある。以上のような事情ゆえのことであるので、ご理解いただければ幸いである。

　また冒頭部に掲げられた口絵では、とくに第2部で検討することになる、最

第 4 章『集成』の細密画

後の二手稿本（S と Ts、イヴァン雷帝治世を取り扱う「新しい歴史」部分）に書き込まれた「追記」は相当部分が途切れており、全体を見ることができなくなっている。これは刊本の場合でも事情は基本的に同じであるが、「追記」の全体を示す必要のある際には、その部分を特別に示すことで補いたいと考えている。

さて本書で各紙葉の細密画およびテクストに言及する場合には、まずは手稿本の略号とその紙葉番号を Ts, l.278 ob. のごとく（l. は list［紙葉］の、ll. はその複数形の、ob. は oborot「裏面」の略である）、ついで「ロシア史編」刊本の巻数と頁数を Russ.let.ist. Kn.20, s.293 のごとく（ただし本書では、もっぱら「ロシア史編」が検討の対象となるので、Russ.let.ist. は多くの場合省略される）示す。手稿本略号と紙葉番号を記すのは煩雑で、場合によっては不要に思われるかもしれない。しかし著者の考えではこれは必要である。というのもこれまでの本書の記述からもお分りのように、従来の研究者は、『集成』全巻が未刊行であったため、やや混乱を含む原手稿本（膨大な紙葉）そのものを繙きつつ研究を進め、典拠として手稿本と紙葉番号のみを示さざるをえなかったからである。本書もこれまでの研究史との連続性を確保する必要がある。それだけではない。手稿本・紙葉番号と刊本の巻・頁数の双方を示すことで、歴史史料としての『集成』が今日ある姿を獲得するに至った経緯の一端が明らかになると考えられることもある。さらに『集成』テクストの分析のためには、人名や地名また事項索引の利用が必須となるが、これらの索引は今回の刊行に際して各手稿本ごとに作成され、『学術補助資料編』（補巻を除き全 10 巻）に掲載されている。各語彙は手稿本ごとに打たれた紙葉番号のみで検索可能となっている。これを省略するわけにはいかないのである。

以下検討に入ろう。最初の例としてとりあげたいのは、ロシア史上の一大事件である 1380 年の「クリコヴォの戦い」を描く細密画である。

モスクワ大公ドミトリー・イヴァーノヴィチ（1359–1389 年在位）が率いるロシア軍は、この年ドン河畔のクリコヴォの野においてタタール軍にはじめて本格的な抗戦を試み、これに勝利したが（ドミトリーはその後「ドンスコイ」（ドン川の英雄）と称えられるようになった）[95]、この戦いを描く細密画のなかか

71

らまず次の絵をみていただこう。

絵 1-1（O-II, l.75; Kn.9, s.455）を説明するテクスト（絵の下に続く）には次のように記されている。

「そしてかれ［大公］は各部隊にドン川に橋を架けるよう、またすべての戦士にあらゆる［予期せぬ］ことに備えて鎧を身に着けるよう命じた。」

絵には橋を架ける様子が描かれている。画面手前左側に腰をかけているのが大公ドミトリーである。かれは顎鬚を生やし、頭上には丸型の毛皮で縁取りされた公冠を着用している（公冠や顎鬚について詳しくは後述する）。大公の右手に見える人物も同様の公冠の姿である。これは大公の従兄弟で、戦いの最終局面で伏兵部隊を率いて突入し、ロシア軍に勝利をもたらしたセールプホフ公、ウラジーミル・アンドレーエヴィチである。この二人以外に公冠を着用する人物がいないことにも留意したい。帽子をかぶり、中には顎鬚の人物もいるが、後者は貴族ではあろうが、公ではない。被り物が公冠とは異なっていることに注意していただきたい（毛の縁取りがなく、たんにひさし、折り返しがついているだけである）。多くの戦士が先の尖った兜（ないし頭巾）をかぶっている。すでに鎧を身に着けている戦士もいるが、今まさに着用しようとしている者も描かれる。下段と中段中央部の箱のなかにみえるのが鎧である。

次の絵 1-2（O-II, l.76; Kn.9, s.457）は、渡河した直後のロシア軍を描いている。この直前の場面で大公は戦士らが渡ったばかりの橋の破壊を命じている。敵地に乗り込み退路を断ち、背水の陣を敷いたのである。しかし全軍を不安が包んでいる。テクストには次のように記されている。

「そのとき狼は夜通し恐ろしい声で吠え、カラスと鷲も夜昼なくするどい叫び声をあげた。神のみ旨で始まらんとする凄惨な流血の日の到来を告げているのだ。世に『屍のあるところ、鷲も集まる』といわれる。このようなとき勇者の雄々しき心は身の毛もよだつ恐怖により逆に強められ、戦意をますます盛んにする。」

第4章『集成』の細密画

　これに続く紙葉では、「だが臆病で劣る者たちは目の前に死を見て、いっそう恐れおののき、意気消沈するのだ……」と続いている。

　絵を見てみよう。ドン川が一番手前（最下部）にみえる。上段には右側に吠える狼、中央に騒ぎ立てるカラス、左側にするどく鳴く鷲である。これらがやがて始まろうとする戦の激しさを予告しているかのようである。画面全体にロシア軍がいくつかに分かれて描かれる。手前主要部（下段）にみえるのが主力軍である。その左側に顎鬚を蓄えたドミトリー大公が腰を下ろしている。かれだけが上記のごとき公冠を着用している。大公の前に立つ、ひさしつきの帽子をかぶる人物（5人いる。うち3人が大公の方に顔を向けている）のうち顎鬚のあるのが貴族であろう。鬚のないのは貴族に比べればやや「若輩」の者を示す（年齢のみならず社会的意味においてもである。これについても後述参照）。その他の者たちは戦闘用の兜ないし頭巾をかぶる戦士たちである。大公を含め多くの戦士が周囲の者と何事かを話し合っている。手の仕草からかれらが不安に満たされている様子がうかがえる。テクストの作者は、勇者は「恐怖」を糧にしていっそう奮い立つと督励するが、この段階では不安のほうが強いようである。最上段右端に描かれる戦士群をどう理解するかは難しい。著者はこれもロシア軍（なかでもウラジーミル・アンドレーエヴィチ公の伏兵部隊）と解釈するが（もっともその場合公自身が描かれていないようにみえるのは、問題となる）、待ち構えるタタール軍とみることもできそうである。というのも、次にみる絵からもわかるように、『集成』ではロシア軍とタタール軍は外見上区別されず、基本的に同じ具足姿、出で立ちで現れるからである（これについても後述参照）。ただこちらの解釈の難点は、タタール軍が描かれるときには、ほとんど常にそのカン（ルーシでは「ツァーリ」（皇帝）と呼ばれた）、すなわちこの場合エミール（アミール）のママイもともに描写されるが、ここにはその姿がみられないことである。もしカン（ツァーリ）も描かれるとなれば、その場合「ツァーリ」は常に特別の「帝冠」を着用して描かれるのである[96]。

　そこで絵1-3（O-II,l.96;Kn.9,s.497）をみてみる。それは「クリコヴォの戦い」の最終局面を描いている。

　まずは絵をみておこう。

この絵にはロシア、タタール両軍の戦闘場面が描かれている。絵ではどちらがロシア軍で、タタール勢はどちらなのか、一見しただけでは区別しがたい。両軍戦士の具足や出で立ちがほぼ同じであるからである。もちろんよく見ると識別は可能である。まず、最上段左端に帝冠をいただく人物が描かれている。この場面で帝冠を着用しうるのは「ツァーリ」ママイだけである。顎鬚に覆われるかれの顔立ちはロシア諸公のそれとほとんど区別できないが、帝冠は決定的な判断材料となる。そこから画面の左側に位置するのがタタール軍であることもわかる。画面の右から左へむかって攻勢をかけているのがロシア軍である。タタール軍は後ろを振り向きながら逃走しようとしている。ママイの前に立つ帽子をかぶり顎鬚を蓄える人物は、おそらくはタタールの武将の一人で（かれも外見からはロシアの武将と区別しがたい）、左手の人差し指をロシア軍の方に向けながら、ママイに対し戦況急変の報告をしているようにみえる。それにたいしママイの方は右手を差し出し、なにか途方に暮れた様子のようである。

　ロシア軍の側に注目してみよう。これも一見してわかりにくいが、よく見ると二つに分けて描かれている。上方に描かれるのが天の軍勢である。戦士は光輪（後光）に包まれ、なかには翼をもつ天使もみられる。直前の紙葉のテクストに列挙されているキリストの大戦士、聖ゲオルギーと聖ドミトリー、そしてロシアの守護聖人である聖ボリスとグレープ、さらには大天使聖ミカエルらのことを描いているのであろう。

　中ほどから下の右側主要部に描かれるのが現実のロシア軍である。しかしその中央で、右手に剣を振り上げる公冠着用の騎士が誰であるかは簡単には判断できない。戦いの最終局面でウラジーミル・アンドレーエヴィチ公麾下の伏兵部隊が突入し、ロシア軍に勝利をもたらしたことを考慮するならば、同公が描かれているとも考えられる。たしかに絵1-3に先行する一連の紙葉では、同公のことが主に話題となっている。

　だが結論から言えば、これはやはりクリコヴォの英雄、ドミトリー・ドンスコイ大公その人と考えるべきであろう。その根拠の一つは、ここの公が先に見た絵1-1や絵1-2に現れる大公と同じ姿に描かれていることである。とくに公冠の主要部と大公の具足の色に注目願いたい。これに対して絵1-1に描かれるウラジーミル・アンドレーエヴィチ公はここの公とは異なる公冠を頭

上においている。それだけではない。絵 1-3 を説明するテクストもこれを間接的ながら証明しているとみることができる。『集成』では、既述のごとく説明文は絵の後におかれているので、本来はこの絵のある紙葉（絵の前にも 7 行分ほどのテクストがおかれている）ではなく、これに次に続く紙葉（O-II,l.96 ob.;Kn.9,s.498）に記されたテクストが関係するのであるが、言うまでもなく、戦いの物語は一連の流れの中で語られるので、双方を以下に訳しておこう。

　まずは絵の前におかれたテクストである。次のように記されている。

「そのとき異教徒の部隊は二人の軍司令官が率いる光輝く軍勢とかれらに降りかかる激しい矢の嵐を見た。邪教のタタール勢は神への恐れにとりつかれ、キリスト教徒の武器により打ち負かされた。神は大公ドミトリー・イヴァーノヴィチの右手を高く掲げられ、かれに異教徒に対する勝利を与えられた。」

これに続き、絵の後（紙葉の裏側、刊本の次頁）には以下のテクストが続く。

「そのとき神といとも清きその母の助けにより、穢れしイスマエルの子ら［イスラーム教徒］は目に見えぬ神の軍勢を前に大いに恐れおののき、悲鳴を発しつつ次のように言った。『ああ、情けない、われらを災いが襲った。われらはキリスト教徒に出し抜かれた。奴らはわれらにたいし凄腕の公と武将らをひそかに温存して、倦むことなき武人をわれらに対し備えていたのだ。いまや［われらの］手は力を失い、肩は疲れ果て、膝は麻痺してしまった。馬も動きを止め、武器も手から落ちた。これでどうして奴らに歯向かうことができよう。ああ大いなるママイよ、汝は災いだ。汝は天まで届かんばかりに増長し、愚かにも地獄へ真っ逆さまに落ちた。そしてわれらすべてを忌々しくも滅びに導いたのだ。』かくてタタールの軍勢は敗走し、キリスト教徒の戦士たちはかれらを追撃し、打ち、屠り去ったのである。」

　先のテクストにある「二人の軍司令官」はおそらくウラジーミル・アンドレーエヴィチ公と、かれに突撃の時の来たことを告げ決断を促した軍司令官ドミト

リー・ボブロク（ヴォルィンスキー）であろう。口絵には掲げなかったが、このテクストが説明したはずの絵（前紙葉上にある）には確かにこの二人と思しき騎士が描かれていた。またこの絵にはタタール勢に降りかかったという「激しい矢の嵐」も鮮明に描かれている。

一方、同じテクストの後半部では、異教徒に対する勝者としての大公ドミトリー・ドンスコイが前面に押し出される。そしてこれが絵1-3の説明文へと続いていると考えることができる。こちらでは、「イスマエルの子ら」すなわちイスラーム勢が自らのカン・ママイを呪い、キリスト教徒の勝利を承認しているのである。それは「クリコヴォの戦い」勝利の最終的確認の宣言といってよい。この場面で描かれるべき最もふさわしい人物はただ一人、大公ドミトリー・ドンスコイその人であったとする結論に誤りはない。

絵1-3について補足としてもう一点説明しておきたい。実はこの絵だけにみられるわけではないが、戦いの場面を描く一連の細密画では画面の最下段に血に染まる数多くの戦死者が描かれている。狼やカラスや鷲が不吉な鳴き声で予言した惨劇が現実化したのである。おそらくここにはロシア兵のみならずタタール兵もともに描かれている。戦後、大公ドミトリーは現地に八日間留まり、正教キリスト教徒の戦死者をとくに選り分けて埋葬するよう命じたと、後に続くテクストに記されているからである（O-II, l.110; Kn.9, s.525）。『集成』絵師のある種のリアリズムがここに現れているということができる。

以上に見た三枚の絵の芸術的価値が高いかどうかは何とも言えない。しかし絵師たちが「クリコヴォの戦い」をテクストに忠実に、そしてかれら自身の能力の限りを尽くし想像力を駆使して（とくに狼やカラス、鷲の表象は注目される）描き出そうとしたことは見て取れるように思われる。おそらくこれ以上のことをかれらに求めることはあまり意味がないと考える。

さて『集成』の絵師は、宗教的また世俗的要素を合わせもつ歴史的テクストを可能な限り完全、的確に描写するために、さまざまな手法を用いたが（たとえば、「身振りの言語」、「色彩の言語」などの絵師に独特の表現法）、その際にかれらがとくに力を注いだのは、その出来事が「いつ、どこで、またいかにして」起きたのかを的確に示すことであった（そのためにさまざまな出来事をひとつの絵にまとめて描く構図上の工夫、すなわち後述するような、多層的空間

構成の手法などが編み出された)。この点の追求が『集成』絵画を、芸術的価値の高いことで知られる古ルーシのイコン画やフレスコ画から区別するもっとも本質的な特徴となった[97]。

　絵師は歴史絵画の制作にあたって、政治・社会関係、外交や戦争、戦士や武具、聖職者と俗人、都市と農村、宮殿や教会・修道院を含むさまざまな建築物、人々の生活と労働、それらにかかわる諸道具、人々を取り巻く環境や自然現象(天変地異)、またそうした事柄に対する中世人の観念など、あらゆる事柄に関して、最初は象徴的、抽象的に、次第に具象的、写実的度合いを強めながら描出しようとした。『集成』ではとくに多様な自然現象、とりわけ吹雪、大雨、旱魃、晴天などが、おそらく初めて視覚的に表現されたことが指摘されるが、それもこうした探求の過程で生み出された芸術表現の一つにほかならなかった[98]。

　細密画がどの程度描かれる時代の現実を伝えているか、すなわち写実性がどの程度認められるかは難しい問題であるが、概して、『集成』が編まれた時代、すなわちイヴァン雷帝期を描く最後の二巻(SとTs)ではその程度が高く、時代を遡ればさかのぼるほど、伝統に基づいて抽象的、象徴的、ないし紋切り型になったり、16世紀の現実が遡及的に投入されたりするなどで、これが薄れる傾向にあったことは疑いない。ただし新しい時代を対象としている場合でも、そこに描かれていることのすべてが現実を忠実に描写したと考えることはできない。むしろ一定の約束事に従って定型的に描かれるのが通例で、描かれた形象から判断してその時代を特定することが必ずしもできるわけではない。これはこれまでの諸研究でもしばしば見られたが、研究者が陥りがちな一つの落とし穴である。あくまでも個々の事例に即して慎重に見ていく必要がある。

　とはいえ本書では、『集成』の細密画が示すこうした芸術的およびその技術的側面に関して、これ以上に立ち入って検討することはできない。以下本章では、「ロシア史編」を中心に、テーマを絞って細密画の特徴を明らかにすることにつとめたい。

　『集成』が描く歴史は言うまでもなくキリスト教的救済史の大枠のうちにある。このことは最初の「聖書編」において明確に示されるが、「ロシア史編」においても、基本的には同じで、高位聖職者や聖人に関する記述と絵画が大き

な部分を占め続ける。しかし歴史において現実に行動する主体として描かれるのは「神に選ばれた」ツァーリや諸公である。それゆえここではかれらがどのように描かれているかに焦点を絞ることにしたい。

いったいツァーリや諸公は、他の階層の人々とどのように区別して描写されているのであろうか。『集成』は、巻によって程度の違いはあるが、基本的には封建的な身分観に貫かれている。「ロシア史」編の早い巻（手稿本の G, L, O-I, O-II）においては、いわば「初期」封建的身分観が支配的であり、15–16 世紀を描く Sh, S, Ts においては「後期」封建制のそれ、すなわちモスクワ大公権が強化された時期の観念が優勢となっている。人々はいわば一種の「封建的官等（位階）表」に基づいて区分され、それぞれの特徴が明るみにでるよう配慮されている[99]。上は公やツァーリから親兵や貴族を経て、下は町人や農民など庶民にいたるまでの諸階層を区別する一つの有力な方法は、各々の被り物（冠や帽子など）に注目することである。人々を識別する方法はほかにも衣服や顎鬚（の有無）、その他さまざまにあるが、公やツァーリの場合は、種々の権力の標章（公冠や帝冠などに加え、錫杖 zhezl や肩衣 barmy など）によりもっともよく識別される。以下ではとくに被り物について少々立ち入ってみてみたい[100]。

アルツィホフスキーによれば、モスクワによるロシア統一がなる、およそ 15 世紀後半までの時期においては、諸公は、モスクワ公もそれ以外の諸公もみな、ほぼ同じ形の公冠を頭上におく姿で描かれるという。このことは、モスクワ君主権を別格化しその賛美を主たる目的とした『集成』の基本理念に、ある意味ではそぐわないともいえるが、ただ、いまだ諸公間関係を平等とする観念が支配的であった初期封建時代の状況を忠実に反映するものでもあった。

「ロシア史編」の 15 世紀半ばまでを描く諸巻においては、古ルーシの公冠は、おしなべて毛の縁取りのついた丸型のふっくらとした形をしている（先に見た絵 1-1～絵 1-3 における大公の冠がそれである）。この公冠は、15 世紀前半までは形状において大きな変化のないままに、各地の諸公に共通である。つまり大公もそれ以外の諸公も関係なく、同じ形の公冠を着用して描かれているのである。もっともときにはこれと異なる形状の公冠がみられることもある。とくに手稿本 G や L のそれぞれの前半部においては、黄色の丸型で、毛の縁取りのない、弧型の飾りのつく冠、というよりむしろひさしのない帽子の形をしたも

のもみられる（後に掲げる絵 1-8 や絵 1-18 においてウラジーミル・モノマフ公が着用する冠である）。これをどう説明するか難しいところであるが、一応例外と考えておきたい。

　初期封建時代の公冠の描き方のおおよその原則は以上のとおりであるが、ただその場合でも、O-I（およそ「クリコヴォの戦い」の前までを描く）と O-II（「クリコヴォの戦い」から 1424 年までを扱う）の間には見過ごすことのできない違い（変化）も認められる。すなわち、O-I では各地のルーシ諸公（ウラジーミル、モスクワ、ノヴゴロド、トヴェーリ、リャザン、ヤロスラヴリ、ロストフ、スーズダリ、ニジェゴロド、スモレンスク等々の）は、上記原則に忠実に、モスクワ大公も含めほぼ同じ形状の公冠姿で描かれており、大公と諸公間に差異はない。これらの例として、絵 1-4（O-I,l.597 ob.;Kn.8,s.382）をみていただきたい。そこには 1368 年にモスクワ軍の接近を知ったトヴェーリ大公ミハイル・アレクサンドロヴィチが、リトアニア大公オリゲルドの下へ逃れ、同大公にたいし、ともにモスクワと戦うよう懇願する場面が描かれている。トヴェーリ公は画面におそらく三度現れる。まずは下段左側騎乗の、公冠を頭上におく人物がかれで、リトアニアへ向かうところであろう。中段にはリトアニア宮廷が描かれるが、右側に描かれるリトアニア大公夫妻に向かって庇護を乞う無帽の人物もトヴェーリ公であろう。上段もリトアニア宮廷で、大公夫妻が何事か話し合っている。トヴェーリ公の要望にたいしどう対処するかについて相談しているといった様子である。ここで左側に控える公冠着用の人物がトヴェーリ公であろう。トヴェーリ公の公冠が（衣装もそうであるが）上段と下段で異なる色で示される理由は不明である。公冠の色が違うことを一つの根拠に、両者が別人と考えることは可能である。たとえば、下段の人物をモスクワ大公が軍を率いトヴェーリに向かう場面とみることもできそうである。しかし下段の公はモスクワ大公ドミトリーではありえない。顎鬚を蓄えているからである。当時ドミトリーは 18 歳で、それこそあり得ないことであった。やはり両者ともにトヴェーリ公と解釈する以外にはない。公冠の色が異なっていることに大きな意味を認めないか、見る者には何か容易に理解しがたい絵師の隠れた意図があったと考えるしかないように思う。

　ついでのことになるが、ここに二度描かれるリトアニア大公の冠にも注目し

ておきたい。これはロシア諸公のそれとはまったく異なり、冠というより帽子といった方がよい形状をしている。これが当時のリトアニア大公の冠を写実的に表現しているかどうかはここでは問わない。おそらく絵師は実際のそれを描くというよりは、同大公とロシア大公とがまったく異なる存在であることを象徴的に示したと考えるべきであるように思われる。なおここに描かれるリトアニア大公妃が着用する、これまでにも見た「帝冠」風の冠については後述する。

さて O-II であるが、こちらでは先に見たのと同じ公冠を着用して描かれるのは、原則的に「大公」と呼ばれる君主のみとなる。O-II が対象とするのはクリコヴォ戦とそれ以後のことであるが、この時期に自他ともに大公国と目されたのは、モスクワ、トヴェーリ、リャザン、ニジェゴロド、スモレンスクの五、ときにヤロスラヴリを加えて六公国であったといってよい。同じ時期に通常の諸公は、「大公」とは別様の被り物、すなわち先に例外としてあげた毛の縁取りのないひさしつき帽のごとき冠を着用して描かれるのが一般的である。たとえば絵 1-5（O-II, l.13; Kn.9, s.331）をみてみよう。これはクリコヴォ戦の前年（1379 年）にモスクワ大公ドミトリーがリトアニアへ軍を差し向けたときのことを描いている。テクストには、大公が従兄弟のウラジーミル・アンドレーエヴィチ（セールプホフ公）と、ポロツク公アンドレイ・オリゲルドヴィチ、ヴォルィニ公ドミトリー・イヴァーノヴィチその他に命じ、リトアニアへ出撃させたとある。絵は上下二場面に分かれている。主要画面（下部）では、左端に玉座の大公ドミトリー（ここでは鬚も描かれる。当時 29 歳である）、その前に諸公や多数の兵士が立っている。大公は毛の縁取りのある公冠（いまや大公冠と言うべきであろう）をいただいている。諸公の中で同じ形状の公冠を着用するのは一番前に立つ一人だけである。これは大公の従兄弟ウラジーミル公である。先にもみたが、クリコヴォ戦を描く絵においてもかれは大公と同じ公冠を着用していた。しかしかれの場合は例外と考えるべきである。同公はクリコヴォにおいて、終盤伏兵部隊を率いて戦闘に介入し、劣勢のロシア軍を勝利に導いた英雄として称えられることになるからである（かれは戦後「フラーブルィ（勇敢公）」と称賛されることになる）。ここではいわば前倒しで特別扱いされているのである。ウラジーミル公の後ろにやや形の異なる冠（丸型のひさしつきの帽子）を着用し、顎鬚を蓄える人物が二人みえるが、これがポロツク公とヴォ

ルィニ公であろう。後二者は明確に大公（と特別視されたその従兄弟）とは区別されている。絵の上部にはリトアニアの地へ向かうロシア軍が描かれる。先頭を行くのは大公と同じ冠を着用するかれの従兄弟である。他の二人の公もその後ろにみえる（ただし一人はなぜか帽子の色がやや異なっている）。画面上部左端に描かれるのがリトアニアの町（次の紙葉のテクストに出てくるトルプチェフスクやスタロドゥプ）であろう。

　大公以外の公で同じ冠姿で描かれるのは、ウラジーミル・アンドレーヴィチ公以外にもおり、たとえば大公の兄弟（分領公）がそうである。ただ同じモスクワ大公家の一員であっても、それ以外の者はその限りでない。つまりは大公とその兄弟だけが、同家の他の成員とは区別されて、先述の大公冠とともに描かれるのである。絵1-6（G, l.427; Kn.13, s.143）は大公ヴァシーリー1世の弟ユーリー・ガリツキーを描いている。ユーリーは兄の没後モスクワ大公位をめぐって兄の子、甥のヴァシーリー2世と激しく争い、ロシアを長期の深刻な内戦に導いた公である。かれは大公の兄弟（分領公）であり、大公冠と同じ冠をいただく姿で描かれている。もっともこの絵には「公（大公）冠」をいただく人物が何人も描かれている。そこでより立ち入って検討する必要がある。

　まずは絵に続くテクストを訳出しておこう。

「**ユーリー・ドミートレヴィチ公は己が甥の大公ヴァシーリー・ヴァシーリエヴィチに対し軍を率いて出陣する**。かれら［ユーリーの二人の子、ヴァシーリー・コソイとドミトリー・シェミャーカ］は父の下へ、ガーリチへやってきた。すでにかれ［ユーリー］は己が全兵力を集め、大公に対し出陣しようとしていた。かれら［二人の子］が到来した後、かれ［ユーリー］はかれらとともに大軍を率いて大公ヴァシーリー・ヴァシーリエヴィチに向かって出立した。イヴァン・ドミートレヴィチもかれらとともにいたが、大公はこのことを知らなかった。」（ゴチックは原文が朱字で記されている部分）

　ガーリチのユーリー公が、合流してきた二人の子とともにモスクワに対し兵をあげたのは1433年のことであった。このときかれらとともにいたとされるイヴァン・ドミートレヴィチというのは、かつての大公の寵臣で、その後モ

スクワから離反してガーリチ公の下へ去った貴族フセヴォロシキーのことをいう。

さて以上のテクストの説明を頼りに絵1-6をみていこう。

絵にはユーリー公と思しき人物が三度描かれている。まず上段右端の、公冠着用の顎鬚の人物がそうであり、かれがいるのは本拠地のガーリチであろう。かれが話をしているのは、モスクワから寝返ったフセヴォロシキーであろう。フセヴォロシキーは公に対モスクワ挙兵を進言している。画面中央部と下部には公冠着用の人物がそれぞれ3人描かれている。姿格好からして同じ3人が二度描かれていると考えてよさそうである。下部は、ユーリー公が二人の子と挙兵について相談している図であろう。3人とも公冠（大公冠と同じである）をいただいているのは分領公一族であるからであろう。二人の子に顎鬚がないのは当然である。二人は当時おそらく12か13歳であったからである。中段は父子3人がモスクワへ出陣しようとしている図であろう。

ここで大公冠の問題はどのようになっているのであろうか。すでに指摘したように、『集成』もO-II段階になると、たとえ公であっても必ずしも公冠を着用して描かれたわけではなかった。公冠はむしろ大公冠として、大公のみに限定されていく傾向が示されていた。それゆえここにみた絵でユーリー公が公冠着用の姿で描かれるのはそれ自体としてはまずは理解可能である。かれが大公の実の兄弟、分領公であるからである。ただユーリーの子らの場合はどうであろうか。かれらが同じく公冠を着用して現れるのは、分領公の子であるので当然と考えることもできるが、やはり何か行きすぎなところのあるのも事実である。おそらくここで絵師は、ガーリチ諸公の「大公権」に対する要求にモスクワ側が感じたある種の危機意識をこのような形で表現したものと考える必要がある。ガーリチ側の権力要求の強烈さが絵師に二人の子までも公冠着用の姿で描かせることになったと考えられる。

このような「大公」を諸公から区別しようとするO-IIで見られ始めた傾向は、ここではいちいち例はあげないが、その後Gの後半部（1425–1472年を扱う）になると強まる傾向をみせ、やがてはモスクワ大公の兄弟ですら簡素な冠の姿で描かれるようになる。この場合の例として絵1-7（Sh, l.317; Kn.16, s.413）をみてみよう。ここのテクストには、1480年にモスクワ大公イヴァン3世の二

人の弟（アンドレイ・ボリショイ（大）公とボリス公）がリトアニア国境に近いヴェリーキエ・ルーキへ向かって「退去」しようとしていることが記されている。この件については第2部第1章において検討する予定であるが、いまの時点では、大公の兄弟がなぜ「退去」しようとしたのか、そもそも「退去」とは何なのかなどについてはふれずに、ともかくも大公とその兄弟がどう描かれているかだけを見ておく。絵は二場面から構成されている。下部の主要部左側に描かれるのは当時ノヴゴロドにいた大公イヴァン3世とその側近貴族らである。側近が大公に何事かを案じて話しかけている様子である。かれが指さす先の画面上部右側に描かれるのが大公の二人の兄弟とその一行である。かれらは大公国を後にし、リトアニア国境方面へ立ち去ろうとしているところのようにみえる。それはともかく、両者の冠に注目したい。大公の頭上には毛の縁取りつきの大公冠がおかれている。二人の兄弟の方はそれとは異なる丸型の単なる折りかえし（ひさし）つきの冠（帽子）の姿である。同じモスクワ大公家に属す兄弟ですら大公とはまったく異なる存在となったことがここにはっきりと示されているのである。

さて以上に、公冠の描かれ方において、同じく初期封建時代と言っても、時とともに次第に変化する様子が示されたが、変化はこの後手稿本Sh（イヴァン3世治世後半以降を扱う）段階になると、より明確になってくる。とくに1498年のドミトリー・イヴァーノヴィチの戴冠式が大きな転機となるが、このような傾向が決定的となるのが、1547年に自らツァーリとして戴冠したイヴァン4世雷帝治世であった。この二つの戴冠式についても本書第2部において具体的に考察を試みるが、両戴冠式の場で用いられた「大公冠」ないし「帝冠」がいわゆる「モノマフの冠」であった。この冠については以下本章において詳しく検討するが、いずれにせよ、とくにイヴァン雷帝治世になると、かれはもはや「大公冠」ではなく一貫して「帝冠」をいただく姿で描かれるようになるのである。

ではこれまでにもふれてきた「帝冠」とは、いったいいかなるものであろうか。
帝冠は公冠とはまったく異なっている。そして両者の差異（違い）は歴然である。

『集成』に描かれる帝冠は、すでに「ツァーリ」と呼ばれたタタールのママイ「カ

ン」の例でみたように（絵 1-3）、黄（金）色の五放射状、ないし五鋸歯状の形をしている[101]。イヴァン雷帝が戴冠式で着用するのも同じ形状の帝冠である。つまり『集成』では「ツァーリ」として言及される場合、その者はだれであっても、常にこの形の帝冠姿で描かれるのである。

　それゆえ実は『集成』では、この帝冠は雷帝の戴冠式以前にも何度も現れている。そのあたりの事情を理解するためには中世ロシアにおける「ツァーリ」の語の歴史を改めて繙いてみる必要がある。

　キエフ・ルーシ以来のロシア君主の基本的な称号は「公」であり、そのなかでも最初はキエフ公が「大公」と称したと考えられるが、やがて諸地方の自立化が進むとともに、幾人かの最有力者（とその系統）も「大公」を名乗ることとなる。正確に言えば、年代記などにおいてそのように記されるようになる。雷帝以前のロシアにおいては、原則的に大公が「ツァーリ」と呼ばれたことはない。ロシアで「ツァーリ」と呼ばれたのは、まずはビザンツの皇帝であり、13 世紀半ば以降はモンゴル（「オルダー」すなわちキプチャク・カン国）のカンもこれに加わった。むろん例外はあるが、基本的にはそういうことであった。それが 15 世紀後半以降のモスクワ国家の強大化を背景に、イヴァン 3 世やヴァシーリー 3 世などがときに「ツァーリ」と呼ばれるようになり、イヴァン 4 世雷帝にいたってついに大公自身が、側近や府主教らの助言を容れて、公式に「ツァーリ」を名乗ることを決意して初めて、この称号がロシア（モスクワ）君主のものとなるにいたったのである[102]。

　さて以上のような事情からまずはビザンツの皇帝が、ついでモンゴルのカンらが帝冠姿で描かれるようになる。前者は『集成』においても「ロシア史編」の最初から、後者の場合は基本的に L や O-II 以降の巻で帝冠をいただく姿で描かれる。それぞれの例をあげておこう。

　絵 1-8（G, l.3 ob.; Kn.1, s.6）はビザンツ皇帝コンスタンティノス・モノマコスがキエフ大公ウラジーミル・モノマフ（在位 1113–1125 年）にさまざまな帝権の標章を贈ろうとする場面である。どうしてそのような事態になったのかは後述するが、まずは絵に注目しよう。この絵の左上部には帝都コンスタンティノープルの宮廷が描かれ、そこで五放射状の帝冠をいただく皇帝がロシアへの使者、エフェソス府主教に「モノマフの冠」の入った容器を手渡そうとしてい

る。ここで皇帝の頭上にみえる帝冠が実際にビザンツで使用されたものと考えることはできない。『集成』においては、皇帝やツァーリは、すべてこれと同じ形状の帝冠をもって描かれるので、これは一般的に最高権力者の帝冠を象徴的に描いたものと考えるべきなのである。コンスタンティノープルのソフィア聖堂に帝冠をいただくコンスタンティノス9世モノマコスを描いた11世紀中葉のモザイク画があるという（本頁の写真）。そこに描かれる帝冠は、『集成』のそれとはまったく異なる形状をしている。こちらが実際の帝冠を表現していると考えられている[103]。『集成』の帝冠はあくまでも象徴なのである。

絵の右下にはキエフの宮廷が、大公とその側近とともに描かれている。帝都とキエフの間には山並み（岩盤）が描かれ、双方が遠隔地であることが示されている。ウラジーミル・モノマフがここで着用する冠については、本章でもこのあと詳しくみるが（92-94頁）、その形態は、丸型で弧状の装飾が施され、毛の縁取りやひさしはない。さしあたりこのことに留意しておきたい。

コンスタンティノス9世モノマコス

さてコンスタンティノープルは十字軍時代に一度征服され、そこにラテン帝国が創設された。よく知られた1204年の第4回十字軍による帝都占領の時のことである。こうして創建された十字軍国家の皇帝の場合も例外ではない。

絵1-9（L, l.547; Kn.3, s.515）は初代ラテン皇帝「コンド・フラレンド」（フランドル伯ボードゥアン）の即位の場面を描いている。かれも上に見たのと同

様の帝冠着用の姿で描かれている。

　モンゴルのカンの場合は、先にクリコヴォの戦いの場面の「ツァーリ」ママイについてみたが（絵 1-3）、ここではもうひとつ別の例（絵 1-10、G, l.379; Kn.6, s.119）をみてみよう。これは当時ノヴゴロド公であったアレクサンドル・ネフスキーがオルダーのバトゥ・カンの下に出頭したときのことを描いている。『集成』では何年のことかはっきりとは記されていないが（6748/1240 年の記事中に組み込まれている）、『ラヴレンチー（スーズダリ）年代記』などでは 1247 年のこととされている。ネフスキーが最初にオルダー参りをし、バトゥによりさらにカラコルムの大カアン（「カネーヴィチ」）の下へ行くよう指示されたときのことと考えられる（このときネフスキーは、かれに先んじてバトゥのもとを訪れていたかれのライバル、弟のアンドレイとともにモンゴル高原へ向かうよう指示されたのである）[104]。『集成』テクストはこの箇所で、バトゥが公をみて驚き「かれのような公はいないと聞いたのはまことであった」と賛嘆の声をあげたことを伝えている。

　絵 1-10 は二場面に分かれている。中央玉座にあるのがバトゥで、五放射状の帝冠姿で、錫杖も抱えている。その右側に相対して立つのがネフスキー公で、無冠であるが、光輪が描かれている。いまだ存命中ではあるが、後に正教会により聖人とされたからである。絵の左端にも帝冠をいただく人物が描かれている。これも衣装がやや違っているが（緑色の外套を着用している）バトゥであろう。こちらはかれが側近貴族らに、ネフスキーが聞きしに勝る人物であると語り聞かせているところであろう。オルダーの景観も、カン国の要人の姿もみな欧風に描かれている。この点ではタタールはルーシとまったく区別されていない。後述するように、これも『集成』細密画における特徴の一つである。

　興味深いのは、O-II では、以上に加えてさらにブルガリアやセルビア、アルメニアなどの諸君主も、「ツァーリ」と呼ばれている限り、五放射状の帝冠とともに描かれることである。この点ではトルコやエジプトなどのイスラーム君主もキリスト教君主から区別されていない。この場合、「ツァーリ」はロシア年代記作者にとって、外国の君主（もちろん「大国」ないし独立国ではある）を表すという以上の特別な意味はもっていないようにみえる。ロシアにおける「ツァーリ」の語の用法のもつもう一つの側面がここに現れている。

この場合の例として、よく知られた 1389 年のコソヴォの戦いを描いた絵をみておこう。連続する二枚の絵、絵 1-11、絵 1-12（O-II, l.277, 277 ob.; Kn.10, s.295, 296）は、ムラト 1 世（テクストでは「ツァーリ・アムラト」）のオスマン軍と「ツァーリ・ラザル」公のセルビア軍の激突、ついで某キリスト教徒によるムラト殺害の二場面を描く。絵 1-11 では、両軍の側にそれぞれ五放射状の帝冠をいただくツァーリが描かれている。双方の兵士の甲冑も、武器（剣と槍）も、また背後の建物もほぼ同じで、どちらがどちらか区別しがたい。ただ絵 1-12 で、画面左側で剣を心臓に突き立てられているのがムラトであることは確かである。したがってこちらの右上方に描かれるのがラザル公であることも明らかである。ここから推測すると、絵 1-11 で左側に描かれるのがセルビア軍で、そのなかの帝冠着用の人物がラザル公ということになるが、実はここのラザル公は、他の絵（たとえば O-II, l.275 ob.）で、ムラトと確認できる君主（描かれる「ツァーリ」はかれだけである）にそっくりに描かれている（とりわけ赤色のマントが同じである）。こうなると明確に識別することは困難になる。絵 1-11 の手前左側の騎士の被り物のターバン風の形状を根拠に（左奥、皇帝の前にも一人いる）、こちらがイスラーム勢と推測するのも必ずしも妥当ではない。先行する絵では、セルビア側にも同様の被り物をする人物が描かれているからである。このように判別が困難である理由の一つに、『集成』の絵師がひとの顔の表情を十分に描こうとしていないことがあるが、これについてはいまは措いておく。いずれにせよここで重要なのは、ムスリムのムラトもキリスト教徒のラザルも、「ツァーリ」と表記される限り、同じ帝冠姿で描かれているということである。

もう一点、やや異なる特徴のみえる別の例もみておこう。中央アジアに大帝国を築いたテミル・アクサク（ティムール）の場合である。テミル・アクサクはロシアを直接支配したわけではなかったが、『集成』はかれに特別な注意を払っている。O-II にかれについての長い「物語」がみられるのである[105]。テミル・アクサクは最初のうちは通常の冠（帽子）とともに描かれる。しかしテクストに「戦士らはかれをツァーリと呼んだ」と記述されて以降（O-II, l.493 ob.; Kn.11, s.230）、かれは五放射状帝冠の姿で現れるようになるのである。

絵 1-13（O-II, l.496; Kn.11, s.235）は、オスマン朝の「ツァーリ」（スルタン）、

バヤジットがセルビアのステファン公を伴って、テミル・アクサクに対する戦いに出かける場面である（世にいう「アンカラの戦い」1402年、である）。場面は三つに分かれている。最上部の左側で帝冠を着用する人物がバヤジット、その後ろ（左端）のターバン姿の人物がステファン公であろう。これに対し右側で帝冠を頭上におくのがテミルである。かれには顎鬚がないが、よくみるとカイゼル鬚のような細い口髭が見えるので、けっして若いというわけではない。当時かれはすでに60代も半ばであった。中段でもバヤジット、ステファン麾下のオスマン・セルビア軍とテミル軍とが対峙しているが、ここではマントなどは脱ぎ捨てられており、戦闘準備完了といったところである。下段では両軍はすでに戦闘態勢に入っている。

ところでこのようにバヤジットとテミルが帝冠を着用するのは両者が「ツァーリ」であるからであり、先の絵と同じであるが、ステファン公はターバン風の被り物を着用しており、明らかに前二者と、さらには絵1-12における同じセルビア公であったラザルとも異なる取り扱いを受けている。かれはツァーリとは呼ばれておらず、さらにこちらではステファン公がバヤジットにたいし従属的地位にあることが明白であったからである。状況によって描き方に違いが出てくるということである。

帝冠は当の君主がツァーリでなくなった後もときに維持される。たとえばいまみたバヤジットは結局テミル・アクサクに敗れ、捕らえられてしまうが、絵1-14はそのバヤジットが帝冠姿のテミルによって、檻に入れられ護送されている場面である（O-II, l.530; Kn.11, s.251）。オスマン朝スルタンは囚われ監禁された状態にあっても帝冠とともに描かれる。「ツァーリ」は座を降りても、またここでは例をあげないが、死して後もなおツァーリであるのである。

ロシアの公妃が五放射状の帝冠とともに描かれることについても記しておこう。具体例は第2部で多数示されるが、ここではロシアをキリスト教に導いたとされる聖ウラジーミル・スヴャトスラヴィチの妃（后）の場合をあげておく。

絵1-15（G本の1.54と1.55の間におかれる紙葉であるが、これには番号がふられていない。刊本ではKn.1, s.113）は、ポロツク諸公（フセスラフ・ブリャチスラヴィチ公の子ら［子孫］）について記された箇所で、ここでその昔、ノヴゴロド公でその後キエフ大公となる聖ウラジーミルがポロツク公国を攻め、

同公女ログネジを強引に妻としたときのことが想起されている。ここのテクストの文面は次のとおりである。

> 「そしてかの女［ゴリスラーヴァ、すなわちログネジ］は男児イジャスラフを産んだ。だがウラジーミルはさらにほかにも多くの妻をめとり、かの女を軽んじ始めた。」[106]

絵は左右二場面に分けて描かれる。左側に出産直後のログネジが、その下、寝台わきには乳母であろうか、またその膝上に抱かれた赤子のイジャスラフがみえる。ログネジの左手を頬にあてる仕草が印象的である。憂いに沈んでいる様子である。右側には宴席で多くの妻や女たち、また側近や家臣らと楽しむウラジーミルの姿がある。注目すべきは、ログネジも新たに妻となった女性たち（3人）も五放射状の帝冠を着用していることである。妻たちの背後にはプラトークをまとう側妾と思しき者たちも多数描かれている。ウラジーミル公自身は先に見たような毛の縁取りのない、丸型で弧形の装飾つきの公冠（絵1-8を参照）をかぶるだけであるのに、公妃たちはみな、「帝冠」姿というのはなぜなのか、女性、ないし君主の后（妃）をとくに重視しているのか、なかなか合理的な説明は難しい。ロシア君主が帝冠とともに描かれるのは、既述のとおり、イヴァン雷帝をもって嚆矢とするので、なぜ后たちだけがそれ以前から帝冠姿で描かれるのかわからない。皇妃（公妃）たちの場合には、これを「帝冠」とみるべきではないとも思われるが、それにしてもなぜ同じ形なのか、これはやはり謎としか言いようがない。今後の課題としたい。

さて以上に『集成』に描かれるロシアの公冠と帝冠についてみてきた。君主の冠について論じたからには、ここでいわゆる「モノマフの冠（王冠、帝冠）」についてもふれておく必要があるだろう。『集成』「ロシア史編」の冒頭部がまさにこれをめぐる記述で始まっていることもある。

周知のとおり、今日こう呼ばれる冠がモスクワ・クレムリの国立武器庫博物館に保存されている（次頁の写真をご覧いただきたい）。歴代モスクワ大公がこの冠で戴冠されたと説明されている[107]。この冠が世に知られるようになったのは、15世紀末–16世紀初のことである。このころ現れたいくつかの社会

第1部『絵入り年代記集成』の成立

モノマフの冠

時評的文学作品、とりわけ『ウラジーミル諸公物語』がこれについて記しているのである。この『物語』によれば、キエフ大公ウラジーミル・フセヴォロドヴィチ（1113–1125年在位）がビザンツ帝国を攻めたとき、皇帝コンスタンティノス9世（モノマコス）が大公に講和を求めるためキエフに使節を派遣したが、その際皇帝自らが「頭から帝冠をとり」、これを帝権の他の諸標章とともに贈り物としてキエフ大公に届けさせたという。『物語』は続いてさらに次のように記す。

　「［ビザンツ皇帝であるわれらは］汝がこの帝冠で……戴冠され、以後神により加冠されたツァーリと呼ばれるようにと願うのである。」「かくてこの時から大公ウラジーミル・フセヴォロドヴィチは偉大なるルーシのツァーリ、モノマフと呼ばれるようになった……爾来、今日までウラジーミル［大公国］の大公はルーシの大公位にたてられるとき、この帝冠によって戴冠されるのである。」[108]

　この『物語』は、大公ウラジーミルが「モノマフ」と呼ばれるようになった理由を説明した『原初』の一節（「モノマフの教訓」中の「愛する父と己の母とによりモノマフの一族から［生まれた］」の部分）[109]を後に独特の仕方で敷衍したものとも考えられるが、いずれにせよ、『物語』が伝えるところはあくまでも伝説であり、これをそのままに受けとることはできない[110]。問題は、現存する「モノマフの冠」が真にウラジーミル・モノマフの時代のものであるかどうか疑わしいというだけではない[111]。とくに説明が必要なのは、「モノマフ」の名で呼ばれる冠が実際に使用された例が、だいぶ後のモスクワ時代に入ってからのことと考えられていることである。この冠が実際に使用されたことが

第 4 章『集成』の細密画

確認できる最初の例は、1498 年のドミトリー・イヴァーノヴィチ（イヴァン 3 世の孫）の戴冠式である（本書第 2 部第 1 章第 3 節参照）[112]。上記『物語』が現れた時期と重なってくる。しかしながらかりに 15 世紀末にその存在が確認できたとして、それ以前はどうだったのであろうか。少なくとも「モノマフの冠」をめぐる伝説を記述した人々（上記『物語』の作者など）は、それがキエフ時代以降代々伝えられてきたと考えていたであろう。はたしてそのようなことはありえたのであろうか。ウラジーミル・モノマフの時代から 15 世紀までの諸大公はどのような冠を使用していたのか。そもそも歴代大公の戴冠式とはどのようなものであったのか。

以上のような疑問に答えるためには、ここで歴代モスクワ大公の遺言状をもあわせて検討する必要がでてくる。最初のモスクワ大公といわれるイヴァン 1 世カリター（かれは遺言状を残した最初のモスクワ大公でもある）の遺言状には（1339 年）、長子のセメンに「黄金の冠」を遺贈するとする一節がみられる[113]。イヴァン 1 世以降の諸大公の遺言状も今日に保存されているが、この「黄金の冠」は引き続き、イヴァン 2 世、ドミトリー・ドンスコイ（二種類ある）、ヴァシーリー 1 世（三種類）、そしておそらくは同 2 世の遺言状にもでてくる[114]。ところがこれに続くイヴァン 3 世とヴァシーリー 3 世のそれには姿を見せない。そして遺言状が残されている最後のモスクワ大公、イヴァン 4 世雷帝のそれ（1572 年）にいたって、再び、というか今度はまさに「モノマフの冠」として現れるのである[115]。

したがって厳密に言えば、モスクワ諸大公の遺言状では「モノマフの冠」はイヴァン雷帝のそれに初めて、そしてそれのみに登場するといってよいが、しかし以上に記された状況から、またその他の大公権の標章（肩衣や生命与える十字架、紅玉髄の箱など）の諸遺言状における記載状況などからして、「黄金の冠」と「モノマフの冠」を同じものと考える研究者が多い[116]。すでに同時代（といっても若干の時を経て後のことにはなるが）の作品の中でも、ウラジーミル・モノマフに贈られた「モノマフの冠」がその後代々の諸大公により引き継がれたと説明するものもある[117]。すでにモスクワ時代にもそのように考えられていたことは確かといえるが、「モノマフの冠」にかんする最近の研究者 N.V. ジーリナも、少なくとも「黄金の冠」と現存する「モノマフの冠」を結び付けるこ

とは可能という立場を表明している[118]。ジーリナ自身はこれに留まらず、さらにいっそうの明確化を図っている。それによると、「黄金の冠」は13世紀（第三四半期以前）のビザンツ様式の伝統のなかで成立した作品で、それが「カリター（巾着）」と呼ばれたイヴァン1世の治世（1325-1341年）に、ロシア商人がクリミアのカッファにおいてジェノアなどイタリア商人から購入し、モスクワに持ち込んだとする。かの女も両冠を結びつけて考えているのである[119]。もしこれが正しいとするなら、イヴァン1世期に「黄金の冠」の名でロシアにおける存在を始めたモスクワ大公冠が、15世紀末以降は「モノマフ」の名を得てその後に伝えられ（これを促したのが、後述する1498年のドミトリーの戴冠式であり、それとの関連でその前後に著された上記『物語』であった）、最後に雷帝により公式的に華々しく活用されるにいたった、ということになる。

　もっとも本書でこの問題にこれ以上に立ち入ることは控えたい。ここでの課題は、果たして『集成』においてこの件はどのように扱われているのかを確認することである。

　そこで以下に『集成』がキエフ大公ウラジーミル・モノマフの冠をどう描いているのかをみてみよう。ウラジーミル大公について『集成』は「ロシア史編」の冒頭部でとりあげる（G, ll.1-5; Kn.1, s.1-9）。というより、すでに記したとおり、今日に伝わる『集成』「ロシア史編」はそもそもウラジーミル・モノマフのキエフ大公位就任（1113年）の記述で始められているのである。

　最初の紙葉（G, l.1; Kn.1, s.1）はウラジーミルが大公としてキエフに入城する場面を描く（絵1-16）。ここでかれの頭上におかれている冠は毛の縁取りのついた、すでに見た通常の丸型の公冠である。そしてこれが大公冠でもあることが、裏面（l.1 ob.）の、玉座のウラジーミルを描く絵からもわかる（絵1-17）。ここではウラジーミルが大公即位以前にすでに大公冠をいただく姿で描かれていることになる。これは厳密に言えば、いささか奇妙なことである。ただしこれは冒頭の頁として、大公位就任後のことを先取りして示したものと考えることができる。大公冠の主要部が鮮やかな朱色で示されるのは、たんに強調したかったからであろう。大公冠がその後も常にこのように描かれるわけではない。

　さてこれに続くG, l.2からl.5にかけてのテクストは、上述の『ウラジーミ

ル諸公物語』と同じ内容の記述である。すなわち大公はロシア軍に帝国（のトラキア）を攻撃させ、苦境に陥った皇帝コンスタンティノス・モノマコスはキエフ大公が講和に応じるという条件で、後者に「モノマフの冠」をはじめとする帝権の標章を送付するという内容である。

まずG, 1.3 ob.の絵をみてみよう（先にすでにみた絵1-8である）。絵の左側上部にはコンスタンティノス皇帝が大杯に入れた「モノマフの冠」と生命与える木の十字架とを使者（エフェソス府主教ら）に手渡す場面が描かれている。皇帝が頭上にいただくのは五放射状の帝冠である。山並みで仕切られた（つまり双方が遠隔の地であることを示す）右下にはキエフ宮廷の場面がみえる。そこでは右端にウラジーミル大公が、その前に立つ廷臣らとともに描かれている。ウラジーミル公が着用する冠は同じ絵の中の大杯の中の冠によく似ているが、尖頂のない点で異なっている。

興味深いのは皇帝が送ったとされる「モノマフの冠」である。それは自らが頭から外した「帝冠」とされてはいるが、皇帝自身がいただくものとはまったく異なっている。この「モノマフの冠」はG, 1.4（皇帝の贈り物がウラジーミルに手渡された場面）（絵1-18）やG, 1.4 ob.（キエフでウラジーミルがエフェソス府主教から戴冠される場面）（絵1-19）にも現れるが、奇妙なのは、両者は似てはいるが同じでないことである。尖頂をもつ後者の方が1.3 ob.の皇帝が使者に渡そうとしている大杯の中の冠と同じで、こちらの方がおそらくは正確に描かれている。しかしいずれにせよ、ここの「モノマフの冠」はその後現に知られているもの（先にあげた90頁の写真）とはまったく異なる形をしている。段階的に付加された細々とした装飾類は別にしても、毛の縁取りがなく、少なくとも絵師らが実際に目にしていたはずのそれとは似ても似つかないものである。なぜ絵師らがこのような形に描いたかは問題となるが、正確なところはわからない。

奇妙と言えば、G, 1.5下部に描かれるウラジーミルが頭上におく冠も疑問をいだかせる（絵1-20）。この冠はすでに皇帝の使者から贈られたはずのものであるのに、尖頂を欠き、先の「モノマフの冠」とは別物のようにみえる。それはすでにみたG, 1.2やG, 1.2 ob.、またG, 1.3 ob.やG, 1.4にも同様にみられるが、これらはすべて冒頭部で見た毛の縁取りをもつ大公冠とも異なっている。いっ

たいこれはどういうことであろうか。あらためてこの絵全体について考えてみる必要がありそうである。

　絵 1-20 が何を描いているか、その解釈はやや難しい。それはそれぞれが山並みで分離されている三場面から構成されている。左下の主要部がキエフ宮廷の場面で、ウラジーミル大公の姿がみえる。かれは君主権の象徴のひとつである錫杖を右手にもっている。ただしその頭上にみえるのは、丸型で弧状の装飾をもつ、毛の縁取りもひさしもない冠（帽子）である。これはすでにみた l.3 ob.（その「大杯」の中）や G, l.4 ob. にみえる「モノマフの冠」とは尖頂をもたない点で異なる。絵の中央右側はビザンツの宮廷場面で、右端の皇帝は五放射状帝冠を頭上にいただいている。左上はロシアのその後の諸大公の戴冠の場面であろう。これは l.5 のテクストに「爾来、今日まで、すべてのウラジーミル［大公国］の大公は大公位にたてられるとき、この帝冠によって戴冠される」とあるのに対応している。ただしここでも将来の大公が着用し、またかれに聖職者が差し出しているのは、先の尖頂つきの「モノマフの冠」ではなく、通常の公冠（毛の縁取りのない、弧状の装飾付き）のようにみえる。

　結局以上から言えることは、ウラジーミル・モノマフを描いた一連の紙葉において、絵師らが大公冠を、またもっとも重視すべき「モノマフの冠」の場合ですら、首尾一貫した描き方をしているわけではないということである。それはまた現に知られている「モノマフの冠」ともまったく異なる形状に描かれていた。いっぽう皇帝は常に五放射状帝冠をいただく姿で描かれ、一貫してはいるが、あくまでも象徴的な表現法であった（既述のごとく実際の帝冠が描かれているわけではない）。

　もっとも、帝冠と公冠に着目して以上の絵とテクストをみた場合、より以上に問題となるのは、テクストがビザンツからロシアへの帝権の移行（正確には帝権の標章の移譲）を主張する『物語』に準拠しているのにたいし、絵の方はこれを十分に斟酌しているようにはみえないことである。テクストは『集成』の編集方針にしたがって、『物語』の理念に忠実に、ウラジーミル・モノマフを、ビザンツ皇帝から贈られた「モノマフの冠」をいただく「皇帝」として記述している。他方細密画においては、「皇帝」となったはずのウラジーミルもその後のルーシ諸大公も、形状定まらない「モノマフの冠」で、ときに通常の公（大

公)冠をいただく姿で描かれている。ウラジーミルも以後の諸大公も相変わらずビザンツ皇帝とは異なる、たんなる大公（キエフやモスクワその他の）として描かれているかのようである。細密画が表現する権力の象徴である「冠」に限って言うならば、ロシアの大公はビザンツ皇帝よりあたかも下位に立つ存在であるかのごとくに描き出されているのである。

　これはいったいどのように理解すべきなのであろうか。絵師が意識的にかどうかはともかく、『集成』の編者（とテクスト執筆者）の意向に反していることは明らかである。公

今日のウスペンスキー聖堂（モスクワ、クレムリ）南東側（聖堂広場側）から見た写真

式路線からのたんなる逸脱というよりは、あからさまな歪曲である。V.V. モローゾフと A.V. チェルネツォフはここに『集成』の、モスクワ公式理念にたいする一種の無関心（冷淡さ）を見ている[120]。イヴァン雷帝が 1547 年にツァーリとして戴冠した直後は、モスクワ国家当局はその事実を諸外国の政府に承認させようと懸命になっていた。これにたいし『集成』が編纂された時期（16 世紀 70 年代以降）には、ロシアの君主が「ツァーリ」であることはすでに既成事実化しており、もはや諸外国（主に隣国リトアニア・ポーランドや神聖ローマ帝国など）にたいし、これを強調したり、執拗に承認を求めたりする必要性はなくなっていた、というのである。その際両研究者は 1551 年に制作されたモスクワ・クレムリのウスペンスキー聖堂内の「ツァーリの座」の浅浮彫、および 1547 年の大火後に描かれた同じくクレムリ内の「黄金宮殿」の、いまは失われたフレスコ画を参照例としてあげている。これらは『物語』の主張をより忠実に表現していたが、それというのも、これらが作成された時点ではモスクワ当局が「ツァーリ」の称号について諸外国から承認を獲得しようと躍起になっていたからであるという[121]。

第1部 『絵入り年代記集成』の成立

ツァーリの座（モノマフの玉座）

ツァーリの座の浅浮彫

おそらく両研究者の指摘は核心をついている。公式理念とはいえ、常に同じような意味をもったとは限らない。その時々の政治その他の状況によって、もつ意味にも、また作用の仕方にも違いが出てくることは当然に考えられるからである。ただし、それを認めたうえでなお、本書の著者としては、ここに『集成』編者と絵師との間にあったと考えられるある種の齟齬、ないし見解の対立の問題が潜んでいることを指摘したい。編者が雷帝当時の国家理念に忠実であったことは、テクストの記述からも明らかである。これに対し絵師は基本的にはテクストに従いながらも、細部においてはそれにあまりこだわらなかったようにみえる。絵師は、かれの生きた時代よりはるか以前の、とりわけキエフ・ルーシの諸公が、帝冠を着用することなど現実にはまったくなかったことをよく知っていた。「ツァーリ」とか、帝冠とかを強調するようになったのが比較的近年であることを、かれらは知っていたように思われる。かれらはここでは自身の認識や見聞に基づいて描いたのである。絵師は職人として、より現実主義的であったといえるかもしれない。さらにもうひとつ別の側面もここに見て取れるように思われる。すなわち、同一テーマにささげられたわずかばかりの枚数の絵において、やや不統一な形で冠が描かれた背景には、絵師が多数おり、それぞれに厳格な指示も十分な意思疎通もないままに作業に従事したのではないかとも推測されるのである。膨大

な数の細密画を集団で描く際に作業上さまざまな問題が生じたこともここでは考慮する必要があるように思われる。

　以上に『集成』の細密画がどのようなものであるか、その特徴の一端をみてきた。膨大な数にのぼる細密画である。それがロシア史研究上において無限の可能性を秘める最重要史資料であることは言うを俟たない。今後多方面にわたるさらなる検討が期待されるところである。

第 1 部『絵入り年代記集成』の成立

第 1 部・注

1) V.V. モローゾフは失われた紙葉を含むと本来 1 万 2000 丁あったとまで記す（Morozov, Prakticheskaia arkheografiia.s.59）。また細密画数については、研究史上 1 万 6000 から 1 万 8500 まで、さまざまな数字が挙げられる。諸研究者のあげる紙葉数や細密画数に大きな違いがある理由のひとつは、『集成』全体をどうみるかについて、見解が定まっていないからである。今回の刊行本は編者らの一つの立場を示すものとなっているが、そこに含まれなかった他の作品（たとえば、『エゴーロフ集』や『ニコラ伝』といった絵入り作品、後注 32 を参照）を『集成』に含めるかどうか、また失われたと考えられる部分（たとえば「ロシア史」中の 1114 年以前の、いわゆる『過ぎし年月の物語』に相当する部分）を考慮に入れるかどうかなどで大きく異なってくるのである。これについてはさしあたり、Amosov, LLS Ivana Groznogo. s.15-16、さらに下記注 6 を参照。

2) 本書では「絵入り年代記」と呼ぶが、厳密にいえば、この呼称では絵画が何か付随的な存在であるかのような印象を与え、適切でないかもしれない。細密画が『集成』全体の三分の二を占める（したがってテクストは三分の一）という計算もある（Podobedova, Miniatiury.s.131）。正確には「図解（ないし図説）年代記」と呼ぶべきであろう。なお原文の Litsevoi letopisnyi svod の litsevoi は litso/litsa（顔、人、[行動] 様式、さらには色、絵具、絵画）の形容詞形で、「人物等で描く」、「図解された」などの意であろう。

3)『集成』を『ニコン』の一つの版（写本）とみる立場は古くから見られた、いわばこれまでの「通説」であった。たとえば、『集成』を「16 世紀モスクワの歴史百科」と呼んだ帝政期モスクワ史の権威 A.E. プレスニャコーフがそうである（かれはとくに後に記す手稿本第 9 巻 S を指してこう呼んだ。Presniakov, Moskovskaia ist. entsiklopediia.s.826, 856 i dr.）。また年代記研究の泰斗 A.A. シャーフマトフも次のように記す。「おそらく [16 世紀] 70 年代に『ニコン年代記』の絵入り版が編纂された。それは（部分的に挿絵のない諸手稿本で）今日に伝わるが、記述は 1567 年までなされている。」「『ツァーリの書』[『集成』の最末尾部分、後述する Ts 本のこと] は「絵入り年代記集成」の一部分で、1534-1553 年の記述である。それは別の版 [S 本] のなかで伝えられている……」(Shakhmatov, Letopisi.s.592)。シャーフマトフも『集成』（少なくとも雷帝治世にあてられた部分）を「絵入りニコン年代記」と呼びうると考えているのである。ソヴィエトにおける中世文学研究の大御所 D.S. リハチョフも同様の立場に立っている（Likhachev, Russkie letopisi.s.475-479）。今日ではこの

立場は正しくないと考えられるが、それについては後述する。なお本書における引用文中の［　］は原則として著者による補注である。

4)『集成』は膨大な数の細密画を含んでいることから、その後にこれを手写しで複製してゆくこと（複写本の作成）は困難であり、実際、そうした試みは行われなかったと考えられる。オリジナルな手稿本が一本だけ伝えられてきたと考えられるのである。以下本書で手稿本に言及するとき、それは16世紀後半に作成された原本そのものをさしている。研究史上これとは異なり、原本は失われ、その後に作成された写しのみが伝えられたとする見解が示されたときもあったが、それはごく初期のことで、今日ではほぼ一致して以上のように考えられている。『集成』（すなわち原本）の作成時期、その伝来状況については、以下に研究史を振り返りながら検討する。

5) 以下は主に Shmidt, K faksimil'nomu izdaniiu LLS.s.11; Amosov, *LLS Ivana Groznogo*.s.13-16; Morozov V.V. *LS v kontekste*.s.11-19; *LLS.Metodika opisaniia*.s.15-26、さらには刊行版（ファクシミリ版）に先行して出版された『学術補助資料編』（*LLS.Nauchnyi apparat*) 各巻編者解説などによっている。紙葉数などは、研究者また資料編編者などにより数え方に違いがあり、注意が必要である。なお各装丁本が刊行版のどの巻に含まれているか、装丁本と刊行版との詳細な対応関係については、「聖書編」、「世界史編」、「ロシア史編」のそれぞれの刊行版の最終巻（補巻）にまとめて示されている (*LLS*. Bib.ist.Kn.5, s.11; Vsemir.ist.Kn.11, s.11-14; Russ.let.ist.Kn.24, s.12-28)。

6) 紙葉と細密画数については研究者によって相当の違いがある。紙葉と細密画の総数を厳密に確定することはいまのところ困難である。以上は基本的には『学術補助資料編』各巻の解説によっている。以上を全10巻について総計すると、紙葉数は9747/9748、細密画数は17754 となる。*LLS.Metodika opisaniia*.Prilozhenie III, s.208 では、紙葉数は全10012 となっている。なお以上のごとく、現在『集成』手稿本各巻はサンクト・ペテルブルクとモスクワの3か所に分散保存されているが、そのうち第1 (M)、第9 (S)、第10 (Ts) 巻、あえて言えば、もっとも注目すべき3巻はモスクワ国立歴史博物館所蔵となっている（いずれも19世紀末、また20世紀20年代という比較的遅い時期になってからの収蔵である）。これは偶然の結果とも考えられるが、やはり両都市間にみられるある種の政治的力学関係のようなものが反映されているとみることもできそうである。国家的遺産を両都市が争奪しあいこのような結果になったと考えて、あながち的外れではないように思う。

7) ロシア史編 (1114–1567年) の内容について補足しておく。その最初期の部分（すなわち1114年以前の、『過ぎし年月の物語』つまり『原初』にあたる部分）を記した紙葉は、『集成』にはみられないが、本来はあったと推測する研究者が多い（後述参照）。ビザンツ帝国の衰退が始まって以後の、10–15世紀の「世界史」も書か

99

れたが、今日に伝わらなかったと推測する研究者もいる。またイヴァン四世治世の記述は、すでにふれたとおり1567年で中断しているが、それ以後に死去した諸公（ウラジーミルおよびヴァシーリー・スターリツキー父子、それぞれ1569, 1574年没）の埋葬にかんする記述（したがって1574年以後の記事である）が装丁本の第8巻（Sh）にみられ、その信憑性をめぐる議論がある。また雷帝治世晩年についての、それ以外の記述の可能性も知られている（後述するように、雷帝の子フョードル帝の戴冠式［1584/1585年］について描く紙葉が存在したと伝えられている）。これらも継続して記述されたとするならば、『集成』は1567年以後も編纂され続けたということになる。

8) 以下は主にAmosov, *LLS Ivana Groznogo*.s.32 sl.; *LLS.Metodika opisaniia*. s.27-45によった。

9) *Tsarstvennaia kniga, to est' letopisets tsarstvovaniia tsaria Ioanna Vasil'evicha, ot 7042 godu do 7061, napechatan s pismennago, kotoroi syskan v Moskve v Patriarshei biblioteke.* SPb., 1769. なお現Ts本の装丁はシチェルバートフのときのものではなく、その後（18–19世紀の交）に新たに装丁し直されたものであるという。

10) Karamzin, *Istoriia Gosudarstva Rossiiskogo*.Prim. k VIII tomu.s.48 (prim.327); s.75 (prim.564). S本をTsの続編とするカラムジンの見方は、今日の研究では、否定される。SとTsの相互関係は複雑であるが、これについては後述する。

11) *Tsarstvennoi letopisets, soderzhashchei Rossiiskuiu istoriiu ot 6622/1114 godu,..., do 6980/1472,..., posle uchinennago buntu v Novegorode proiskami Marfy posadnitsy i eia detei.* SPb., 1772.

12) なお『集成』が全体として出版されたのは、今回が初めてのことであったが、若干の部分についてはテクストと細密画がともに特別版の形で刊行されている。たとえば、「クリコヴォ戦の物語」*Povest' o Kulikovskoi bitve*（手稿本O-II中に含まれるSkazanie o Mamaevom poboishche「ママイ戦記」の、「戦後600年記念」の特別版）や『アレクンドル・ネフスキー伝』*Zhitie Aleksandra Nevskogo*（L中にみられる同伝記の特別版）などである（巻末文献表を参照）。またまとまった形においてではないが、『集成』中の個々の細密画が多くのロシア史の研究書や概説書、さらには美術史関連文献において個別的に利用されたり、分析の対象となったりしている例は少なくない。たとえば、Artsykhovskii, *Drevnerusskie miniatiury* および Podobedova, *Miniatiury* などはその代表である。

13) 以下の考察は、本書の著者が直接関連文献を参照することができなかった場合には、主に近年のA.A.アモーソフとV.V.モローゾフの諸研究によりながら行われる。両者の先に掲げたそれぞれの著書のほかに、とくに両者の1990年（刊行は1994年）

の共著論文（Metodika issledovaniia ili zadannost' vyvodov ?）、およびこれもすでにあげた *LLS.Metodika opisaniia.*s.27 sl. を参照した。後者の責任編集は両者の師でもある S.O. シュミット、主要著者の一人が V.V. モローゾフである。ともに研究を推進してきた A.A. アモーソフがこちらの書の執筆に加わっていないのは、かれがその時点で（同書の出版は 2003 年）すでに鬼籍に入っていたからであろう。

14) アモーソフによれば、17 世紀とするのは主に言語学畑の研究者であり、他方 16 世紀説は細密画を主な研究対象とする美術史家や考古学者に多かったという。後者は絵画の内容、たとえば描かれた建築物などの形態から、16 世紀後半イヴァン雷帝期の現実が表現されていると考えたのだという（Amosov, *LLS Ivana Groznogo.*s.61）。後者の立場にも後述するように問題がないわけではないが、当時は細密画が時代を正確に表現しているとする一種素朴な信念のあったことがうかがえ、興味深い。

15) 「テクストの物質的伝達媒体」（material'nyi nositel' teksta）はアモーソフの言葉。Amosov, *LLS Ivana Groznogo.*s.22, 72, 205.

16) Likhachev, *Paleograficheskoe znachenie.*

17) Likhachev, *Paleograficheskoe znachenie*. Ch.1, s.CLIV-CLXXXI. さらに Amosov, *LLS Ivana Groznogo.*s.72-75 を参照。なおここでリハチョフが批判的に論じたプレスニャコフの研究は、『集成』の全体を早い段階で巧みに概観した 1893 年の Presniakov, Tsarstvennaia kniga 論文である。プレスニャコーフはこのときリハチョフから以上のように批判されたが、その後この批判を受け入れ、自身の立場を変えたという（次注参照）。

18) N.P. リハチョフによる 16 世紀成立説は、かれの大著とほぼ同時に『集成』に関する注目すべき論考を公表した二人の研究者によっても共有された。一人は古文書学者で帝国ロシア歴史博物館保管部主事 V.N. シチェプキンである。かれは博物館が入手したばかりの『集成』第 1 巻（MS 本）に関する詳細な古文書学的記述を残しているが（1897 年）、とくに書体（筆跡）の分析を通じて（同一流派に属する三書体の存在の指摘）、手稿本が古文書学的に 16 世紀のものと判断されるとする結論に到達している（Shchepkin, Litsevoi sbornik.s.1352）。もう一人は後にモスクワ時代史の大家となる上記 A.E. プレスニャコーフである。かれはまだ学生であった 1893 年に、既述のごとく前世紀のシチェルバートフの Ts（「ツァーリの書」）テクストの刊本を批判的に論じることにより、『集成』研究に着手したと言えるが、このときにはそれが 17 世紀後半（ないしは同世紀末）の作品とする立場を表明していた（前注 17）。これはかれが『集成』テクストの筆跡に 17 世紀後半の特徴をみた古文書学の権威 A.I. ソボレフスキーの見解に影響を受けたからでもあるが、1900 年に『集成』全般について改めて論じた際に、立場を変え、リハチョフとシチェプキンの見

解を採用するにいたっている。「16世紀モスクワの歴史百科」と題されたこの論考は、『集成』を明確に「ツァーリ［イヴァン］雷帝の権力下で」成立した「百科事典的作品」ととらえ、その全体的構成について立ち入って論じたのである（Presniakov, Moskovskaia ist. entsiklopediia）。こうした立場は19世紀末から20世紀初にかけて、『ロシア年代記全集』中に『ニコン年代記』が刊行された際の校訂責任者（第11–13巻）である著名な歴史家S.F. プラトーノフの採用するところともなった。プラトーノフは『ニコン』のこれらの巻に付した編者序文では、その史料である『集成』の成立時期についてとくに記しているわけではないが、アモーソフによれば、かれはそれ以前の1902年夏の古文献学会における報告の中で、リハチョフ、シチェプキン、プレスニャコーフの結論を支持する立場を明確にしていたという（Amosov, *LLS Ivana Groznogo*.s.89-90, 92）。以上から判断して、19–20世紀の交にいたって『集成』を16世紀の成立とする立場はほぼ固まったと言ってよいように思われる。

19) ソヴィエト時代、とりわけスターリン期にイヴァン雷帝に対する関心が高まったことは、エイゼンシュテインの映画「イヴァン雷帝」の上映（1944, 1946年）などにも現れているが、この時期の歴史学、文学史研究における雷帝への関心については、さしあたりスクルィンニコフ『イヴァン雷帝』（訳者解説）やペリー『スターリンとイヴァン雷帝』などを参照されたい。

20) Al'shits, Ivan Groznyi i pripiski.

21) なおS、Ts両本における「追記」は、今日では『学術補助資料編』（*LLS*. Nauch. ap.) Kn.9, 10にテクストとともに括弧に入れて印刷されている。またファクシミリ版刊本においても、当該巻末尾に現代語訳付きでまとめられており、容易にその全体に目を通すことができる（*LLS*.Russ.let.ist.Kn.20, s.549-552; Kn.21, s.573-579; Kn.22, s.547)。細密画の上下左右の余白部分に「追記」が書き込まれている紙葉は、上記各巻に順序通り並んでいるが、「追記」そのものは中途で途切れていることが多い（出版の際にテクストやその現代語訳を印刷する必要から隠されたり、大きさを切り揃えられたために、端の部分が見えなくなっている）。しかし「追記」が記された紙葉の多くはその全体を写した写真が（すべてではないが）最終巻（第24巻、補巻）末尾にまとめて掲載されており、当該紙葉全体がみられるようになっているので、そこで全体のイメージをつかむことができる（Listy s pripiskami iz «etalonnogo» faksimile., v: *LLS*.Russ.let.ist.Kn.24, s.404-489.)。

22) 拙訳「イヴァンとクールプスキー往復書簡」がある。

23) Al'shits, Proiskhozhdenie i osobennosti istochnikov (1948); Al'shits, Istochniki i kharakter redaktsionnoi raboty (1957); Al'shits, Krestotseloval'nye zapisi Vladimira Andreevicha Staritskogo (1959) など。

24) Andreev, Ob avtore pripisok (1962); Zimin, *Oprichnina*.s.67-72.
25) Skrynnikov, *Nachalo oprichniny*.s.25-33; Skrynnikov, *Perepiska Groznogo i Kurbskogo*. s.81-88; Skrynnikov, O vremeni.
26) Podobedova, K voprosu o sostave i proiskhozhdenii.s.280-332; Podobedova, *Miniatiury*. s.124-130; Podobedova, *Moskovskaia shkola zhivopisi*.s.73-82.
27) 以下についてはとくに Amosov/Morozov, Metodika issledovaniia ili zadannost' vyvodov? s.68-76 の分析に大きな示唆を受けた。
28) Shmidt, Zametki o Sinodal'nom spiske; Shmidt, Kogda i pochemu redaktirovalis'; Shmidt, *Stanovlenie Rossiiskogo samoderzhavstva*.s.42-66. さらに『集成』刊行に際しそのために特別に執筆された序文 Shmidt, K faksimil'nomu izdaniiu *LLS*.（この序文は Nauchnyi apparat 各巻冒頭および Russ.let.ist.Kn.24 冒頭部にも転載されている）を参照。
29) Kloss, *Nikonovskii svod*.『集成』にあてられたのは第 7 章（s.206-265）である。クロスの著書自体のもつ研究史的意義については、さしあたりこれに触発されて書かれた田中陽児論文（「『ニコン年代記』とダニール府主教」）を参照のこと。田中論文は『ニコン』とその編纂者ダニール府主教の思想のもつ意義を明らかにすることに主眼が置かれていて、クロスの著書自体の『ニコン』研究史上における位置ないし意味についてはそれほど立ち入っていないが、クロスの書の『ニコン』に関する写本学的、古文献学的研究の意義は画期的で、今日に至るもその意義は失われておらず、それどころか必須の文献であり続けている。このことは同書における『集成』分析にあてられた箇所に関しても同様にあてはまり、これもその後の『集成』研究にきわめて大きな影響を与えたと本書の著者はみている。以下本書における『集成』にかんするクロスの見解の紹介に際しては、典拠となる頁数はいちいち記さない。同書第 7 章に限定されるからである。なお本書における『集成』各巻の表記方法（略号等）はクロスのではなく、2009 年からの『集成』刊本のそれに従っていることには注意していただきたい。こちらの方がその後一般的となり、アモーソフや V.V. モローゾフらもこちらに則っているからである。
30) Kloss, *Nikonovskii svod*.s.224 には、Ts において第 2、第 3 タイプの用紙が使用されるすべての紙葉番号が表の形で示されている。両タイプの用紙の使用割合（それぞれ全体の約 3 分の 2、3 分の 1）は、この表を基に本書の著者が推計したおおよそのところである。
31) この点はすでに 1974 年に T.N. プロタシエヴァが指摘していたところであった（Protas'eva, K voprosu o miniatiurakh 論文）。かの女によれば、Ts は S の写しではなく、両者は同一の起源をもつのであった。この点にかんしては、Kloss, *Nikonovskii svod*.

s.224-226, 252-265 以外にも、さらに以下を参照。Amosov, *LLS Ivana Groznogo*. s.167-183; *LLS.Metodika opisanniia*.s.64-70, 203-206; Morozov V.V. *Litsevoi svod v kontekste*. s.30-32

32) 『大教会暦』はノヴゴロド大主教であったマカーリーの下で1529/30年から編纂され始め、かれが全ルーシの府主教となってモスクワに移った後も続行され、およそ25年後の1554年に完成されるにいたった。それは三写本（ノヴゴロド・ソフィースキー、ウスペンスキー、ツァールスキーの各写本）で知られている。クロスによれば、スロボダー版『大教会暦』はとくに「ウスペンスキー写本」を基に作成された。この写本はモスクワのウスペンスキー聖堂に寄進され（現在はモスクワ国立歴史博物館蔵）、唯一完全な構成をしているという。Kloss, *Nikonovskii svod*.s.232-252。『大教会暦』の写本や刊本については *SKKDR.XIV-XVI v.* Ch.1, s.126-133 (Droblenkova, N.F.) を参照。この作品の一部は *BLDR*.T.12 (XVI v.), s.8-319, 537-588（複数の研究者によるテクスト校訂、現代語訳、解説、訳注）において刊行されている（こちらは基本的にソフィースキー写本に基づいている）。なお『エゴーロフ集』(Egorovskii sbornik) とは、注解付き黙示録や聖母就寝（ウスペーニエ）にかんする神学者ヨハンネスの説教などさまざまな文書からなる文選集で、全232丁、330の細密画を含む。現在国立レーニン図書館の所蔵 (Egor.1844)。『ニコラ伝』(Zhitie Nikoly) も同図書館蔵 (Bol'sh.15)。ニコラは4世紀リュキアのミュラの聖人で、ロシアでももっとも崇拝された一人。この伝記は全255丁、436の細密画で飾られている。クロスはこれらも『集成』同様、雷帝のツァーリ工房で作成されたと考えているのである。両作品についてはさしあたり、Amosov, *LLS Ivana Groznogo*.s.15-16 を、またとくに『ニコラ伝』については、*SKKDR.XI-XIV v.*s.168-172 (O.V.Tvorogov) を参照。アモーソフは両絵入り作品も『集成』（クロノグラフ部分）の構成要素であったと考えているが、これには異論もある。

33) Shmidt, *Opis' Tsarskogo arkhiva*.s.43（Iashchik 224 の上部の書き込み）; *Gosudarst-vennyi arkhiv*.s.95-96.「ツァーリ・アルヒーフ目録」は16世紀60-70年代に編まれた。「古文書室所蔵文書」自体は今日残っていない。ただ「目録」が伝わっており、それがここに記した通り、S.O.シュミットにより出版されているのである。「目録」からは「古文書室所蔵文書」のタイトル等が知られる。またその後 A.A.ジミーンがこれら当時の「国家古文書室所蔵文書」の構成の復元を試みた（上記 *Gosudarst-vennyi arkhiv*）。

34) クロスは1568-1576年が『集成』編纂のために十分な期間といえるかどうかという問題にも、とくに注記してふれている (Kloss, *Nikonovskii svod*.s.249-250, prim.92)。それによれば、たとえば『大教会暦』10月部分のテクストは全704丁（紙

葉)であるが、これは基本的に一人の写筆者により7か月をかけて作成された。『集成』の場合、同じ字数ということで計算すると、同期間で1400丁分が作成可能となる。ここから推測すると、全体で1万弱の紙葉をもつ『集成』は約4年（49か月余）で作成可能となる。それゆえ上記の期間は十分現実的であるとする。クロスはさらに細密画の作成期間についても推計しているが、それによれば、細密画の作成には『集成』全体で80か月、7年未満で可能と考えられるという。テクスト写筆作業と絵画の作成が別グループによって行われたと考えれば、上記は十分な期間といえる、というのがクロスの見解である。ただしクロスの以上の見解は後にアモーソフおよびV.V. モローゾフの厳しい批判にさらされることになる。『集成』のごとき大規模な作品は、編纂の企画、多数の史料に依拠してのテクストの作成（たんなる写筆ではない）、膨大な数の細密画の制作など、多大な時間を要する複雑な作業の結果としてのみ成立しえたことを考慮すべきであり、クロスのように単純な作業として考えるわけにはいかないとする趣旨からの批判である。後述を参照されたい。

35) Amosov, *LLS Ivana Groznogo*. A.A. アモーソフ（1948–1996）はS.O. シュミット門下で、古文書学・写本学の専門家として長年レニングラード（サンクト・ペテルブルク）のソヴィエト（ロシア）科学アカデミー図書館（BAN）写本・稀覯本部門に勤務する傍ら、とくに『集成』研究に励んだ。

36) Amosov, *LLS Ivana Groznogo*.s.203-211, 221-222

37) Amosov/Morozov, *Metodika issledovaniia ili zadannost' vyvodov*？s.74 sl.

38) Morozov, *Litsevoi svod v kontekste*.s.87-132

39) Amosov/Morozov, *Metodika issledovaniia ili zadannost' vyvodov*？s.78 sl. とくに s.89 sl.

40) *PSRL*.XXIX: 117-216 (ANL), 224-314 (Leb.L), 315-355 (Prodolzhenie ANL). (Tekst *ANL i Leb.L.* podgotovlen k pechati A.G.Kuz'minym. Pod redaktsiei N.N.Ulashchika)

41) *PSRL*.XXIX: 218-223

42) もっとも前例がまったくないというわけではない。すでに両研究者自身が、ボリス説は既述の M.M. シチェルバートフや20世紀前半の A.N. ネクラーソフによっても唱えられたことを指摘している（Amosov/Morozov, *Metodika issledovaniia ili zadannost' vyvodov*？s.94）。

43) マカーリーらをはじめとするこれらの人物が雷帝の統治とその文化行政において果たした役割については、さしあたり Zimin, I.S.*Peresvetov*.s.29-41（アダーシェフ）, s.41-70（シリヴェーストル）, s.71-108（マカーリー）、さらに *SKKDR.XIV-XVI v*.Ch.2, s.76-88（マカーリー、H.F.Droblenkova による）; *SKKDR.XIV-XVI v*.Ch.1, s.8-10（アダーシェフ、D.M.Bulanin）; *SKKDR.XIV-XVI v*.Ch.1, s.138-140（ヴィスコヴァーティ、

Ia.S.Lur'e) などを参照。

44) Podobedova, *Miniatiury*.s.102 sl. とくに s.124-129; Podobedova, *Moskovskaia shkola zhivopisi*. s.79-82

45) Andreev, Ob avtore pripisok.s.130 sl. ヴィスコヴァーティの官吏としてのキャリアについては、上注43にあげた文献以外に、とくに Veselovskii, *Issledovaniia*. s.366-367 によくまとめられている。比較的最近イエロニム・グラリャの特殊研究が出版された (Ieronim Gralia, *Ivan Mikhailov Viskovatyi*)。西欧における Cantzler/Kanzler という評判については、Kappeler, *Ivan Groznyj im Spiegel* s.176-177 をみられたい。また1547年大火後新たに描かれたイコン画に対するヴィスコヴァーティの批判をめぐる問題については、Andreev, O dele Viskovatogo 論文参照。なお拙稿「いわゆる『戦う教会』のイコンについて」もこれについていささかふれるところがあった (82-84頁)。アンドレーエフに対するスクルィンニコフの反論は、Skrynnikov, *Tsarstvo terrora*.s.26 にみられる。

46) これについては、Morozov, *Litsevoi svod v kontekste*.s.254-255 を参照。チモフェーエフの著作は刊行されている (I.Timofeev, *Vremennik*.M.-L., 1951)。

47) Grigor'ev, O nekotorykh spornykh voprosov. グリゴーリエフ論文に対してはモロゾフが厳しい批判を浴びせ、ゲルマン・ポーレフ説を一蹴している (Morozov, *Litsevoi svod v kontekste*. s.81-82)。ゲルマン・ポーレフその人については、さしあたり *SKKDR.XIV-XVI v*.Ch.1, s.152-153 (R.P.Dmitrieva) を参照。

48) Morozov, *Litsevoi svod v kontekste*.s.255-256

49) Kloss, *Nikonovskii svod*.s.232-252

50) Amosov, Iz istorii sozdaniia. この問題はすでに1978年論文 (Amosov, K voprosu o vremeni proiskhozhdeniia) で論じられていた。かれの没後の著書でも第2章でより詳細に検討されている (Amosov, *LLS Ivana Groznogo*.s.145-183)。

51) Amosov, Iz istorii sozdaniia.s.215 sl.; Amosov, K voprosu o vremeni proiskhozhdeniia. s.14-15; Amosov, *LLS Ivana Groznogo*.s.146-152

52) (Ukhanova E.V.) Vodianye znaki *LLS*. 論文には著者名は記されていない。それゆえ括弧つきで記す。それは *LLS*. Nauch. ap. Kn. 11 のタイトル頁裏の記述から明らかになる。この解説論文はその後に刊行された『集成』ファクシミリ版の、「聖書編」補巻、「世界史編」補巻、また「ロシア史編」補巻にも再録されている (*LLS*.Bib. ist., Soprovod. tom, s.192-208; *LLS*.Vsemir.ist., Soprovod.tom, s.306-322; *LLS*.Russ.let.ist., Kn.24, s.382-398)。

53) ウハーノヴァは前注52に掲げた解説論文に続いて、さらに手稿本各巻の透かし模様の出現順を示す一覧表 Svodnaia tablitsa vodianykh znakov *LLS//LLS*.Nauch.

ap.Prilozhenie.s.48-53、全用紙の透かし模様の紙葉ごとの一覧表 Polistnaia tablitsa vodianykh znakov *LLS*.s.56-118、そして透かし模様アルバム（索引と写真）Al'bom vodianykh znakov *LLS*.s.120-121, 122-127 を作成し順に掲載している。

54) たとえばウハーノヴァによれば、アモーソフはクロスの研究を全面的に退け、まったく評価していないかのような書き方をするが、本書著者の見るところでは、アモーソフはクロスの、とりわけ透かし模様の分析の手法において問題があるとみて、その点において、またとくに『集成』編纂時期と期間を具体的にどう考えるかにおいて、批判を展開したのであって、クロスをまったく拒絶ないし無視したわけではない。かれがクロスをそれなりに評価していることについては、Amosov, *LLS Ivana Groznogo*.s.22, 26-27 などを見てもわかるように思う。

55) Ukhanova, Vodianye znaki *LLS*.s.45

56) 本章における「クロノグラフ」についての記述は、主に、ロシアにおけるクロノグラフ編纂の歴史を概観した O.V. トゥヴォーロゴフの著書（Tvorogov, *Drevenerusskie khronografy*.s.3-45)、およびかれの 1990 年論文（Tvorogov, Khronografy Drevnei Rusi）によっている。トゥヴォーロゴフによれば、今日さまざまなクロノグラフの写本が 400 本以上知られている。いくつかの代表的クロニカおよびクロノグラフについては、以下における解説を参照されたい。解説は一部を除いてすべてトゥヴォーロゴフによるものである（*SKKDR*.XI-XIV v.s.467-478; *SKKDR*.XIV-XVI v.Ch.2, s.492-506）。

57) たとえば、19 世紀の代表的な知識人 P.Ia. チャアダーエフは、ロシアが同じくキリスト教国でありながらビザンツ型正教に固執して、カトリック的西方の「普遍的価値」に参与しそこなったとして、ロシアの過去を（現在、未来をもであるが）全否定した（『哲学書簡』）。チャアダーエフのようにカトリックに帰属すべきであるとする立場がロシアで広く受け入れられたとは言えないが、「ヨーロッパ」に後れを取っているとする一種のコンプレックス感情は、ロシア人にとってほとんど生得的となった。「ロシアとヨーロッパ」という問題の立て方はその表れの一つであろう。N.Ia. ダニレフスキーの «Rossiia i Evropa»（『ロシアとヨーロッパ』1869/1871）やチェコスロヴァキア初代大統領マサリクの同名書を想起されたい。この問題については、さしあたり鳥山『ロシアとヨーロッパ』、また拙稿「『胚胎期』ロシアにおける『統治理念』」を参照。

58) 「大いなる叙述によるクロノグラフ（Khronograf po velikomu izlozheniiu)」は現存しないが、トゥヴォーロゴフによれば、少なくともモスクワ時代までは伝えられていた。そのおおよその内容（構成）も今日復元可能であるという（Tvorogov, Povest' vremennykh let i Khronograf po velikomu izlozheniiu; Tvorogov, *Drevnerusskie khronografy*.

s.20-24, 46-73; *SKKDR*.XI-XIV v.s.476-477 (Tvorogov))。なお「大いなる叙述」とは、V.M. イストリンによれば、ロシア人が早くから馴染み親しんできた9世紀ビザンツの年代記作者、修道士(モナコス)ゲオルギオス・ハマルトーロスの「クロニカ」を指している(Istrin, *Ocherk*.s.122-123. ハマルトーロスの「クロニカ」に関しては次注59を参照)。一方、『原初』であるが、ここにもその冒頭部や、「ルーシの洗礼者」ウラジーミル大公の項のいわゆる「哲学者の陳述」«Rech filosofa» などにクロノグラフ的要素をうかがわせる部分が色濃く出ている(「陳述」は邦訳『ロシア原初年代記』100-118頁)。自身がロシア人である『原初』(正確には「原初集成」)の編者は、クロノグラフを史料として利用することにより、ロシア人を含むスラヴ人の起源(由来)とその世界史における位置についての自己認識を獲得することができたのである。もっとも言うまでもなく、『原初』は基本的にはロシアの歴史にささげられており、全体としては「レートピシ」とみなされるべきものである。『原初』に先行する「原初集成」等にかんするシャーフマトフのテーゼについては、拙著『『ロシア原初年代記』を読む』54-57頁を参照されたい。

59) ゲオルギオス・ハマルトーロスの「クロニカ」(「天地(世界)創造」から紀元842年までが記述された版はビザンツで9世紀に成立、後に10世紀に948年まで書き足される)がスラヴ語訳されたのがブルガリアにおいてであったか、それともロシアにおいてであったか、あるいはロシア人がどの程度関与していたかについては議論があるが、遅くとも11世紀にはロシアにも知られていた。この「クロニカ」については、山口「ゲオルギー・ハマルトーロスの年代記抄訳」、また *SKKDR*. XI-XIV v. s.467-470 (O.V.Tvorogov) を参照。テクスト(スラヴ語およびギリシア語)は、C.de Boor (*Georgii Monachi Chronicon*.Ed.C.de Boor, Lipsiae, 1904, vol.1-2) およびV.M. イストリン (Istrin, *Knigi vremen'nyia i obraznyia Georgiia Mnikha. Khronika Georgiia Amartola.* Pg.1920, 1922) でみられる。『原初』の重要史料のひとつとしてのゲオルギオスの「クロニカ」(とその続編)については、Shakhmatov, «Povest' vremennykh let» i ee istochniki.s.41-61 が論じている。それによれば、『原初』における同「クロニカ」からの借用はすべて(シャーフマトフは全部で26か所の借用部分を検討している)ハマルトーロスの著作自体にではなく、何らかの特別の「クロノグラフ」集成に遡及されるという。かれはこれらの借用が『ノヴゴロド第一年代記(宗務院本)』などにもみられること、すなわち『原初』そのものではなく、それに先行する年代記集成(「原初集成」)の段階で借用されたものであることを主張している。なお「絵入りトロイツキー写本」については、後述第4章(注90)を参照。

60) Tvorogov, *Drevnerusskie khronografy*.s.3-5

61) 以下第1巻、Mの構成と内容については、『学術補助資料編』第1巻所収の

第1部・注

Serebriakova, «MS»-pervaia kn. *LLS*.、および Serebriakova, Kodikologicheskoe opisanie «MS» による。第1巻前半部の利用史料はもちろん「旧約聖書」であるが、ロシアではすでに1499年にノヴゴロド大主教ゲンナージーにより新旧約の完訳聖書が編まれていた。『集成』編纂に際しては、この「ゲンナージー聖書」の写しである「1558年聖書」が利用された可能性が高い。これはヨシフォ・ヴォロコラムスキー修道院で「罪深き修道士イオアキム」の手でとくにイヴァン雷帝のために筆写されたものである（ゲンナージー聖書について詳しくは、Evseev, *Gennadievskaia Bibliia*、また同聖書を含むスラヴ・ロシアにおける聖書およびその翻訳の歴史については、さしあたり *SKKDR.XI-XIV v.*s.68-83（Bibliia の項、A.A.Alekseev, O.P.Likhacheva の執筆）を参照）。その他『集成』第1巻聖書部分には Tolkovaia Paleia（注釈付き旧約聖書・外典抄）からも聖書物語上の諸人物や出来事にかんする外典（「アブラハムの啓示」、「12人の族長の遺訓」など）を含むさまざまな記述が取り込まれたと考えられる。ただし本書では『集成』の「史料」問題について十分に立ち入ることはできない。

62)「黄金宮殿」Zolotaia Palata の壁画は、その後の度重なる火災などで失われ今日には伝わらない。そもそも「黄金宮殿」自体が今日存在しない（それはグラノヴィータヤ宮殿の奥にあった。今日そこにはクレムリ大宮殿が位置している）。ただしこの壁画の概要は17世紀の「君主の」絵師 S.F. ウシャコフにより詳細に書き留められていたので、後の世代はここからこの壁画についておおよそのことを知ることができる。これについては Podobedova, *Moskovskaia shkola zhivopisi*.s.59-68、さらに本書後注（第1部注121）を参照。ポドベードヴァの同書には付録として、「黄金宮殿」を含む15-16世紀のクレムリ宮殿主要部の平面図（宮殿・教会等の配置図）、および「黄金宮殿」と「回廊の間」（Perekhodnaia Palata）の丸天井および壁面諸部分の壁画の、K.K. ロピャーロによる概略復元図（デッサン）が付されている（Lopialo K.K. K primernoi rekonstruktsii Zolotoi Palaty Kremlevskogo dvortsa i ee monumental'noi zhivopisi.Tam zhe, s.193-198 + 11）。ここにいう「黄金宮殿」は、ロピャーロの復元図で Sredniaia Zolotaia palata と呼ばれる建物と考えられる。

63) グイドの作品の古ルーシ語訳は4写本で伝わる。その一が『集成』M本で伝えられるものである（*SKKDR. XIV-XVI v.*Ch.2, s.443-445 (O.V.Tvorogov)）。グイドの古ルーシ語訳は後に出版された（Gvido delle Kolonne, *Istoriia v nei pishet, o razorenii grada Troi Frigiiskago tsarstva, i o sozdanii ego*.M., 1709）。それは部分的に（現代ロシア語訳付きで）*BLDR*.T.8 (XIV-per. pol. XVI v.), s.152-193, 545-548 などで読むことができる（テクスト校訂、現代語訳、解説、注は O.V. トゥヴォーロゴフ）。グイドの著作は、今日欧米の図書館等に150を超える写本が残されており、中世ヨーロッパにおいてこれが広く読まれたことがわかる（邦訳がある。グイド・デッレ・コロンネ（岡訳）

109

『トロイア滅亡史』)。雷帝がこれを読んだと思われる痕跡は、拙訳「往復書簡（II）」111 頁にみえる。

64)「トロイアの創建と陥落の物語」Povest' o sozdanii i poplenenii Troiskom は「トロイア物語」の中で、ロシアでもっともよく読まれた作品と言われるが、*BLDR*.T.8 (XIV-per.pol. XVI v.), s.194-209, 548-552（テクスト校訂、現代語訳、解説、注、O.V. トゥヴォーロゴフ）にも含まれている。この文献については、さしあたり *SKKDR. XIV-XVI v*.Ch.2, s.279-280 (O.V.Tvorogov) を、コンスタンティノス・マナセスの「クロニカ」については、*SKKDR.XIV-XVI v*.Ch.2, s.494-496 (M.A.Salmina) を参照。マナセスの「クロニカ」は部分的に *BLDR*.T.9 (Konets XV-per.pol. XVI v.), s.114-159, 510-516（テクスト校訂、現代語訳、解説と注 O.V. トゥヴォーロゴフ）で読むことができる。以上のごとく「トロイア」をモチーフとした作品はロシアでもまざまな形で普及したが、それについては、*Troianskie skazaniia: Srednevekovye rytsarskie romany* を参照。

65) 以下第 2 巻、KhS 本の構成と内容については、『学術補助資料編』第 2 巻所収の Lebedeva, «KhS»-vtoraia kn. *LLS*. および Lebedeva, Kodikologicheskoe opisanie «KhS» による。

66) A.A. アモーソフよれば、「ルツ記」を含む旧約のいわゆる「八書」は本来 M の冒頭部に収められていた。『集成』は成立当初、相当長期にわたり未装丁のまま、紙葉の束として存在していた。これが 17 世紀に個々別々に装丁されたとき、「八書」の最後の部分である「ルツ記」が、誤って第 2 巻 KhS 冒頭部に入れられたという (Amosov, K voprosu o vremeni proiskhozhdeniia.s.20-21)。これにたいし、前注にあげた KhS の解説者レベジェヴァは、この見解を根拠不十分と批判する。すなわちレベジェヴァによれば、もし仮に『集成』の紙葉（手稿本）が長期にわたって綴じられず、装丁もされぬままに横たわっていたとするならば、紙葉は不可避的に順序が混乱したり、あるいは部分的に散逸したりしたと考えられる。ところが実際には KhS の 1469 丁の紙葉のうち失われたものは一枚とてない。KhS 紙葉のこの保存度の高さは本巻が成立後ほどなくして（直後でないとしても早い段階で）装丁されたことを物語っている。つまりレベジェヴァによれば、現存 KhS の構成は成立当初からのものであったということになる。「ルツ記」は最初に装丁されたときから KhS の冒頭部にあったとする見方である («KhS»-vtoraia kn. *LLS* . s.17)。

67) いわゆる『1512 年版クロノグラフ』は、トゥヴォーロゴフならびにクロスによれば、『ロシア・クロノグラフ』の最古の版で、1516–1522 年ごろに成立した。『ロシア・クロノグラフ』とは、ロシアと南スラヴ人の歴史を「世界史」の中に位置づけつつ、ロシアを過去の世界諸帝国に連なる唯一現存する正教帝国として描いた最初のクロノグラフ集成で、全 208 章構成である。テクストは『年代記全集』第 22 巻で刊行

ずみである（*PSRL*.XXII-1: 1-538）。また部分的には *BLDR*.T.9 (Konets XV-per.pol.XVI v.), s.234-271, 528-533（テクスト校訂、現代語訳、解説、注 O.V. トゥヴォーロゴフ）でも読むことができる。この作品については、とくに Tvorogov, *Drevnerusskie khronografy*.s.160-187; Kloss, *Nikonovskii svod*.s.157-177; *SKKDR*.*XIV-XVI v*.Ch.2, 499-505 (Khronograf Russkii の項、O.V.Tvorogov 著）を参照。

68) 『ギリシア・ローマ年代記』は、ビザンツのゲオルギオス・ハマルトーロス、またヨハンネス・マララス（下記）の両クロニカやアレクサンドロス大王の伝記（クロノグラフ版「アレクサンドリヤ」）のスラヴ・ブルガリア語訳などに基づいて編まれた、ロシアのクロノグラフ集成である。『集成』手稿本第2巻（KhS）、第3巻（LKh）における史料となったのは、同年代記のいわゆる第二版で、これは15世紀、遅くとも1453年には成立していたと考えられる。詳しくは、*SKKDR*.*XIV-XVI v*.Ch.2, s.18-20 (O.V.Tvorogov); Tvorogov, O sostave i istochnikakh 論文を参照。この年代記は今日 *Letopisets Ellinskii i Rimskii* で読むことができる（この作品は研究史上通常『ギリシア年代記』Ellinskii letopisets と略称される。それゆえ以下では EL と略記する）。「預言者ダニエルの幻」の記述は、*EL*.1, s.20-26, 28-48, 52-69 にみられる。なおヨハンネス・マララス（6世紀）の「クロニカ」はすでに10世紀にスラヴ語訳されたが（おそらくはブルガリアで）、まとまった形では伝わっておらず、ロシアの各種クロノグラフ集成の中でそれぞれ抜粋の形で、しかしすべてを合わせるとテクストのほぼ全体を読むことができるという。これについてはさしあたり、*SKKDR*.*XI-XIV v*.s.471-474 (O.V.Tvorogov) を参照。

69) *EL*.1, s.69-74

70) *EL*.1, s.74-85

71) 「クロノグラフ版アレクサンドリヤ」については *SKKDR*.XI-XIV v.s.35-37 (O.V. Tvorogov) を参照。*EL*.1 では s.85-178 で読むことできる。カリステネスは大王の遠征に従軍したとされる人物であるが、大王存命中に死去しているので、著者ではありえないと考えられる。「偽」と名付けられるゆえんである。アレクサンドロス物語はロシアではより後代の版も知られており（「セルビア版アレクサンドリヤ」と呼ばれるもので、遅くとも14世紀には南スラヴ語に翻訳されていた）、こちらはロシアでは15世紀以降に独立の作品としても知られるようになった。ただし『集成』に現れるのはこちらではなく、先の「クロノグラフ版」である。「セルビア版」は *BLDR*.T.8 (XIV-per.pol.XV v.), s.14-149, 539-544 (E.I.Vaneeva による校訂、露訳、解説、注）などでも読むことができる。こちらの作品については、*Aleksandriia*.Roman,…, po russkoi rukopisi XV v.; *SKKDR*. *XIV-XVI v*.Ch.1, s.21-25 (E.I.Vaneeva) を参照。

72) *EL*.1, s.178-190

73) *EL*.2, s.42-43
74) この部分は *EL*.1, s.190-194. ここで問題となっている年号（5447、5465 年など）を、通常言われているカエサルの「ディクタトール樹立」（独裁官就任は前 48 年、終身独裁官は前 44 年）やオクタヴィアヌスの「アウグストゥス」称号の獲得（前 27 年）などとの関連でどう解釈するかは難しいところであるが、ロシア年代記の通常の年代表記法に従って、前 5508 年を世界創造の年と理解するならば、5447 年はカエサルの第 1 回三頭政治樹立の年（前 60 年）、5465 年はオクタヴィアヌスがカエサル没後後継指名を受けた前 44/43 年とみるべきなのかもしれない。上記年号はこのように考えた場合にほぼ理解できるものとなる。
75) エピファニオスの「説教」については *SKKDR.XI-XIV* v.s.137-138（O.V.Tvorogov）を参照。なおこの「説教」は 4 世紀のキプロス主教エピファニオスの作と考えられていたこともあるが、これは誤りである（Tvorogov, *Drevnerusskie khronografy*.s.144）。
76) *EL*.1, s.195-216
77) *EL*.1, s.216-224
78) 『ユダヤ戦史』の古ルーシ語訳を刊行した N.A. メシチェールスキーは、30 点の古ルーシ語訳写本（15–18 世紀）を列挙している。この著作には『アレクサンドル・ネフスキー伝』の作者や 15 世紀末–16 世紀初の修道士ヨシフ・ヴォロツキー（その『啓蒙者』において）、イヴァン雷帝、さらには 17 世紀の長司祭アヴァクームなども言及している。相当広く読まれただけでなく、16 世紀のモスクワではロシア人に広く推奨される図書となっていたと考えられている。モスクワ府主教マカーリーの既述の『大教会暦』にも記述がある（12 月、1 月、7 月部分）。Meshcherskii, *Istoriia Iudeiskoi voiny Iosifa Flaviia*.s.15-21; *SKKDR.XI-XIV* v.s.214-215 (O.V.Tvorogov). なおこの作品は部分的に *BLDR*.T.2 (XI-XII veka), s.254-293, 535-538（A.A.Pichkhadze によるテクスト校訂、露訳、解説、訳注）にも採録されている。
79) Pokrovskaia, Iz istorii sozdaniia *LLS*. ちなみに A.A. アモーソフによれば、ポクロフスカヤが注目したヨセフス『ユダヤ戦史』のスラヴ語訳写本は、イヴァン雷帝によりソロヴェツキー修道院に寄進されたものであるが、その時期は 1582 年以前ではないという。アモーソフは、当該写本が『集成』の（少なくともこの部分の）編纂作業が終了して、その意味で史料としてはもはや不要になったがゆえに、ソロヴェツキー修道院に寄贈されることになったと推測しているのである（Amosov, *LLS Ivana Groznogo*.s.192）。
80) Kloss, *Nikonovskii svod*.s.208-214
81) 手稿本第 3 巻（LKh）に関しては、『学術補助資料編』第 3 巻所収の以下の解説によっている。Krushel'nitskaia, LKh.: sostav; Perezhogina, LKh.; Krushel'nitskaia, LKh.:

kodikologicheskoe; さらには Tvorogov, O sostave i istochnikakh. s.353-364 を参照。

82) Bogdanov/Pentkovskii, Svedeniia o bytovanii.s.74

83) Tvorogov, O sostave i istochnikakh. LKh 各項目の記述と『ギリシア・ローマ年代記（第二版）』および『1512 年版ロシア・クロノグラフ』との対応関係は LLS.Nauch. ap. Kn.3.s.34-62 に示されている。

84) 以上に「クロノグラフ」部分を中心に、手稿本の第 1 巻から第 3 巻までの構成と内容を見たが、今回のファクシミリ版では「クロノグラフ」は「聖書編」、「世界史編」とに截然と分けて刊行されている。それゆえ手稿本の最初の 3 巻の構成と、刊本の「聖書編」4 巻および「世界史編」10 巻のそれとの間では、対応関係が相当に複雑になっている。その確認のために、本文と重なることにもなるが、以下、刊本における構成（目次）をも記しておく。

「聖書編」（全 4 巻）は、第 1 巻が「創世記」、「出エジプト記」、「レビ記」。第 2 巻ー「民数記」、「申命記」、「ヨシュア記」、「士師記」、「ルツ記」。第 3 巻ー「四王国記」（「サムエル記上下」、「列王記上下」）。第 4 巻ー「トビト記」、「第四王国記、続編」（「列王下、続編」）、「エステル記」、「ダニエルの幻（夢）」、「ペルシアのダレイオス王の第 6 の支配［治世］」、「ローマ帝国の始まり」。以上のごとく「聖書編」とはいえ、それが本来的にはユダヤ民族を核とする世界の歴史と密接に関連して記述されていることが確認できる。

「世界史編」（全 10 巻）は、第 1、第 2 巻が「大トロイア破壊の歴史」。第 3 巻ー「アレクサンドリヤ」（マケドニアのアレクサンドロスの生涯）、「帝都支配の始まり」、「ローマ帝国」、「聖母にかんする修道士エピファニオスの説教」、「ローマ帝国」。第 4、第 5 巻ーヨセフス・フラヴィウスの「ユダヤ戦史」。第 6 巻ー「ヴェスパシアヌスの子ティトゥスの第 11 の支配［治世］、かれ［ティトゥス］はローマに 73 年に君臨する」、「キリスト教帝国の始まり、5843［335］年に即位したコンスタンティノス敬虔帝 pravovernyi」、「ヴァレンスの子グラティアノスの第 6 の支配、［かれは］コンスタンティノスの都に 375 年に君臨す」。第 7 巻ー［皇帝の］第 7～第 14 の支配。第 8 巻ー第 15～第 30 の支配。第 9 巻ー第 31～第 44 の支配。第 10 巻ーマケドニア朝ヴァ［バ］シレイオスの支配、第 45～第 48 の支配。以上が「クロノグラフ」編のファクシミリ版における構成である。

85) 既述のごとく前世紀の半ばから、S、Ts 両本の「追記」との関連で、研究者間にイヴァン雷帝の貴族弾圧をめぐる論争が展開されたが、これらの研究者は両本を独立した別個の手稿本とみて議論を展開していた。この場合、かれらはすでにふれた N.P. リハチョフらの『集成』紙葉に関する研究成果（上記注 16、17）に十分に耳を傾けなかったのである。

86) 『集成』に本来1114年以前のロシア史叙述（つまり『原初』部分）も含まれていたことは、これを明確に否定する研究者も存在するが（たとえば、Presniakov, Moskovskaia ist. entsiklopediia.s.855, 869-870. プレスニャコーフは、1114年以前の部分が『集成』の17世紀の写しである既述のLeb.LおよびANLの両年代記に欠けているのがその証拠であると考えている）、B.M.クロスによってほぼ論証されたと考えてよいように思う。クロスは、『集成』の直接的史料の一つである『ニコン年代記』（オボレンスキー写本）の初期ロシア史部分に多数の蠟の滴跡があることを発見した（その1114年以前の記述に760もの蠟滴の印があるという）。『集成』は最古のルーシ史にかんするテクストをこのオボレンスキー写本から写し取り、蠟印の部分に細密画を付したと考えられるということである（Kloss, Nikonovskii svod.s.214; Amosov, *LLS Ivana Groznogo*.s.163-165; *LLS.Metodika opisaniia*.s.39）。

87) Kloss. *Nikonovskii svod*. s.227-231.『集成』末尾にフョードル帝の戴冠について描く場面が存在したことにとくに注目したのは、既述のごとくアモーソフ、モローゾフであった。かれらはそこから『集成』の最終監修者がボリス・ゴドノフであるとする重大な結論に到達したのであった（上述18-19, 34-38頁参照）。なお以上の、ロシア史を扱う手稿本第4〜第10巻と刊本（全23巻）との対応関係は、すでに記したが（上注5）、Russ.let.ist.Kn.24, s.12-28をみられたい。

88) 拙稿「モスクワ第三ローマ理念考」。

89) ビザンツでは著作物に細密画を付したり、装飾文字その他により色彩豊かに飾り立てることは通常のことであり、その伝統に早くから接していたキエフ・ルーシにおいてもこのような作品が多数存在していた。その多くはいまでは失われているが、いくつかは保存されている。たとえば、いわゆる1056-1057年の『オストロミール福音書』や『スヴャトスラフの1073年選集』であるが、両者ともに今日ファクシミリ版で出版されている（*Ostromirovo Evangelie; Izbornik Sviatoslava*）。10-12世紀における「絵入り」諸写本については、さしあたり下記注91にあげるB.A.ルィバコフ論文が参考になる。

90) ハマルトーロス「クロニカ」の絵入り「トロイツキー写本」（羊皮紙、レーニン名称国立図書館蔵、f.173, No.100）の細密画については、さしあたりPodobedova, *Miniatiury*.s.11-48を参照。ポドベードヴァによれば、その編纂は二段階で行われた。最初トヴェーリ大公ミハイル・ヤロスラヴィチ治世の1304-1307年に着手され、さらにその後トヴェーリ諸公の「ウラジーミル大公位」への権利主張が再び強まった時期、とりわけミハイル・アレクサンドロヴィチ大公治世（1368-1377年）に改めて取り上げられて、最終的に成立したという。同「クロニカ」の概要については、上注59をみられたい。

91)『ラジヴィウ年代記』の主要写本は15世紀末の「絵入り」年代記である（BAH、科学アカデミー図書館蔵、サンクト・ペテルブルク、34.5.30）。この呼び名は、同写本が17世紀までポーランド・リトアニアの大貴族（マグナート）ラジヴィウ（Radziwiłł）家に所蔵されていたことからきている。その後東プロイセンを経て（そこからケーニヒスベルク写本と呼ばれることもある）、1756-1763年の七年戦争後ロシアに帰属するところとなり、以来サンクト・ペテルブルクに保存されている。細密画は618を数える。若きピョートルが西欧使節団を率いてヨーロッパ諸国歴訪の旅に出たとき（1697-1698年）、ケーニヒスベルクでこれを見て大いに関心をそそられ、後にその写しをとるよう命じた。原本がもたらされるまでの時期にロシアの研究者が参照したのはこちらの写しの方であった。今日大方の研究者は、同年代記のテクストと細密画を「ウラジーミル集成」と呼ばれる13世紀初の原本の写しとみている（A.A.シャーフマトフ、G.M.プローホロフら）。同年代記は今日、細密画と原テクスト編（ファクシミリ版）と「テクスト、研究、細密画解説」編の二巻本で出版されている（*Radzivilovskaia Letopis'*, 1994）。以上については、同書中の「テクスト、研究、細密画解説」編のPredislovie k izdaniiu.s.5-12 (M.V.Kukushkina) ならびに Radzivilovskii spisok Vladimirskoi letopisi po 6714 (1205/06) god.s.269-280 (G.M.Prokhorov); Miniatiury Radzivilovskoi letopisi i russkie litsevye rukopisi X-XII vekov.s.281-301 (B.A.Rybakov) を参照。細密画は原テクストの間に挿入される形で現れるが、全613の細密画の解説は同書のs.302-397にみられる。解説の執筆者はM.V.Kukushkina, O.A.Belobrova, A.A.Amosov である。なお細密画総数は618であるが、うち5は元の絵の上に貼り付けられており、結局掲載・解説されるのは613となっている。同年代記については *SKKDR.XI-XIV* v.s.248-251 (Ia.S.Lur'e) をも参照。その細密画の諸特徴については、Podobedova, *Miniatiury*.s.49-101 が詳しい。

92) 鈴木「『フランス大年代記』の普及」、また間野（訳注）『バーブル・ナーマ』など。

93) 絵師をめぐる諸問題についても多くの研究者がそれなりに言及しているが、本書で立ち入ることはしない。ただポドベードヴァがやや具体的な論述を試みているので、それをここに紹介しておく。かの女によれば、『集成』編纂作業は基本的にモスクワのツァーリ工房で行われたが（ここでポドベードヴァはおそらく『集成』細密画の作成に焦点を合わせ、テクスト編纂のことはそれほど念頭においていない）、なかでも「世界史」叙述である「クロノグラフ編」の細密画には主にマカーリー派（府主教就任以前のマカーリーがノヴゴロド大主教であった時期に組織した絵師集団）の特徴が現れているという。同派の絵師は1540年代、とりわけ1547年モスクワ大火後の、クレムリ内諸宮殿・教会のフレスコ画・イコン画の復元作業に際して各地から呼び集められた諸集団の一つとして、ツァーリの絵師らとともにこ

第1部　『絵入り年代記集成』の成立

の作業にあたったが、同時に『集成』の作成にも関わったと考えるのである（その意味で、『集成』のとくにクロノグラフ編は府主教庁工房で作成された可能性もある）。一方、いわゆる「ロシア史編」の細密画の作成にあたったのは、主に本来のツァーリ工房に属す絵師集団であったとされる。とくに「ロシア史編」のなかでも「旧い歴史」すなわち「イヴァン雷帝以前の歴史」については、「選抜会議」政府の指導者の直接的関与の下に作成されたが、最後の部分つまり「新しい歴史」（「雷帝治世史」）にかんしてはツァーリの意向によりとくに I.M. ヴィスコヴァーティが指導に当たったという。絵師たちは組織として作業に従事したが、全体では絵師集団は、少なくとも6人、場合によっては10人の鉛筆・デッサン画家（znamenshchik, master-risoval'shchik）と約40人からなる彩色職人によって構成されていた。ここでは膨大な数の絵を仕上げるためにほとんど「機械的な」手法が編み出されており、他方ではそれゆえしばしば芸術的な質は犠牲にされたとする。ポドベードヴァはさらにこの面での先行研究者である V.N. シチェプキンによりながら、絵師の作業実態に関し、立ち入った検討を加えているが、それについては省略したい（Podobedova, *Miniatiury*.s.135-158）。

　ポドベードヴァの見解は、以上のごとく具体的な側面に立ち入っていてきわめて興味深いが、あくまでも仮説的である。これをそのまま肯定するわけにはいくまい。というのも、すでに示した通り、今日では『集成』の編纂はポドベードヴァらが考えている以上に遅い時期に想定されており（16世紀70年代以降）、さらにたとえば、編纂作業が行われた場所についても、アレクサンドロフ村と考える研究者も多く（既述のクロスなどである）、今のところこれを決定する確固たる証拠に欠けているからである。絵師の数や作業実態についても同様で、これらの問題は、いまなお未解決な状態にあると言わざるを得ない。

94)　『集成』細密画の芸術性をめぐるさらなる議論については、ポドベードヴァ（Podobedova, *Miniatiury*.s.154, 158）、また Morozov, *LS v kontekste*.s.170-171, 250-251 などを参照されたい。

95)　ロシア史の一大事件である「クリコヴォの戦い」について『集成』は O-II, ll.19-129 ob.（Kn.9, s.343-566）で扱っている。「クリコヴォの戦い」については、『ザドンシチナ』（Zadonshchina）や『ママイ合戦の物語』（Skazanie o Mamaevom poboishche）、また『集成』を含む年代記版「クリコヴォ戦物語」（Povest' o Kulikovskoi bitbe letopisnaia）など一連の作品群（pamiatniki Kulikovskogo tsikla）が知られている。そのうち「クリコヴォ戦」についてもっとも詳細な情報を含み、もっとも物語性に富むのは、おそらくは15世紀前半（遅くとも15世紀末–16世紀初）に成立したとみられる『ママイ合戦の物語』である。たとえば、勝敗の決め手となったウラジーミル・

アンドレーエヴィチ公の伏兵部隊や、ドミトリー大公に付き従ってクリコヴォの野に出陣した 10 人の大商人（ゴスチ - スロジャーネ）について記述しているのはこの作品だけである。その意味で『集成』の「クリコヴォ戦物語」は、この『ママイ合戦物語』に多くを依拠している。『集成』版「クリコヴォの物語」は、既述のとおり、戦後 600 年を記念した特別版でも刊行されている（上注 12 参照）。なお以上のうち『ザドンシチナ』や『ママイ合戦物語』のテクストは各種の中世ロシア文学選に含まれ、容易に読むことができる（たとえば、*BLDR*.T.6 (XIV-ser. XVI v.), s.104-119, 138-189, 531-535, 538-543）。また『ザドンシチナ』には邦訳もある（中村『ロシア中世物語集』所収）。一連のクリコヴォ作品群の編纂史、写本状況等については、さしあたり以下を参照。*SKKDR*.XIV-XVI v.Ch.1, s.345-353 (Zadonshchina, L.A.Dmitriev による); *SKKDR*.XIV-XVI v.Ch.2, s.244-246 (Povest' o Kulikovskoi bitbe letopisnaia, M.A.Salmina); tam zhe.s.371-384 (Skazanie o Mamaevom poboishche, L.A.Dmitriev).

96) クリコヴォの戦いのタタール軍の総帥はママイである。ママイは当時のキプチャク・カン国領の大半を支配した最強の実力者であったが、エミール（アミール、貴族、軍司令官）であり、血統的にチンギス・カンに遡るカンではなかった。ロシアの年代記はかれを通常「公」kniaz' ないし「万人（戸）長」temnik と記し、称号なしでママイとのみ呼ぶことも多い。ロシアでは、ママイは多くの場合簒奪者として非難や軽蔑の念とともに言及される。ママイは正確に言えば、傀儡のカンを戴いており、けっして「簒奪者」であったわけではないが、『集成』のこの箇所でも、「ヴォルガ・オルダーの神を恐れぬ傲慢な公ママイは全オルダーを支配し、多くの諸公とツァーリらを殺害し、自らの意志で［つまり血統上の権利によってではなく］自身をツァーリの地位につけた」と指弾されている（O-II, l.19 ob.; Kn.9, s.344）。ロシアの年代記作者はママイが正統なツァーリでないことは十分に認識していたのである。それでも『集成』は、ママイがその軍事力の強大さを誇り、自らカン（ツァーリ）のごとくに号令して以降、かれをカン（ツァーリ）として遇しており、後述するような帝冠を帯びた姿で描いている。ママイが帝冠をいただく姿で現れるのはこの物語の冒頭部（タイトル頁）を除くと、O-II, l.24 ob.; Kn.9, s.354 が最初である。クリコヴォの戦いとママイをめぐるロシア諸年代記の記述と研究史については、さしあたり Vernadsky, *The Mongols*.p.246-263、またハルパリン『ロシアとモンゴル』121-122, 164-165 頁、とくに Cherepnin, *Obrazovanie*.s.593-623 を参照。

97) Podobedova, *Miniatiury*.s.204, 310, 312-313, 318-319

98)『集成』における自然描写の特徴については、Podobedova, *Miniatiury*.s.198-225、とくにその人間生活への影響など社会的関連性については、同 s.214-215 に興味深い観察がみられる。

99) 細密画に描かれる人々を区分する原則としての「封建的官等（位階）表」feodal'naia tabel' o range については、Artsikhovskii, *Drevnerusskie miniatiury*.s.111; Podobedova, *Miniatiury*.s.286-287 を参照されたい。

100) 以下は主に Artsikhovskii, *Drevnerusskie miniatiury*.s.111-118; Morozov, *LS v kontekste*. s.223-229 による。

101) 研究史上、黄色の五鋸歯状形帝冠 zheltye piatizubchatye ventsy、さらに城砦型（歯型）帝（王）冠 gorodchatye ventsy, korony s zubtsami、また黄金‐黄色の五放射状帝冠 piatiluchevoi zolotoi-zheltyi venets などとも表現される。Morozov, *LS v kontekste*. s.225

102) イヴァン雷帝の「ツァーリ」としての戴冠については、本書でも第2部第3章第2節で検討する。なおロシアにおける「ツァーリ」の語の用法については、著者は以前にもふれたことがある（拙稿「モスクワ第三ローマ理念考」39-46頁）。

103) Zhilina, *Shapka Monomakha*. s.134, Ris.64（コンスタンティノープル、ソフィア聖堂の11世紀中葉のモザイク画、部分）

104) 『ラヴレンチー（スーズダリ）年代記』の記述は、*PSRL*.I: 471 である。ネフスキーの最初のオルダー参りが1247年であったと考えられることについては、拙著『タタールのくびき』311、327頁を参照。なお上記年代記1247年の記述中にバトゥがアレクサンドル公を「カネーヴィチ」の下へ向かわせた、とする記述があるが、この「カネーヴィチ」Kanevich（ときに Kanovich とも記される）は、語義としてはカン（モンゴルの大カアン）の子ないし兄弟の意味である（*Slovar' russkogo iazyka*.XI-XVII vv.,7: 55）。これを古ルーシの年代記作者は大カアンの座す場所としての「カラコルム」ないしモンゴル本国を指す語として用いたと考えられる。『ラヴレンチー』ではこの語は、すでに1243、1245, 1246年の項に現れ、また1249年にもみられるが、いずれも「カラコルム」の意で用いられている（*PSRL*.I: 470-472）。

105) 「テミル・アクサクの物語」Povest' o Temir-Aksake は中世ロシアで広く知られた物語である。今日約200の写本が伝わる。『集成』では O-II, ll.487-499, 526-559; Russ.let.ist.Kn.11, s.217-309 で扱われている。この「物語」は1395年、テミル（ティムール）がトクタムィシ・カン治世のオルダーの首都サライ‐ベルケを攻略した後にさらに北上、リャザン方面に進出し、エレツを奪ったときのことを題材にしている。ティムール軍のロシア侵攻は本格的なものではなかったが、「物語」によれば、時のモスクワ大公ヴァシーリー1世が軍を率いてオカー河畔に布陣し、ティムール軍と対峙したという。ティムールは15日間とどまったのち、ウラジーミルの聖母イコンの奇跡もあって、ロシアは無血で救われたとされている。「物語」はさまざまな形で刊行されている（たとえば、*BLDR*.T.6 (XIV-ser.XV v.), s.230-241, 550-552 など）。ロシアにおける「物語」の普及についてはさしあたり *SKKDR*.XIV-XV v.Ch.2,

s.283-287 を参照。

106) 現『集成』には、既述のごとく『原初』に相当する部分は欠けている。それでも聖ウラジーミルについての記述があるのは、「ロシア史編」の最初の部分を記す G 本が、ポロツク公ボリスの死（1128 年）後のポロツクについて記すなかで、そのほぼ一世紀半も前のウラジーミル公によるポロツク公国征服のことを想起する形をとっているからである。なお『原初』は、ウラジーミルによるログネジとのいわば強奪婚と同公国征服に関しては、簡潔に記すだけであるが、『集成』はこの件について詳細に記述し、いわば「物語」に仕立て上げている。『集成』はこの「物語」を『ラヴレンチー（スーズダリ）年代記』の 1128 年の項から採用したと考えられる（*PSRL.* I: 299-300. 邦訳『古代ロシア研究』XX, 32-34 頁）。これにかんしては拙著『『ロシア原初年代記』を読む』、321-326 頁を参照されたい。なおここで検討した『集成』の紙葉（Russ.let.ist.Kn.1, s.113）には、上述のとおり、番号がふられていない。またその裏側の頁の絵はいまでは失われ、刊本でも s.114 は白紙のままになっている。アルツィホーフィフスキーによれば、どうやらこれは 1862 年に古文書学委員会が *PSRL*.IX（『ニコン年代記』）を刊行した際に、この紙葉を切り取って表部分だけを利用（印刷）したことに起因するようである。そのため紙葉の裏側にあった絵などは失われてしまい、いまやまったく見ることができなくなったという。アルツィホーフスキーはこれを同委員会の犯した蛮行と記している（Artsikhovskii, *Drevnerusskie miniatiury*.s.118）。

107) *Gosudarstvennaia Oruzheinaia Palata*.s.343-353. ロシア国立武器庫博物館には二つの「モノマフの冠」が所蔵されている。一つが本書で検討対象とするもので、このアルバムによれば、13 世紀末–16 世紀初の「東方」（中央アジアないしアラブ地方）の工芸品とされる。もう一つは「第二のモノマフの冠」といわれるもので、1682 年にモスクワ・クレムリ工房で 10 歳のピョートル 1 世（後の大帝）のために作られたという。1682 年にピョートルはよく知られた経緯から、兄のイヴァン・アレクセーエヴィチ（5 世）とともに帝位に就くこととなったが、兄が伝来の正式の「モノマフの冠」を、弟のピョートルは第二のそれを着用したとされる。二つの冠の写真は上掲書の s.345, 352 に掲載されている。ただし本書に掲載した写真は、技術的な理由から、このアルバムからではなく、Borisov, *Ivan III.* からのものである。

108) 拙稿「『ウラジーミル諸公物語』覚書」44 頁。Dmitrieva, *Skazanie*.s.171-178.『集成』にも『物語』とほぼ同じ文面がみえる。『物語』が取り入れられているといってよい（G, ll.4 ob., 5; Kn.1, s.8-9）。『物語』は *BLDR*.T.9 (Konets XV-per.pol.XVI v.), s.278-289, 535-539（R.P.Dmitrieva によるテクスト校訂、解説と注、L.A.Dmitriev の訳）などでも読むことができる。

109) 邦訳(『ロシア原初年代記』) 259 頁。なお邦訳者はこの箇所に付した注で (510 頁、注4)、ウラジーミル・モノマフはビザンツの皇女アンナから生まれたとする。たしかにそう記す研究者もいるが (帝政期の N. シュリャーコフなど)、これは A.S. オルロフなども指摘するように、おそらく正しくない (Orlov, *Vladimir Monomakh*.s.6, prim.1)。この訳注の誤りの原因は、ウラジーミル・モノマフの父フセヴォロド大公が二度結婚したことに留意しなかったことにあると思われる。フセヴォロドは実際アンナという女性とも結婚したが、こちらは二度目の妻で、ウラジーミルの義母である (アンナの名は『原初』にはでてこない。それは『ニコン』 *PSRL*.IX: 132 など後代の年代記に現れる)。一方、ウラジーミルは父の最初の妻からの子で、こちらの方はマリヤといったとされることが多い (たとえば、Podskalsky, *Christentum*.S.320 における A. ポッペの場合)。もっともマリヤの名も『原初』には現れない。ウラジーミルの母をマリヤと推測したのはポッペを別にして、たとえば V.L. ヤーニンなどであるが、それについて詳しくは、Ianin, *Aktovye pechati*.I, s.17-19 を参照されたい。なお『原初』の邦訳者は 285 頁の本文訳では「彼が彼女を（実の）母のように敬っていた」(下線は本書著者) としており、こちらの訳は正確である。つまりウラジーミル・モノマフは義母を「実の母のように」敬ったというわけである。拙著『『ロシア原初年代記』を読む』705 頁をも参照。

110) 『物語』の記述が非歴史的であることは明らかである。まず皇帝コンスタンティノス 9 世モノマコスとウラジーミル・フセヴォロドヴィチの治世はまったく重ならない (1042-1055 年と 1113-1125 年)。前者が没したとき (1055 年)、後者はまだ 2 歳であった。またウラジーミル・モノマフが軍事攻撃でビザンツ皇帝を震えあがらせたとするのも、事実ではなかろう。ウラジーミル・モノマフ公治世にルーシ軍が帝国に対し大規模な軍事行動をおこしたという記録はない (拙稿「『ウラジーミル諸公物語』覚書」参照)。しいて言えば『イパーチー年代記』1116 年の項にウラジーミルがドナウ河畔の諸都市に支配権を及ぼそうとしたとする記述があるが、かりにこれが『物語』と結び付けられたとしても、いずれにせよ皇帝コンスタンティノス 9 世とは関係しない。実際に同帝治世に大規模な軍事攻撃をしかけたのは、ヤロスラフ賢公の子、ウラジーミル・ヤロスラヴィチ公で、それは 1043 年のことであった。この遠征は大失敗に終わり、少なくとも皇帝を震え上がらせて帝権の標章を強奪するというような事態にならなかったことは確かである (拙著『『ロシア原初年代記』を読む』567-570 頁)。さらにコンスタンティノス皇帝がルーシに派遣したという使者 (エフェソス府主教ネオフィトら) も実在が確認できない等々、『物語』はいくつもの問題点を含んでいる。モスクワ時代になってから (15 世紀末から 16 世紀初) 作られた伝説、虚構と考えてよいだろう。

111）現存する「モノマフの冠」の制作時期と場所、それがルーシ以外の地で作られたのであれば、モスクワにもたらされた経緯等々については、上記拙稿でもふれたが、研究史上複雑な議論が展開されている。制作時期については12世紀から16世紀までの間で、場所についてはビザンツ各地や東方諸地域（エジプトや中央アジア、キプチャク・カン国）など、さまざまに考えられている（モスクワ説すらも唱えられている）。これに関し近年新たに専門研究も発表された（Zhilina, *Shapka Monomakha*）。著者N.V.ジーリナは、現存する「モノマフの冠」の形態や装飾を技術的に分析した研究において、根幹部分は（というのもそれはいくつかの段階を経て今日に伝わる形態をとるにいたったからである）13世紀（初から60年代にかけて）に作成されたビザンツ作品とする結論に至っている。

112）『集成』Sh, ll.553-565; Kn.17, s.359-383.「モノマフの冠」への言及は、Sh, l.553 ob., l.555 などにみられる。1498年戴冠式の式次第を記す年代記でもっともはやい段階の記述を伝えるのは、『ロシア年代記全集』第28巻所収の「1518年の年代記集成」と呼ばれるコーデクスである（*PSRL*.XXVIII: 330-331. sm.Lur'e, *Ideologicheskaia bar'ba*.s.383-386; Nitsche, *Grossfürst*.S.134-136）。「モノマフの冠」の語も同所にみえる（同年代記中の1498年戴冠式部分については、田辺「モノマフの王冠」108-111頁が邦訳を試みている）。ドミトリーの戴冠式についてはその他の年代記にも記述がある（たとえば、*PSRL*.VI: 241-243; VIII: 234-236; XII: 246-248; XX: 366-368 など）。またヘルベルシュタインなども伝えている（Gerbershtein, *Zapiski*.s.82）。この戴冠式について、またそれとの関連で編纂されたとされる『戴冠式規定』については、下記本書第2部第1章第3節（173頁、さらに第2部注54）をも参照。

113）「黄金の冠」shapka zolotaia のモスクワ大公の遺言状での初出は、*DDG*.No.1（イヴァン1世カリター）, s.8, 10 である。

114）*DDG*.No.4, s.16; No.8, s.25; No.12, s.36; No.20, s.57; No.21, s.59; No.22, s.61; No.61, s.197. 最後者のヴァシーリー2世の遺言状では、たんに「冠」とあるだけであるが、これもコンテクストからして代々受け継がれてきた「黄金の冠」を指すものと考えられる。

115）*DDG*.No.104, s.438

116）たとえば、*Gosudarstvennaia Oruzheinaia Palata*.s.344 がそうである。またこれについてはさらに、Zhilina, *Shapka Monomakha*.s.129 をも参照。

117）ヴァシーリー3世の離婚と再婚問題（これについては本書第2部において検討する）に関する史料のひとつである「聖山［アトス山］からの書状の抜粋」中に、ヴァシーリー3世は「先祖である大公ウラジーミル・モノマフのヤルダリル、すなわち冠 shapka」、つまりモノマフの冠を着用していたとする記述がある（Zimin, Vypis' o vtorom brake.s.142.)。この「抜粋」は A.A. ジミーンが最古の（17世紀初頭）の写本に基づいて校訂・刊行している（ibid., s.140-148）。ジミーンはこの記述をイヴァン雷帝没後の16世紀末－17世紀初の作品とみているが、早くは16世紀40年代と考える者もいる（S.O. シュミットなど）。後述するように、本書著者は雷帝没後の作品とみる方がよいと考えるが、もし早期説が正しいとするならば、その場合「同時代の史料」という性格がより強まる。これについては、さしあたり SKKDR.XIV-XVI v.Ch.2, s.230-233 (M.D.Kagan) を参照。なお後者（Kagan）はこの「聖山からの書状抜粋」を「ヴァシーリー3世の再婚の物語」（Povest' o vtorom brake Vasiliia III）の項目で取り上げ解説しているが、この項目で実際に検討の対象としているのはこの「抜粋」だけである。他にも考えられる作品についてはまったく取り扱っていない。「ヴァシーリー3世再婚の物語」については、本書においても後に改めてふれる（下記191-192頁、また第2部第2章注93）。

118) Zhilina, *Shapka Monomakha*. s.179-180.

119) Zhilina, *Shapka Monomakha*. s.177-178, 204.

120) Morozov/Chernetsov, Legenda.s.368-370.

121)「ツァーリの座」tsarskoe mesto についてはウスペンスキー聖堂を紹介する各種写真集などでみられるが、ここではさしあたり Tolstaia, *Uspenskii sobor*.s.34, Illiustratsii 15-22 を参照。それは1551年9月にウスペンスキー聖堂内に設けられ、正式には「ツァーリの祈禱座所」tsarskoe molennoe mesto と呼ばれる。その三方の木製側面には、『ウラジーミル諸公物語』に基づく「歴史」を12場面に分けて描く浅浮彫（bas-relief）が施されている。別名「モノマフの玉座」とも呼ばれるゆえんである。上掲書の聖堂内写真編のNo.16に「座所」全体、No.20に南側側面の浅浮彫（4場面）の写真が掲載されている。本書96頁に掲げたのもこれである。

またクレムリ「黄金宮殿」の今は失われたフレスコ画は、最初は1547年大火後のクレムリ諸教会・宮殿の復元作業に際して描かれた。しかしそれはおそらく1571年のデヴレト・ギレイのモスクワ攻略の際に焼失し、17世紀30年代にミハイル・ロマノフ治世に一度は復元されたが、これもその後再び失われることになったという。しかし後世の者にとって幸いなことに、これが永遠に失われる前の17世紀後半に、宮廷イコン画家シモン・ウシャコフがその内容を伝える詳細な記述を残していたという。以上については、Podobedova, *Moskovskaia shkola zhivopisi*. s.59-68 を参照。同書のs.193-198（とそこの綴じ込み付図）には付録（Prilozhenie）として、上記ウシャコフの記述に基づいてK.K.Lopialoが復元した宮殿の概略図と壁画（フレスコ画）についての説明が収められている（本書上注62を参照）。

第2部
史料としての『集成』
──モスクワ大公国の歴史はどう描かれているか──

第 2 部　史料としての『集成』——モスクワ大公国の歴史はどう描かれているか——

はじめに

　第 2 部では『集成』の史料としての意義について、とくにモスクワ大公国の歴史がそこでどのように描かれているかに焦点を合わせつつ、具体的に考えてみたい。すでに第 1 部の最終章でも、『集成』「ロシア史編」における細密画のイメージを全体としてつかむ努力をしたが、以下第 2 部においては、とくにモスクワ大公国の最盛期を現出させたイヴァン 3 世、ヴァシーリー 3 世、イヴァン 4 世雷帝の三代の大公・ツァーリの治世（1462–1584 年）について、細密画とテクストの双方を突き合わせながらみていきたい。

　『集成』においてイヴァン 3 世以降の時代が描かれるのは、手稿本の最後の 3 巻（Sh, S, Ts）においてである。ただし各部分に装丁が施されるなかで一部紙葉（1425–1472 年の部分）が誤って第 4 巻（G）の中に含まれてしまったので、これも考慮に入れる必要がある。そのうち第 8 巻の Sh は 1472–1533 年（「旧い歴史」の最後の部分、すなわちイヴァン 3 世治世後半とヴァシーリー 3 世治世）を、第 9（S）、第 10（Ts）の 2 巻が「新しい歴史」すなわちイヴァン雷帝治世を扱っている（もっともすでに記したごとく、現存本では記述は 1567 年の項で途切れており、雷帝治世後半部は扱われなかったことになる）。刊本では「ロシア史編」の第 15 から第 23 巻までがこれに対応している。テクストは紙葉数で言えば、3 巻だけで 2300 丁を数え、細密画数は 4300 にのぼる。基本的に彩色されているが、残念ながら既述のごとく、Ts においてはそのほとんどが未彩色の状態で残された。

　以下は、もとより選択的ではあるが、いくつかの注目すべき出来事について年代を追いつつ、細密画とテクストの双方について可能な限り立ち入って検討を試みたい。

　なお『集成』のテクストは、『ニコン年代記』など先行する諸年代記を史料としながら作成されているので、これら諸年代記の記述と重なるところが多い。

こうしたこともあり、これまでの研究文献では未刊行状態にあった『集成』が典拠として示されることは少なく、代わって『ニコン』などの該当箇所が指示されることが多かった。第1部においてみた通り、『集成』はかつて「絵入りニコン」と考えられたこともあり、そのことがこうした方法を是認してきた。『ニコン』などには記述がなく『集成』こそが指示されなければならない場合でも、原本一本だけで伝えられてきた以上、それは著しく困難であったのである。『集成』全体が刊行された今日では状況は変わったが、いずれにせよ研究者がこれをまず最初に参照されるべき典拠として利用するようになるのは、まだまだ先のことになると考えられる。今後は、すでに『年代記全集』に刊行済みの諸年代記と、今回公刊された『集成』テクストとの間の精密な比較考証が必要となってくるが、それも今後の課題となる。ともあれ本書では、『集成』の史料問題に十分に立ち入ることはできない。それは特別に論じられるべき課題であると考えるからである[1]。

第 2 部　史料としての『集成』──モスクワ大公国の歴史はどう描かれているか──

第 1 章
イヴァン 3 世治世（1462–1505 年）

　イヴァン 3 世が即位したころには、長らく正教世界の盟主であったビザンツ帝国はすでにその存在を止めており、モスクワはいまや自他ともに認める唯一の独立した正教国家であった。ロシア、とりわけモスクワは、政治・軍事的にビザンツ支配に服したことはなかったが、教会行政上は、最初からビザンツ（コンスタンティノープル総主教座）の管轄下におかれており、文化・精神的にもその影響を強く受けていた[2]。しかしこれも次第に「自立化」の度合いを強め、15 世紀半ばにはその方向性はいっそう明確になっていた。他方 13 世紀に始まったキプチャク・カン国（ジョチ・ウルス）との関係では、ロシアは依然としてその支配下にあり、貢税支払いを義務づけられていた。ただしこの支配は当初から「間接」的な性格を有しており、しかもカン国自体が 14 世紀後半から時とともに分裂する傾向にあったこともあって、この時期には目に見えて弱まっていた。

　もちろんここでイヴァン 3 世治世全般を論じるわけにはいかない[3]。ここではただ、かれの治世が国内の独立諸国を併合し、モスクワ大公権が強化された時期としてきわめて重要な意味をもったことを指摘するにとどめたい。

イヴァン 3 世、16 世紀の版画

第 1 章　イヴァン 3 世治世（1462-1505 年）

　絵 2-1 (Sh, l.275 ob.; Kn.16, s.330) は、この時代モスクワの国内統一事業の前に立ちはだかった最大の障碍のひとつである「大ノヴゴロド」の併合を象徴的に描いたものである。ここに付されたテクストには、

　　「大公はノヴゴロドからその民会の鐘をモスクワへ運ぶよう命じた。それはモスクワへ運ばれ、［クレムリの聖堂］広場の鐘楼に備え付けられ、他の鐘とならんで鳴らされた」とある。

　ノヴゴロドはモスクワ支配下に組み込まれ、「民会」（ヴェーチェ）を最高権力機関とするその独自の共和政的体制を否定され、他の諸公国と並ぶありきたりの存在とされたのである。国内の他の政治勢力に対するモスクワの圧倒的優位は明白となった。それだけではない。以下本章でもみるように、モスクワはやがてイヴァン 3 世の治世中に、キプチャク・カン国の支配から実質的に脱却し、その意味で正教圏における文字通り唯一の独立国家として国際舞台にも躍り出ることになるのである。イヴァン 3 世が「偉大なる」イヴァンと呼ばれたのも理由のないことではない[4]。

　以下本章では、1) イヴァン 3 世とソフィヤ・パレオローグとの結婚、2) 「ウゴールシチナ」（「タタールのくびき」からの脱却）、3) ドミトリー・イヴァーノヴィチの戴冠式、の三つの出来事について検討するが、いずれにおいても大公とその再婚相手であるソフィヤの役割に特別の注意が払われる。『集成』がこれらの出来事を通してイヴァンを、そしてソフィヤをどのように描いているかが本章の中心課題となる。

第 1 節　イヴァン 3 世のソフィヤ（ゾエ）との結婚（1472 年）[5]

　イヴァンは 1472 年にビザンツ帝国最後の皇帝（コンスタンティノス 11 世）の姪を後に迎えたことでよく知られている。そのことが、モスクワを「世界帝国」の後継者に祭り上げることにつながったわけでは決してないが、それについては以下に順を追ってみていく。ただこの結婚が、国内政治的にまた国際舞台においてもモスクワ大公の威信を大きく高めるものであったことは否定でき

第 2 部　史料としての『集成』——モスクワ大公国の歴史はどう描かれているか——

ない。さしあたりこのことを確認して以下検討に移ろう。

『集成』は Sh 本においてこの件を描いている（Sh, ll.26, 73-81; Kn.15, s.315, 409-425）。

まず最初の紙葉 Sh, l.26（Kn.15, s.315）をみてみよう（絵 2-2）。

この部分のテクストは次のようになっている。

　　「大公はソフィヤに求婚すべくフリャージンをローマに派遣した。その冬［6980/1472 年］大公はご自身の尊父府主教フィリップおよび母なる大公妃マリヤ、また兄弟、ご自身の貴族らと協議し、1月16日に皇女ソフィヤに求婚するため、イヴァン・フリャージンに書信をもたせ、使節団とともに、ローマへ、教皇と枢機卿ベッサリオンの下へと派遣した。」

　（ゴチックは原文朱字。また本書で引用する史料における年代表記はロシアの世界創造紀元に基づく。西暦と合わせて記述する。引用文中の（　）は原文、［　］は本書著者の説明ないし補足である。）

「フリャージン」はルーシでイタリア人など、基本的に南欧ラテン系の人々を指して呼んだ語である（「フリャーギ」と記されることもある）。「イヴァン・フリャージン」、本名ジャン - バティスタ・デラ・ヴォルペはヴェネツィア領ヴィチェンツァ生まれで、すでに久しく貨幣鋳造職人としてイヴァン3世に仕えていた。大公はかれを外交分野においても用いたのである[6]。少なくともイタリア語の話者が必要だった。皇女の名は本来ゾエであるが、ロシアではソフィヤと呼ばれた。大公妃マリヤとは、まだ存命中であった大公イヴァンの母、父ヴァシーリー2世の妻、マリヤ・ヤロスラヴナである。差し当たってのテクストの説明はここまでにして、まずはここの絵をみることにしよう。

画面は大きく三つに分かれている。それぞれは山並みで分けられ、それらが互いに遠隔の地であることを示している。画面の手前主要部はモスクワの宮廷で、中央左に腰かけているのがイヴァン3世である。右手に錫杖をもち（頂上部の横の取ってが上に反っているのは俗権の象徴である）[7]、左手でローマへ派遣する使者イヴァン・フリャージンに書信を渡そうとしている。大公はりっぱな顎鬚を蓄えている。当時32歳である。頭上にみえるのは、すでにみた、

第 1 章　イヴァン 3 世治世（1462-1505 年）

毛の縁取りのある伝統的な大公冠である。大公の左上の屋内から顔を出すのは大公母、マリヤ・ヤロスラヴナであろう。かの女も『集成』における定式どおり、五放射状の帝冠を頭上においている（大公妃が帝冠着用の姿で描かれることについてはすでに第 1 部第 4 章に記した）。中央にみえる聖職者が府主教フィリップである。ここでモスクワ府主教が「白頭巾」姿で描かれるのは奇妙である。それは本来ノヴゴロド大主教に伝統的な権利と考えられていたからである。絵師による虚構であろう（これについて詳しくは松木「ノヴゴロド大主教の白頭巾」論文を参照）。画面の最上部には三人の人物がみえる。場所はローマと考えられる。三人のうち左端にみえるのがゾエ（ソフィヤ）であろう。かの女の生年は不詳であるが、当時 20 歳代の中ごろであったと推測される[8]。右端にはローマ教皇が描かれている。その頭上に教皇に特徴的な冠がみえる。もとより実際の教皇冠を正確に表現しているわけではない。あくまでも象徴的に描かれている。中央の人物は枢機卿ベッサリオンであろうか。ここに描かれるのは、ソフィヤの父、モレア君主トマスこそがふさわしいとも考えられるが、かれはすでに 1465 年に故人となっていた。この箇所のテクストにおいてもかれへの言及はない。ソフィヤの顔には一見して鬚のようなものが見え、男性のようにみえなくもないが、これは鬚ではなく、たんに陰影がつけられているだけである。そのことはその下、中段左端にみえる大公母の場合も同様の描き方がなされていることからも明らかである。何よりも、この人物も大公の母同様、帝冠着用の姿で描かれている。大公母を除いて、支配家門に列なる女性はここではソフィヤ以外には登場しない。さてもう一つの場面（画面の右中段）には騎馬の人物が複数みえる。これがローマへ向かう途上のイヴァン・フリャージン一行であることについては断るまでもなかろう。

　モスクワがビザンツ帝国滅亡後ローマ教皇庁に庇護されていた、最後の皇帝（実は最後の二人の皇帝、ヨハネス 8 世とコンスタンティノス 11 世兄弟）の姪、パライオロゴス家のゾエを大公の再婚相手に考え始めたいきさつについて（イヴァン 3 世の最初の妻トヴェーリ公女マリヤ・ボリソヴナはすでに 1467 年に亡くなっていた）、ここには何も記されていない。ただしこの結婚話がどこから来たかについては、これに先立つ記述から明らかになる。

　G, ll.926-928 (Kn.15, s.97-101) がそれである。本来ならば連続的であるべき事

項が分断され、別の巻、つまり Sh ではなく G に含まれるに至った原因は、装丁本形成過程に生じたさまざまな混乱や手違いにあるが（なお刊本では編者の手で同じ第 15 巻のしかるべき箇所に収められている）、それについては指摘するにとどめ、次にこちらの方をみてみよう。

G, l.926（Kn.15, s.97）は「**6977 年［1469 年］、皇女ソフィヤについて**」というタイトルが付され、その後 l.928 までにわたり（2 丁半、5 頁分）、大略以下のようなことが記されている。

この年の 2 月 11 日、ローマから大公の下へ枢機卿ベッサリオンの使者「ユーリーという名のギリシア人」が書信を携えてやってきた。このときイヴァン・フリャージンの兄カルロ（ヴォルペ）と、長兄の子、従兄弟アントン（アントニオ・ジスラルジ）の二人の「フリャージン」も同行した。使者ユーリーが持参した書信の内容はおよそ以下の如くであった。

ローマにモレアの君主（デスポテス）トマス・パライオロゴスの娘で、ソフィヤという名の皇女がいる[9]。正教徒である。もし大公がかの女を后に望むなら、「わたし」（ベッサリオン）はその実現に努める用意がある。かの女に対してはすでにフランス王やミラノ大公も結婚を申し込んできたが、皇女はカトリック教徒に嫁ぐことを望まなかった、云々。

ソフィヤの父がビザンツ最後の皇帝の弟で、帝国滅亡後ローマ教皇の庇護を受けていたことは確かであるが、上の記述は事実とはいいがたい点を多く含んでいる。たとえば、フランス王らが結婚を申し込んできたとするローマの説明はほかに裏付ける史料がなく、疑問である[10]。またソフィヤが正教徒で、正教徒にのみ嫁ごうと望んでいたかのような記述もそのままには受けとれない。かの女も、また庇護者である枢機卿ベッサリオンも、もともと正教徒ではあったが、教会合同を受け入れており（後者は学識高い元ニカイア府主教で、1438−1439 年のフェラーラ・フィレンツェ公会議における教会合同の試みを積極的に推進していた）、滅びゆく故国からローマへ逃れた段階ですでにカトリックを受け入れていた、あるいは少なくとも教皇の首位権を承認するウニアート（帰一教会信徒）であったことは否定できない。

ベッサリオンの使者である「ユーリーという名のギリシア人」が誰であるかについては、研究史上議論がある。かれについては後に改めて立ち返りたい。

第 1 章　イヴァン 3 世治世（1462-1505 年）

さて、ローマからの提案を受けた大公は、府主教や母后また貴族らと協議し、同 1469 年の春 3 月 20 日、イヴァン・フリャージンを、教皇パウロ（パウルス 2 世）およびベッサリオンの下へ遣わした。つまりイヴァン・フリャージンは、冒頭でみた 1472 年 1 月 16 日のローマ行きに先立って、すでにその三年前にもローマへ派遣されていたことになる。1472 年のほうは大公の再婚の件でのフリャージンの二度目のローマ訪問であったのである。

1469 年に戻ろう。

ローマに着いたフリャージンはソフィヤにも面会し、かの女自身がモスクワへ嫁ぐことを希望、ないし了承していることを確認する。大公

ソフィヤの顔面復元彫刻

とその臣民が正教キリスト教徒であることを知ったことが、かの女にこうした決断をさせたとされる。フリャージンはこのとき大公に見せるため皇女の肖像画を作成させている[11]。もっともこの肖像画はその後失われ、今日には伝わらない。ここではその代わりに、20 世紀になってかの女の頭骨から復元された頭部（顔面）の彫刻の写真を掲げておこう（なおこの復元彫刻については下記第 2 部注 53 を参照されたい）。

さてイヴァン・フリャージンからモスクワ側が結婚話に関心を寄せたことを聞いた教皇は、まずはモスクワ側にたいし、婚約協議とかの女の迎接のため正式な使節団を派遣するよう求めた（G, ll.927-928; Kn.15, s.99-101）。イヴァン・フリャージンは教皇側の提案を携えて、この年の末か翌年の早いうちにモスクワに戻ったとみられるが、その際教皇から、やがてモスクワから派遣される予定の公式使節団のために教皇庁管轄下の国々を二年間安全に通行する許可証を獲得している。

冒頭でとりあげた Sh, l.26 に、1472 年に大公イヴァンがフリャージンをローマへ派遣したとあったのは、いま見たばかりの G.l.926 以下で、教皇が正式使節の派遣を要請したことに応えたものであった。ここから推測すると、結婚の

第2部　史料としての『集成』——モスクワ大公国の歴史はどう描かれているか——

イニシアティブはむしろ教皇庁の側にあったように思われる。とりわけベッサリオンが果たした役割は大きかったであろう。教皇庁や、とりわけオスマン軍の攻勢の前に立たされていたヴェネツィアなどのカトリック勢力は、何とかモスクワを対イスラーム十字軍に引き込もうと考えていた。あわよくば、モスクワをカトリック化しようという思惑もあったであろう。すでにローマはトルコ軍の前に風前の灯火であったビザンツ帝国への救援をちらつかせて、1438-1439年にフィレンツェ公会議で教会合同を成立させていたが（ベッサリオンはその急進的推進者であった）、その延長線上で、モスクワをも対トルコ戦に巻き込もうとしたのである。

　研究者のなかにはそもそもこうした計画を思いついたのがイヴァン・フリャージンその人であり、かれがモスクワ大公の了解のもとに教皇庁に結婚話を持ち込んだと推測する者もいる。たとえば、イエズス会士 P. ピルリンクがそうであるが、かれはヴァティカン所蔵文書の調査から、すでに1468年6月9日に、モスクワ在住のイヴァン・フリャージンにより、二人の代理人（ニコロ・ジスラルジとギリシア人「スラヴ名ユーリーなるゲオルギオス」）が使者として教皇庁に派遣されていたことを突きとめた。これは『集成』や他のロシアの年代記にはみられない情報である。すなわちピルリンクによれば、事の始まりは1468年のフリャージンの二人の使者のこのローマ到来にあり、このとき使者は、モスクワ大公の指示ないし了解のもとに、大公が再婚相手を求めている旨をヴァティカン側に伝えたという。イヴァン3世が本当にそのような指示を出したのかどうかはきわめて疑わしいが、それはともかくとして、結婚話がフリャージンから出たとする説は考えられないことではない。かれがヴァティカンとモスクワの双方にたいし有能な仲介者として自身を高く売りつけようとしていたことはおそらく確かであるからである [12]。

　ただしこのことからただちに、結婚のイニシアティブがモスクワ側にあったと結論づけるわけにはいくまい。すでに K.V. バジレヴィチは1468年のフリャージンの二人の代理人のイタリア訪問の目的が大公の再婚相手探しなどではなく、各種専門家（医師、建築家、通訳など）の徴募にあったことを主張している。翌年2月にローマから来た（戻った？）ベッサリオンの使者「ユーリーという名のギリシア人」が同道したカルロ・ヴォルペとアントン・フリャージン

第 1 章　イヴァン 3 世治世（1462-1505 年）

はそうした専門家であった[13]。おそらくバジレヴィチの主張は、本書が後述するところからみても正しい。それだけではない。イヴァン・フリャージンのはたした役割についてはともかくとして、モスクワ側にイニシアティブがあったとするピルリンクの推測自体、当時の状況からみて説得力に欠けるところ大といわざるをえないからである。

　まず反カトリック感情が強かったモスクワが自ら教皇庁に接触を求めたとはほとんど考えられない[14]。またこの時点でモスクワがソフィヤのことをどの程度知っていたかも疑問である。とくにこの結婚からどちらがより多くの「利益」を引き出しうるのかを考えるならば、既述のごとく、明らかに教皇庁側により熱心になる理由があったといえる。これにたいしモスクワがこの結婚からえられる現実的な利益はほとんどなかったといってよい。むしろ後述するところからもわかるように、モスクワはこの結婚が原因で逆にさまざまな問題を抱え込むことになったのである。それとの関連で、モスクワ入り後のソフィヤの運命が必ずしも順風満帆でなかったことも考慮に入れる必要がある。もしモスクワが、よく言われるようなソフィヤの価値（例えば「ビザンツの遺産」の継承権など）を真に評価していたとするならば、ソフィヤのモスクワにおける運命はもっと輝かしいものになっていたであろう（これについても後述する）。ところがモスクワは「継承権」などというものがかりにあったとしても、それがソフィヤ自身にではなく、かの女の長兄アンドレアスに属すべきものであったことをよく知っていた。イヴァン 3 世が再婚を望んでいたことは確かである。言うまでもなく、「ビザンツ皇女」との結婚は国の内外におけるモスクワ大公の威信を著しく高めることになるのは、当然予想された。しかしながら、再婚を急ぐイヴァン 3 世にあったのはより現実的な目的であったと考えられる。それは後述するように、後継者確保の必要性であった。この時点でイヴァン 3 世にはそれが一人しかいなかった。最初の結婚からの子イヴァン・マラドイである。ただ生存条件の厳しいこの時代のことである。後継候補が一人のみという状況はできるだけ早期に解消される必要があった。現にイヴァン・マラドイはやがて父より前に鬼籍に入ることになる（1490 年）。もちろんそのことはまだ先の話ではあったが、できるだけ早く後添いを得たいという大公の気持ちは強かったにちがいない。要するに大公の再婚相手がローマからでなければならな

い理由はほとんどなかったのである。モスクワが大公の再婚相手を求めてほかならぬカトリックの総本山に接触を図ったとは到底考えられないのである。

さて教皇庁から正式使節団派遣の要請をうけたイヴァン・フリャージンである。かれがソフィヤの肖像画を携えてモスクワに戻ったのは、上述のごとく、おそらく1469年末か翌1470年の早いうちであった。モスクワから花嫁を迎えるべく正式使節団（イヴァン・フリャージンその人が率いた）が出立したのは、本節の冒頭で見たように、1472年1月16日であった。一行がローマに到着するのは同年5月23日である（Sh, l.48; Kn.15, s.359）。ローマからの承諾の回答があって、モスクワから正式使節団が出立するまでにほぼ2年のときが過ぎていること、1472年1月に出立した使節団のローマ到着が5月と、4か月もかかっていること、これらの理由はよくわからない。いずれにせよ、おおよそ以上のような経緯があって、いよいよ皇女の正式な輿入れとなる。

ただこれについてみる前に、正式使節団派遣について伝える紙葉（Sh, l.26）の裏面に（Sh, l.26 ob.; Kn.15, s.316）、ローマ教皇に関して興味深い記述があるので、いささか脇道にそれるがそれについてみておこう。

すなわち、フリャージンら一行がローマへ出立しようとするころ、先の教皇パウロ2世が亡くなる。フリャージンらは新たに選出された教皇を「カリスト」（カリストゥス）と認識していた。ところがかれらがローマに着くと、教皇はカリストではなく、「システュス」（シクストゥス4世）であることが判明する。使節団はここで鳩首協議し、文書に記してあったカリストの名を削り、改めて「システュス」と書きこむこととした、というのである。

カリストゥスはパウロ2世の二代前の教皇であり、なぜここでモスクワ側が間違ったのか不明であるが、西方世界との交流が再開して間もないモスクワ大公国にとって、西方事情を正確に知ることはそれほど容易ではなかったことがここからはうかがえるのである。

さて輿入れである。まず皇女一行がいかなる経路でモスクワ入りしたのか、『集成』はそのことを比較的詳しく伝えているので（Sh, ll.48 ob.-50, 69 ob.-70, 73-77; Kn.15, s.360-363, 402-403, 409-417）、それについてみておこう。

ソフィヤが教皇から財政的援助（ソフィヤに5400ドゥカート、同行司教に600ドゥカート金貨が支給された）をはじめさまざまな支援を受けたうえで[15]、

第1章　イヴァン3世治世（1462-1505年）

　ローマを出立したのは1472年6月24日であった。かの女には教皇特使としてアジャクシオ（コルシカ）司教ボヌンブレ（アントニオ）が、さらに「多くのローマ人」、また「皇子たちの使者、マヌエルの子ドミトリーと多くのギリシア人」、さらに「かの女に仕える他の多くのギリシア人」が随行していた（Sh, l.48 ob.; Kn.15, s.360）。花嫁一行はフリャージンらが来た道とは異なり、ロシアに入るまではすべてローマ教皇の管轄下にある地域を通行する予定になっていた（もっともフリャージンらが具体的にどのような経路でローマ入りしたかの記述はない。トルコ支配が及ぶ黒海やバルカン半島は避けたと考えられるが、それでも商人を装って黒海から地中海に出たのかもしれない。あるいはポーランド経由で陸路西行しイタリア入りしたのであろうか。ただポーランドはモスクワとローマの接近を好ましく思わなかった可能性もあるので、妨害があったかもしれない。残念ながら結局のところフリャージンの経路は明らかにしがたい）。あらかじめ教皇から一行を歓迎し便宜を計るよう各地に指令が出されたことは言うまでもない。教皇庁はモスクワに対し、ローマがソフィヤを旧ビザンツ帝国の皇女として丁重に扱っていることを示し、その価値をできるだけ高く見せようとしていたと推測される。

　さて先に『集成』は一行の旅の経路について詳しく伝えていると記したが、実はそれが伝えるのは、一行がリューベックから船出し（1472年9月9日）、海路コルィヴァン（すなわちレヴァル、現タリン）に入港（同月21日）して以降のことである。ただイタリアの史料ではローマからバルト海までの経路についても記述されているので、ピルリンクなどによりながら、それについても簡単に記しておこう。

　ローマ出立後一行は、ヴィテルボ、シエナ、フィレンツェ、ボローニャ、ヴィチェンツァを経由してアルプス越えにかかった。これらの都市、とくにシエナでは盛大な歓迎を受けたことが知られている。いわゆるピアノ・デッラ・フガッツァからおそらくはそのままブレンナー峠を越えてインスブルックに出、アウグスブルクからニュルンベルク、さらに北上してリューベックに至った（1472年9月1日着）。その後は船でコルィヴァンへ向かい（絵2-3、コルィヴァン入港、Sh, l.73; Kn.15, s.409）、そこからは陸路ユーリエフ（ドルパート、現タルトゥ、10月6日着）を経て、ロシアに入り（この時点で北西地方をモスクワ領とい

第 2 部　史料としての『集成』——モスクワ大公国の歴史はどう描かれているか——

うことができるか微妙ではあるが、少なくとも正教圏ではあった）、プスコフ（10月11日着、7日間滞在）で大歓迎を受け、さらにノヴゴロド（10月25日着、30日出立）を通ってモスクワへと進んだ。

　モスクワ到着を前にひとつ容易ならざる問題がおきた。一行が「ラテン十字架」（kryzh）を掲げてモスクワを目指しているという報告が花嫁を待つイヴァン3世の下に届けられたのである（絵2-4、Sh, l.74 ob.; Kn.15, s.412. 使者が掲げ持つ十字架はやや雑に描かれているが、十字架の縦下の線が他より長く、中心が上方にある。少なくともロシア十字架と異なっていることは確かである）。これがモスクワを驚愕させた。宮廷で協議が行われ、結局府主教フィリップの強硬な意見が通り、ラテン十字架を覆いで隠すよう指示が出された。指示を受けた教皇特使一行にあっても意見は分かれた。特使はカトリックの強硬な闘士として知られた人物であり、ここでも当然のことながら当初は自説に固執したが、結局は軟化し、大公の命令に従う決断をしたと言われる。しかし驚くべきことに、ここでとりわけ強硬だったのは、モスクワで改宗し正教徒となって久しかったはずのイヴァン・フリャージンである。かれはカトリックの十字架を掲げ続けるよう主張し、年代記作者から、「信仰」すなわち正教を捨てたと非難されている（Sh, l.76 ob.; Kn.15, s.416）。おそらくモスクワでもローマでも如才なく振舞っていたであろうフリャージンがここにきてなぜ頑なな態度に出たのか。教皇に恩を売ろうとしたのか、あるいは教皇特使の意を体してそのように振舞ったのか、真相は不明である。そして結局のところ一行が大公の指示にどう対応したのかも明らかでない。というのもこの件に関し年代記はここで筆を止めているからである。おそらく皇女の一行は、大公の指示を容れ、ラテン十字架を目立たぬようにしてモスクワ入りしたと推測される。特使が使命の重大性にかんがみ、先に記した通り、柔軟に振舞ったと考えられるが、ここでは正教国家の君主に嫁ぐことを決意したソフィヤの役割も小さくなかったように思われる。かつて正教徒として育てられたかの女がここで、自身が今後大公妃として生きることになる国の慣習を尊重するよう強く主張した可能性が考えられる。すでに国境を越えた瞬間からソフィヤが、ロシアの人々の前で敬虔な正教徒として振舞い始めたとする記述もある[16]。その後モスクワで一定の存在感を示したソフィヤである。これくらいの「政治性」を発揮したと考えてもお

かしくはない。出発前に、今回の計画をなんとしてでも実現させたかった教皇とベッサリオンから直々に、柔軟に振舞うよう指示（ないし示唆）されていた可能性もある。あるいは側近のだれかがモスクワ入り後の振舞い方について、何か助言していたのかもしれない。いずれにせよ、正教意識がとくに高まっていた当時のモスクワがこの面で譲歩したとは考えられない。一行は大公の指示に従うよりほかなかったのである。

皇女のモスクワ到着は 11 月 12 日の木曜である。『集成』は、長旅の後であったにもかかわらず、結婚式があたかも即日行われたかのように記述している。そのようなことが可能であったのか、実際のところは不明である。結婚の儀は府主教フィリップの司式の下に行われた。

絵 2-5（Sh, l.79 ob.: Kn.15, s.422）は結婚の儀式を描いている。府主教が新郎に結婚の被り物をかざし祝福を与えている。ソフィヤとその後ろの皇太后だけが五放射状の帝冠を頭上に乗せている。すでに記した通り、『集成』においては皇帝や大公の后らはこの種の帝冠を着用して描かれるのが通例であった。描かれる場所はウスペンスキー聖堂内であるが、上部が天幕風で、同聖堂とはやや異なる外観をしている。おそらくこれは、当時同聖堂が再建中であったため、結婚式との関連で聖堂内にとくに設けられた仮の木造「小教会」（副祭壇）を表現している[17]。

次に結婚式について記述するテクスト（Sh, l.79 ob. から l.80 ob. まで、Kn.15, s.422-424）をみてみよう。

「[府主教は] 礼拝式 [聖体礼儀] を執り行うと、信仰篤き全ルーシの大公イヴァン・ヴァシーリエヴィチと正教信仰を奉じる皇女ソフィヤに婚姻の冠を授けた。ソフィヤはモレアのデスポト [君主] フォマ [トマス] の娘であり、フォマは帝都（ツァーリグラード）の皇帝マヌエル [2 世] の子であり、皇帝イヴァン・カルヤン [ヨハネス 8 世] およびドミトリー並びに [皇帝] コンスタンティン [11 世] の兄弟である。かれら [大公とソフィヤ] の結婚式には大公母である皇太后マリヤ、大公の子イヴァン [マラドイ] 並びにかれ [大公] の兄弟、信仰篤き諸公すなわちアンドレイ [大]、ボリス、アンドレイ [小] およびその他すべての諸公、貴族ら、多数の民衆、かのローマの特使アントニーと随

身のローマ人、皇女の兄弟、皇子アンドレイとマヌエルの使者であるギリシア人ドミトリーとその他のギリシア人随身、そのほか皇女に仕える多くのギリシア人が参列していた。」

　以上のテクストからは、クレムリ内の聖母就寝ウスペンスキー聖堂で執り行われた婚姻の儀式がどれほどのものであったのかはいまひとつ明らかでない。ただこれに関しては、諸公の結婚式について年代記に記述されること自体がすでに例外的であったという事実を指摘しておきたい。ソフィヤとの結婚は『集成』編者にとって特別に記憶されるべき出来事であったのである。参列者の顔ぶれなどからみても、壮大な式であったといってもよい。テクストにおいて、ソフィヤがビザンツ帝国の皇帝マヌエル2世（在位1391-1425年）の孫で、最後の二人の皇帝（ともにマヌエル帝の子であった）、ヨハネス8世とコンスタンティノス11世の姪でもあることが正確に記されていることも重要である。テクストにはマヌエル帝の子としてもう一人デメトリウス（「ドミトリー」）にも言及されている。かれもモレアのデスポトであった。モレアを兄弟トマス（「フォマ」）と二分して一方を支配していたのである。『集成』はソフィヤの家柄について正確な情報をもっていたと言ってよい（いうまでもなくこの点ではイヴァン・フリャージンに負うところ大であったに違いない）。当然といえば当然であるが、モスクワは相当力を入れて事前の調査を行ったものとみえる。ただ『集成』が以上のように記したからといって、後代の者がここから結婚の意義を過大に評価することになるなら、当時のモスクワ国家がおかれていた状況を読み誤ることになる。すでに記したように、ソフィヤのはたした役割を過度に強調する傾向はこのような誤解から生じることとなったのである。

　参列者について若干の説明が必要であろう。皇太后マリヤとは既述の、イヴァン3世の母つまり父ヴァシーリー2世の妃マリヤ・ヤロスラヴナである。大公の子イヴァンは、イヴァンの最初の妃マリヤ・ボリソヴナ（1467年に他界していた）からの子で、この時点で14歳になっていたイヴァン・マラドイ（「若きイヴァン」いわばイヴァン・ジュニア）のことである。大公の兄弟アンドレイ（大）はイヴァン3世の6歳下の弟、同じくボリスは9歳下、アンドレイ（小）は12歳下の弟たちである。皇子アンドレアス（アンドレイ）とマヌエルはソフィ

第 1 章　イヴァン 3 世治世（1462-1505 年）

ヤの実の兄たちであるが、かれらが参列したわけではなく代理人（「ギリシア人ドミトリー」）を派遣してきたのである。この代理人が誰であるかは本書の以下の考察にとっても重要であるが、研究者間にやや混乱もあるので、本章を終える際に改めて検討することとする。

　本節を閉じるにあたって、以上に見てきた結婚をめぐるローマ・モスクワ間の交渉の経緯をまとめておく。

　そもそもの始まりは、P. ピルリンクが指摘したように、1468 年 6 月 9 日（西暦）にイヴァン・フリャージンの二人の使者（ニコロ・ジスラルジと「スラヴ名ユーリーなるゲオルギオス」）がローマ入りしたことにあったように思われる。二人は直接結婚話を持ち込んだわけではなかったが、おそらくローマ教皇庁はこのとき大公イヴァン 3 世についての何らかの示唆ないし情報を得て、枢機卿のベッサリオンが自身の使者（「ギリシア人ユーリー」）をモスクワへ派遣し（翌 1469 年 2 月 11 日（露暦）到着）、イヴァン 3 世にソフィヤに関する情報を提供し、結婚について打診する。大公はこれを受け大公母や府主教らと協議した後（おそらくモスクワ側はこの時点で結婚話を進めることを原則決定した）、同年 3 月 20 日（露暦）、イヴァン・フリャージン本人をローマへ派遣する。ローマでは、教皇がソフィヤの輿入れを承諾し、モスクワ側に花嫁を迎える正式使節団の派遣を要請する。同年中か翌年の初め（正確な時期は不詳）、フリャージンがモスクワへ戻る。このときおそらくフリャージンは、ローマから要請のあったモスクワの正式使節団のためのカトリック圏を自由に往来できる「通行証」と、フリャージンがローマ滞在中に描かせたソフィヤの肖像画（その後失われ、現存しない）を持参している。1472 年 1 月 16 日（露暦）、大公はフリャージンらをソフィヤを迎える正式使節としてローマへ派遣する。フリャージン自身がこの件でローマへ向かったのはこれが二度目である。使節団のローマ到着は 1472 年 5 月 23 日（露暦）である。1 か月後の同 6 月 24 日（露暦）ソフィヤ一行はモスクワからの使節団に伴われてローマを出立する。リューベックから海路ロシアへ向かい、プスコフ、ノヴゴロドを経てモスクワ到着は 1472 年 11 月 12 日で、年代記によれば即日結婚式が執り行われた。以上である。

　結婚がモスクワ公国の歴史においていかなる意義を有したのか、またモスクワ入りしたソフィヤのその後の運命がどうであったのかについては、以下にお

いてさらに検討を続けよう。

第2節 「ウゴールシチナ」（ウグラ河畔の対峙、1480年）

　イヴァン3世は、二世紀半続いたいわゆる「タタールのくびき」を終わらせた大公としても知られている。「タタール」（モンゴル人）による「支配」は、チンギス・カンの孫のバトゥが1240年代はじめ、ヴォルガ下流域にサライを拠点としてキプチャク・カン国（ジョチ・ウルス）を樹立して以来、ロシアの上に重くのしかかってきた。ロシア史料では同カン国は「オルダー」、後には（16世紀以降のことであるが）ときに、「黄金のオルダー」とも呼ばれた（「オルダー」は元来カンの天幕や幕営地を意味する語である）。このモンゴル「支配」の実態にここで立ち入ることはできないが、研究史上しばしばみられた、その後のロシアのすべての困難の原因をここに求めようとするような見方は、短絡的であり注意が必要である。「くびき」の意味は事実に即して慎重に検討されなければならない。支配の内実は時代によって変化し、ロシアにとって常に同じ意味を有したわけではなかったからである。モンゴル人はロシアに大挙して移り住んだわけではなく、支配がそもそも「間接的」に行われたことにも留意すべきである。しかもそれは次第に有名無実化する傾向を示した。ロシアがモスクワの下で統一されるにつれて、支配をはねのける力も強くなったのである。他方、対照的にカン国は分裂傾向を強め、イヴァン3世期には大オルダーやクリミア、カザン、アストラハンの諸カン国、さらにはノガイ・オルダーなどが分立するに至っていた。そのうちキプチャク・カン国の正統な後継を自認する大オルダーはロシアにとって依然として危険な敵であり続けたが、自らもクリミアやカザンとの間に緊張した関係を抱えていた。このような状況下でロシアの自立への条件は整いつつあった。すでに第1部でみたように、イヴァン3世の曾祖父ドミトリー・ドンスコイはタタールに対し軍事的抵抗を試み一時的に勝利するまでに至っており（1378年ヴォジャ河畔の戦い、1380年クリコヴォの戦い）、以後曲折はあるものの、この動きは止めがたいものとなっていた[18]。

　そして1480年を迎える。この年の、年代記にいう「ウゴールシチナ」、研究史上のいわゆる「ウグラ河畔の対峙」が、「くびき」の終焉を象徴的に物語る

第 1 章　イヴァン 3 世治世（1462-1505 年）

出来事となった[19]。

　『集成』ではそれは、Sh, ll.332-355 (Kn.16, s.443-489) において相当に詳しく描かれている。

　Sh, l.332 のテクストは以下のように始まる。

「ツァーリ・アフマトについて。かれはいかにしてウグラ［河畔］へ到来したか。同年［6988/1480 年］、大公［イヴァン 3 世］の下へ、ツァーリ・アフマトが全オルダーを率いて、ツァレーヴィチ［皇子］、ウラン［公、貴族］、そして諸公をも引き具して、［対ロシア］遠征に出立したという知らせが届いた。アフマトはカジミール王［ポーランド王・リトアニア大公カジミェシ］と心を一にしていた。というのも王はキリスト教徒［正教徒］の国を荒廃させるために、かれ［アフマト］を大公に対しけしかけたのである。」

　これに続く Sh, l.332 ob. 以下 Sh.l.345 までのテクスト（刊本で 26 頁分、Kn. 16, s.444-469）は比較的短文が続くので、以下に全文を訳出しておく。各頁ごとに「　」で区切って示す。

「大公はコロムナにむけて出立し、自らコロムナに布陣した。」「そしてご自身の子、大公イヴァン［マラドイ］をセールプホフに、また［弟の］アンドレイ・ヴァシーリエヴィチ・メンシェイ［小］をタルサに、その他の諸公、軍司令官らをオカー川沿いの処々に配置した。」
「ツァーリ・アフマトは大公が全軍を率いて［オカー］河畔に布陣したと聞くや、［ポーランド］王とその軍の来援を期待して、オカー川を迂回し、リトアニアの地を目指した。土地に詳しい者がかれをウグラ川の浅瀬に導いた。」
「一方大公はご自身の子と兄弟、また軍司令官らを全軍とともにウグラ川へと進発させた。」「［ロシア軍は］到着後、ウグラ川沿いに布陣し、浅瀬と渡し場を押さえた。」
「そして大公ご自身はコロムナからモスクワへ向かった。いとも憐れみ深い救世主と清浄無垢なる聖母、またすべての奇跡行使者がたにたいし、正教

キリスト教世界にたいする助力と庇護を祈念するため、またご自身の尊父府主教ゲロンチーとご自身の母なる皇太后マルファ［イヴァン３世の母マリヤの修道女名］、そしてご自身の叔父ミハイル・アンドレーエヴィチ［イヴァン３世の祖父ヴァシーリー１世の弟アンドレイ・モジャイスキー公の子］、およびご自身の懺悔聴聞師」、「尊父ロストフ大主教ヴァシアンとご自身の全貴族らにたいし、助言と智慧を求めるためである。というのもすべての者が当時モスクワに籠城中であったからである。かれらはかれ［大公］が正教キリスト教のためイスラーム教［besermen'stvo］に対し堅く立つようこぞって懇願した。」

「大公はかれらの懇願を聴き、［府主教らの］祝福を受けると、ウグラ川へむけて出立した。到着後、ご自身はわずかな手勢とともにクレメネツに布陣し、［残りの］全軍をウグラ川へと進発させた。」

「このときモスクワでかれの母なる大公妃［マリヤ/マルファ］と府主教ゲロンチー、また大主教ヴァシアン、さらにトロイツキー修道院長パイーシーが大公にたいしその兄弟たちのことで懇願した。大公はかれらの懇願を聴き入れ、ご自身の母なる大公妃にたいし、かれらに憐れみを与えることを約束し、かれらの下へ使者を派遣するよう告げた。」「そこで大公妃はかれらに使者を遣わし、かれらがただちに直接大公の下へ赴き、赦しを乞うようにと伝えさせた。」

「一方ツァーリはタタールの全軍とともにムツェンスク、リュブテスク、そしてオドエフ付近を通ってリトアニアの地まで行き、ヴォロティンスクに至るとその付近に布陣した。ここで王の援軍を待とうとしたのである。」

「王はかれ［ツァーリ］の下へ行かず、軍も送らなかった。かれ自身が困難に見舞われていたからである。」「すなわちこのときペレコプ［クリミア］のツァーリ、メン［グリ］-ギレイが王のポドリスクの地に攻め入り、［モスクワ］大公に仕えた［貢献した］のである。」

「そこでアフマトは全軍とともにウグラへと進み、渡河を試みた。川に到着するとタタール勢はわが軍に対し弓矢で攻撃を始めた。わが軍もかれらに応戦した。［タタールの］ある者はアンドレイ公［の部隊］に対し、別の者は大勢で大公［イヴァン・マラドイ］に対し、さらに別の者は突如として軍

第 1 章　イヴァン 3 世治世（1462-1505 年）

司令官らに対し進んできた。」「われらの軍は弓と火器で［敵の］多くを倒したが、かれらの矢はわれらの間に落ちて誰も傷つけなかった。かくして［われらは］かれらを岸から撃退したのである。」

「このようにして何日もが過ぎた。戦いは続けられたが、[敵を] 打ち負かすことはできなかった。こうして対峙している間に結氷期が近づいた。厳しいマローズ［寒波］がきて、川は凍り始めた。両軍に恐怖が広がった。一方が他方を恐れ始めたのである。」

「そのころ［大公の］兄弟がクレメネツの大公の下へやってきた。アンドレイ公［大］とボリス公である。大公はかれらを愛をもって迎え入れた。」

「川が凍ると、大公はご自身の子、大公［イヴァン・マラドイ］およびご自身の兄弟アンドレイ［小］公、またすべての軍司令官らにたいし、全軍を率いてクレメネツのかれの下に集結するよう命じた。タタールが攻め寄せることを恐れ、全軍が一つになって敵と戦おうと思ったのである。」

「モスクワの町では、すべての者が恐れおののいていた。かれらのすべてがなすべき責務を心のうちに自覚していた。すなわち助けはだれからも期待できないこと、ただ万能の主なる神、わがイエス・キリストとそのいとも清き母、栄えある聖母にたいし、涙と深いため息とをもって絶えることなく祈りをささげる以外にないことを知っていたのである。」

「そのときいとも尊き聖母の不思議な奇跡がおこった。わが軍が岸を離れたとき、タタール勢は恐怖に駆られてどっと逃げ去ったのである。かれらは、ルーシ軍がかれらと一戦を交えようとして、かれらに岸を明け渡したと考えた。ところがわが軍には、タタール軍がかれら［ルーシ軍］の後から川を渡り、かれらを追跡してくるように思われた。こうして［ルーシ軍は］クレメネツにたどり着いた。」

「一方、大公は子と兄弟、すべての軍司令官らとともにボロフスクへ向かった。かれは『この地でかれらと一戦を交えよう』と言った。すると悪人ども、守銭奴、太鼓腹の金持ちたち、キリスト教の裏切者、イスラーム教の同調者らが『逃げろ、奴らと一戦を交えることなどできやしない』と言うのが聞こえた。これは悪魔自身がかれらの口を通して言ったのである。その昔かれ［悪魔］が蛇に入り」、「アダムとエヴァを誘惑したのと同様であった。そのとき

143

不思議なことに、いとも尊き奇跡がおこった。双方ともに逃げ去り、誰も追撃しなかったのである。ツァーリはオルダーへと走った。するとかれに対しノガイのツァーリ、イヴァクが押し寄せ、オルダーを奪い、かれを殺害した。ただツァレーヴィチだけがオカ川の向こうの辺境地方を取ろうと欲しただけであった。」

「大公はご自身の兄弟である二人のアンドレイを［ツァレーヴィチの軍に］差し向けた。タタール軍はこれを聞いて、逃走した。かくて神はいとも清き聖母と大いなる奇跡行使者がたの祈りにより、ルーシの地をタタールの邪教徒から解放されたのである。ああ、勇ましき雄々しきルーシの子らよ。己が祖国、ルーシの地を、邪教徒から力の限り守られよ。己が生命を惜しんではならぬ！」

「他の大いなる栄えある国々がトルコ人の前に苦しんだごとくに汝らの家々が奪われ、汝らの子らが殺害され、汝らの妻や娘らが辱めを受けるのを、汝らの目が見ることのないように。［トルコ人の前に苦しんだのは］ブルガル、セルビア、ギリシア、トラペゾン、アモレヤ［小アジアのアモリオンか、あるいはモレアか］、アルボナス［アルバニア］、ホルヴァティ［クロアチア］、ボシヤ［ボスニア］、［クリミアの］マンククそしてカッファ、その他多くの地である。そこでは［人々が］勇敢に立ち上がることなく、滅んでしまった。祖国も国土も、国家も打ち滅ぼされてしまった。［人々は］異郷の地を放浪者さながら困窮のうちにさ迷い歩いた。まことに多くの涙と慟哭こそがふさわしかった。勇気を欠いたことで、非難され、罵られ、屈辱を与えられたのである。また多くの財産をもち、妻や子らを伴って異郷の地へと逃げ、そのようにして黄金とともに自らの霊と肉体を滅ぼした者もいる。かれらはその時に死んだ者たちを羨んだ。住むところもなく異郷の地をさ迷い歩くよりは幸いだと思ったのである。わたしは神かけて誓って言おう。この罪深きわたしは己が目で見たのだ。大君たちがトルコ人の前に財産を携えて逃げ出し、放浪者よろしくさまよい歩き、そして神に、あたかもそれが褒賞であるかのように、死を乞い願ったのだ。神よ、聖母とすべての聖人がたの祈りに耳を傾けられ、このような無意味な勝利から正教キリスト教徒を、そして罪深きわれらを免れさせ給え。アミン。ツァーリは11月11日に逃走した。このと

きに」「厳しいマローズがあったからである。そのころ多くの人々の間にさまざまな意見があった。ある者たちは最後の血の一滴まで邪教徒と戦うことを熱心に主張した。またある者たちは自分の命を惜しんで逃亡を考えた。自らルーシの地の裏切り者、イスラーム教徒の同調者となろうと欲したのである。」

「一方ロストフ大主教ヴァシアンはこれを聞くと、あたかも神によって突き動かされたかのように、己が霊の子、大公イヴァンを教え諭す霊妙なる書を認めた。かれは神の書から多くの証言を引きながら、大公が堅く立ち雄々しく偉業を完遂するよう叱咤激励したのである。そしてこの書をユ［ウ］グラ河畔の大公の下へ送った。」

いささか長きに渡ったが、以上が Sh, l.345（Kn.16, s.469）までのテクスト全文である。この後に、ロストフ大主教ヴァシアンの大公にあてた書簡の文面と年代記作者のコメントが続くが（Sh, ll.345 ob.-355; Kn.16, s.470-489）、これについては省略する[20]。

テクストについての説明と補足が必要であるが、その前に、テクストに付された細密画をいくつか選んでみておきたい。

まずは Sh, l.332（Kn.16, s.443）である（絵 2-6）。

アフマト軍の遠征の始まりを描くこの絵は、三場面から構成されている。各場面は山並み（岩盤）で隔てられている。まず前面主要部はモスクワのクレムリの宮廷であろう。左端がイヴァン 3 世である。かれは立派な鬚を蓄え、通常の毛の縁取りのついた大公冠を頭上においている。かれにはアフマト・カンが遠征に出立したという報告がもたらされている。報告者たちは左手でタタール軍の方を指さしている（おそらくこれらの人物は、そのすぐ右側に描かれる、城内に入ろうとしている騎馬の人物らと同じ者たちであろう。タタール接近の報を携えてきたかれらが二重に描かれていると考えられる。後にみるように、構図が多層的に構成されているのである）。

報告者が指さす方向の画面上方右側にはタタール軍がロシアを目指しているところが描かれる。中央の五放射状の帝冠姿で顎鬚を蓄えている人物がツァーリ、アフマトである。その前を行く同じく帝冠をいただく、しかし顎鬚のない

二名は皇子たち（ツァレーヴィチ）である。帽子をかぶるのは「ウラン」と記される諸公であろう。画面左上隅に描かれるのがポーランド王・リトアニア大公の宮廷とみられる。それがクラクフか、それともヴィルニュスかは不明である。ロシアやタタールとの対決や連絡ということから言えば後者の可能性も考えられるが、絵師がそれについて確証をもって描いているかどうかは定かでない)。王の冠はやや特異な形をしている。しかしこれはこの後に続く別の細密画（たとえば、Sh, l.333 ob. や l.338; Kn.16, s.446, 455) で描かれるポーランド王のそれと同形であるので、これがポーランド王であることは疑いない。また第1部絵1-4で見たリトアニア大公の冠とは異なる形態であるので、あくまでもポーランド王であることが強調されている。その意味では上の宮廷もクラクフを描いていると考えるべきであろう。

　この絵でとくに注目されるのは、ポーランド王、タタールのカンら（ツァーリ、ツァレーヴィチ）そしてモスクワ大公の三者が、外見上明確に区別されていないことである。支配者は被り物でかろうじて識別できるが、衣服や建築物などではロシア、タタール、また西方諸国の間に明確な違いが認められないのである。『集成』においてタタールの軍勢がロシアのそれと外見上同様に描かれるのは、第1部第4章においてもみたが[21]、この点はここでも変わらない。これはいったいどのように理解すべきであろうか。『集成』絵師にとって、ロシア人も、タタールも、さてまた西方人も同じように考えられたのであろうか。かれにとって東西間の違いはいまだそれほど強く認識されていなかった可能性がある。

　『集成』細密画における武器や武具、防御設備、城壁など軍事関連事項の描写法について詳細に検討したA.V. アルツィホフスキーの観察をここでみておこう。かれはたとえば、剣（直刀 mech）とサーベル（sablia）の現れる割合いを詳しく調べている。それによると手稿本 O-I→O-II→Sh→S と時代を下るにしたがって、剣に対しサーベルの現れる度合が高まる傾向がみられる。すなわちサーベルと剣の現れる割合は、O-I では 470: 495（サーベルが 48.7%）であったのが、O-II では 757: 297（71.8%）、Sh では 418: 24（94.6%）、S では 689: 2（99.7%）となり、16世紀にはサーベルがほぼ圧倒するにいたる[22]。この観察はロシアにおける刀剣の現れ方を時代の流れに従ってみたものであり、

第 1 章　イヴァン 3 世治世（1462-1505 年）

ここからロシア軍とタタール軍の、より一般的に言って東西間の違いが明らかになるわけではない。ただしこれに関連して興味深いのは、著者のもう一つの、すなわち兜（shlem）にかんする観察である。アルツィホフスキーによれば、兜に関してはロシアおよびタタール兵と、西方諸国のそれとの間には顕著な違いがみられるという。ロシア戦士の場合は先のとがった shishak で示される（それはしばしば頬と項を守る垂れ布 barmitsy 付きで描かれる）。他方ドイツ（やリヴォニア）、スウェーデン、リトアニア兵は球形（丸型）のそれである（salad/ sallet）。そしてタタール兵もこの点ではロシア兵と同じく shishak で示され、ここでもこの両者は区別されていない（すでに第 1 部でみた絵 1-3、さらに本節でみる絵 2-6、2-7 を参照）。これが軍事面でのタタールのロシアに対する影響と言えるかどうかはともかくとして、少なくとも兜の面では（言うまでもなく数多くの例外は認められるが）、ロシア軍はタタール軍と同様で、ともに西方の軍と区別されているのである[23]。したがって兜の面から言えば、ロシアはいわば東方に属すが、ではこれをもって全体的な結論とすることができるかといえば、それはできない。というのも、その他の点（とくに建築や衣装の面）ではロシアもタタールも西方諸国の場合から区別されていないからである。『集成』の絵師にとっては、いまだ東西の文化的差異は決定的、ないし本質的ではなかった、あるいはかれにはそうした意識は希薄であったと考えた方がよいように思われる所以である。

さらにいくつかの絵を見てみよう。次に見たいのは、ウグラ河畔でロシア軍が火器を使用してタタール軍を撃退する場面である（Sh, l.339 ob.; Kn.16.s.458）（絵 2-7）。

画面中央を上下にウグラ川が走り、その右がタタール軍、左がロシア軍である。両軍は兵士の出で立ちからは識別できない。兜が同形なのはいまみたとおりである。もちろんよく見ると、違いも明らかである。まず右側の軍勢のなかに五放射状の帝冠をいただくツァーリが描かれている。こちらがタタール軍であることがここからもわかる。武器もロシア軍には弓以外に火縄銃と大砲がみえる。大砲は二輪の砲架で移動可能なもののようである[24]。タタール側は弓だけである。

両軍をさらに詳しく見ると、ロシア軍は二軍に分けて描かれる。大砲を擁す

る主軍と上方にみえる部隊である。これをどうみるかは難しいが、テクストで大公がウグラ河畔に最初、子のイヴァン・マラドイと弟のアンドレイ（小）を向かわせたとされているので、中央をイヴァン・マラドイ軍、上方をアンドレイ公隊とみるのがよいのかもしれない。とくに中央最前部で自ら弓を引いている人物は、「雄々しきことこの上なく、英雄の勲功の誉れ高い」と謳われたイヴァン・マラドイを彷彿とさせる[25]。ただ正確さを期して言えば、絵には公冠着用の人物は描かれておらず、弓を引く人物も顎鬚を蓄えているので、これが当時22歳であったイヴァン・マラドイその人ではありえない（後述する如く、諸公などの場合はおよそ30歳をもって顎鬚つきで描かれる）。絵師はここに特定の人物を想定せずに、あくまでも場の雰囲気を全体として描出しようとしたと考えざるをえない。

　画面右側のタタール軍も興味を引く。こちらは三場面に区分けされている。画面中央に帝冠を頭上におくアフマトがみえる。しかし弓だけでは火器にかなわない。タタール軍は多くの戦死者を出している。それが画面下部に描かれている。画面の上部は、川を背に撤退するアフマト・カンとタタール軍を描いている。同じ絵に異なる時間帯の出来事が描かれている、あるいは時間的経過が追われているのは、『集成』絵画のもつ一つの特徴（多層的空間構造の構図）である。O.I. ポドベードヴァによれば、『ラジヴィウ年代記』（15世紀末の写本）の段階では、各細密画の空間は一ないし二層で構成されていたが、『集成』段階になると、多層（多面）構造が特徴的になってくるのである[26]。

　最後に、タタール軍がオルダーに逃げ帰り、その後アフマトが殺害される絵をみてみよう（Sh, 1.343; Kn.16, s.465）（絵2-8）。

　ここも三場面から構成されている。最上段は、ノガイ・カンのイヴァクによるオルダー急襲の場面である。左側で剣を振り上げているのが帝冠をいただくノガイのツァーリである。その前にすでに討たれて横たわるアフマトがみえる。死せるアフマトの頭上にも帝冠がみえる。ツァーリは死してなおツァーリである。場所はオルダーであるはずなのに、背景には立派な石造建築の西欧風の町がみえる。当時の大オルダーの本拠がどういう状態にあったかを問う必要はなかろう（首都のサライ-ベルケは14世紀末にティムールにより破壊され、二度と昔日の面影を取り戻すことはなかったと言われている）。いずれにしても、

第 1 章　イヴァン 3 世治世（1462-1505 年）

ここでも戦士といい、遊牧国家の本拠といい、ロシアや西方のそれと区別されていないことに驚かされる。『集成』絵師の描き方が無頓着というよりは、意識の上で区別されていないようにみえる。少なくとも実際に観察したところを描出したわけではなかろう。画面中央部右側、ウグラ川のすぐ向こうに描かれるのは、テクストに「ただ一人ツァレーヴィチだけがオカー川の向こうの辺境地方を取ろうと欲した」とあるのに対応する場面であろう。大オルダー軍で唯一アフマトの皇子だけが（かれも帝冠を帯びている）、単独行動をとり、川向うの地を攻略しようとしたのである。大公はこのときクレメネツにいたが、ようやく非を悔いかれの下へはせ参じた弟のアンドレイ（大）と、最初から大公と行動を共にしていたもうひとりの弟アンドレイ（小）の部隊を、川向うのツァレーヴィチに対し差し向けたと記されている。画面下の左側、川の手前に描かれるのはクレメネツかボロフスクのロシア軍本陣であろう。川向うの情勢を案じていることが兵士らの手の仕草で推測される。ただしここに大公が描かれていない理由は不明である。本陣ではないのかもしれない。ともあれかれらもタタール軍とまったく同様の外見に描かれている。

　さてテクストについて若干の説明と補足をしておく。

　最初に、上に訳出したテクストからは、ロシア、タタール（大オルダー）両軍が「ウグラ河畔」で対峙するに至った経緯やその後の推移は必ずしも明確にはならない。そこでまずは、全体の流れを他の年代記の記述をも考慮に入れながら、研究史上おおよそ妥当と考えられるところに従って記しておきたい[27]。

　すでに記した通り、事の発端は、ロシア独立の機運が高まるという状況の中で大オルダーが支配権の回復を図ったことにあった。アフマト・カンがロシア遠征を企てる直接のきっかけとなったのは、おそらくイヴァンがある時点でタタール税（「ヴィーホド」）の支払いを停止したことである[28]。これを咎めようとしたアフマト・カンが、リヴォニア騎士団（それは同地のドイツ系諸都市と密接に連携していた）とポーランド王カジミェシ（兼リトアニア大公）とも示し合わせて、征討軍を組織したのである。モスクワにタタール軍接近の報が入ったのは 1480 年 6 月（あるいは 7 月初め）のことであった。そのころロシアではすでにモスクワに併合されたはずのノヴゴロドに反モスクワ的動きがあったが、それ以上に深刻だったのはイヴァン 3 世の二人の弟（アンドレイ大

第2部　史料としての『集成』——モスクワ大公国の歴史はどう描かれているか——

第1章　イヴァン3世治世（1462-1505年）

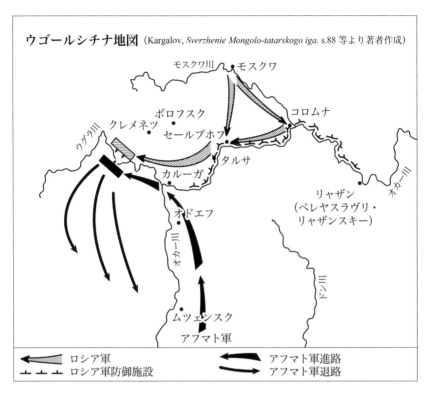

ウゴールシチナ地図（Kargalov, *Sverzhenie Mongolo-tatarskogo iga.* s.88 等より著者作成）

とボリス）が大公の抑圧的政策に不満を抱き、リトアニア大公の助力を期待して国境方面へ向かうという異常事態が出来していたことである。テクストに、大公母や府主教らが大公にたいし「兄弟のことで懇願した」とあるのは、このことに関連している。大公母らは大公とその二人の弟との間を仲介しようとしたのである。両者の和解はその後成立するが、アフマト遠征出立の報が入った時点では、イヴァン3世の前には、父ヴァシーリー2世が即位した当時ロシアを見舞ったのと同様の、凄惨な内戦の再発する危険性が濃厚にあった。まさに内憂外患、大公はこのとき深刻な状況のうちにあったのである。

　さてロシア軍は敵軍接近の報を受けてただちにオカー川沿いに防衛線を張る（セールプホフやタルサはオカー河畔の町である。以下の行論については、前頁と本頁に掲げた地図を参照していただきたい）。大オルダーのモスクワ攻撃は通常ヴォルガ・ドン川方面から北上しオカー川を渡るルートでなされたので

ある。大公自身はコロムナに本拠を置く。だがタタール軍はいきなりモスクワ中央部を目指したわけではなく、オカーを迂回するかのごとくに上流方面へ西進し、ウグラ川方面へ向かう。明らかにポーランド王の軍の来援を期待し、これと合流しようとしたのである。ウグラ川はカルーガの西でオカーへ注ぐその支流である。アフマト軍がウグラ河畔に姿を現すのは10月8日のことであるが、この動きを察知したイヴァン3世は、子のイヴァン・マラドイと弟のアンドレイ(小)の部隊にウグラ方面への移動を命じた。

その間大公自身はコロムナをいったん離れ、モスクワへ戻っている(9月30日)。府主教ら国の主だった者らとその後の方針を協議するためとされる。その際府主教らは大公にたいし、イスラーム教徒に対し「堅く立つようこぞって懇願した」という。同時に大公には兄弟との和解が求められ、大公はこれを承諾した。大公がモスクワを離れ、再度ウグラ河畔へ向かったのはこの後のことであった(10月3日出立)。大公は全軍にたいしウグラ河畔に集結するよう下知し、自らはウグラ河畔から北に40–50キロほど離れたクレメネツ(ボロフスクのやや南西、クレメンスク、クレメンスコエとも記される)に本拠を置いた。

ポーランド軍との合流を目指し西方を目指したアフマト軍は、ムツェンスク、オドエフ、リュブテスクを経て、その後おそらくオカーを西へ渡ってウグラ右岸(南西側)に出、その合流点のカルーガに近いヴォロティンスクに布陣、王の援軍を待った。しかし王の軍は現れなかった。かれ自身が内に外に困難を抱えていたからと記される。南方からクリミア・タタール軍がポドリスク(南ブク・ドニエストル川地方)を侵し、ロシア国境に近い東部では正教徒諸公が不穏な動きを見せていた。いずれもモスクワと示し合わせてのことであった。

アフマトはここで4日間にわたって渡河を強行しようとしたが果たせず、以後両軍は小規模な戦闘は別にして、川を挟んで対峙することとなる。『集成』はタタール軍の不成功の原因を火器の不所持に見ている。ロシア軍は明らかにこの面で優位に立っていたのである。こうして「何日も」経過し、やがて結氷期が近づく。両軍を「恐怖」がとらえた、とテクストは伝えている。両軍はそれぞれ相手方の意図がつかめず、疑心暗鬼になったと考えられる。この間、大公は、和解が成った二人の兄弟の部隊が合流するのを待ちながら、アフマトと使者を交換し、休戦協定締結を試みたことが、『ヴォログダ - ペルミ年代記』

第 1 章　イヴァン 3 世治世（1462-1505 年）

などの記述から知られているが、贈り物を送って何とか妥協を図ろうとするモスクワ側と、受け取りを拒絶しあくまでも大公自身がカンの下へ出頭し、貢税支払いを再開するよう求めるタタール側との間で溝が埋まらず、結局協定の締結には至らなかった[29]。もっともこの辺のところは、大公が弱腰と受けとられることを危惧したからか、『集成』には記されていない。

　そして「奇跡」が起こる。ロシア軍が岸から撤退すると、突然タタール軍が潰走を始めたのである。タタール側は、ロシア軍の撤退が戦端を開かせるための策略だと考えたようである。こうして南方へ去ったアフマトは、その後不意を突かれてノガイ・タタールにより殺害されてしまう。

　他方、国難去ったはずのロシア側にあっても、そのような認識は当初なく、タタール軍による追撃をおそれて、軍は急遽クレメネツを目指し、大公はそれでも安心できないと思ったのか、さらにボロフスクにまで撤退した。首都防衛戦を覚悟したのかもしれない。

　以上が「ウゴールシチナ」のあらましである。もちろんそこには解明されていない点も多い。たとえば、タタールとロシア両軍、とりわけ後者のウグラ河畔からの撤退の真因、またイヴァン 3 世が作戦最中にモスクワに戻った理由は何なのか。戻ったのは一度だけなのか（二度なのか）。モスクワには何日留まったのか（『集成』の記述では 3、4 日となるが、2 週間とみる研究者もいる）。『集成』の記述はあいまいで簡潔に過ぎ、すべてが明確になっているわけではない。こうした問題について本書で検討する余裕はないが、以下に著者にとり重要と思われるいくつかの点について少々考えてみたい。

　何よりも興味をそそられるのは、タタール軍接近の報に接したモスクワ側に、対応策をめぐって見解の対立があったように見えることである。少なくとも『集成』はそのことを繰り返し指摘している。最初は大公がコロムナからモスクワへ戻ったときのことである。そもそもなぜ大公がモスクワに戻ったのか、既述のとおり、『集成』からははっきりしないが、もとよりかれに首都でなすべき多くの事柄があったことは疑いない。首都の防衛体制を整えるとか、タタール軍のみならず「叛旗」を翻した大公の兄弟への対応策を練るとか（アフマト・カンと二兄弟のいずれもがポーランド王と連絡を取り合っており、三者が協力

153

して行動する、ないしそれぞれの兵力を合同させる恐れもあった)、府主教ら主だった者らと協議する必要もあっただろう。しかし敵軍接近中に、大公が本陣を離れるとは、やはり尋常ではない。なにか後ろ向きのものが感じられるといってよい。そうであったからか、テクストはこのとき府主教らが大公にイスラーム教徒と断固戦うよう懇願したと記している。すでに一度は敵を迎え撃つべく出征した大公に対してである。『集成』編者は大公の覚悟になにか疑念を抱いているかのような書き方である。

次に両軍がウグラ河畔で対峙中、結氷期が近づいた時のことである。両軍に恐怖が走ったとされるが、火器を有し、自軍がそれなりに優位にあったことを認識していたはずのモスクワ側も恐れたとされている。おそらくこれは事実であろう。火器があったとはいえ当時のことである。その威力も限られ、質的量的に絶対的な意味をもったわけではあるまい。なによりも長期にわたり「支配」されてきた相手の大軍を眼前にしているのである。恐怖が募るのも無理はなかった。しかし仮にそうだとしても、なぜこれを強調する必要があったのだろうか。もしこれが実際に戦闘になり、ロシア軍が勝利したなどという筋書きであったのなら、劇的効果をねらって恐怖を強調することもあったであろう。しかし実際には衝突には至らなかった。ここにも徹底抗戦をためらう大公とロシア軍にたいする編者の不信感が見え隠れしている。

そして最後は相手が逃走しているのに、自軍もボロフスクへ撤退したとされていることである。相手の動きを同時進行的に知ることができない状況下で、撤退はやむを得ないとしても、ここでも包み隠さず、おそらく史実に忠実に、自軍の行動を記録している。加えて、ここで年代記作者は不戦派にたいする厳しい批判をも展開する。引用テクストの最後のほうでは、年代記作者は「わたしは己が目で見た」として、断末魔のビザンツ帝国にオスマン軍と勇敢に戦うことなく逃亡した者たちが多数いたかのような記述をして、ロシアの人々に警告を発しさえしている。かれは「他の大いなる栄えある国々がトルコ人の前に苦しんだごとくに、汝らの家々が奪われ、汝らの子らが殺害され、汝らの妻や娘らが辱めを受けるのを、汝らの目が見ることのないように」とも記す。あたかもこの部分が、迫りくるトルコ軍の前にローマへ逃れた皇女ソフィヤの父、モレア公のことを揶揄しているかのごとくである。これがその後モスクワへ逃

第 1 章　イヴァン 3 世治世（1462-1505 年）

れた目撃者によって書かれたかのような印象すら与えている。

　そして以上を裏付けるかのようにこの項の末尾におかれているのが、よく知られたロストフ大主教ヴァシアン・ルィロの長大な書簡である。ここでその内容に立ち入ることはしないが、大主教はウグラ河畔の大公に宛てられたこの書簡の中で、徹底抗戦を促したのである。少なくとも『集成』には、「ウゴールシチナ」における大公の行動をかれの愛国的精神に満ちた救国の偉業として描き出そうとする志向は、それほど強くなかったといわざるをえない。

　もっとも、結論から言えば、本書の著者としては、これまでみてきたような『集成』の記述法は、たとえ大公への賛美を目的とする作品であったとしても、年代記と称する以上、事実を曲げることができなかったことの表れと考えている。おそらく大公の側に、長期間続いたタタール支配を断固拒否するかどうかについて相当の逡巡があったのは確かであった。年代記作者はそれをまったく無視することはできなかった。そして「歴史」記述者として最低限の務めを果たした結果が、上記のようなあいまいな記述法となったように思われる。

　ただしこうした記述法が、後述するように、イヴァン 3 世をその「臆病な態度」や「勇気の欠如」ゆえに非難する傾向をも生み出す一因になったとも言えるように思う。そしてここには、大公自身に対するというよりは、その背後に控えると考えられた「ローマ女」、すなわち皇女ソフィヤに対する反感が隠されていることが、真の問題としてあった。あるいは大公ではなく、異国出身のその妻を槍玉に挙げることにより、大公へのあからさまな批判を回避したといえるかもしれない。かくて、ソフィヤが夫に対し絶大な影響力をふるった結果、夫が「臆病風」に取りつかれたかのような風評が立つこととなったように思われる。大公ではなく后を責めるとすれば、それは明らかに論点のすり替えであるが、これについては後に改めて立ち返ることにしたい。

　その前にここで補足しておきたいのは、大公に対する二人の兄弟の「叛旗」についてである。これについては研究史上ある程度解明されている。当時イヴァン 3 世には三人の兄弟が存命していた。アンドレイ・ボリショイ（大、兄の意、1446 年生まれ）、ボリス（1449 年生まれ）、そしてアンドレイ・メンショイ（小、弟、1452 年生まれ）である。かれらはそれぞれ父ヴァシーリー 2 世により分領（それぞれウグリッコエ、ヴォロツコエ、ヴォロゴツコエ各公国）を与えられてい

155

第 2 部　史料としての『集成』——モスクワ大公国の歴史はどう描かれているか——

た。かれらの長兄であるイヴァンが大公に即位して以来、弟たち分領諸公に対し厳しい政策をとったことはよく知られている。分領諸公が有する伝統的諸特権を削減し、大公権の強化をはかるという政策である。たとえば古来、国土は支配家門全体の共有物とする考え方が強かったが、モスクワ時代に入ってそうした観念は次第に過去のものとなり、とりわけイヴァン 3 世にとっては、分領諸公の権利は制限され、国土に対する支配権は大公に独占的に帰属すべきものとなった。もちろん伝統と慣習は簡単にはすたれない。この問題が後のイヴァン雷帝期になっても大きな問題であり続けたことは後述するウラジーミル・スターリツキー公の例からも明らかである。ともあれイヴァン 3 世治世において、問題が顕在化するのは、1472 年にかれらの兄弟のひとり、ユーリー・ドミトロフスキー公が死去したときのことである。このとき大公は、伝統に従えば兄弟間で分割されるべきドミトロフスコエ公国を大公領に組み入れてしまった。分領諸公は不満をあらわにした。その不満が解消されぬままに、今度は北部に広大な領土を抱えるノヴゴロドがモスクワの軍門に下り、最終的に大公領として併合される（1478 年）。ここで対立はついに決定的となった。1480 年初頭、上の二人の兄弟、アンドレイ（大）とボリスがともに大公へ抗議の声を上げた。かれらは反モスクワ的動きの止まないノヴゴロドへ向かい、さらには自らの「宮廷」と家族を伴ってリトアニア国境を目指したのである（これについては本書第 1 部第 4 章、絵 1-7 をみられたい）。二人の兄弟からすれば、この行動自体は諸公や貴族らに古くから認められていた権利、いわゆる「退去権」を行使しただけのことであった[30]。しかしイヴァン 3 世にとっては、これは半世紀前の、父ヴァシーリー 2 世の即位に際しておこった凄惨な内戦が再発する危機を意味した。とくにイヴァンにとって衝撃的であったのは、これがアフマト・カンの対ロシア遠征と時を同じくして起こされたことであった。この時点で大公は外にタタールとポーランド・リトアニア、内に反旗を翻した分領公という、容易ならざる三つの敵に直面することとなった。この時はすでにみたように、大公母や府主教らの仲介で何とか内戦の危機は回避された。しかし問題そのものが解消されたわけではなかった。モスクワはこの時たしかに一大危機に脅かされていたのであった。ただ『集成』は「事実」を断片的に記すのみで、こうした事情について説明するということはない。

第 1 章 イヴァン 3 世治世（1462-1505 年）

　最後にふれておきたいのは、1472 年に大公妃としてモスクワ入りしたソフィヤのことである。1480 年との関連でなぜソフィヤが問題となるのであろうか。『集成』は「ウゴールシチナ」を記述する箇所でかの女に言及することはない。ではかの女はこの国難の時にどうしていたのであろうか。興味深いのは、『集成』はここで大公母マリヤ（マルファ）については何度か、それも重要な役割を果たす存在として言及していることである。すなわち大公母はタタール軍接近の報にもかかわらずモスクワに留まり、とくに大公にたいし二人の弟たちとの関係修復を働きかけたことが強調されていたのである。そうであるならば、ソフィヤについて一切言及がないことはやや奇妙である。『集成』のこの沈黙には何か意味があるのではないだろうか。いったい敵の攻撃に怯るモスクワにあって、ソフィヤは何をしていたのか、以下少々考えてみたい。

　実は『集成』は、危機が去った直後のソフィヤには、一度だけ言及している。すなわち、Sh, l.357 ob. (Kn.16, s.494) に次のように記される。

　　「大公妃のベロオーゼロからの到着について。同年［6989/1481 年］冬、大公妃ソフィヤがベロオーゼロからモスクワに到着した。大公がタタールの襲来ゆえにかの女をベロオーゼロへ送っていたのである。」

　どうやらソフィヤは、モスクワからほとんど五百キロも北にあるベロオーゼロへ行っていたようである。おそらく大公が、出征中本営を離れモスクワへ戻っていた時にこのような措置を講じたのであろう。すなわちこの記述によれば、首都に戻った大公は、対タタール戦に伴う喫緊の課題をめぐり大公母や府主教らと協議したが、その際にソフィヤを北方のベロオーゼロへ避難させたと考えられる。おそらくは、前年に生まれたばかりの子、後の大公ヴァシーリー 3 世やその他の子（娘）も伴っていたと推測される。ただし上記テキストに付された、ソフィヤの帰還場面の絵（絵 2-9 の二枚あるうち下の方、テキストの前頁、Sh, l.357; Kn.16, s.493 にある）では、奇妙なことに乳飲み子の姿は描かれていない。いったい母親は乳飲み子を連れずに僻遠の地に避難していたのであろうか。そんなことは考えられないが、おそらくはテキストに記載がなかったことから絵師もあえてこれを描くことはしなかったと推測される。テキストに

157

第2部　史料としての『集成』——モスクワ大公国の歴史はどう描かれているか——

記されなかった理由ははっきりしないが、記述者にとってここでは赤子のことなど念頭に浮かばなかったのであろう[31]。

　実状をよりはっきりと記す年代記もある。たとえば、16世紀初頭に成立した『ソフィヤ第二年代記』である。次のように記される。

「そして恐怖がかれ［大公］を襲った。かれは岸［ウグラ河畔］から逃げようと望んだ。そして大公妃であるローマ女 Rimlianka を、またかの女とともに国の財宝を、ベロオーゼロへ送った。《だがかれの母なる大公妃は逃げることを欲せず、籠城することを望んだ》。」[32]

つまりこちらではよりはっきりと、臆病風に吹かれた大公が自らは撤退を考え、ソフィヤには財宝を託して避難させたと言われているのである。ここで非難されているのは大公であるが、ソフィヤもその名によってではなく「ローマ女」と呼ばれ、さらにモスクワに留まった大公母と比較までされている。年代記作者がここで大公母についての記述をなぜ括弧に入れたのかは不明である。たんに別の年代記などからの引用を示すものなのか、あるいはこの文章を強調したかったのか、はっきりしない。この年代記作者は明らかにソフィヤに対して反感を抱いている。

　実際同じ『ソフィヤ第二』の翌年の項には、ソフィヤに対するより厳しい文言もみられる。

「同年［6989/1481年］冬、大公妃ソフィヤが逃亡［先］から［iz begov］戻った。というのもかの女はタタールから逃げてベロオーゼロへ行っていたからである。だれも［かの女を］追撃したわけではなかったのに。かの女らが通った地方は、それにより［かの女に同道した］貴族［夫人たち］のホロープ［奴隷］、すなわちキリスト教徒の吸血鬼どもによって、タタール［による］以上に荒廃してしまった。主よ、かれらにたいしその行いにふさわしい報いを与え給え。その狡猾な企みとその手の行いに応じてかれらを罰し給え。」[33]

先の引用文と同じ年代記であるが、こちらの箇所では、ソフィヤはあたかも

国難に際し大公妃らしく毅然として振舞うどころか、自ら逃亡してしまった、しかもその先々で住民に対しタタール以上に悪さをしたと非難されているのである。家族の避難という、ある意味では自然で当然の行為が、その後大公自身ではなく、むしろソフィヤにとって芳しくない評価となって巷間に広がることとなったのである。

以上では、大公がソフィヤを避難させたのか、それともかの女自身が逃げ出したのかがあいまいにされたまま、大公もソフィヤもともに非難されていた。しかし本当の問題はどちらが避難を言い出したのかなどということではなかった。

これらとはまったく逆に、ソフィヤがビザンツ皇帝家の血を引く者としてロシアが隷属的地位に甘んじることに我慢がならず、タタールに対する断固たる措置を主張したと記す史料もみられるからである。

たとえば、この数十年後に二度にわたりモスクワを訪れた（1517、1526年）神聖ローマ（ハプスブルク朝）皇帝およびオーストリア大公の使者、ジギスムント・フォン・ヘルベルシュタインが、この時の見聞をもとに著した『モスコーヴィア事情』（この著述にはこれまでにも何度もふれた）のなかで、タタールのロシア支配にふれて以下のように記している。

「もっとも、かれ［イヴァン3世］がいかに勢い盛んであったにせよ、それでもタタールには服従を余儀なくされた。タタールの使者がやってくると、かれは町［城壁］の外へ出てかれらを出迎え、椅子に座るかれらの話すことに立ったまま耳を傾けたのである。かれの妻のギリシア女はこれに腹を立てるあまり、常々、自分はタタールの奴隷に嫁いでしまったと言ってやまなかった。それゆえいつの日にかこの奴隷の習慣を捨て去ることを願い、夫に対し、タタール到来の際には病気を装うようにと説得したのである。」[34)]

18世紀ロシアの歴史家、V.N.タチーシチェフもその『ロシア史』第4部において、アフマト・カンの貢税要求に際し、側近から戦闘の回避とタタールへの恭順を勧められ、抗戦をためらう夫に対し、ソフィヤが涙ながらに次のように訴えたと記す。

第2部　史料としての『集成』——モスクワ大公国の歴史はどう描かれているか——

「わが主よ、父とわたしは［他国に］貢税を支払うことを望みませんでした。むしろ祖国を失う方がよいと考えたのです。またわたしは信仰のため、他の富める強き公や王たちを夫にしたいとは思っていません。わたしはもうあなた様と一体なのです。あなたはいまわたしとわが子らを貢納者の地位に貶めようとお望みなのですか。あなたには多くの軍勢がおり、神はあなたの助け手であられます。何ゆえあなたはご自分の奴隷たちのいうことに耳を傾け、ご自身の名誉と聖なる信仰のために立とうとはなされないのですか。何ゆえ不信仰者らの軍勢が多いといって恐れるのですか。それがかれらに、あなたの軍勢を圧倒する力と勝利を与えるとでも思っているのですか。以前は断ったのです。今回も貢納と税の支払いをお断りなさいますように。」35)

ヘルベルシュタインやタチーシチェフの伝えるところでは、ソフィヤが躊躇する大公に毅然と振舞うよう促す形になっている。このようにタタール支配に対するソフィヤの態度について、年代記その他の記述はまるで一致していない。はたしていずれが真実を伝えているのであろうか。

もっとも本来であれば、国家の政治・軍事的危機に対する君主の后の態度を問う前に、君主自身の態度をこそ問題とするのが筋というものであろう。

「ウゴールシチナ」に際してのイヴァン3世の態度は、先にも見たが、『ソフィヤ第二年代記』などでは、あからさまに「偉大なる」君主にふさわしくないものとされていた。またモスクワ大公の賛美を目的とする『集成』においても、少なくとも前線で勇戦する帝王という描き方はなされていなかった。『集成』によれば、府主教をはじめとする要人は、大公にたいし正教守護のためイスラーム教に断固たる態度をとるようこぞって懇願したという。『集成』は、戦う勇気を欠いた諸国がトルコ人の前に悲惨な運命を味わう羽目に陥ったことまでをも想起させている。ロストフ大主教ヴァシアンもとくに書簡を認めて、大公を叱咤激励したと記す。これを大公やソフィヤに対する正面からの非難とみることはもちろんできない。しかしあたかも決戦をためらう大公をなんとかして雄々しく国難に立ち向かわせようと苦心しているかのごとくである。

ロシアの研究者の多くは、こうした大公の一見して優柔不断な態度を、内外

第 1 章　イヴァン 3 世治世（1462-1505 年）

の複雑な情勢を慎重に考慮しながら着実な手段を講じようとするイヴァン 3 世の堅実で粘り強い重厚な性格とかれの優れた政治的資質とによって説明しうると考えている。たとえば、L.V. チェレプニーンは、大公がこのとき、ロシアが内外に複雑な事情を抱え危機的状況にあったことを認識し、その対策に苦慮していたことを指摘した。具体的にかれがあげた危機的要因とは、次の三点であった。基本的には本書がすでに記したところと重なるが、まず第一はタタール、ポーランド両軍の合流の可能性であり、第二に分領諸公の動向（大公と二人の兄弟は和解に達していたが、後者の部隊はまだ前線の大公軍に合流していなかった）、そして第三の要因としてとくにチェレプニーンが強調したのが、タタールへの徹底抗戦を主張するモスクワ市民の動向であった。かれによれば、市民は大公の出方次第では自ら武装して敵に立ち向かおうとする構えをみせた。その矛先はいつでも大公に向けられる恐れがあった。大公はこれらを慎重に考慮しながら、もっとも確実な手を打とうとしたというのである[36]。またバジレヴィチもとくに国際環境の面からロシアがおかれていた困難な状況を指摘しつつ、イヴァン 3 世に対するこれまでみてきたような冷淡な記述や、ソフィヤに対するあからさまな反感は、当時大公と対立するところのあった府主教庁（当時の府主教ゲロンチー）の立場を反映していたと推測している。当時の正教会にとってソフィヤは「ローマ女」であり、カトリックの手先のように思われていたというのである[37]。バジレヴィチがとくに指摘したような側面があったことは否定できない。ソフィヤにとってのさまざまな悪評が、根拠のあるなしにかかわらず、広くロシア社会に流布したことは事実であり、その主たる原因がロシア社会全体の反カトリック感情にあったこともおそらく確かである[38]。

　ソフィヤは次項で検討するイヴァン 3 世による孫ドミトリーの後継指名とその戴冠式との関連でも重要な存在となってくる。それゆえ次項においてもかの女についての検討を続けたいと考える。

第 3 節　ドミトリー・イヴァーノヴィチの戴冠（1498 年）

　イヴァン 3 世は 1498 年 2 月 4 日、孫のドミトリーを後継者として戴冠式を

161

第2部　史料としての『集成』——モスクワ大公国の歴史はどう描かれているか——

挙行させた。

　ドミトリーはイヴァン3世の子イヴァン・マラドイの子である。イヴァン・マラドイはイヴァン3世の最初の結婚（妻はトヴェーリ公女マリヤ・ボリソヴナ）から1458年に生まれた子で、1483年には自らモルダヴィア公ステファンの娘エレーナ・ヴォロシャンカと結婚、そして同年中に子ドミトリーをもうけていた。それゆえ戴冠式当時ドミトリーは満14歳になっていた。

　本来イヴァン3世の後継者として戴冠されるべきはイヴァン・マラドイのはずであった。かれはすでに1471年に共同統治者として大公位に任じられていたと推測される[39]。だがかれは父に先立って1490年にはその生涯に終止符を打っていた。享年32歳であった[40]。その後大公が新たな後継者に指名したのは長男の子ドミトリーであった。大公がなぜ1498年の段階でドミトリーを戴冠させようと考えたのか、確かなことはわからない。本節の課題は、ロシア的専制の成立史上、後述するような重要な意味をもつこととなるこの戴冠式が『集成』においてどのように描かれているかをみることにあるが、その前に後継者問題自体についても少々考えておく必要があるだろう。

　イヴァン3世が亡き長男の子である孫を後継者に指名したこと自体は、それほど異常なことではない。むしろ、もし長男が正式に大公位に任じられていたとするならば、その子が大公となるのは継承法の伝統に合致するといってもよかった。ただこのときイヴァン3世は、先にみた通り、ソフィヤと再婚して久しく、しかも1479年にはこの結婚からヴァシーリー（後の3世）という男子も生まれていたことが事態を複雑にした。もしヴァシーリー側がドミトリーの継承権に納得していなかったとしたら、事態が一層深刻になることは必定であった。すなわち、ヴァシーリー側は、ドミトリーの父が生前「共同統治者」、つまりたんなる推定相続人であったにすぎず、いまだ現実の「大公」ではなかったと考えた可能性があるのである。もしそうなら、確かにドミトリーの継承権はあやうくなってくる。後継問題が表面化するのは、言うまでもなく1490年にイヴァン・マラドイが他界して以降のことであるが、この時ヴァシーリー側が突然展望が大きく開けたと感じたとしてもおかしくない。『集成』には、これ以後両派間（すなわちエレーナとドミトリー、そしてソフィヤとヴァシーリーの二組の母子間）に、繰り広げられたであろう確執についてうかがわせる記述

第 1 章　イヴァン 3 世治世（1462-1505 年）

はみられない。さまざまな推測は可能であるが、いまここで大公家内の内紛と広範な社会層を巻き込んだ深刻な争闘（いわゆる「王朝危機」）について、研究史に分け入って検討する余裕はない[41]）。

　ここでは次のことに注意を喚起するにとどめたい。すなわち、もしイヴァン 3 世がビザンツ皇女との再婚に際し、よく主張されるように、帝国遺産の相続を目的としていたとするならば、かれがドミトリーを後継者に指名し、戴冠させるようなことはなかったであろうということである。つまり、ソフィヤとの結婚は帝国遺産のモスクワによる継承などを、それ自体としては含意していなかった。イヴァン 3 世の再婚に際して、ビザンツ最後の皇帝の姪という事実はもちろん考慮された。しかしそのことを後代の研究者が思うほどに決定的な事柄とかれ自身は考えていなかった。この結婚を根拠に、モスクワが「世界帝国」の相続者となったなどと主張することはできないし、やがて一部の聖職者の間で唱えられるようになる「第三ローマ理念」が、モスクワの「世界支配」の野望を表現していたなどと考えるわけにもいかないのである。

　それではドミトリーはいかなる経緯で後継者とされたのであろうか。『集成』にドミトリー抜擢の背景をうかがわせる記述がないわけではない。それは、ドミトリー戴冠について記述する直前の 1497 年 12 月 27 日の項で、大公がヴァシーリーとその母ソフィヤにたいし失寵（オパーラ）を下したこと、そしてかれらの側近を処刑させたことを伝えている。大公の怒りの理由はもちろん記されない。ただ「悪魔の働きと唆し、邪悪な者どもの助言により」と、あたかも突発的な出来事であるかのごとく記すだけである（Sh, l.552 ob.; Kn.17, s.358）。ただここからだけでも後継争いをした二組の派閥間に激しい争いがあったらしいことは推測できる。

　『集成』など公式的年代記はこの争いについてあまり多くを語ろうとはしない。しかしながら、非公式的年代記のなかには、これについてより詳しい記述を含むもののあることが知られている。Ia.S. ルリエーによれば、1498 年戴冠式にいたる過程についてのもっとも早い記述はイヴァン 3 世治世末期のある年代記断片であるが、それが後世に伝えられるようになったのは、16 世紀初頭にノヴゴロド系年代記集成の中に取り込まれたからであるという。この断片は、ヴァシーリーが父イヴァン 3 世と甥のドミトリーにたいし陰謀を企んだこ

第 2 部　史料としての『集成』——モスクワ大公国の歴史はどう描かれているか——

とを伝えているという。これは後代の、つまりヴァシーリー3世の即位（1505年）以降に編纂された諸年代記にはみられない、あるいは削除された情報である[42]。具体的には、『ソフィヤ第二年代記』に補遺として収められている「ルーシ年代記断片、1445–1553年」がそれである。その該当部分を以下に訳出しておこう。

「7006［1497］年、12月、全ルーシの大公イヴァン・ヴァシーリエヴィチ［3世］は自身の子ヴァシーリーに対し憤怒の炎を燃やし、かれを監視付きで居館に閉じ込めた。というのも、かれ［ヴァシーリー］は自らの書記フョードル・ストロミーロフから、父なる大公が自らの孫ドミトリー・イヴァーノヴィチ公にウラジーミルとモスクワ大公国を恵み与えんとしていると聞いたが、そのときサタンの第二の露払いであるアファナーシー・エロプチョノク［エロプキン］がヴァシーリー公に対し［悪しき企みを］助言し始めたからである。かれらと共謀関係にあったのは、書記のフョードル・ストロミーロフ、ルノの兄弟ポヤーロクその他の小士族らである。かれらは他の者をもひそかに［巻き込み］十字架にかけて宣誓させた。ヴァシーリー公は父なる大公の下を退去し、ヴォログダとベロオーゼロで国庫を奪い、ドミトリー公にたいし裏切をはたらくことになっていた。大公イヴァン・ヴァシーリエヴィチはこれを知り、かれらの悪しき企みを暴き出し、裏切者らを処刑するよう命じた。これら6人の者はモスクワ川の橋の下手で処刑された。アファナーシー・エロプキンは両腕と両脚が切り落され、その後首を刎ねられた。ルノの兄弟ポヤーロクは両腕を切断され、首を刎ねられた。書記フョードル・ストロミーロフ、ウラジーミル・エリザーロフ、イヴァン・パレツキー-フルリ公そしてスクリャバの子シチャヴェイ・トラヴィンの4人は12月27日に首を刎ねられた。大公は他の多くの小士族を獄に投じた。このとき大公は自らの后、大公妃ソフィヤに対しても失寵を下した。というのも薬草［毒草］をもった女たちがかの女の下を訪れたからである。大公はこれらの悪しき女たちを尋問し、かの女らを処刑させた。かの女らを夜半にモスクワ川で溺死させたのである。かれはその時以来かの女［ソフィヤ］とは用心しながら生活を共にした。」[43]

第 1 章　イヴァン 3 世治世（1462-1505 年）

　以上の「断片」の記述によるならば、どうやらヴァシーリー側は、大公がドミトリーを後継者に指名する意向であることを知って、何らかの陰謀（ドミトリーに対する「裏切り」）を企らみ、それが発覚して監禁されたということになる。ソフィヤの下を「薬草［毒草］」をもった「女たち」が訪れたとあることからすると、暗殺の企図が疑われたのであろう。ただしその場合でも、大公がそもそもドミトリーを選んだ理由は依然として不明のままである。ヴァシーリーの「陰謀」はあくまでも、大公がドミトリーを後継者に決定した後のこととされている。
　つまるところ、イヴァン 3 世治世末期の後継者問題について諸年代記の記述を突き合わせただけでは、真相は十分には明らかにならない。年代記は多くの場合、出来事を選択的に、一見して冷静に、たんたんと記すだけであり、必ずしも説明することを目的としていない。結局はその他の史料をもあわせ、さらに表面的には政治問題にみえるこうした問題にひそむ他の諸要因（とくに外交、宗教などの）をも勘案して、歴史学的手法によって探っていくより方法はない。研究史上究明の試みはさまざまになされてきたが、それをここで紹介する余裕はない。先にあげた文献をご覧いただきたい。
　ここではあくまでも『集成』が戴冠式をどう描いているかに集中するが、実はドミトリーの戴冠式は、この種のものとしてはロシア史上知られる最初のものである[44]。通常戴冠式は教会による世俗権力の聖化を本質的要素として構成されている。ところがロシアではこれ以前の大公はそのような多少なりとも整った戴冠式を行わずに即位してきた。聖職者による塗油の儀式なども行われなかったのである。少なくとも年代記等にそれを伝える記述は存在しない。それどころか、たとえばヴァシーリー 1 世の即位式（1389 年）などは、府主教ではなく、キプチャク・カンの使者（posol）により執り行われている。
　ヴァシーリー 1 世の即位式について『集成』がどう描いているかをまずみておこう。以下はそのテクストである（O-II, l.346; Kn.10, s.433）。

　　「同年［6897/1389 年］8 月 15 日、いとも清き聖母の就寝［に捧げられたウスペンスキー聖堂］においてヴァシーリー［1 世］・ドミートリエヴィチ

公はウラジーミル大公位に、自身の、また祖父ならびに曾祖父の支配の座に就き、ツァーリ、トクタムィシの使者シアフマトにより任じられた。」[45]

ここの絵（絵2-10）では、聖職者の姿はみられない。ヴァシーリー1世は、すでに第1部においてみたとおり、父から「黄金の冠」を贈られており（ドミトリー・ドンスコイの「遺言状」）、絵に描かれる玉座のヴァシーリーの頭上にみえるのもこの冠であろう。それはかつてウラジーミル・モノマフがビザンツ皇帝から贈られたという「モノマフの冠」ともよく似ている（第1部絵1-8、1-19を参照）。毛の縁取りがなされているので、やや異なる外観をしているが、そのぶん今日に伝わるこの冠に似通ってみえる（上記90頁の写真を参照）。「モノマフの冠」は、この後にみるように、ほかならぬ1498年の戴冠式で初めて実際に用いられたと考えられるが、『集成』絵師はすでにヴァシーリー1世即位の段階で登場させていることになる。右手の錫杖の頂が上に反っているのは、すでにふれたが俗権の特徴である。カンの使者はおそらく、衣服の点で他とは若干異なるようにみえる画面右側の人物であるが、相貌などからは明確にそれと認識しがたい。既述のごとく、モンゴル人（タタール）をロシア人と顔立ちや衣装の面ではっきりと区別しないのは、『集成』細密画の通常の画法といってよい。それはともかくとして、全体としてここで描かれるのは戴冠式というより、カン（の代理人）による任命式といった趣である。

同様のことはイヴァン3世の即位式（1462年）についてもいえる。ここでも戴冠式といえるようなものは行われていない。即位の様子はG, l.889; Kn.15, s.23で描かれるが、そこのテクストには、

「6970［1462］年、かれ［ヴァシーリー2世］の後を継いで、長子である大公イヴァンが、父の祝福をえて大公位に就いた」と、いとも簡潔に記されるだけである。

これを描く絵（絵2-11）には、玉座の大公の周囲に貴族や廷臣らと並んで甲冑で身を固めた戦士らが描かれている。ここでも聖職者の姿は見当たらない。テクストに「父の祝福」とあるのは、宗教上の尊父すなわち府主教の祝福と考えたいところであるが、絵に聖職者は描かれていない。それゆえここは文字通り新大公の父、ヴァシーリー2世の祝福をいうのである。かれの遺言状に大公

第 1 章　イヴァン 3 世治世（1462-1505 年）

位を長子に「祝福して」与える旨が記されていることをさしていると考えられる[46]。大公の背後に戦士の一団が描かれている理由はおそらくヴァシーリー 2 世治世末期からの国内の不安定な情勢が背景にあってのことであろう（ヴァシーリー 2 世即位に際して勃発した内戦が終結した後もセールプホフ公など分領公の不穏な動きは止まなかった）。一般的に軍が重要であったことは言うまでもないが、絵に戦士が描かれているからといって、モスクワで大公の即位に際し、軍による推戴が制度的に不可欠な要素であったとまでは言えない。あくまでもこの時の情勢が戦士を登場させたと考えるべきであろう。いずれにせよ、教会による塗油の儀式は行われなかったと考えられる（少なくとも描かれてはいない）。絵自体が雄弁に物語るように、即位式自体きわめて簡素であった。

　いうまでもなくイヴァン 3 世は自身のを含め、従来の即位式をめぐるこうしたいきさつを十分に認識していた。かれは後継指名にあたって、いまや国内を統一し国際舞台においても一目置かれる存在となった国家にふさわしい戴冠式を、公式的、盛大に挙行しようと考えた最初の君主となった。

　1498 年戴冠式のことはいくつかの年代記が伝えているが[47]、『集成』においても詳細に記述され、また描かれている（Sh, ll.553-565; Kn.17, s.359-383）。

　『集成』テクストのタイトルと冒頭の句は次のとおりである。

「大公はご自身の孫に大公位を恵み与えた。その年［7006/1498 年］の 2 月 4 日、日曜日、全ルーシの大公イヴァン・ヴァシーリエヴィチはご自身の孫ドミトリー・イヴァーノヴィチをウラジーミルとモスクワそして全ルーシの大公位に祝福し、即位させた……」

以下原紙葉には途中に若干の落丁があるが、式の進行は現存紙葉でも 13 丁（刊本では 25 頁）にわたって詳細に記述される。式は念入りに構想されている。おおよその様子を以下に記しておこう。

　ウスペンスキー聖堂で行われた式には府主教シモン以下、ロストフ大主教、スーズダリ、トヴェーリ、リャザン、コロムナ、サライの各主教ら主要聖職者が参列した。聖堂中央には特別の壇がしつらえられ、その上に大公、新大公、府主教のための腰掛が三脚おかれた。さらに「モノマフの冠」と皇帝用の肩衣

を乗せるアナロイ（経案。聖像や福音書をのせる経机）が用意された。聖堂に到着する大公と孫を、府主教以下の聖職者が健康祈願の聖歌とともに迎える。大公と府主教が所定の席に着くと、新大公はかれらの前に一段下がって立つ。そこで大公が府主教に呼び掛ける形で、孫を戴冠させるに至った経緯を述べる。最初は父祖の伝統に従い、長子（イヴァン・マラドイ）を念頭においていたが、神のみ旨でかれが召されたので、その子を立てることとなった、と。この後府主教が立って新大公を招き寄せ、十字架により祝福する。そして会衆に聞こえるよう大声で「われらの主なる神、ツァーリのツァーリにして、君主の君主よ……」と祈禱を唱える[48]。祈禱の後、アナロイから肩衣をとらせ、これを十字架で清め大公に渡す。大公はこれを孫の肩にかける。次いで府主教が新大公とその治世の安泰を神に願う祈りをささげる。次に「モノマフの冠」をとらせ、これを三位一体の名において大公に渡す。大公はこれを孫の頭におく。続いて神と聖母に「われらを憐れみたまえ」と祈る連禱が唱えられ、長輔祭らは長寿安泰を祈願する聖歌をうたう。府主教の大公と新大公に対する祝福の後、大公の子ら（後述するごとく、式にはイヴァン3世の子が3人参列していたと考えられる。そのうちユーリー・イヴァーノヴィチだけが名指しされている）を皮切りに参列していた貴族らすべての者が両大公の前に膝まずいて拝礼し、最後に府主教の新大公にたいする「説教」と大公の孫にたいする訓戒の辞が述べられ、聖体礼儀が行われて式は終了する。その後新大公はウスペンスキー聖堂を出て、聖堂広場を横切り、モスクワ大公家の霊廟であるアルハーンゲリスキー聖堂へ、次いで大公家の私有教会ブラゴヴェーシチェンスキー聖堂に向かうが、その都度付き従う大公の子らと貴族らが金銀貨を新大公に三度ずつ振りかける。

　ここで以上のテクストを描く絵の中からいくつかを選んでみておこう。
　まず冒頭の絵（Sh, l.553; Kn.17, s.359）（絵2-12）は、すでに玉座に就いたドミトリー・イヴァーノヴィチ新大公を描いている。かれは若く、顎鬚はない。左手には、肩衣とともに権力を象徴する錫杖が握られている。ドミトリーの頭上にみえるのが、このとき史上初めて実際に使用されたと考えられる「モノマフの冠」である。この冠は、本書第1部でも見た通り、『集成』「ロシア史編」の冒頭部（ウラジーミル・モノマフのキエフ入城の場面）にすでに現れていた。

第 1 章　イヴァン 3 世治世（1462-1505 年）

「モノマフの冠」に最初に言及する「史料」は、これもすでに記したところであるが[49]、15 世紀末から 16 世紀初頭にかけて著された『ウラジーミル諸公物語』（その基となった原初的テクスト）であった。ここの絵にみえる「モノマフの冠」は、先のウラジーミル・モノマフ公が着用していたもの（第 1 部の絵 1-8、絵 1-19 など）とは若干異なる外見をしている。ドミトリーのそれは毛で縁取りがなされ、今日実際にみられるものに近い形態である。したがって両者を同じ「モノマフの冠」といえるかどうかは微妙であるが、ここではこれ以上に詮索しないでおく。少なくとも『集成』編者は同一のものと認識していたであろう。ただここの絵師が以前の例をそれほど厳密に模倣しようとしていなかったこともうかがえる。先にもみたとおり、絵師はヴァシーリー 1 世の即位式の際にもこの形状の冠を登場させていた。ドミトリーの左に（間に二人の貴族を挟んで）座す人物がかれの祖父、大公イヴァン 3 世であろう。その冠は通常の大公冠のようにみえる。大公の後ろにも毛の縁取りをした冠を頭上にする若い（鬚がない）公がみえるが、これが名を記されていた大公の子ユーリーであろう。画面右側に立つのは府主教シモン以下の聖職者である。画面手前（下部）に城壁が見えるので、戴冠式がクレムリ内で行われていることがわかる。背景に五つの丸屋根をもつウスペンスキー聖堂が描かれる。式は聖堂前で行われているようにみえるが、聖堂内のことをこのような形で描いたと考えるべきであろう。

　次に Sh, l.556; Kn.17, s.365（絵 2-13）をみてみる。

　聖堂内の壇（升壇）上に据えられた三脚の腰掛の二つに右から府主教と大公が座っている。これから戴冠されるドミトリーが壇から一段下がって立っている。画面右側に「モノマフの冠」と肩衣がおかれたアナロイがみえる。肩衣の真ん中にみえる円は首を通す穴であろう。描かれる図案は十字架とおそらくはデイシス（キリスト、聖母、洗礼者ヨハネ）であるが、先に見た実際に着用された状態ではこれは見えなくなっている。

　次の絵は（Sh, l.560 ob.; Kn.17, s.374）（絵 2-14）、大公が新大公に「モノマフの冠」を授ける場面である。冠を大公に手渡すところまでは府主教の行為であるが、新大公に実際に授けるのは大公である。俗権と教権が一体となって大公権の権威付けを行っている様子が示されているといえるが、主導権を握るのは、あくまでも俗権の側であるといってよい。モスクワ的専制の立場をここに読み

169

取ることも可能である。

最後に Sh, l.564 ob.; Kn.17, s.382（絵 2-15）である。

式を終えて聖堂を出る新大公とその後に付き従う公子や貴族らを描いている。公子らが金銀貨を新大公に三度振りかけている場面である。ここには三人の公子（それぞれ毛の縁取りのある公冠を着用している）が描かれている（ここで三人の公子と画面左上にみえる大公イヴァン3世の公冠の形状については問題としない。ドミトリーのそれと類似で、通常の公冠とは異なる形をしているが、それについては指摘するにとどめる）。もしこれが実際の場面を正確に描いているとするならば、イヴァン3世には当時五人の男子のいたことが知られているので（いずれもソフィヤからの子である。ソフィヤの子らについて詳しくは後述する）、ここに描かれているのは、大公の寵を失ったヴァシーリーは当然除外されるとして、まずはテキストに名が明記されているユーリー（1480年生まれ）、加えてその弟たちのうち年長のドミトリー（1481年生まれ）とセメン（シメオン、1487年生まれ）ということになろう。大公の末子アンドレイ（1490年生まれ）は参列していなかったことになる（少なくとも描かれていない）。理由は不明である。必ずしも未成年ということではなさそうである。セメンも未成年であったが出席していると考えられるからである（当時はおそらく14歳で成人とみなされた）。場合によっては、アンドレイはスターリツキー公であったことが問題とされたのかもしれない。後にみるように、イヴァン雷帝期（『集成』が編まれた時期でもある）に、スターリツキー公家は大公家に敵対する存在として排除されることとなるが、そのことがあって同公家の祖であるアンドレイがこの場面に描かれなかったとも考えられる。もしそうであるならば、アンドレイは戴冠式自体には参列していたのである。絵師は表現しないことによっても重大な主張を行うことができる一つの例がここにあるといえよう。

ところで参列した公子たちは新大公との関係で明確に下位に位置づけられた。この点は Sh, l.562 ob.（Kn.17, s.378.）の絵ではより明確になっている（絵2-16）。こちらではテキストに「その後大公の子らが両大公にうやうやしくお辞儀し、祝いの言葉を述べた」と記され、絵でも新大公の前に跪いているのである。ただしこの絵には子と思しき人物は一人しか描かれていない。顎鬚の

ない若い人物である。おそらくこれはユーリーであろう。アルツィホーフスキーによれば、諸公の場合は、30歳前後から鬚つきで描かれるようになるという[50]。絵にはもう一人跪いている人物がいるが、これは顎鬚を蓄えている。イヴァン3世の子ではなく、貴族であろう。ここにはイヴァン3世の他の子は描かれていないということになる。絵師が厳密に場の再現を図っているとはいいがたい。

　先の絵2-15に戻るが、その画面左上には式を終えて居館に戻ろうとする大公イヴァン3世が描かれている。かれも新大公と同様、頂きの部分が上に反る錫杖を右手に握っている。ドミトリーは戴冠されたとはいえ、あくまでも共同統治者であったのであり、現大公が引き続き権力を保持していることがここに示されている。

　ところで戴冠式の直前には、既述のごとく、ヴァシーリーとその母ソフィヤが大公の不興（「オパーラ（失寵）」）をかい、逮捕までされていた。それにもかかわらずヴァシーリーを除くソフィヤの他の子らが参列を許されているのはある意味奇妙であるが、ここには大公の怒りがソフィヤとヴァシーリーにのみ向けられ、その他の子らには及んでいなかったこと、それだけでなく怒りそのものがやや限定的であったことが暗示されているようにみえる。実際その通りであったことは、戴冠式後まもなく事態の急変ということで明確になってくる。

　これとの関連で以上の細密画において、もう一点注目されることがある。それは戴冠式の場面に新大公の母エレーナがみられないことである。これはたんに描かれなかったというだけのことではないだろう。ソフィヤ（かの女の不在は当然である）を含めて女性が描かれていないということでもないように思われる。

　子の晴れ舞台に母親が描かれなかった理由は、先に見たソフィヤの末子アンドレイの場合以上にはっきりしている。言うまでもなく、その後の事態の急変を承知していた『集成』の編者（ないし年代記作者と絵師）が、意図的にエレーナを登場させなかったのである。すなわち1498年の戴冠式は後継者問題の最終的決着を意味しなかった。そのことは戴冠式後まもなく、両後継候補の立場が逆転したことに如実に表われていた。

　『集成』は7010（1502）年4月11日月曜日に、イヴァン3世が「孫の大公

第 2 部　史料としての『集成』──モスクワ大公国の歴史はどう描かれているか──

ドミトリーとその母大公妃エレーナ」に対し「オパーラ（失寵）」を下したこと、またその直後の 4 月 14 日木曜日に、「自身の子ヴァシーリーに恵みを与え、祝福してウラジーミルとモスクワの大公位に、全ルーシの専制君主として据えた」ことを記している（Sh,l.619; Kn.17,s.489、Sh,l.620;Kn.17,s.491）。両テクストに付された二つの細密画が興味深い。

　絵 2-17、2-18 がそれであるが、前者では画面左側に描かれる大公が孫らに対するオパーラの指示を出し（左手の指で示される）、中央の人物が（大公の指示を伝達する貴族であろう。無帽であるのは伝える相手が大公の孫と嫁であるからであろう）右側に描かれるドミトリーとエレーナ（それぞれ大公冠と五放射状の冠を頭上においている）にたいし、「失寵」を伝達している。失寵を伝えられた二人はともに頬に右手を当てて悲しみに沈む、あるいは途方に暮れた表情をしている。大公の背後（画面左端）には兵士の姿も描かれている。曲がりなりにも権力交代を巡る決定が下されたのである。万一の事態に備えたものと解釈できる。また後者の絵 2-18 では、画面は上下二場面に分けられ、上段中央には新たに大公位に座したヴァシーリー、左側にイヴァン 3 世（ともに大公冠をいただいている）が描かれる。右側の帽子をかぶる大勢の人物は貴族らであろう。下段では中央の無帽の人物がヴァシーリーである。かれはやつれた様子であり（この点は上段の玉座についたヴァシーリーの場合も同様、頬がこけている）、その顔には通常の顎鬚ではなく無精ひげがみえる。それまでの長い幽閉（監禁）状態から解放されたばかりであることが強調されている。この右側に描かれる府主教以下の聖職者、修道士がこの人物に対し十字架で祝福を与えている（府主教の白頭巾については上述 129 頁参照）。

　このようにして二人の後継候補の立場は逆転した。ヴァシーリーのこの勝利はイヴァン 3 世の遺言状によっても確認できる。そこではヴァシーリーに大公位を贈る旨が明記され、これにより問題は完全な決着を見ることとなった（ただし言うまでもないが、そこには後継者をめぐり問題があったことなどは記されていない。ドミトリーやエレーナについての言及もまったくない）。遺言状の作成時期はこれを公刊した編者（L.V. チェレプニーン）によれば「1504 年 6 月 16 日以前」であるが、ジミーンなどは 1503 年末にはすでに作成されていたと推測している。つまり後者に従えば、遅くともこの時点では最終的結論が出

第 1 章　イヴァン 3 世治世（1462-1505 年）

ていたということになる[51]。

　こうして 1505 年に父イヴァン 3 世が亡くなるやヴァシーリーが正式に後継者として即位することになった。このような経緯でヴァシーリー 3 世が誕生し、そしてその子イヴァン雷帝治世に『集成』が編纂されることとなった。『集成』編者はこの地平から過去を総括しつつ年代記を編纂した。ドミトリーの戴冠式はロシアにおける最初の公式的な儀式で、壮大な国家的行事でもあった。その事実は隠すべくもなかった。『集成』は丹念にこの戴冠式の次第を描いたが、そこにエレーナを登場させるわけにはいかなかったのである。

　最後に悲哀を味わうこととなったエレーナは、囚われの身のまま 1505 年 1 月に世を去り、ドミトリーの方も同様に二度と脚光を浴びることなく 1509 年 2 月獄死したと記される[52]。

　一方ついにわが世の春を迎えることとなった皇女ソフィヤも、これを思う存分謳歌することにはならなかった。夫の怒りも解け、大公妃としての名誉が回復されてまもなく、かの女は 1503 年 4 月にその異郷での長い波乱の人生に幕を下ろすことになったのである。夫が亡くなり、子のヴァシーリーが正式に単独大公として即位する二年前のことであった[53]。

　1498 年の戴冠式はモスクワ大公国史上画期的な意味をもった。主役を演じたドミトリーが直後に失脚し大公国の表舞台から消えたためその意味をやや減じ、注目度を下げたことは否めないが、それでも特筆すべき出来事であった。そのことは『集成』など公式的年代記もこれを無視することができなかったことに端的に表れている。とくに重要であったのは、この戴冠式がひとつの契機となってモスクワ的専制理念の創出が図られたことである。これをもっともよく示しているのが、すでに言及した「孫なるドミトリー・イヴァーノヴィチ」の『戴冠式規定』である。この『規定』の成立過程とそれを示す写本状況にここで立ち入ることはしないが、その原初的なテクストは、まさにこの時期、この戴冠式との関連で成立したと考えられる[54]。それはビザンツ皇帝の戴冠式規定を模範として作成された。ここに表明された専制の理念は、後にみるイヴァン雷帝の『戴冠式規定』や、さらにはロマノフ朝期になってからのアレクセイ・ミハーイロヴィチ帝（1645–1676 年在位）のそれの基盤に横たわっている。これと並んで当時の公式的年代記なども考慮しなければならないが、それに加え

173

第2部　史料としての『集成』──モスクワ大公国の歴史はどう描かれているか──

双頭の鷲

てさらにこの時期に多数の社会時評的諸作品が産み出されたことも忘れてはならない[55]。「モノマフの冠」に最初に言及する既述の『ウラジーミル諸公物語』がこうした作品の代表例であるが、これも1498年戴冠式と関連づけることができる。『物語』自体は16世紀になってから著されたとしても、その基となった作品は戴冠式との密接なかかわりの中で成立したと考えられるのである[56]。

このようにして沸騰し始めたモスクワ社会の政治的精神的高揚を背景に、戴冠式を挙行させた当のイヴァン3世自身の称号にも大きな変化が現れた。すでにドミトリーの『戴冠式規定』においてかれはたんに「大公」とだけではなく、「全ルーシの専制君主」(vseia Ro[u]si samozherzhets)と呼ばれている[57]。これはルーシの君主をかつてのビザンツ皇帝に並び立たせるだけでなく、当時すでに交渉のあったドイツ（神聖ローマ帝国）皇帝とも対等とみなそうとするものであった。この称号はすでに以前から用いられていたが、いわばここで公式化されたといえる。

戴冠式直前の1497年7月のある文書に付された蠟製の印章も重要である。ここにはいわゆる「双頭の鷲」の紋章がみられるからである。本頁に掲げた紋章（線画）は、イヴァン3世が二人の甥（弟ボリス・ウォロツキー公の子フョードルとイヴァン）に下賜した土地交換文書に付された赤蠟製印章上にみられるものである。ロシアでこの図柄が公式的に使用された、今日知られている最初の例である。これも国家当局が戴冠式を構想したのと時を同じくして考案、ないし採用されたということができる。A.L.ホロシュケーヴィチによれば、「双

第 1 章　イヴァン 3 世治世（1462-1505 年）

頭の鷲」は古今東西の諸国家において聖俗両権力を象徴するものとして広く用いられたことが知られているが、モスクワでこの時に使用されるにいたったのは、やはりビザンツと神聖ローマ（ドイツ）帝国の存在が大きかったように思われる。モスクワはとくに両帝国との交流の中でこのエンブレムの使用に目覚めたと考えられるのである。既述のごとく、研究史上はソフィヤと結び付けて考えられることが多かったが、これがむしろ対立する側のドミトリーの戴冠式との関連を示唆するものであったことを考慮すべきであろう。これをソフィヤととくに結びつける根拠はないだけでなく、むしろそれはこの時の状況に矛盾するといわなければならない[58]。

　さて以上に『集成』がイヴァン 3 世治世をどのように描いてきたかを、三つの連続する出来事を通してみてきたが、いずれの場合にもソフィヤのはたした役割をどう考えるかがひとつの大きな問題であったことがわかる。『集成』をはじめ諸年代記はかの女について多くを語らなかっただけでなく、わずかながらある記述はあいまいで、相互に真っ向から対立する場合も少なくなかった。それゆえ研究者はソフィヤをどう位置づけるか、かの女のロシア到来の意味をどうみるのがよいのか、明解に答えることができなかったように思われる。そこで本章を終えるにあたって改めてこの問題に立ち戻り、いささか考えてみることとしたい。
　従来ソフィヤには相当に大きな歴史的意味が付与されてきたが、そこには大きく二つの流れをみることができる。
　第一は、大公がかの女と結婚したことで、ロシアがビザンツの後継者となったことを強調する見方である。すでに見たように、ソフィヤが大公にたいし大きな影響力をふるったこと、大公を叱咤激励して「タタールのくびき」を脱せしめたこと、モスクワの宮廷儀式を洗練された荘厳なものに変え、大公権の強化を図ったことなどが主張された。「双頭の鷲」のエンブレムの採用や、「モスクワ第三ローマ理念」の提唱をかの女と結びつける考え方もこれに属する。いわばソフィヤを「肯定的」「積極的」に高く評価した見方といえる。
　もう一つは、ソフィヤの夫にたいする影響力を強調する点では同じであるが、それをまったく異なる意味において理解する見方である。ソフィヤは「ウゴー

ルシチナ」に際しては、大公にたいしアフマト・カンの要求に従いタタール税の支払いを継続するよう説得したのみならず、自らはモスクワを捨て北方に逃げ去ったこと、大公もかの女の意見に惑わされ、タタールに対し断固たる態度に出ることができず、大公母や府主教の顰蹙を買ったことなどが主張された。こうしたいわば「否定的」な見方はすでに検討した諸年代記のなかにもみられたが、後のヘルベルシュタインの評価などもこちらに入れることができる。かれはソフィヤを「ずるがしこい」「ギリシア女」と呼び、ライバルのエレーナとドミトリーの排除、投獄を夫に迫ったかのように記している[59]。確かにヘルベルシュタインの記述は多くが噂に基づいており、かれには前節で紹介したように、ソフィヤがタタールに対する夫の弱腰を批判したとする、相反するような記述もある。しかしながらかれがソフィヤを批判的に見ていたことは確かであったようにみえる。少なくともかれが、当時モスクワ社会に蔓延していた反ソフィヤ的な雰囲気に疑問を呈しようとはしなかったのである。また「保守派」の貴族 I.N. ベルセニ・ベクレミーシェフが、ギリシアから招かれモスクワ入りした博識の修道士マクシム・グレクにたいし述べたとされる言葉(「大公〔ヴァシーリー3世〕の母、ソフィヤ大公妃が汝らギリシア人を引き連れてこの地に到来してから、われらの国は変わってしまった。ちょうど汝の帝国が汝らの皇帝たちのときに味わったのと同じように、大きな混乱に見舞われてしまったのだ」)も[60]、さらにはイヴァン雷帝の論敵アンドレイ・クールプスキー公のソフィヤにたいする非難も[61]、こちらの見方に属す。

　もちろん忘れてならないのは、後継者争いそのものにおけるソフィヤの立ち位置の問題である。それはとりわけ大公と、分領公や保守派貴族との対立や、当時大きな問題となっていたいわゆる「ユダヤ派異端」との関連において論じられた。いまここでこの複雑な問題に対する解決策を探る余裕はない。ただ研究史上よく見られた構図、すなわち、一方では大公により後継者として認められた側は親専制権、親中央集権の立場に立ち、これを正教会主流派が支持したとし、他方では大公に退けられた側は専制化に反対する分領公や保守派貴族の立場に立ち、これを反正教会的異端が支持したとするかのごとき見方は、もはや有効でないことを確認しておくべきであろう。このような図式自体乱暴であるだけでなく、すでに見た通り後継者として大公に認定される側が、最初はド

第 1 章　イヴァン 3 世治世（1462-1505 年）

ミトリー／エレーナであり、後にヴァシーリー／ソフィヤへと変更されたことからも明らかなように、専制権の強化を志向したかどうかで両派を単純に区別できるわけではない。専制権強化、また分領公権力の抑制といっても、現実には多様な道があるだけでなく、時と条件によって現れ方はさまざまであり、すべてがこの要因で決定されるわけではないことに留意する必要がある。それゆえこの図式はそのままでは到底受け入れがたい。たとえば、ソフィヤをビザンツ的専制権力とコンスタンティノープル正教会の信奉者で、親大公、反分領公、反異端的であったとする研究者がいる一方で、逆に、同じくコンスタンティノープル正教会の伝統で育ったソフィヤを、15 世紀半ばに総主教の同意を得ずに自立を宣言したモスクワ正教会に対し批判的であったとみて、そこからかの女を「異端」と接近させ、これを弾圧しようとした大公に批判的な立場に立ったと考える研究者もいるのである。それだけではない。後継者をめぐる争いを内政のみならず、外交問題、とりわけリトアニアとの緊迫した関係をも考慮に入れて解決すべきことを主張する研究者もいる。問題は単純ではないということであるが、以上とはまた別に、宮野裕のように、「異端」にかんする史料の批判的分析から、「異端」観念の解体をはかり、これまでみられたさまざまな立論自体の妥当性を疑問視する研究者も現れている[62]。個々の断片的事実そのものの分析をより精緻なものにする必要性があるだけでなく、おそらくはソフィヤにせよ、エレーナにせよ、かれら個人とその宮廷における地位を、政治・宗教問題とそのまま直結させて論じるような手法自体を問うことから始める必要があるように思われる。

　著者としては、ソフィヤに限定していうならば、以上に見たかの女に対するさまざまな評価は、後代の第三者による主観的なもの以外ではなく、一方的に過ぎ、そのままでは到底受け入れがたいと考えている。

　たとえば、ヘルベルシュタインの記述は、既述のごとく多くが噂話に基づいている。またベルセニ・ベクレミーシェフがマクシム・グレクに述べたという言葉は、ヴァシーリー 3 世の抑圧的政治に対する怒りからその母親に向けられたきわめて主観的な評価である。かれらより半世紀も後に書かれたクールプスキーの記述に至っては、その傾向は一段と高まる。かれもイヴァン雷帝に対し、激しい敵意を抱いていたのである。その祖母に対する批判的言辞から直ちに事

実が明らかになるわけではない。総じて『集成』編者を含む反ソフィヤ的言辞は、第一に15世紀末のドミトリー後継指名とその戴冠の前後にこの決定を是とする立場の者たちが広めた悪評に基づいていると考えることができる。ソフィヤについてはその後も長く批判的言辞が続くが、その一つの出所は既述のごとく反カトリック的立場を強めつつあった正教会当局であり、第二がソフィヤの子と孫、すなわちヴァシーリー3世とイヴァン4世の抑圧的政治に批判的な各層、ないし社会そのものであった。それでも『集成』その他の主要な年代記においては、ソフィヤにたいする批判的立場は抑制されており、むしろ事実をたんたんと記すよう心掛けていたといってよい。批判的言辞は主にいま指摘した層から出ており、年代記類では地方のそれ（ソフィヤに対しもっとも厳しかった『ソフィヤ第二』などはノヴゴロドないし、大公に批判的な修道院と結びついている）に時折姿を見せるくらいであった。要するにソフィヤとかの女が果たした役割をよきにつけ悪しきにつけ単純化し強調しすぎることが問題なのである。

　ソフィヤがモスクワ大公と大公国にとってもった意味を考えるときに忘れてならないのは、かの女がロシアに嫁いできて、大公に、少なくとも9人の子（男5、女4）を贈ったことである。近年のイヴァン3世の伝記などでは12人（男7、女5）とされる場合もある。そのうち比較的に長生きしたのは8人で（男5、女3）、この点は多くの研究者が一致して認めるところである[63]。すなわち男子では長男ヴァシーリー（1479年生まれ）が後継大公となり、ユーリー（1480年）はドミトロフスキー公国を受け取り、ドミトリー（1481年）はウグリッキー公、セメン（シメオン、1487年）はカルーシュキー公、アンドレイ（1490年）はスターリッキー公となった。女子ではまず1475年生まれのフェオドーシヤが長じてV.D.ホルムスキー公と結婚した（1500年）。翌1476年に生まれたエレーナは1495年に、当時のモスクワにとって基本的には敵国であったリトアニアの大公アレクサンドルに嫁いだ。かの女は結婚後も父イヴァン3世と（そして父を通じ母ソフィヤとも、また父没後はモスクワ大公となった弟ヴァシーリーとも）連絡を取り合っていたことが知られている。両国関係を安定させるべく重要な役割を担ったのである[64]。1483年に生まれたエウドキヤは、1506年にカザンのツァレーヴィチ、ピョートル（クイダクル）と結婚した。他の子らは（それが何人であったかは確定しがたいが）おそらくは誕生日を迎える前に亡

第 1 章　イヴァン 3 世治世（1462-1505 年）

くなったと考えられる。

　ソフィヤが子宝に恵まれたという事実はきわめて重大なことを意味している。かの女がそれにより、王朝の安定的継続を願うイヴァン 3 世を大いに喜ばせたことは疑いない。ソフィヤはモスクワ入りして以来、ほとんど途切れることなく続く出産に伴う多難な状況の中で、母親としての多忙な生活を送らざるを得なくされたと考えられる。たしかにかの女はそれでも晩年に至るまで、栄えある皇室の血筋に列なる者としての自覚と誇りを忘れたことはなかったようである。かの女が 1498 年にトロイツェ・セルギエフ修道院に宝石のちりばめられた絹の覆い布（pelena）を奉納したことが知られている。この絹布には銀糸で「モスクワ大公妃にしてツァーリの都の皇女（ツァレーヴナ）」と刺繍されているという。皇女としての誇りは持ち続けていたのである[65]。ただしこれをもってソフィヤが夫をいわば強力な専制君主の道へ駆り立てたとか、わが子のためにあらゆる陰謀を企んだ張本人であったなどと決めつけるとするならば、短絡的に過ぎるというべきである。むしろかの女は政治、外交、軍事、その他諸行事に追われる大公とは一人離れて、おそらくは非常に多くの時間を産室と居室で過ごしていたと考えられる。この女性にたいし、「タタールのくびき」に抗し夫を助けて勇敢に振舞うことがなかったなどとする非難がおよそ的外れであったことは確かであろう。かの女をめぐる多方面からの非難中傷がどの程度かの女個人と関係するものであったか大いに疑問のある中で、あまりに多くのことをかの女に負わせることには慎重でなければならないように思う。

　むしろソフィヤに関連して重要なのは、この時期イタリアをはじめとする西方との関係が再開され、ロシアが再び西方へ目を向け始めたことである。「再開」というのは、キエフ期にはそれなりに盛んであった対西方関係が、モンゴル支配期の 2 世紀あまりの間、一部北西地方や南方クリミア方面を例外として、基本的に途絶えていたからである。もちろんすべてがソフィヤから始まったなどと言うことはできない。早くから行われていたバルト海方面でのハンザとの交易を別にしても、ロシアはこの間もクリミア半島およびアゾフ海方面においてギリシア人やイタリア人との間で交易を続けていたからである[66]。またイヴァン 3 世の父ヴァシーリー 2 世の時代の 1438–1439 年にフェラーラとフィレンツェで開催されたローマとコンスタンティノープル両教会の合同に関する公会

179

第2部　史料としての『集成』——モスクワ大公国の歴史はどう描かれているか——

議も、ロシアにたいしイタリアと西方世界の存在を開示してくれるものであった。この時ロシアの府主教イシドール（モレア出身のギリシア人である）をはじめとするロシア代表団がイタリアを訪れたが、その一員であったスーズダリの長司祭シメオンは会議の模様についての報告（第八公会議についての「会議と旅」）を書き残している。このときに著された旅の記録（「フィレンツェ会議への旅」）は、おそらく別のスーズダリ人（氏名不詳）の手になるものであるが[67]、これもロシアの識者に西欧世界の一端を垣間見させるものであった。ロシアはその後合同決議を破棄し、これに署名した府主教を追放することになったが、もはやこの時点でロシアにとって西方は、また西方にとってロシアもまったくの「未知の地」とはいえなくなっていたのである。

イタリア人でソフィヤのモスクワ入りの前後にロシアを旅し、モスクワのことを西方に伝えた人物のことも記しておこう。二人のヴェネツィア人ヨサファト・バルバロとアムブロジオ・コンタリーニがそれである。前者は商人であったが、最初は1436年にタナ（アゾフ）に来たり、同地に16年間滞在するとともに黒海北岸地域やカフカースを旅してまわった。一度帰国したバルバロは、1463年に今度はヴェネツィアの使節としてペルシアへ向かった。対トルコ戦争にペルシアを引き込むことが目的であった。バルバロはペルシアからの帰国後（1479年）、両方の旅についての見聞をまとめて一書を著した（『タナへの旅』）。かれ自身はモスクワを訪れることはなかったが、著書の中で「モスコーヴィア」についても一章を割いている。一方コンタリーニは1474年に最初からヴェネツィア使節としてペルシアへ赴いている。そして1476年北方経由で帰国の途につき、同年9月にモスクワに立ち寄り、翌年1月まで4か月間の長きにわたり「モスコーヴィア」の首都に滞在した。かれはモスクワ到来直後にイヴァン3世にも謁見を許され歓待されている。これは後の時代にもそうあることではなかった。かれのモスクワに関する記述はそれゆえ実際の見聞に基づく貴重なものである。かれは1477年4月にヴェネツィアに帰着したが、その後まもなく見聞記の作成に着手し、これを1487年に出版した（『ペルシアへの旅』）[68]。

さてソフィヤがモスクワ入りする前後に、またかの女自身とともに、多くの「フリャージン」やギリシア人が到来し（そのことでかの女は非難されもした）

第 1 章 イヴァン 3 世治世（1462-1505 年）

ことはすでにみた通りである。現に、ソフィヤとイヴァン 3 世を結び付けた立役者のひとり、かのイヴァン・フリャージンが、そのだいぶ以前からイヴァン 3 世に仕えていたこともすでに記した（第 2 部注 6 を参照）。

　このイヴァン・フリャージンことジャン‐バティスタ・デラ・ヴォルペは、ソフィヤとイヴァン 3 世の結婚式の直後に、思いもかけぬ悲運に見舞われた。詳細は省くが、かれはモスクワで突如拘束されてしまったのである。かれの母国ヴェネツィアは当時オスマン帝国軍の攻勢の前に苦境にあえいでいたが、そのヴェネツィアがモスクワのみならず、ペルシアやキプチャク・カン国の後継を自認する大オルダーをも対オスマン戦に巻き込もうと画策し、モスクワを中継地として大オルダーへの外交的働きかけを強めようとしていた。ヴェネツィアのこの動きにイヴァン・フリャージンも深く関与していた可能性がある。そもそもローマがソフィヤをモスクワへ送りこんだのも対オスマン包囲網形成のためという側面があったことはすでに見た通りである。フリャージンの教皇庁・ヴェネツィア外交への関与の度合いはともかくとして、モスクワ大公は自らの知らぬところで不倶戴天の敵と秘密裡の外交交渉を行おうとしていたヴェネツィア当局に対し不信感を募らせ、そのとき大オルダーへ向かうべくモスクワ入りしていた同国の書記で使節ジャン‐バティスタ・トレヴィザンとイヴァン・フリャージンとの逮捕を命じたのである。使節は死罪を言い渡され（後に釈放）、フリャージンは「鎖につながれて」コロムナへ流されてしまった。ロシアの年代記はそれ以後のフリャージンの運命については何も伝えていない。研究者のなかには、モスクワ大公のために大いに尽くしたはずのフリャージンはそのまま流刑地で果てたとする者もいる[69]。

　だがかれがその後嫌疑が晴れて再び大公の厚遇を受け、ついには相当の資産家となったことをうかがわせる史料がある。それはイヴァン 3 世の弟のひとりアンドレイ（小）・ヴォロゴツキー公の遺言状（1481 年 3 月以前）である。この遺言状によると、アンドレイ公は生前「イヴァン・フリャージン」なる人物から 350 ルーブリという莫大な額の借金をしていた。公はその担保として自らが大公から贈られた高価な品々（金鎖つき熊皮、小型の金鎖、長手付き金容器二点、金杯）をフリャージンに渡していた。公は死の直前おそらくはこれを取り戻そうとした。遺産相続人にたいしフリャージンに返金するよう指示してい

るからである。公が借金をしたのがいつの時点かははっきりしないが、もしこの「イヴァン・フリャージン」がソフィヤのモスクワ入りに貢献したかの「フリャージン」その人であるとすれば、どうやらかれはその後自由を取り戻しただけでなく、モスクワで大いに成功を収めたと考えることができそうである[70]。

　ソフィヤと直接間接に関係する到来者でよく知られているのは、ボローニャの建築師ロドルフォ・フィオラヴァンティ（ロシアではアリストテレ・フリャージンないしアリストテレ・フィオラヴァンティなどとも呼ばれた）であろう。かれはモスクワ入りしたばかりのソフィヤの要望で実現したといわれる使節団（セメン・トルブージンを全権とし、これを既述のアントン・フリャージンが案内した）の招きに応じ、1475年春に子のアンドレアスと弟子のピエトロを伴ってモスクワ入りした。かれの最初の任務は、既述のごとく再建工事中突如崩れ落ちたクレムリのウスペンスキー聖堂の再（々）建であった。同聖堂が今日みられる形になったのはこの時のことである。もっともフィオラヴァンティのモスクワにおける活動は建築面に限定されなかった。かれは大砲、鐘、貨幣の鋳造の面でも新技術を伝えた。1478年にイヴァン3世がノヴゴロドに遠征したときには、ヴォルホフ川に船橋を架け、さらにトヴェーリ遠征に際しても技術顧問として砲兵隊に同行したことが知られている。かれは高給で雇われたが、モスクワ滞在十年の後、イヴァン3世に暇を願い出て却下され、帰国どころか逆に逮捕までされてしまった。この直前に、「某ドイツ人医師アントン」が大公の命で処刑されたことを知り、わが身を案じての賜暇申請であったと推測されている[71]。かれのその後の運命は知られていないが、異国人にとってロシアはいまだ不確定要素が大きかったというべきか、ロシアが特別に異常だったというより時代がかれに悲劇をもたらしたのか、おそらく両方であろう。

　ソフィヤに付き従ってモスクワ入りしたその他の人々も忘れてはならない。すでに見た通り、1472年6月24日にソフィヤがモスクワへ向けてローマを出立したとき、その一行には教皇特使アジャクシオ司教ボヌンブレ（アントニオ）を筆頭に「多くのローマ人」、また「皇子たちの使者、マヌエルの子ドミトリーと多くのギリシア人」、さらに「かの女に仕える他の多くのギリシア人」がいた（上記135頁参照）。教皇特使は言うまでもなくまもなくローマに戻ったが、

第 1 章　イヴァン 3 世治世（1462-1505 年）

随行者のなかの少なからぬ者がそのままモスクワに留まった。
　ソフィヤとともにいわばモスクワに移住した人々について少々吟味しておこう。
　ローマ教皇庁が東方で急速に存在感を増しつつあるモスクワ大公国を念頭においてお膳立てしたソフィヤの結婚である。随員は相当数に上ったであろう。皇女を迎えにきたイヴァン・フリャージンら大公からの使節団も同行していた。はるか東方のキリスト教国で富と成功を手にいれようとする冒険家たちも、フリャージンの幸運にあやかろうと群れをなしてついてきたと思われる。
　『集成』テクストの記述でとくに問題となるのは、「皇子たちの使者、マヌエルの子ドミトリー」であろう。かれは「皇子たちの使者、ギリシア人ドミトリー」とも呼ばれている。これはいったい誰なのであろうか。まず「皇子たち」であるが、これはこの部分のテクストには出てこないが、その前後のテクストから明らかになるように、ソフィヤの兄たち、アンドレアスとマヌエルのことを言っている。かれらは妹の結婚式に出席しなかった。そこで代理人「マヌエルの子ドミトリー」を派遣した。この代理人を、バジレヴィチなどは、「ソフィヤの兄弟」ドミトリー・ラーレフ・パレオローグとみている[72]。しかしこれはどうであろうか。だいいちソフィヤに「ドミトリー」なる兄弟はいない。それだけではない。そもそもドミトリー・ラーレフ・パレオローグとして知られている人物は、イヴァン 3 世治世末期にモスクワで外交官として活躍したギリシア人であるが、かれがロシアにやってきたのは、後にみるように 1485 年から 1486 年にかけてのことと考えられる。このときに父イヴァン・ラーリ・パレオローグに連れられてロシア入りしたのである[73]。バジレヴィチの誤りは、かれが「マヌエルの子」の部分を見落としたことにある。では「マヌエル」とはだれか。これはかつてフェラーラ・フィレンツ公会議にも参加したビザンツの高官マヌエル・トラハニオーテスであろう。その子「ドミトリー」はしたがってデメトリオス・トラハニオーテスである（ロシアではドミトリー・マヌイロヴィチ・トラハニオートと呼ばれたであろう）[74]。このデメトリオス／ドミトリーはソフィヤの「貴族」ないし「下僕 slug」といわれ、皇女の兄たちの代理人として、かの女に随行したのである。かれはその後そのままモスクワに留まり、後述するように、政治社会的に重要な役割をはたすことになる。

第2部　史料としての『集成』——モスクワ大公国の歴史はどう描かれているか——

テクストのこの部分には記されていないが、おそらくこの時（1472年）、ドミトリーの兄弟、既述のユーリー（ゲオルギオス）・マヌイロヴィチ・トラハニオートも同行し、モスクワ入りしたと考えられる。トラハニオート兄弟（マヌエルの子ドミトリーとユーリー）がソフィヤとともにモスクワ入りしたことは広く信じられている[75]。ユーリー・トラハニオートはソフィヤの父モレア君主トマスの家令（majordome）であった（上記第2部注9参照）。かれもモスクワ入りの後は、外交官として華々しい活躍をした。ただM.N. チホミーロフのいうごとくかれがロシアにおけるトラハニオート（フ）家の祖であったかどうかは疑問である。むしろ上記の兄弟ドミトリーの方こそが、後述するその子ユーリー・ドミートリエヴィチ（マールィ）の活躍ぶりなどから見ても（後述184-185頁、また第2部注81参照）、同家の祖であった可能性が高い[76]。

問題は、上記ユーリー・マヌイロヴィチ・トラハニオートと、先にみた、1468年にイヴァン・フリャージンによりローマへ派遣された使者の一人「スラヴ名ユーリーなるギリシア人ゲオルギオス」や、翌1469年2月に枢機卿ベッサリオンの書信を携えてモスクワへやってきた「ユーリーという名のギリシア人」との関係である。これら三人の「ユーリー」を同一人物とする見方もあるが[77]、もしそうであるとするならば、ユーリー・マヌイロヴィチ・トラハニオートは1468年6月より以前にモスクワ入りしており、そこでイヴァン・フリャージンの知己をえていたことになる。しかし残念ながら、それを裏付ける史料はない。そこでピルリンクなどは1469年までのユーリーと、1472年にソフィヤに随行してモスクワ入りしたユーリーとを明確に区別して論じている。つまりピルリンクは1468年および1469年の「ギリシア人ユーリー」と1472年のソフィヤの随員ユーリー・トラハニオートとを別人と考えたのである。バジレヴィチも同様である[78]。これについては上にみた以外には史料がないので、最終的な結論を出すのは困難である。それゆえここでは、トラハニオート兄弟は1472年にソフィヤとともにモスクワ入りしたことを確認することで止めておきたい。1468年と1469年の「ギリシア人ユーリー」は、トラハニオートでありうるが、名前はユーリーではあるがトラハニオートとは別のギリシア人である可能性もあるのである。

さてユーリーとドミトリーのトラハニオート兄弟であるが、かれらはロシア

第 1 章 イヴァン 3 世治世（1462-1505 年）

入り後そのまま定住し、重要な働きをした。ユーリーは外交官として、イタリアはもとより、神聖ローマ帝国（1485, 1489, 1490, 1492 年の 4 度派遣されたとする記録がある）やデンマーク（1500 年）などへ派遣され、当時のモスクワ外交に大きく貢献したことが知られている。弟のドミトリーも外交官および通訳として活躍した。兄弟はともに、モスクワ統一国家形成期に対西方外交を軌道に乗せたパイオニアであった[79]。兄弟の活躍の場はそれだけではなかった。Ia.S. ルリエーが兄弟を「ゲンナージー・サークル」の一員と記すように、兄弟は当時「異端」摘発活動に邁進していたノヴゴロド大主教ゲンナージーの有力な協力者でもあった。ユーリーは自らの手記において、異端を焚刑に処したスペイン王を称賛し、ドミトリーの方はノヴゴロド大主教に求められて、当時正教会を悩ませていた「終末（世の終わり）」問題をめぐる論文（「7000 年について」の報告）を執筆して、ともにロシアにおける徹底した異端審問の断行を進言したという。これについては宮野裕が紹介している[80]。ドミトリーはさらにモスクワ入りして間もなく子をもうけたが、ユーリー・ドミートリエヴィチ・トラハニオート（ロシアでは伯父のユーリー・マヌイロヴィチが「スタールィ（老）」と呼ばれたのと区別して、「マールィ（小、ないし若い）」と呼ばれた）という名のその子は、ヴァシーリー 3 世治世に財務官、国璽尚書として名を馳せたことが知られている。かれは 1522 年におそらくは、本書でも次項で検討するヴァシーリーの再婚問題に連座して失寵（オパーラ）の憂き目にあうが、このことは逆にかれがモスクワで相当の地位にまで上り詰めていたことを物語っている[81]。

ソフィヤに同行しそのままモスクワに留まったギリシア人はほかにも知られている。たとえば、クリミアのマウヌク（マンクプ）公コンスタンティノスである。かれも、上記ゲンナージーと並び異端の摘発者として知られるロストフ大主教ヨアサフと緊密な関係を結んだが、後者とともに大公の不興をかい、結局カシアンという名で修道士とならざるをえなくされたといわれている。Ia.S. ルリエーが「清廉派（ニェスチャジャーチェリ）」のニル・ソールスキーの著作について検討した個所で、ニルがかれに慰めの書簡を二通書いたことを紹介している[82]。

ソフィヤに随行したわけではなくとも、かの女の輿入れに触発されてモスク

ワ入りしたギリシア人、イタリア人も多かった。同じパライオロゴス家の一員（ないし側近）であったイヴァン・ラーリもその一人である[83]。かれは 1485 年にモレアを去り子供らとともにモスクワに移住した。1487–1488 年にはこのイヴァン・ラーリの二人の子（デメトリオスとマヌエルのラーレフ・パライオロゴス兄弟）がヴェネツィアへ派遣されている。かれらはローマ（ヴァティカン）とミラノにも足を延ばし、1490 年任務を全うし無事帰還した。かれらはこの時ソフィヤの長兄アンドレアスを伴っていたが（皇子は同年末に帰国）、その一行には多数の職人や専門家が加わっていた。ミラノの建築職人ピエトロ・アントニオ・ソラーリ（クレムリ建築、とくにルネサンス様式の「多稜宮（グラノヴィータヤ・パラータ）」の建築、さらには城壁建造に従事した）とその子ザマ［ナ］ントニオ（大砲鋳造職人でもあった）、大砲鋳造のヤーコフ（ジャコポ）とその妻、ローマの銀細工師クリストフォルと二人の弟子、リューベックの医師・天文学者ニコラウス・ブーロウ博士、同じくリューベックのアルベルト・ネムチン、ミラノの職人カルロとその弟子、ギリシア人ペトルス・ランク、アウグスティヌス会士で、オルガン職人にして奏者イヴァン・スパシーチェリ・フリャージン（かれは 1493 年にカトリックを捨て正教に改宗、妻をめとり、大公から所領を与えられた）[84]、同じくヴェネツィアのユダヤ人医師「ミストロ［マエストロ］レオン」などである。この医師が 1490 年に大公イヴァン・マラドイの治療に失敗して、首を刎ねられたことについてはすでに記した（第 2 部注 40）。

　話は前後するが、1485 年にはモスクワからさらにギリシア人「ユーリー（ゲオルギオス）・ペルカンコーテス」という名の使者がミラノとヴェネツィアへ派遣されたことが伝えられている。翌年かれを通じてミラノ侯ジャン・ガレアッツォ・マリアが親書をモスクワに送り届けてきたが[85]、このときにも多くの専門家がモスクワにやってきたといわれる。なかでも 1487 年からモスクワのクレムリ建築に着手したマルコ・ルッフォ（ロッソ）の名はよく知られている[86]。ミラノとヴェネツィアには 1493 年にも使節が派遣された。使節は翌 1494 年に帰国し、その時は武器製造職人のピエトロが三人のミラノ人を引き連れてやってきた。その一人アロイジオ・カルカーノは築城職人であった。

　ロシアが西方との関係で新たな段階に入ったことは疑いえなかった。

第 1 章　イヴァン 3 世治世（1462-1505 年）

　ソフィヤ到来後の 15 世紀末にはモスクワにヴェネツィア人を中心とするイタリア人の居住区の存在したことが指摘されている[87]。そこにはカトリック教会もあったという。このような状況が一方ではモスクワ社会、とりわけ正教会当局の警戒を呼び起こしたことは想像に難くない。上にふれたイヴァン・スパシーチェリの例が年代記に書き留められるほどに大きな反響を呼んだのも納得がいく。ロシア社会はかれの改宗にカトリックに対する正教の勝利を見て取ったのである。居住区の規模や形態など具体的なことはわからない。まとまった区域をなしていたわけではなかったとする指摘もあるが、これがその後イヴァン雷帝期にモスクワに最初の「外国人（いわゆるドイツ人）村」が成立する前触れになったこと[88]、そしてそれがソフィヤの到来をひとつの契機としていたことは否定できないであろう。かの女が激動期のギリシアやルネサンス期のイタリアとの交流を象徴する存在であったこと、そしてソフィヤのモスクワ到来の最大の意義はおそらくこの点にあったことを確認して、本章を終えたい。

第2部　史料としての『集成』——モスクワ大公国の歴史はどう描かれているか——

第2章
ヴァシーリー3世治世（1505–1533年）

　ヴァシーリー3世は、父である「偉大なる」大公イヴァン3世と、「雷帝」と呼ばれて強烈な個性で際立ったその子イヴァン4世との間に挟まれた、やや影の薄い君主とみられることが多かった。もちろんその治世は28年に及び、けっしてぞんざいに扱われてよい存在ではない。かれの治世にモスクワは国内統一を最終的に完成させたし（1510年のプスコフ、1521年リャザン、1522年ノヴゴロド‐セーヴェルスキーの併合）、対外的にもリトアニアと戦ってスモレンスクを奪取し（1514年）、南方のクリミア、そして東方のカザンに対しても総じて成功裏に戦った。分領諸公に対してもさらなる攻勢がしかけられた。1513年までにヴォロツコエ公国（大公の従弟、フョードル・ボリソヴィチ公の分領）を大公領に吸収し、1518年にはカルーシュコエ公国（弟セメン公の分領）、1521年にウグリツコエ公国（別の弟ドミトリーの分領）も存在を止めた。かくしてヴァシーリー3世期に権力の集中、専制化は父の代以上に進んだ。先にもふれた保守派貴族ベルセニ・ベクレミーシェフが、ヴァシーリーは「寝台わきの3人だけで」万事を決定すると憤慨したのは、このことを指していた。また正教会を代表するイデオローグであったヨシフ・ヴォロツキーがその『啓蒙者』第16章において、「ツァーリは肉においては他の人間に同じであるが、権力においては万人の主なる神に等しい」と記したのも、まさにヴァシーリー3世が支配の座にあったときのことであった。かれはこのようにして、「俗権」の最大の責務がその強化された権力をもって「異端」と「悪人」から正教会と国家を守ることであると説いたのである。ヨシフのこのフレーズは実は6世紀ビザンツの輔祭アガペートゥスの著作から借用されたものであるが、これはモスクワ的専制思想の核心を表明するものとなった。ヴァシーリーの治世に貴族会議は有名無実化する兆候を示し、宮廷の書記（ディヤク）を中心とする諸職

第 2 章　ヴァシーリー 3 世治世（1505-1533 年）

掌がすべてを執行する体制が整備されはじめた。貴族層は従順な臣民となる以外には、存在を許容されない時代が到来しつつあったのである。

とはいえ、ここでもかれの治世を全体として取り扱うことはできない[89]。

ここでは、かれの結婚、とりわけ同時代人の間で大きな注目を浴びた再婚問題に焦点を合わせて考えてみようと思う。それは『集成』では Sh, l.863; Kn.18, s.483 において取り扱われている。

ここのテクストには以下のようにある。

「大公ヴァシーリー・イヴァーノヴィチの再婚。同年［7034/1526 年］冬、1 月 21 日、大公ヴァシーリー・イヴァーノヴィチは二度目の結婚を行った。自ら花嫁に選んだのは、ヴァシーリー・リヴォヴィチ・グリンスキー公の娘、エレーナ公女である。結婚式は府主教ダニールの司式の下で行われた。」

細密画（絵 2-19）は二つの場面から構成されている。いずれもクレムリ内であることが、画面下に一部分がみえる城壁や、中央右に描かれる五つの丸屋根のウスペンスキー聖堂によって示されている。前面（画面下半分）は結婚式の場である。中央右に大公が、その左後ろに新婦エレーナが立ち、画面の右側に控える府主教ら聖職者の方を向いている。府主教は右手で 2 本の指を立てて十字を切り大公に祝福を与えている。大公は冠を着用していないが、それは左後方の貴族と思しき人物が両手で抱えもっている。その形は先に見たドミトリー戴冠式の際の「モノマフの冠」と同じものと思われるが、やや異なった形にみえる（少なくとも尖頂は描かれていない）。絵師はここでもこの点についてやや無頓着である。花嫁の頭上には慣例通り五放射状冠が描かれている。画面の上部は祝宴の場である。テーブル上のさまざまな容器はそれぞれ象徴的な意味をもっていると考えられるが、それについての検証は今後の課題としたい。いずれにせよ、後にみるイヴァン 4 世の結婚披露宴の絵（絵 2-26）と比較しても遜色がないようにみえ、盛大な式、また披露宴であったことがうかがわれる。

問題はこの再婚がなぜ世の注目をあびたのかである。いやその前に、正式には離婚も再婚も認められていなかった正教国において、そもそもヴァシーリー

はなぜ再婚を考えるにいたったのか。

実はここにみた記事の直前の紙葉に、かれの最初の妻ソロモニヤの「剃髪」（出家）についての記述がある（Sh, l.862 ob.; Kn.18, s.482）。そこで取り急ぎこれをみてみよう。テクストは以下のとおりである。

「大公妃ソロモニヤの剃髪。7034［1525］年11月、大公ヴァシーリー・イヴァーノヴィチは大公妃ソロモニヤを剃髪させた。病気と不妊の苦しみゆえにかの女自身が申し出たのである。結婚生活は20年であった。子はいなかった。」

絵（絵2-20）は府主教ダニールによるソロモニヤの剃髪の様子を描いている。手前（最下段）に城壁がみえ、五つの丸屋根をもつ聖堂が二つも描かれているので、場所はクレムリ内のようにもみえるが、ソロモニヤの剃髪はモスクワのロジェストヴェンスキー女子修道院（クレムリからやや北に位置する、この後に建造されるベールィ・ゴロドの壁の手前、ネグリンナヤ川脇の丘の上にあった）で行われたとする年代記があるので[90]、描かれている木柵に囲まれた修道院はこちらであろう。なお後述するようにヘルベルシュタインはソロモニヤの剃髪がスーズダリのポクロフスキー女子修道院で行われたかのように記すが、こちらはかの女が最終的に隠棲したところであって、おそらくは剃髪の場ではなかった[91]。絵師は剃髪の場がクレムリ内ではないと知りつつ、あえてそこに設定したと推測される。府主教の背後には大公も描かれるが（頭上に大公冠がみえる）、大公が城外の一修道院に出向いて、離別する妻の剃髪の場に居合わせたとも思えない。妻の悲壮な決意に同情する大公の姿を示すべく場をクレムリ内に設定して、大公自身が臨席したように見せかけた虚構とみることができる。というのも、そもそもかの女の「申し出」により（原文では「かの女の助言により po sovetu eia」）剃髪が行われたとする年代記の記述自体が疑わしいからである。

その意味では上記テクストの記述は慎重に読まれる必要がある。少なくともこれはいわば公式筋による説明であることを考慮に入れなければならない。テクストによれば、ヴァシーリーはこれまで前妻ソロモニヤとは20年も連れ添っ

第2章　ヴァシーリー3世治世（1505-1533年）

てきた。だが子宝に恵まれなかった妃自身が言い出したがゆえに、大公としても出家を認めざるを得なかったという。

　これにたいしてはすでに同時代人の多くが疑念を表明、というより非難の言葉を投げつけている。いくつかの例をひいておこう。

　まずは、ヴァシーリーの子イヴァン雷帝の論敵であった、貴族のA・クールプスキー公の著作である。かれがリトアニアへ亡命したのは1564年で、その直後に雷帝批判の書簡を送ってきたが、さらにそれからだいぶ後になって（おそらく1573年以後）雷帝批判を目的とした『モスクワ大公の歴史』を著した。この著作にはこれまでにも何度かふれたが、この件に関しても次のような記述がなされている。

「[雷帝の父ヴァシーリーは] 最初の妻ソロモニヤと26年間［ママ］過ごした後、かの女が望みもせずまた考えもしなかったにもかかわらず、かの女を剃髪出家させた。そしてモスクワから200マイル［露マイルは約7.5km］以上離れたカルゴーポリの僻遠の地の修道院に流した。かれは己があばら骨、すなわち神からかれに与えられた罪なき聖なる妻を、身も凍るような暗い牢獄に閉じ込めるよう命じたのである。」[92]

　クールプスキーの反ヴァシーリー的態度は明らかである。

　次に、ときに「ヴァシーリー3世の再婚の物語」として言及されることもある、ある「物語」をみてみよう。ヴァシーリーの離婚と再婚を主題に取り上げたこの「物語」は先にもふれたところであるが（第1部注117参照）、いくつかの写本で知られている。そのうち最古の写本は17世紀初のものである。そこでは表題は次のようになっている。

「聖山［アトス山］から大公ヴァシーリー・イヴァーノヴィチに送られた……子［世継ぎ］を得るための再婚について、および最初の結婚の破棄についての書状の抜粋。セラポンスキー修道院長老パイセイノの著。」

　この記述は、世継ぎを求める大公の願望に理解を示しつつも、再婚が教会法

に違反することを公然と指摘して、これを強行した大公を厳しく批判する内容になっている。「物語」(「抜粋」)の著者は聖アトス山の修道士とされているが、おそらくこれは聖山の高僧の名を借りて、ロシアの知識人の一人が(大公権の専制化に反対する保守派貴族層のひとりであろう)、ヴァシーリー3世の再婚の不当性を広く世に訴えたものと考えられる。「物語」は、大公の行為を諌めた修道士ヴァシアン・パトリケーエフ(コソイ、俗名ヴァシーリー)に対する大公の怒りや(コソイはその後ヨシフォ・ヴォロコラムスキー修道院に流された)、この不法な結婚から生まれた子であるイヴァン雷帝の圧政の描き方において、クールプスキーの上にみた著作に酷似していることもあって、どちらかが他方に影響を与えた可能性も議論されているが、いずれにせよ、ヴァシーリーの再婚にたいする批判はモスクワ社会に広く拡散していたことが、こちらの著述からもうかがえる[93]。

　もちろん以上は雷帝と激しく対立していた人物や古参貴族層などの、それも事が起こってから相当の時期を経ての記述である。全面的に信頼するわけにはいくまい。

　そこでもう一人、ほぼ同時代の非当事者ないし第三者の記述をみておこう。これも何度かふれたが、ちょうどこのころモスクワを訪れたオーストリアのヘルベルシュタインである(その二度目の訪問が1526年であった)。かれはその『モスコーヴィア事情』のなかで次のように記す。

　「その後、かれ[ヴァシーリー3世]は21年の[結婚生活の]間、かの女[ソロモニヤ]から子をえられなかったので、妻の不妊にいら立って、われわれがモスクワに到着したまさに1526年に、かの女をスーズダリのとある修道院に幽閉した。修道院では、かの女が激しく泣き叫ぶにもかかわらず、府主教[ダニール]がまずかの女の髪を剃り、その後かの女に修道女の頭巾を渡したが、かの女はそれを身につけさせなかったのみならず、むしり取って足元に投げつけ、足で踏みにじった。最高顧問のひとりヨアン・シゴーナは、高貴な身分にもとるかの女の行為に憤慨して、ひどい言葉でかの女を罵ったばかりでなく、鞭打ったあげくに次のように言った。『まさか其方は君主のご意志に逆らおうとするわけではあるまい。君主のご命令が行われるのを妨

第 2 章　ヴァシーリー 3 世治世（1505-1533 年）

げようとでも思うのか。』このときサロメヤ［ヘルベルシュタインはソロモニヤのことを誤ってこう記す］はかれに、誰の命令でわたしを打つのかと問いただした。この者は『君主がそう命じたのだ』と答えた。この後、かの女は気持ちが萎え、居合わせる者すべての前で、［わたしが修道女の］頭巾をかぶるのは、意に反し無理強いされたからです、神様どうか［わたしに］加えられたかくも大きな屈辱の報復をお願いします、と大声で叫んだ。」[94]

少なくともソロモニヤの剃髪は強制されたものとする噂が広がっていたと考えることができる。

ヴァシーリー 3 世はソロモニヤを離別した後、二か月ほどしてエレーナ・グリンスカヤを後添えに迎えた。かれが再婚を急いだ理由が後継者問題にあったことは疑いない。かれは当時すでに 40 代も後半に入っていた。このままではまだ健在の二人の兄弟（ユーリーとアンドレイ、それぞれヴァシーリーの 1 歳、11 歳年下であった）のいずれかに大公位が渡る可能性があった。

エレーナの出身家門グリンスキー家はモンゴルの「カン」ママイに遡るという名門で、リトアニア大公国の東部（モスクワからみて西部）国境地帯を勢力圏とする有力な貴族家門の一つであった。かの女の父はヴァシーリー・リヴォヴィチ、母は後述するアンナであったが、父はすでに他界していた。大公ヴァシーリーがエレーナを再婚相手と考えた理由に、当時ロシアが敵対していたリトアニアおよびカザンとの関係でこの家門との結びつきが役立つと考えたこともあろう。エレーナの伯父ミハイル・リヴォヴィチ・グリンスキーは西方でも知られたきわめて有能な人物で、当時はモスクワ大公に仕えていたが、再度リトアニアに走ろうとして、ヴァシーリー 3 世の怒りを招き投獄されていた（1514 年）。その釈放をハプスブルク皇帝マクシミリアン 1 世がモスクワに働きかけていたことも知られている。ヘルベルシュタインはミハイル・リヴォヴィチ公の件を詳細に記述しているが、かれの使命の中にはこの件でモスクワ側と協議することも含まれていた[95]。ミハイル・グリンスキー釈放につながるエレーナとの結婚は、当然のことながらハプスブルク家の好意を得ることになると考えられた。

もっとも、ヴァシーリーがエレーナを再婚相手に選んだのは、同時代（16

世紀20-30年代)のある年代記中に含まれる再婚に関する記述が伝えるように、エレーナの「見目麗しい容貌、おあつらえ向きの年齢、いとも可憐な姿」を前にして、かれがたんに「夢中になった」というだけのことであったのかもしれない[96]。

いずれにせよ以上のような経緯でヴァシーリー3世はエレーナ・グリンスカヤを後添いに迎えることとなったが、これは後継者問題の解決という意味では大成功であった。かの女はやがてイヴァン（後の雷帝）およびユーリーの二人の男子を、まもなくこの世に別れを告げることになる夫に贈ったのである（それぞれ1530年、1532年生まれ）。エレーナ自身も、幼子イヴァンが1533年に大公位について間もなく、突如他界してしまうが（1538年）[97]、それまでの五年間幼い大公の摂政として君臨したのである。

この項を終えるにあたって、少々遡ってソロモニヤについて若干補足をしておきたい。

まずヴァシーリー3世がソロモニヤと結婚したのは1505年であった。父イヴァン3世が世を去る直前のことである。この結婚については『集成』では、Sh, l.649 ob. (Kn.18, s.54) で記述されている。

そのテキストには、次のようにある。

「全ルーシの大公ヴァシーリー・イヴァーノヴィチの結婚。**7014 [1505]** 年、9月4日、木曜日、全ルーシの大公イヴァン［3世］ヴァシーリエヴィチはご自身の子、全ルーシの大公ヴァシーリー・イヴァーノヴィチを結婚させた。妻の名はソロモニヤといい、ユーリー・コスチャンチノヴィチ・サブーロフの娘である……」

絵 2-21 は二つの場面から構成されている。上部がウスペンスキー聖堂での府主教シモンの司式による結婚式の場面である。下半分が披露宴の場である。中央左側にイヴァン3世が、右側に新郎新婦がみえる。ヴァシーリーは当時26歳で、まだ顎鬚無しで描かれている。前のテーブル上の様々な容器などを見ても、盛大に祝われたことがうかがえる。ちなみにヘルベルシュタインによれば、ヴァシーリーは当初外国の王女との結婚を考えたようであるが、結局

第 2 章　ヴァシーリー 3 世治世（1505-1533 年）

は異国の慣習と宗教の下で育てられた女性を望まずに、側近の助言に従って、1500 人の貴族の娘らを集め、自ら選んだのがソロモニヤであったという[98]。

　そして 20 年の結婚生活の後、子宝に恵まれず剃髪を強いられたソロモニヤは、修道女ソフィヤとして、モスクワから僻遠の地カルゴーポリに流され、さらにその五年後にはスーズダリのポクロフスキー女子修道院に移された。そして 1542 年 12 月 18 日に亡くなったという[99]。ヘルベルシュタインは、先の記述に続いて、ヴァシーリーの再婚後突然、ソロモニヤが修道院内で男児を出産したとの噂が広がったことについてもふれている。一説には子の名はゲオルギーといい、栄光を回復した暁には母の恨みを晴らすことを誓ったという。大公は噂をまいた者らを処罰し、ただちに調査団を組織し調査を命じたともいう[100]。やや性格を異にするが、モスクワではイヴァン雷帝没後の動乱時代に雷帝の子ドミトリーの名をかたる僭称者が出現し、それが一つの伝統となっていくが[101]、そうした伝統の萌芽がここにすでにみられるのかもしれない。

第2部　史料としての『集成』──モスクワ大公国の歴史はどう描かれているか──

第3章
イヴァン4世（雷帝）治世（1533–1584年）

　イヴァン雷帝の治世に入ろう[102]。『集成』は基本的には最後の二手稿本（SとTs）でイヴァン雷帝治世を描いている（「ロシア史編」のいわゆる「新しい歴史」部分である）。この二巻には他の諸巻とは異なる点があるので、最初にこのことについて一言しておく。

　それは両巻では、既述のとおり、相当数の原紙葉に草書体で「追記」（pripiski）が書き込まれていることと関連している。とくに刊本では、原テクストが翻字されたうえで、その現代語訳とともに、テクストの脇に掲載されているので、結果的に「追記」が部分的に見えなくなっている。つまりファクシミリ版の刊行に際しては原紙葉の全体がそのまま複写再現されているわけではなく、「追記」が隠されたり、端の部分が枠外にはみ出たりしているのである（この点は口絵に掲げた例においても同様である）。もっともその場合でも、主な長文の「追記」は全文が刊本の当該巻の末尾にまとめて印刷されているので（これには現代語訳が付されている）、そちらを参照することで、全文を読むことができる。また「追記」が書かれた紙葉の多くは、その全体の写真版が刊本の最終巻（Kn.24, 補巻）の末尾に特別に掲載されているので、こちらでも確認できる[103]。「追記」は、『学術補助資料編』（Nauch.apparat）の第9（S関係）と第10（Ts関係）の両巻にも印刷されているが、こちらでは原テクストに括弧に入れて組み込む形をとっている（こちらではテクストは原文のみで、現代語訳はなく、細密画も掲載されていない）。

　なおTsで細密画の大部分が彩色されていないことについては、すでに記した。『集成』編纂の最終段階で着色する時間的余裕のないままに作業そのものが打ち切られたと考えられる。

第 3 章　イヴァン 4 世（雷帝）治世（1533-1584 年）

第 1 節　イヴァン 4 世の誕生（1530 年）

　さてイヴァン雷帝治世であるが、最初にかれの誕生（1530 年）を描く細密画をみてみよう。これは父ヴァシーリー 3 世の存命中のことであるので、Sh で扱われている。『集成』ではイヴァン誕生の記事に全 12 丁（刊本では 24 頁）があてられている（Sh, ll.884-896; Kn.19, s.23-46. なお l.887 の番号は欠け、l.886 ob. の次は l.888 となっている）。ここに付される細密画数は 17 である（テクストのみで絵のない頁が 7 ある）。誕生を伝える記述は通常の公の場合、1 ないし精々が 2 頁しかないことを考慮すると（祖父「偉大なる」イヴァン 3 世の場合ですら例外でない）、雷帝の場合は破格の扱いといってよい。ここには天地創造から始まる壮大な歴史の最終目標が雷帝治世にあるとする『集成』の根本理念が端的に表現されている。
　まずは Sh, l.888 (Kn.19, s.29) をみてみよう。
　テクストは次のごとく始められている。

　「**7038 年［1530］年**[104)]、**8 月 25 日**、聖なる使徒ヴァルフォロメイとティトの記念の日、夜の第 7 時、大公ヴァシーリー［3 世］・イヴァーノヴィチと大公妃エレーナ・グリンスカヤとの間に男子が誕生した。その子は、首を切断されたありがたき名をもつ尊きイヴァン［洗礼者ヨハネ、ロシア名イヴァン／イオアン］にちなんで名づけられた。モスクワの町では君主の慶事ゆえに、すなわち君主に世継ぎが誕生したがゆえに大いなる喜びがあった……」

　さて Sh, l.888 の絵であるが（絵 2-22）、下部中央に赤子イヴァン、その横に母エレーナ。生まれたばかりのイヴァンはいまだ帝冠をいただいていないが、頭髪はあり、衣服は母と同じく緑色で大公家にふさわしく高貴な装いである[105)]。一方、エレーナの頭上には黄色の五放射状ないし五鋸歯状の冠がみえる[106)]。かれらのすぐ斜め右上の、赤いマントと毛皮の肩衣を着用しているのが父ヴァシーリー 3 世であろう。かれの顎鬚は長く色も濃く、他から際立たされている。その頭上にみえるのは通常の公冠であろう[107)]。主要場面はクレムリの赤レンガの城壁と塔に囲まれている（それぞれ緑色の屋根で葺かれてい

る)。絵のさまざまな所に上層の人々(帽子をかぶっている)と女性たちが皇太子誕生の知らせを受け喜んでいる様子が描かれる。絵の上方には国内各地(山並みの向こう、つまりモスクワから遠方の諸地域)にも知らせがもたらされたときの状況が示される(口絵には掲載しないが、これに続く紙葉の絵とテクストでは、ロシアのみならず、他のすべての正教諸国にもこの慶事が知らされ、各地の正教徒がこれを寿いだ様子が示される)。このように一枚の絵に時と場所を異にする二ないし複数の場面が描かれるのは、これまでの例にもあって繰り返しになるが、『集成』に特徴的な描き方である(上記148頁などを参照)。

第2節　ツァーリとしての戴冠および結婚(1547年)

　次に、1547年のイヴァンのツァーリとしての戴冠である。ロシア史において「ツァーリ」(皇帝)の語がどのように用いられてきたかはすでにみたが、最初に自ら公式的にこの称号を名乗ったのがイヴァンであった。公式的というのは、かれがこれを公式の場で用いたからであるが、具体的には、ツァーリとして戴冠式を挙行し、その事実を内外に広く周知させ、諸国にたいしてもこれを承認するよう要求したことを言っている。

　15世紀後半以降のモスクワ国家の強大化がこの戴冠の背景にあった。すでに見たとおり、モスクワによる国内の統合が進み、大公権も「専制化」への道を歩み始めていた。ビザンツ帝国が滅亡して久しく、長らくロシアに君臨してきたオルダー(キプチャク・カン国)も分裂を重ね、イヴァン3世の時代にモスクワは「タタールのくびき」から脱却するにいたっていた。いわゆる「モスクワ第三ローマ」理念も、イヴァンが登場する前に、国家としてではなかったが正教会の側から提唱されており、モスクワの宗教的・政治的自覚はこれまでになく高まっていた。かくてイヴァンは、自ら正教徒の「ツァーリ」と名乗ることを決意したのである。もちろん若きツァーリがすべて自らの意志で行動したわけではない。以下にみるとおり、『集成』はそのように記述しまた描いているが、かれの背後に側近貴族を中心とする助言者、とりわけモスクワ府主教を頭とする正教会が控え、若きイヴァンを強力に補佐、指導していたことは断るまでもない[108]。

第 3 章　イヴァン 4 世（雷帝）治世（1533-1584 年）

　さて Ts, l.278 (Kn.20, s.293) は、若き大公のツァーリへの戴冠にむけた最初の動きを伝える。
　テクストは以下の通りである。

　「全ルーシの大公イヴァン・ヴァシーリエヴィチの尊父、府主教マカーリーとの協議について。大公は結婚を所望し、ツァーリにして大公の座につくべく祝福を求め協議した。同年［7055/1546 年］冬の 12 月 13 日、月曜、大公イヴァンは結婚を思いたち、それについて全ルーシの府主教マカーリーと協議した。」

そして同 Ts, l.281 ob. (Kn.20, s.300) には次のようにある。

　「全ルーシの大公イヴァン・ヴァシーリエヴィチのツァーリの座への戴冠について。同年［7055 年/1547 年］の冬 1 月 16 日、聖使徒ペテロの尊き鉄鎖の記念の日に、全ルーシの大公イヴァン・ヴァシーリエヴィチは丸太造りの食堂の間に出かけ、すべての貴族をご自身のもとに呼び招き、また軍司令官や諸公、すべての官吏に対して黄金の礼服に身を包んで食堂の間の前屋に参集するよう命じた。」

結婚とツァーリとしての戴冠が緊密に結びついていることが示されるが、ここからはさらにイヴァンの親政への決意も見て取ることができる。
　最初に行われたのは戴冠式のほうであった。その様子は、上記に続く紙葉 10 丁ほど（l.291 まで）を費やし詳しく描かれるが、以下にはそのうちから 2 点ほどを選んで示す。
　まず l.288-288 ob. (Kn.20, s.313-314) である。テクストには、

　「『アミン［アーメン］』の後、府主教は……［脇に控える］掌院に対しアナロイ［経案］から冠を取るように命じ、それ、すなわち帝冠を［自ら］受けとり、大公にたいし十字を切り、『父と子と精霊との名において』と言いながら、冠をその頭上においた」とある。

第2部 史料としての『集成』——モスクワ大公国の歴史はどう描かれているか——

　l.288の絵（絵2-23、未彩色）では、左側に府主教が右手で指示を出し、一人の掌院が「冠」（五放射状の帝冠である）を容れた容器を（アナロイから取って）両手にもつ様子が描かれる。テクストでは「冠（shapka）……すなわち帝冠（venets'）」と記されている。そしてこれに先立つl.286 (Kn.20, s.309)のテクストにおいては、この「冠」はビザンツ皇帝コンスタンティノス・モノマコスがルーシの大公（ウラジーミル・モノマフ）に贈ったものとも記されていた。すなわち、ここではすでに第1部第4章で詳しくみた「モノマフの冠」と「帝冠」が同一視されていることがわかる。それにもかかわらず、驚くべきことに、この絵では五放射状の帝冠のみが示されている。あたかも「モノマフの冠」も同じ形状をしているかのごとくである。これをどう解釈するか。既述のごとく、五放射状の帝冠は、実際のそれを表しているのではなく、「ツァーリ」たる者が着用する帝冠を象徴として描いたものである。ビザンツの皇帝も、タタール・モンゴルのそれも、そして今や新たに「ツァーリ」の仲間入りをしたモスクワの皇帝もみな同じ形の帝冠をもって描かれたのは、それが象徴であるからである。実際には「モノマフの冠」が使用されたが、「ツァーリ」として戴冠したイヴァンはツァーリを象徴する帝冠を着用する姿で描かれたと解釈すべきであろう。

　同じl.288の絵の右側には、十字架を手にする府主教とすでに五放射状の帝冠を頭上におく若きツァーリが（顎鬚はない）示される。これ以前の絵でも、既述のごとく、イヴァンは誕生後まもなく帝冠姿で現れていたが（第2部注105参照）、戴冠直前のいくつかの絵では、通常の公冠をもって描かれている（ただし尖頂のついた「モノマフの冠」風の公冠であり、その点で通常の公冠ともやや異なる。いずれにせよこれも戴冠式後の五放射状の「帝冠」とはまったく別物である。絵2-24、Ts.l.286; Kn.20, s.309をみられたい）。戴冠式前後のコントラストを明確にするための工夫と考えられるが、首尾一貫していない印象を受ける。同じ絵に同一人物が複数回（この場合府主教マカーリーが二度）描かれるのは、通常のことである。多層構造的構図は、既述のごとく、異なる時間と場所で生起する出来事をまとめて描くための工夫である。一枚の絵の中で時間的推移がたどられているのである。

200

第 3 章　イヴァン 4 世（雷帝）治世（1533-1584 年）

続いて l.289 ob. (Kn.20, s.316) をみてみよう（絵 2-25）。
テクストには次のようにある。

「長寿安泰の祈りの後、府主教は大いなるツァーリに祝福の声をかけ、『正教徒のツァーリにして全ルーシの専制君主イヴァンよ、神の憐れみにより喜びなさい。永年の健康を享受しなさい』と言った。その後府主教はツァーリにたいし身をかがめ深々とお辞儀した。」

これに続く l.290 (Kn.20, s.317) では、その他の高位聖職者も貴族らと並んでツァーリの前に深々と身をかがめて挨拶している。これらの絵から判断して、『集成』では教会の長ですらツァーリの前では家臣と同様の存在と認識されているとみることができよう。もちろんこれがモスクワにおける通常の在り方であった。

戴冠の後半月ほどしてイヴァンは結婚式をあげる。それは Ts, l.293-293 ob. (Kn.20, s.323-324) に描かれるので、これについても見ておこう。
テクストは以下の通りである。

「大いなるツァーリの結婚式。同年冬、全ルーシの敬神なるツァーリにして大公イヴァン・ヴァシーリエヴィチは結婚を決意し、花嫁としてご自身の侍従官ロマン・ユーリエヴィチ［・ザハーリン］の娘アナスタシーヤを選んだ。」
「そしてルーシのツァーリにして大いなる君主は 2 月 3 日、木曜日、フセイェドナヤの週に結婚した。結婚の戴冠の儀は全ルーシの府主教マカーリーの司式により、ツァーリが御座す都モスクワにおいて、永久の乙女なるいとも尊く清き女君にしてわが聖母マリヤのご就寝（ウスペーニエ）にささげられた首座聖堂教会で執り行われた。君主の結婚に際し、大いなる喜びがあった。」

アナスタシーヤについて、またこの結婚がどのような経緯で実現したかについては、本章を終える際に改めて検討することとして、まずは結婚を描く細密画をみておこう。

l.293 ob. の絵（未彩色）（絵 2-26）では、前面にツァーリと花嫁が大勢の廷臣に付き従われて立ち、それに十字架を手にする府主教が祝福を与える場面が、その左上にはウスペンスキー聖堂（五つの丸屋根をもつ堂々たる聖堂である）、さらにその背後、右上方部には婚姻の宴の様子が描かれている。ツァーリと新婦の頭上にはそれぞれ五放射状帝冠が描かれる。帽子が多く描かれ、参列者が多数であることが示されている。なおテクスト中のフセイェドナヤの週とは、肉・卵・ミルクなど非精進食物が許される週のことである。

第3節　モスクワ大火と暴動（1547年）

このようにしてロシアで初めてツァーリとなり、后をも迎えた若きイヴァンの、輝かしい親政が開始されたかのようにみえた。しかしそれもつかの間のことであった。早くも二か月後には暗雲が立ち込めてきたのである。

Ts, l.295 (Kn.20, s.327) のテクストは、1547年4月12日、火曜日の朝、モスクワの市場に火災が発生し、店舗群をなめ尽くしモスクワ川にいたる一帯を灰燼に帰せしめたことを伝える。しかし正真正銘の災難は6月にやってきた。

Ts, l.297 (Kn.20, s.331) は「大火について」と題され、以下のテクストが続く。

「同月［6月］21日、火曜日、聖使徒祭［使徒ペテロ/パウロの斎期］第三週の9時過ぎに、ネグリンナヤ川の向こうのオストロフ[109]の、アルバート街の聖ヴォズドヴィジェーニエ聖堂から火の手が上がった。折からの強風にあおられ、火は瞬く間に稲妻のごとくに広がり、大火となった。火は一時間のうちにザネグリンナヤ地区からネグリンナヤ川手前の空き地まで走った。チェルトーリエ地区はモスクワ川沿いのセムチンスコエ村まで、アルバート街の聖フェオードル教会まですべてが焼け落ちた。」

l.297 ob. と l.298 (Kn.20,s.332-333) は、火がクレムリ内にも及び、ツァーリの諸宮殿やブラゴヴェーシチェンスキー聖堂、そこに収められていたアンドレイ・ルブリョフのイコン「デイスス」をはじめとする数々の貴重な聖物、財宝が焼失したと記す。l.298 の細密画（未彩色）（絵 2-27）にはクレムリ全体が炎に包

第 3 章　イヴァン 4 世（雷帝）治世（1533-1584 年）

まれる様子が描かれている。炎はややプリミティブに、多くの斜線で示される。
　火事はクレムリだけを襲ったわけではない。『集成』はさらに数葉を費やして、火が市内各所をとらえた様子を伝える。編者の主たる注意は各地区の教会や修道院とそれらが誇るイコンや聖容器などの被害状況に向けられているが、l.303 ob. (Kn.20, s.344) は、被害が住民にも広く及んだことにも忘れずに言及する。次のように記される。

　「……一時間のうちに実に夥しい数の民衆が火事の犠牲となった。男も女も乳飲み子も 1700 人が倒れた。トヴェーリ通りで、ドミトロフカ地区で、大ポサードで、イリインスカヤ通りで、そしてサードで多くの人々が亡くなったのである。これはすべてわれらの罪のゆえに神が下したもうたのである。われらは多くの罪を犯したのだ。」

　このテクストの前におかれた絵は市内の各所で火炎に襲われる人々を描いている（絵 2-28）。
　大火の直後、モスクワに民衆暴動が起きる。Ts, ll.305-306 (Kn.20, s.347-349) にその様子が描かれる。
　ツァーリ権力、また国家と教会の立場を代弁する年代記編者が民衆の動向に大きな注意を払うことはあまりないと言ってよい。仮に折にふれ、たまたまそうした記述がなされたとしても、それはあくまでも支配層の側からの、権力また秩序維持という視点からである。こうした前提に立てば、ここで民衆暴動にわずか 1 丁半（3 頁分）とはいえ、注意が払われたのは、暴動がそれだけ国家当局にとって容易ならざるものであったことを物語っていよう[110]。しかしこの箇所は実はそのつつましい外見以上に大きな意味をもっている。暴動が重大な意味をもったというばかりではない。先にもふれたが、ここに監修者（それが誰であるかが大きな問題となっていた）による長文の「追記」が書き込まれているのである。追記は S、Ts 両巻の多くの箇所にみられるが、ここはそのひとつの代表的な例である。元々のテクストと「追記」とを比較考察する必要がでてくる。事態を複雑にしているのは、暴動に関する「追記」は後に清書され、その清書版の一部が（全部ではない）今日まで保存され、手稿本の後の方に組

第 2 部 史料としての『集成』──モスクワ大公国の歴史はどう描かれているか──

みこまれていることである（同じ Ts の l.683-683 ob. である。刊本では Kn.21, s.569-570）。「追記」が清書され、いわばこちらが元のテクストに代わって公式テクストとされたのにともない、当然予想されることであるが、細密画も改めて描きなおされた。それゆえこちらも併せて検討する必要がある。こうした意味においても、テクストと「追記」で二重に表現された（おまけに清書版まで作成され、こちらでは絵も描きなおされた）この暴動は、研究史上においても大きく注目されることとなったのである[111]。

さて l.305 であるが、テクストには次のようにある。

「ユーリー・グリンスキー公の殺害について。同月 [6月] 26 日、日曜日、大火後の 5 日目、モスクワの町の庶民 chernye liudi は火事でひどく打ちのめされ、愚かな狂人のごとくに立ち上がった。かれらは城 [クレムリ] へ押し寄せ、広場で、ツァーリにして大公の貴族ユーリー・ヴァシーリエヴィチ公を石で打ち、多くの小士族を殺害した。」

ファクシミリ版刊本（絵 2-29、Ts, l.305; Kn.20.s.347）ではよくわからないが、シュミットがその著書に載せた同じ絵の紙葉全体の写真（口絵参照。絵 2-29 の次の頁）から明らかになるように、この紙葉上の絵はテクストの上方左側に置かれ、紙葉全体の約四分の一ほどを占めるにすぎない[112]。紙葉の上部と下部に「追記」がびっしりと書き込まれている様子がこちらからはよくわかる。そしてこの小さな絵にいくつかの場面が同時に描きこまれている。

左下の部分では庶民が蜂起の相談をしている。かれらは、その手の動きからもうかがえるように、興奮した様子で何事かを話し合っている。古ルーシの細密画は通常顔の表情を丹念に描くことはない。人々の感情や気分は多くの場合、身振り手振りで表現される[113]。かれらの背後に斜めに走る壁ないし山並みのような遮蔽物が描かれている。モスクワ内のことであるから一種の城壁（土塁）と考えるべきかもしれない。もっともこれをキタイ・ゴロド（クレムリの東側に横たわる、当初「市場（トルグ）」、17 世紀後半からは「赤の広場」と呼ばれるようになる、商業地域を含む貴族、役人、高位聖職者らの居館が集中する地域）のそれとみることはできない。キタイ・ゴロドの城壁はすでに 1535 年から 1538 年

第 3 章　イヴァン 4 世（雷帝）治世（1533-1584 年）

にかけて石造化され、堂々たる城壁となっていたからである。一方さらにその外側を囲んだベールィ・ゴロドの壁でもありえない。こちらは 1585 年になってようやく築かれ始めたからである（このときに材木と杭で作られた土台に石壁が築かれた。白い漆喰で覆われたので、これに囲まれる区域は「白い町（ベールィゴロド）」と呼ばれた）[114]。おそらくこの壁で仕切られる地区は、どこか特定の地域を示すのではなく、蜂起の相談が町の中心から離れた場所で、秘密裡に行われたことを表現したものであろう。その向こうに見える、画面中央の城壁はクレムリであろう。クレムリ内の中央部に描かれるのはユーリー・グリンスキー公殺害の場面である。蜂起した「庶民」の一団がクレムリの聖堂広場に押し寄せている。その前面に立つのは鬚のない男たちで、ここはおそらく年齢的のみならず、「身分的」にも「若い」、すなわち下層階級の者たちであることが暗示されている。そのうちの二人の人物の振り上げられた手には石が握りしめられている。かれらが打たんとしているのはテクストでは「小士族」とされているが、なかでもひときわ長い顎鬚を蓄えているのがユーリー公であろう。かれは毛の縁取りの公帽を着用している。クレムリ内の左上隅には、何らかの建物の脇に立つ人々が描かれる。そのうち一人だけが明瞭に描かれるが、この長い顎鬚をもつ人物も貴族と考えられる。かれは聖堂広場の方を（暴徒が押し寄せ、これから殺戮が行われようとしているのを）恐怖の面持ちで見ている。右奥に見える建物はユーリー公殺害が行われたウスペンスキー聖堂であろうか。テクストには殺害場所がどこかは記されていないが、後に見る「追記」や雷帝のクールプスキー公宛書簡などに明記されているように[115]、殺害現場がウスペンスキー聖堂であったことは周知の事実であった。もっともこの聖堂の丸屋根は一つだけなので、別の聖堂が描かれた可能性もある。この場合はたんにクレムリ内のことを示したというだけのことかもしれない。

　暴動は多くの民衆が加わる大規模なものであった[116]。そのことを絵師は独特の仕方で表現しようとした。顔（相貌）とともに全身像が描かれる人物の数は決して多くはないが、かれらの背後に多くの頭（ないし帽子）を描くことで、蜂起する側も襲われる側も相当数に上ったことが示されるのである。

　登場人物の社会的身分差は、既述の通り、顎鬚や被り物、それと多くの場合、衣服によっても示される。鬚なしで描かれる人物は、通常およそ 30 歳以下の「若

205

第 2 部　史料としての『集成』——モスクワ大公国の歴史はどう描かれているか——

者」で、社会的にもそれは「若輩」とみなされる。したがってこれはあくまでも象徴的な描出法である。老人でも鬚なしで描かれることはあるのである[117]。l.305 の絵では、この点はとくに上方主要部の殺害場面によく表れている。殺害する側は鬚なしで、される側（貴族や士族）は鬚を蓄えて描かれる。とりわけユーリー公と思しき人物は鬚が他の者より長く、帽子も典型的な公帽（毛皮の縁をもつ球状の柔らかな帽子）である。これに対し、他の者の場合、ほとんどが通常のロシア帽（斜めの折り返しつき）である[118]。

次に l.305 ob.（裏側）をみてみよう。テクストは以下のとおりである。

「［人々は］愚かにも、お前らが放火したおかげでわれわれの家も財産も焼けてしまったと、狂人のごとく叫びつつ、ユーリー公の数えきれないほど多くの配下を殺害し、公の財産を略奪した。」

ここも絵（絵 2-30、Kn.20, s.348; 次頁の写真は Shmidt, *Stanovlenie*.s.51 より）は紙葉の上方右側半分を占めるだけで、表側（l.305）の絵と同じほどの大きさしかない。その理由はよくわからない。あたかも広い余白部分に後で「追記」を書く必要が出てくると予想していたかのごとくである。実際にはそのようなことは考えにくいが、それはともかく、この絵でもいくつかの場面が並列的に描かれている。

上方左隅には、おそらくはウスペンスキー聖堂（ここでは正しく五つの丸屋根が描かれる）と塔門をもつ城壁の向こうにクレムリが描かれている。主要部に示されるのは、テクストにあるとおり、二つの場面である。下部は暴徒による「ユーリー公の配下」の殺害現場である。ここでは、暴徒である庶民（鬚がない）が剣を振り上げ今まさに制裁を実行しようとし、その前（右下）では殺害されんとしている者たち（鬚のある者もない者もいる）が手を差しだして憐みを乞うている。もう一つの場面、中央部では公の財産の略奪が描かれる。ここでは公財産の入った箱の蓋が開けられ、その左側にはすでに奪った財産を入れた袋を背負って引き上げようとする暴徒らがみられる。箱の中には財宝がまだ相当に残されているが、これは元来ここに膨大な財宝があったことを示すためのひとつの工夫であったのであろう。

第 3 章　イヴァン 4 世（雷帝）治世（1533-1584 年）

　以上の二場面はおそらくクレムリの敷地内で行われた。左上隅に城壁に囲まれたクレムリが描かれており、殺害や略奪は一見してクレムリ外で行われたようにもみえるが、先にも記したように、殺害がウスペンスキー聖堂内で行われただけでなく、ツァーリの母方グリンスキー家の居館もこの時にはクレムリ内にあったと推測されるのである[119]。この場合、主要部にみえる山並みが気になるが、これは殺害と略奪の場面を区別するたんなる仕掛けと考えておきたい。それゆえ絵にはクレムリの遠方から見た外観とその内部が並んで描かれているとみることができる。よくみると、左上に城壁が斜めに二重に描かれているが、それはこのことを示しているのかもしれない。つまり、二重の城壁はともにクレムリのそれで、絵師は手前の長いほうの城壁により、そのこちら側をクレムリ内部として示そうとしたと考えられるのである。
　次に 1.306 である。テクストは以下のとおりである。

　「ツァーリなる大公はこれらの人々を捕らえ、処罰するよう命じた。かれらの多くは、愚かにも猛り狂うあまり自らが犯した罪［の大きさ］を知り、あちこちの町へ逃走した。」

　ここに付された絵（絵 2-31、Kn.20, s.349）はこれまでの二つよりはるかに大きく、紙葉全体の三分の二以上を占めている。内容的にも大いに興味をそそられる。ここもいくつかの場面からなるが、上方左側に描かれるのは若きツァーリ（当時かれは 17 歳、顎鬚なしで描かれる）と廷臣たちである。ツァーリの頭上には五放射状の帝冠がみえる。かれは廷臣たち（鬚のある者もない者もいる）に指を突き出す仕草をしている。暴徒を「捕らえ、処罰する」よう指示するところである。廷臣（特別の場合以外はツァーリの前では立った姿で描かれる）は、手を下から開いて差し出し、ツァーリの命令を受け取ろうとしている。この場面は城壁のような建造物の手前に設定されており、指示がクレムリ内で出されたかのようにもみえる。ただし暴動当時ツァーリは郊外のヴォロビヨヴォ村にいたと考えられる[120]。それゆえ絵師はこのへんをやや曖昧に描いている。
　絵の中央部は上記ツァーリの指示が実行に移される場面を描く。中央では一人の若者（鬚がない）が剣を振り上げて老人に斬りかかろうとしている。ここ

は解釈が難しい。暴徒が貴族を襲おうとしている場面とみることもできる。しかし暴徒が一人というのはやや理解しがたい。しかも上の部分では暴徒を処罰するようにとの指示がツァーリより出されていたので、ここはむしろ、指示を受けた役人が暴徒（後にみるように、その中には貴族もいたとされている）に懲罰を加えようとする場面と解釈する方がよい。この場合でもそれぞれ一人しか描かれていないのは不自然であるが、下部に描かれる場面との整合性から判断しても、こちらの解釈の方が合理的である。いずれにしても象徴的に描かれている。

興味深いのは絵の下半分の場面である。左側に描かれるのはモスクワから逃走する暴徒の一群であろう。かれらはそれぞれ何事か話し合いつつ先を急いでいる様子である。かれらの背後にみえるのは山々で、ここがモスクワから遠く離れた地であることを示している。下部の右側には暴徒が逃げ込もうとする地方都市とそこの市民が描かれている。市民は避難所を求める暴徒らを招く、ないし受け入れるかのような仕草をしている。都市の城門もかれらにたいし開かれている。城門前に立つ市民の一人は後ろを振り向いているので、暴徒の先導者の一人とみられないこともないが、おそらくは受け入れ先の市民なのであろう。ツァーリとその一族に反抗した人々を地方都市がすんなり受け入れるなどということが実際にあったのかどうか、きわめて興味深い点であるが、絵師は実際の状況を描いたのでなければ、少なくともそう解釈したと考えられる。かれは首都での暴動が地方でも共感をよんだと考えたと思われる[121]。

このように絵師はテクストの忠実な描写を原則としつつも、他方ではテクストの記述内容以上のことを、場合によっては独自の解釈をも交えながら描いている。編者の意向に忠実なテクスト記述者と、職業柄「庶民」に近いところにいたと考えられる絵師（かれらには手工業者としての一面もあった）とでは、意識と思想において若干異なるところがあったといえるかもしれない。

ところで、1.305 と 1.305 ob. には、既述のとおり、「追記」が書き込まれている。本文は行書体で丁寧に書かれているが、「追記」は空いた部分に草書体で相当びっしりと走り書きされている。「追記」はここでは本文に比し、だいぶ長文である。「監修者」（ないしその命を受けた者）が本来のテクスト内容に納得が行かず、自分の思うところを長々と吐露したといった趣である。「追記」は 1.305

第 3 章 イヴァン 4 世(雷帝)治世 (1533-1584 年)

の空欄だけでは足りず、その裏 (1.305 ob.) にも引き続き書きこまれている。以下に「追記」部分を訳出しておこう [122]。

　「火事の後の 2 日目、ツァーリなる大公がノーヴォエ［村］に府主教マカーリーを訪ねた。ツァーリには貴族たちが付き従っていた。かれらは悪魔にそそのかされて、『［やつらは］魔法を用いて人々の心臓を取り出し、水に浸し、その水をまき散らした。そこからモスクワ全体が焼け落ちた』と話し始めた。これらのことを口にしたのはツァーリなる大公の懺悔聴聞師、ブラゴヴェーシチェンスカヤ［教会］長司祭フョードルと貴族フョードル・スコピン‐シューイスキー公、そしてイヴァン・ペトロフ・フョードロフであった。そこでツァーリなる大公は貴族らにこれを捜査するよう命令した。貴族らは聖母の就寝(ウスペーニエ)にささげられた首座聖堂教会にやってきて、聖堂前広場に庶民を集め、誰がモスクワに火を放ったのか、と問いただした。かれらは、公妃アンナ・グリンスカヤが己の子ら、家の子郎党を使って魔法をかけたのだと答え始めた。すなわち、この者らが人間の心臓を取り出して水につけ、この水をもってモスクワの各所を回り、まき散らしたので、そこからモスクワが燃え落ちたのだ、と。庶民はさらに続けて話した。グリンスキー家の者らは君主の側近くにあって覚えめでたく、かれらの家の子郎党は庶民に対し抑圧と強奪を加えている、と。そしてかれらはこれだけでは収まらなかった。ところでミハイル・グリンスキー公は当時母［アンナ］とともにルジェフにいて君主の恩寵を受けていた。だがこのときユーリー・グリンスキー公はこちらへ来ていた。かれは母と自分たちについてこのような不穏なことが話されているのを聞いて、聖母教会［ウスペンスキー聖堂］に来た［逃げ込んだ］。貴族らはグリンスキー家に対する敵意から庶民をかれにけしかけた。この者らはユーリー公を教会で捕らえ、かれを教会内で殺害し、<u>前扉から［聖堂］広場へ、［クレムリ］城外へ引きずり出し、処刑のための杭の前に置いた。謀りごとに加わったのは</u>」(ここまで 1.305、この後「追記」は 1.305 ob. の上部空白欄に続く。引用文中の下線は本書著者による。それは後に別の紙葉に清書された部分を示す。次に続く文の下線も同様である。)

　「……ブラゴヴェーシチェンスカヤ［教会］の長司祭フョードル・バルミン、

209

第2部　史料としての『集成』——モスクワ大公国の歴史はどう描かれているか——

フョードル・シューイスキー公、ユーリー・チョムキン公、イヴァン・ペトロフ・フョードロフ、グリゴーリー・ユーリエヴィチ・ザハーリン、フョードル・ナゴイその他大勢である。」

さらに同 l.305 ob. の下部空白欄にも、同じ筆跡の草書体で以下のごとき「追記」テクストが続く。

「……また汝［ユーリー公］の母、アンナ公妃がカササギに乗って飛び回り、火をつけた。そして人々の多くがセーヴェル地方から来た名も知れぬ小士族らを、グリンスキー家の者だといって殺害した。この殺戮の後3日目に、多くの庶民が大挙してヴォロビヨヴォ村の君主の下へやってきて、愚かにも、あたかも君主がアンナ公妃とミハイル公をかくまっているかのごとくに主張し、かれらを引き渡すよう［要求した］。」

以上のように、l.305 と 305 ob. のテクスト本文とそこに書き込まれた「追記」とでは、1547年モスクワ大火とその後の暴動の原因や経緯について、まったく異なるとらえ方がなされている。

最初のテクスト本文は簡潔であった。大火の後、庶民は火災の原因をグリンスキー家にあるとみて、たまたま捕らえたユーリー・グリンスキー公を怒りにまかせて殺害したとする。これに対し「追記」は、反グリンスキー派貴族らが火災原因をアンナ・グリンスカヤの「魔法」に帰し、庶民を扇動して暴動を惹き起こし、その結果ユーリー・グリンスキー公が殺害されるに至った、ととらえている。「追記」では、暴徒はヴォロビヨヴォ村の居館にいたツァーリ自身の身の安全までも脅かしたとされている。そこでは反グリンスキー派貴族の構成までもが明らかにされる。最初に3人、その後新たに3人が付け加えられ、合計6人の氏名が明記されている。

興味深いのは「追記」のとらえ方が、イヴァン雷帝がクールプスキー公にあてた「第一書簡」のそれを想起させることである。この点は研究史上もよく知られているが[123]、たとえば、雷帝「第一書簡」では、

第 3 章　イヴァン 4 世（雷帝）治世（1533-1584 年）

　「裏切者貴族らは……無分別な民衆を唆し、次のように言った。すなわち、わが母方の祖母アンナ・グリンスカヤ公妃がその子や側近の者とともに人間の心臓を取り出し、妖術を使ってモスクワを焼き払った……」と、「追記」とほぼ同趣旨の主張がなされている[124]。

　1547 年の民衆暴動が、1530 年代の雷帝幼少期の貴族諸党派間の争いや内政の混乱をうけ、そこから生じたものと考えられている点でも、「書簡」と「追記」は似ている。「書簡」と「追記」のどちらが先に書かれ、他方に影響を与えたのか、さらにこれと関連して「追記」が雷帝その人の手になるものかどうかなどについては、議論がある。「追記」の書き手を雷帝と簡単に言ってよいかどうかについては、すでに見た通り、慎重にならざるを得ないが、それがかれないしかれに近い人物など、いわば当局の意を体する者であったことは明らかである。
　さて以上の「追記」は後に清書され、細密画も新たに描きなおされた。Ts, l.683 と l.683 ob. がそれであるが、こちらもみておく必要があろう。
　l.683（Kn.21, s.569）のテクストは、

　「［かれらは遺体を］前扉から［聖堂］広場へ、［クレムリ］城外へ引きずり出し、処刑のための杭の前に置いた」と簡潔である。

これは l.305 の「追記」最末尾の一文（上記 209 頁の引用文中の下線部分）を行書体で清書したものである。
　l.683 ob.（Kn.21, s.570）の方には次のように記されている。

　「謀りごとに加わったのは、ブラゴヴェーシチェンスカヤ［教会］の長司祭フョードル・バルミン、フョードル・シューイスキー公、ユーリー・チョムキン公、イヴァン・ペトロフ・フョードロフ、グリゴーリー・ユーリエヴィチ・ザハーリン、フョードル・ナゴイその他大勢である。」

こちらも l.305 から l.305 ob. にかけての「追記」テクストの一部分（上記下線部）の行書体による清書である。

211

第2部　史料としての『集成』——モスクワ大公国の歴史はどう描かれているか——

　以上のように、l.683-683 ob. のテクストは断片的で、「追記」全体の一部分でしかない。おそらく l.305-305 ob. における長文の「追記」は、本来は全体が清書されたと推測することができる。もしそうであるならば、l.683-683 ob. の前後には清書された他の部分（紙葉）も存在していたが、何らかの事情でそれらは失われ、l.683 と 683 ob. だけが今日に伝わった、ということになる[125]。

　それでは l.683 と 683 ob. の細密画はどうなっているであろうか。絵 2-32、2-33（Kn.21.s.569, 570）を見てみよう。細密画がテクストの忠実な描写を旨とする以上、清書版の二つの絵が元のそれと大きく異なることは当然予想できる。重要なのは、それが具体的にどのように変えられたかである。実はそこにはたんなるテクストの違いによる以上の大きな変化の生じていることが指摘されている。指摘したのは S.O. シュミットである。以下かれに導かれながら、立ち入って検討してみよう。

　清書版と旧版の細密画を比べてみると、両者がまったく異なっていることは一目瞭然である。シュミットは、新旧の細密画は同じ派の絵師によるものと推測しているが、必ずしもそのようには見えないほどである。明らかなのは、描かれる場面自体が変わっていることを別にしても、新の方が旧に比しはるかに複雑な構図をしており、細部にいたるまで詳細に描かれ、筆（ペン）のタッチも洗練され、全体として生き生きとした印象を与えていることである。まずはこの点を確認しておこう。

　l.683 の絵（絵 2-32）は、ユーリー公（の遺体）を聖堂から外へ、最終的にクレムリ外の処刑場（今日の赤の広場の、いわゆるローブノエ・メストであろう）に引きずり出す場面を大きく三場面に分けて描く。絵の中央部に三つの塔門をもつ城壁がみえるが、これはクレムリの城壁であろう（クレムリの城壁が今日みられるような上部構造をもつにいたったのは 17 世紀のことである。絵には上部構造が描かれていないが、その意味で絵師は正しく 16 世紀中ごろのクレムリの城壁を描出している）。それより上の部分がクレムリの内部で、最上部右端に若きツァーリと、その左右（前後）に貴族らが描かれる。ツァーリには鬚がなく、頭上には五放射状の帝冠、権力の象徴である錫杖もみえる。かれは毛皮襟のついた礼服をまとっている。周囲の貴族らはみな長い顎鬚を蓄えている。おそらくここはツァーリが火災の件で「捜査」するよう指示を出した

と「追記」テクストにある場面に相当している。ツァーリが「捜査」指示を出したのは府主教のいた「ノーヴォエ」村（そこのノヴィンスキー修道院であろう）であると記されていたが、絵ではそれがクレムリ内に設定されているように見える。あくまでも一所にまとめて描くための虚構であろう。

　中央の主要部に描かれるのは、横たわる「老人」らしき人物を暴徒が引きずり出そうとしている場面である。この人物はユーリー公である。かれは無帽で、衣服も暴徒によりはぎとられようとしている。無帽なのは直前まで教会（ウスペンスキー聖堂、背後に五つの丸屋根とともに描かれる。その「前扉」は開け放たれている）内にいたからか、あるいははぎ取られたかであろう。本来であればかれのような身分の者が被り物なしで描かれることはない。かれの場合は公冠でなくとも少なとも何らかの被り物を頭上においているはずである。絵から判断する限りどうやら公はまだ生きており、これから惨劇が行われるところのようにみえる。

　絵の下半分はクレムリの外である。絵の最下部にも三つの塔門をもつ城壁がみえるが、こちらはキタイ・ゴロドの城壁であろう。絵からははっきりしないが、後者の城壁と門はクレムリのそれに比しより低く想定されている。銃眼が数多く描かれているのもこちらの城壁に特徴的な点である。ここではユーリー公の遺体が横たえられ、大勢の暴徒により辱めを受けている。遺体には手と足の部分に縄が括り付けられ、引きずり出されたことがわかる。遺体の脇には大きな丸太（「杭」）が置かれている。クレムリの内部でもここでも、暴徒の数はきわめて多く、そのうち双方の場面でそれぞれ少なくとも十名を超える者の容貌がはっきりと描かれている。下部の処刑場のシーンに描かれる暴徒の中央に一人無帽の人物がいるが、これは鬚も長く、衣服も明らかに他の者とは異なり、貴族に特有のものである。おそらくこれは反グリンスキー派指導者の貴族のひとりと目される。かれは遺体に括り付けられた縄に自らも手をかけている。殺害に直接加担しているのである。ただかれが無帽でいる理由は不明である。混乱のさなかに落ちたと考えられるが、絵師がその名誉の失墜をはかり故意にそう描いたのかもしれない。

　次は1.683 ob. である（絵2-33）。この絵はテクストに、「謀りごとに加わったのは、ブラゴヴェーシチェンスカヤ教会の長司祭フョードル・バルミン

……」とある部分に対応している。

　もっとも実際に絵を見てみると、それはテクストが語る以上に複雑で内容豊かなものとなっている。絵には「謀りごと」をする人物だけでなく、ツァーリも側近貴族らも、ユーリー公の遺体もその傍らの民衆や貴族も描かれる。これは 1.683 の絵の続編であり、増補版でもある。

　具体的にみてみよう。絵の上方右側にはツァーリと貴族らが描かれている。場所はノーヴォエ村であろうが、クレムリらしき背景が描かれている。ツァーリが貴族らに火災の原因「捜査」を指示した場面を描いたものであろう。絵の中央部分はクレムリ内が想定されている。中央のやや下に塔と城門をもつクレムリの城壁が走っていることが、その何よりの証拠である。この部分の左側に描かれる一団は「謀りごと」をする陰謀貴族らであろう。興味深いのは、ここで顔かたちまで描かれている人物が六人いることである。「追記」テクストに陰謀をたくらんだ者として六人の名が明記されていたことと符合する。もっともここからそれ以上のことを読みとろうとすべきではあるまい。個々の人物の特定ができるわけでもない。ただかれらが何事かを相談しあっている様子がその身振り手振りからうかがえる。

　絵の下半分にはクレムリとキタイ・ゴロドの城壁（絵の最下部に示される）に囲まれた「市場」（トルク）、後の「赤の広場」が描かれる。ここには殺害されたユーリー公の遺体が横たわっている。すでに手足に括り付けられていた縄は外されている。横に置かれる丸太（「杭」）は、1.683 のそれよりも長く、おそらくより実物に近くなっている（同じ丸太が二枚の絵で異なる長さで描かれているのは、この部分が異なる絵師により描かれたことを暗示している。いずれにせよ清書版のほうが旧版に比しよりリアルになっている）。遺骸の上方には二グループの人々が描かれ、左側の集団の先頭の貴族らしい人物は手を差し出し指で何事かを指図する仕草をしている。右側にいる民衆の（無帽である）一人は両手を広げて何か当惑の表情をしている。陰謀貴族が何か無体な要求をし、庶民が困惑しているといった風情である。（なお 1.683 ob. の下部空白欄にも何か書き込みがなされているが、これは後代の研究者によるメモと考えられるので、ここで考慮する必要はなかろう。）

　清書版細密画が描き出す内容はおおよそ以上のごとくである。すでに記した

第3章　イヴァン4世（雷帝）治世（1533-1584年）

が、この新版細密画の主たる目的は、「追記」テクストに忠実に、大火と暴動が貴族陰謀の結果であることを可視的に示すことにあった。目的は十二分に達成されたようにみえる。殺害と遺体凌辱の場面に数多くの貴族が描かれただけでなく、かれらこそがこれを指導、自ら率先して実行する様子が（貴族の一人はユーリー公に括り付けられた縄に自らが手をかけさえしていた）はっきりと示されたからである。反ツァーリ的陰謀貴族こそが国家と社会に対するもっとも危険な分子であることが明瞭に描きだされたのである。

しかしながら清書版細密画から実際に受ける印象は以上にとどまらない。描きなおされた二つの絵にはもう一つの側面がくっきりと浮かんでいる。それは暴動の大規模性ないし庶民性である。そこには、膨大な数の暴徒が描かれており（こちらは波打つような無数の頭ないし帽子で示される）、むしろこちらの印象の方が圧倒的である。1547年モスクワ暴動が実際相当の規模のものであったことは、研究史上も確認されている。それは地方都市にも波及した（第2部注110, 116, 121を参照）。ただ正確を期していえば、暴動の大規模性、庶民性はすでに旧版でも強調されていた。というより最初の版（l.305, 305 ob.）のテクストでは暴動はもっぱら庶民が惹き起こしたものと記述され、絵もそのように描かれていた。暴徒の数もけっして少なくはなかった。一方「追記」に基づく清書版細密画においては、暴徒の数が著しく増し加えられ暴動の大規模性が一層強調されたことはいま見たとおりである。したがって見方によっては、新旧両版の違いはたんなる量的な差でしかないともいえる。しかし清書版においては、一方で編者（とツァーリおよび当局）の意向に従い貴族、正確に言えば反グリンスキー派貴族の主導性が強調されながら、他方で暴動の大規模性、つまりは庶民性、大衆性がこれに劣らず強調されたのである。暴動の大規模性の強調は一面では編者が望んだ方向性でもあった。貴族陰謀の結果恐ろしい事態になったことを裏付けるものでもあったからである。しかしこれを過度に強調することは、暴動がもつ国家と支配層全体、つまりはツァーリ権力にとっての危険性の認識、ひいては専制の弱体性の承認にもつながりかねないことであった。こうした意味で、清書版にはある意味矛盾する二つの方向性が混在することとなった。この矛盾性に注目するとき、ここには編者の方針と並んで、絵師の独自性といったものも表現されているとみることができる。

215

第2部　史料としての『集成』——モスクワ大公国の歴史はどう描かれているか——

　換言するならば、清書版では『集成』編者ないし監修者の求めに応じて、貴族の陰謀性が強調された。暴動はあくまでもかれらが教唆し扇動したものと主張されたのである。しかしどうやら絵師はこれには完全には同意できなかったようにみえる。かれは暴動が貴族主体とされればされるほど、「庶民」は逆に受動的な存在、操り人形に過ぎなくなると感じたと考えられる。絵師はもともと暴動が「庶民」中心に、そのイニシアティブで行われたと考えていた。旧版の絵はそのように描かれていた。旧版にも数多くの暴徒（庶民）が描かれていただけでなく、とりわけ印象的なことに、モスクワから弾圧を逃れた暴徒が地方都市により迎え入れられる場面までもが見られたのである。暴動はあくまでも民衆が起こし、かれらは国内において広く賛同を得ており、したがってかれらこそがその主役であると主張されていたのである。「追記」テクストに忠実に新版細密画を作成するよう指示された絵師は、意識してかどうかはともかくとして、ここで少々それに背いて独自性を発揮したようにみえる。かれは貴族の陰謀性を表現するとともに、暴徒が異常に多い数に上ったことを、頭数（帽子）をいっそう増やすことによって示しつつ、旧版以上に強調して見せた。かれはツァーリと当局の指示に従う一方、それとは対立しかねない側面をも描き出した。先に『集成』におけるテクスト編纂と細密画の作成との間に、また編者（「監修者」も含む）と絵師との間に微妙なずれのあったことにふれたが（上記94-96頁参照）、その重要性にもう一度目を向けておきたい。いわば編者（とテクスト記述者）はツァーリ権力の代弁者で、自ら上層身分に所属していたが（あるいは聖職者として、正教会の立場を代弁した可能性もある）、職人でもある絵師のほうは所属する社会階層においてより底辺に近く、自らの属性に基づいて、知らず知らずのうちに庶民の動向にも強い関心を向けたと考えられる。その意味で、細密画は見る者に思いもかけぬ側面を開示してくれるといってよい。その一つの例がここにあるのである。

第4節　ツァーリの発病と貴族「騒乱」（1553年）

　この後、『集成』の注意は、ロシア国家の将来にとって決定的な意味をもつこととなるカザン・カン国征服という大事業にむけられるが、本書ではそれは

第 3 章　イヴァン 4 世（雷帝）治世（1533-1584 年）

対象としない。それに費やされる紙葉数が膨大で、特別に考察されるべき課題と考えるからである[126]。

　本書が次に取り上げたいのは 1553 年のいわゆる貴族による「騒乱」事件である。

　研究史上、イヴァン雷帝はその治世を通じ一貫して「貴族」層と対決し、その勢力を削ぐことによって国家の中央集権化、ツァーリ権力の専制化をはかったと考えられてきた。このような見方は一面の真実をついている。イヴァン自身が「貴族」を目の敵にしてきたことは、すでに見たところからも、またかれのクールプスキー公あての「書簡」[127]などによってもある程度裏づけられるからである。しかしながら「貴族」層が、その構成上また活動形態からみてけっして一枚岩ではなく、むしろツァーリ権力と個別的に結びつきつつ全体として社会に君臨する存在であったことは否定できない事実である。現実には専制権力は貴族層によって支えられ、それに依拠していたとみるべきなのである。ツァーリがこれを丸ごと抹殺しようとしたなどとは考えられない。少なくともツァーリの「意図」ないし主観的意識と、その実際の政策（そしてその結果）とを区別して考察する必要がある。雷帝治世の評価は、かれの主観的意識に過度に惑わされることなく、事実に即してより慎重に行われなければならない。モスクワ国家における「貴族」層をどうみるか、それは常に国家とツァーリ権力に敵対する存在であったのか、そもそもそれは一つのまとまりを構成していたのかなど、貴族をめぐる問題は研究史上活発に議論されてきたが、ここでこの問題を全体として俎上に載せるわけにはいかない[128]。ここでは『集成』が描く 1553 年「騒乱」事件に対象を限定することで、ツァーリとその周辺が「貴族」をどう認識していたか、「貴族」がどのようにして反ツァーリ的存在と決めつけられるにいたったのか、その一端を具体的に見てみたいと思う。

　さてイヴァン雷帝は、1552 年 10 月カザン征服の直後、側近の反対を押し切って、征討軍の主力とともに同地を離れ、帝都モスクワへと帰還を急いだ[129]。かれが急いだ理由のひとつに皇妃アナスタシーヤに出産が迫っていたことがあった。アナスタシーヤはそれまでも二度出産していたが、生まれたのはいずれも女子で、それも 1 歳になる前に亡くなっていた。今度は男子であるかもし

れなかった。ツァーリが帰路ウラジーミルに到着したところで、皇子ドミトリー誕生を伝える吉報がモスクワからもたらされる。かれの帰還は真に凱旋であった。モスクワは戦勝と帝位継承者誕生の二重の慶びに沸いた。ツァーリはその年のうちに皇妃と幼子を伴って聖三位一体セルギー修道院に参詣、皇子に洗礼を施し、かれの治世にさらに明るい未来が開けたように思われた[130]。だが年も明けてようやく春も訪れようとしたころ、雷帝は突然「重い病」にかかり、その際「騒乱」が起きたとされる。

　まずこれについて伝える「史料」をみてみよう。断片的なものを含め諸年代記を中心に数多くあるが[131]、主要なものは次にかかげる三点といってよい。以下ではこれら基本史料に焦点を合わせながら、「事件」について考えてみることとする。

　1)『集成』Ts本、1553年の項の「追記」。2)『集成』S本、1554年の項のテクストと「追記」。3)「イヴァン雷帝のクールプスキー公への第一書簡」。

　最初に『集成』Tsをみてみよう。
　もっともTsといっても、ここで検討の対象となるのはその該当年の項に後に書きつけられた「追記」だけである。というのも、問題となる「追記」が記される紙葉上の元々（本来）のテクストは（Ts, ll.650 ob.-653; Kn.21, s.504-509)、ツァーリの発病とその後の混乱についてはまったくふれていないからである。これについては、草書体で書かれた「追記」においてはじめて言及されるのである[132]。そしてこの「追記」はその後行書体で清書され、これが同じTsのll.664-682 ob. に収められた（Kn.21, s.531-568. ただしTs, ll.680-681 ob.; Kn.21, s.563-566は、順番を誤ってここに入れられた紙葉であるので、こちらは考慮しない)。清書された「追記」の紙葉では、当然のことながら、細密画も新たに描きなおされている（未彩色)。したがってこちらも検討する必要がでてくる。
　順を追ってみていこう。
　まず、問題の紙葉（刊本で6頁分ある）に本来何が記されていたかといえば、最初のTs, l.650 ob. はもともと、直前の紙葉から始まる記述の続きである。すなわちこの箇所で（ll.649 ob.-650 ob.)、ツァーリ・イヴァンはカザンから帰還して10日後の11月8日に、クレムリ内グラノヴィータヤ（多稜宮）宮殿でカ

第 3 章　イヴァン 4 世（雷帝）治世（1533-1584 年）

ザン戦勝利の祝宴を催したこと、宴には府主教マカーリー以下高位聖職者や、ツァーリの弟ユーリー・ヴァシーリエヴィチ公、従兄弟ウラジーミル・アンドレーエヴィチ（スターリツキー）公、その他カザン戦役に従軍した軍司令官ら多数が列席していたこと、ツァーリは府主教や、当時モスクワに在住していた関係者らに、それぞれの功績をたたえ、国庫を開いて、金銀貨幣はもとより、高価な衣服や容器、甲冑や馬、さらには領地（世襲地や封地）、扶持その他、4 万 8 千ルーブリにも上る恩賞を与えたこと、などが記されている。これに続く、l.651 では、同 11 月のチェルカスの使節の到来が、ll.651 ob.-652 では、1553-1554 年にプスコフと大ノヴゴロドで伝染病が流行したことが（罪を犯した「われら」に対する神による救済のための配慮、すなわち神罰と捉えられている）、さらに ll.652, 652 ob., 653 では、大ノヴゴロドに関係する教会案件が記述されているのである。

つまり当該紙葉の本来のテクストは、1553 年春の雷帝の発病とその後の混乱とはまったく無関係のことを記述していた。ところが「監修者」はこの箇所に唐突に、以下にみるごとき「追記」を書き付けたのである。いったい「監修者」はなにゆえここに「追記」が必要と考えたのであろうか。「追記」の内容を見る前に、この点について考えておこう。理由は容易に推測することができるからである。

テクストを目にした「監修者」がとくに問題と考えたのは、おそらく、ツァーリがウラジーミル・スターリツキー公にたいしカザン戦役における功績を認めて恩賞を与えた、と記された部分であった。「ウラジーミル・アンドレーエヴィチ公にたいし、君主はシューバ［毛皮コート］とフリャージ［イタリア］の大酒杯、黄金の長手付き容器を下賜された」とする箇所である。監修者はこの部分を読み、激しく反発したと考えられる。

スターリツキー公はツァーリの従弟で（父ヴァシーリー 3 世の弟アンドレイ公の子）、後に（1569 年）ツァーリの命令で家族もろとも生命を奪われた人物である。帝位をうかがう危険な敵とみなされてのことであった。しかし当該テクストが記述するカザン戦勝利後の祝宴が行われたころには、帝位継承問題はまだ雷帝にとって決定的な問題とはなっていなかった。だがその後次第にこの人物こそがかれにとって最大の脅威と目されるに至り、結局は同公の抹殺とい

第2部　史料としての『集成』——モスクワ大公国の歴史はどう描かれているか——

う結果となったのである[133]。そのころにはすでに出家させられていたかれの母エウフロシーニヤもほぼ時を同じくして命を奪われた。『集成』編纂時（繰り返すが1570年代以降である）には、スターリツキー公とその母はすでにこの世の人ではなかった。それにもかかわらず、テクストではスターリツキー公の死後の名誉回復が企図されている。それはまったく認めがたい。編纂の最終段階でテクストに接した監修者はおそらくこのように感じたであろう。むしろスターリツキーが恐るべき敵であったことこそが明らかにされなければならない、監修者はそうも考えたに違いない。かれは大急ぎでこの部分を大幅に書き改める作業に着手したのである。

それゆえこの「追記」がスターリツキー公の死後、少なくともかれへの否定的評価が定まった後の執筆であることは、当然のことながら推測できる。本書第1部ですでに検討したところであるが、この点は『集成』の編纂時期を考えるうえでも、重要な判断材料となるものであろう。

さて「追記」の内容を見る前に、「追記」が実際にどのように書き込まれているか、その様子を二つの例からみておきたい。絵2-34と絵2-35がそれであるが（Ts,650 ob.;Kn.21,s.504、Ts,l.651;Kn.21,s.505）、前者には細密画はなく、元のテクストとその横と下に書き込まれた「追記」だけの紙葉である。後者は細密画（ここにはチェルカス使節の到来の場面が描かれている）とテクスト、そのほかにその横と下に「追記」が細かい字でびっしりと走り書きされている。いずれの場合も、刊本では翻字されたテクスト原文とその現代語訳を掲載する必要上、上下両横の端の部分が隠される結果になっており、「追記」の相当部分が見えなくなっている。口絵に載せた同じ2枚（絵2-34(a)、絵2-35(a)）においても同様で、「追記」は端の部分が欠けてしまっている。そこでこれらの原紙葉全体を写した写真も合わせて掲げておいた。絵2-34(b)と絵2-35(b)がそれである。こちらでは「追記」の全体をみることができる[134]。

おおよその様子がつかめたところで、「追記」の内容をみることにしよう。

最初の紙葉（Ts,l.650 ob.）の「追記」は以下のごとく始められている（なお段落は、本書著者の判断で適宜設けたものである）。

「[1552年]12月、君主は自身の皇妃、大公妃アナスタシーヤを伴い、わが子、

第 3 章　イヴァン 4 世（雷帝）治世（1533-1584 年）

皇子ドミトリー公に洗礼を授けるために……セルギー［・ラドニェシュキー］の生命の源であるトロイツァ修道院へでかけた。かれに、弟ユーリー・ヴァシーリエヴィチ公、その他多くの貴族が随行した。そしてモスクワへその月のうちに帰還した……」

以下カザンでの勝利、その地に正教キリスト教の礎が築かれたこと、「カザンの悪臭漂う家々」は破壊されたこと、これらはすべて神の栄光のために成就したことなどが記され、さらに次のように続く。最初の部分には繰り返しがみられる。

「キリスト教徒の罪ゆえに、かくなることも神の思し召しで起こるのである。敬神なるツァーリがカザンから、神に守られたご自身のロシア皇国 Rosiiskoe tsarstvo へ、モスクワへ帰還してまもなく、君主は皇妃と生まれたばかりのご自身の幼子、皇子（ツァレーヴィチ）ドミトリー公を伴い、奇跡行使者セルギーの生命の源であるトロイツァ修道院へと出かけ、生後間もない幼子に聖なる洗礼をさずけ、正しい信仰に導こうとした……」

この後、ツァーリのカザンにおける戦後処理に関する命令とカザン地方のその後について記述される。すなわち、ツァーリは貴族らにたいし、占領地カザンを「余の不在中」かれらの手で措置するよう命じたが、かれらは私利私欲のためにこれを怠ったこと、そのため「草原地方とアールスク地方が離脱し」、キリスト教徒に多くの不幸がもたらされたこと、いわゆる「カザン戦争」（ヴォルガ中流域地方のモスクワに対する反乱）の勃発したことが記されるのである。
Ts, l.650 ob. の「追記」の最後の部分は「カザンのツァーリ・セミオンの洗礼の後……」とあり（セミオン／シメオンはカザン最後のカンで、もともとエディゲル-マグメト／ヤディガル-メフメトといった。カザン包囲戦の最中に捕えられ、モスクワへ連行された。改宗後の洗礼名がシメオンである）、これに Ts, l.651 の「追記」が続いている。ここで初めてツァーリの「発病」について言及される。
l.653 まで続く「追記」は刊本第 21 巻巻末にまとめて活字化されている。長

221

文であるが、本節の基本史料であるので、以下に全文を訳出しておく。まず1.651の「追記」である。

「大斎期第3週の水曜日、3月1日、ツァーリにして全ルーシの大公イヴァン・ヴァシーリエヴィチは病の床につかれた。その病はきわめて重く、［かれは周囲の］人々をほとんど見分けることもできなかった。多くの者にはかれの死期が近いと思われた。そのときツァーリなる大公の書記官イヴァン・ミハイロフ［ヴィスコヴァーティ］は君主に遺言状について想起させた。君主は遺言状の作成を命じた。このように君主にあっては、それは常に準備されていたのである。遺言状を作成すると、君主は十字架宣誓について語り始めた。ウラジーミル・アンドレーエヴィチ公と貴族らは皇子ドミトリー公の名で［十字架に］接吻［宣誓］するよう命じられた。君主は同じ日の夕方、自身の貴族イヴァン・フョードロヴィチ・ムスチスラーフスキー、同ウラジーミル・イヴァーノヴィチ・ヴォロティンスキー公、同イヴァン・ヴァシーリエヴィチ・シェレメーチェフ、同ミハイル・ヤーコヴレヴィチ・モローゾフ、同ドミトリー・フョードロヴィチ・パレツキー公、書記官イヴァン・ミハイロフ、また貴族ダニーラ・ロマーノヴィチ、同ヴァシーリー・ミハーイロヴィチ・ユーリエフらに宣誓を命じた。」

「だが貴族ドミトリー・イヴァーノヴィチ・シュクルリャーチェフ［クリャーチェフ］公は病気中で、宣誓せず、それを行ったのは3日目の、騒乱が収まった後であった。また財務官ニキータ・フーニコフは早くから病床に伏しており、床を離れたのはツァーリがすっかり健康を回復した後のことで、かれはすべての者のなかで最後に宣誓したのである。ドミトリー・クリャーチェフ公とニキータ・フーニコフについては、かれらが公妃エウフロシーニヤおよびその子ウラジーミル公と連絡を取り合い、［ウラジーミル］公を帝位に［つけることを］望み、皇子ドミトリー公が幼少ゆえこれを帝位には望んでいない［と言ったと］伝えられる。また貴族ドミトリー・フョードロヴィチ・パレツキー公は［皇子への］宣誓の後、エウフロシーニヤ公妃とその子ウラジーミル公に己の義理の兄弟ヴァシーリー・ペトロフ（ボリス・ボロズディンの子である）を遣わして［連絡をとった］。このヴァシーリーにドミト

第 3 章　イヴァン 4 世（雷帝）治世（1533-1584 年）

リー・パレツキーの姉妹が嫁いでいるのである。そしてヴァシーリーの実の姉妹はホヴァンスキー公の妻であるが、ウラジーミル公の母エウフロシーニヤ公妃がホヴァンスキー公の娘であり、かの女はヴァシーリーの姪にあたるのである。さてドミトリー［パレツキー］公がヴァシーリー［ペトロフ］を［エウフロシーニヤ公妃らの下に］遣したのは、次の理由からである。ツァーリなる大公の弟君であるユーリー・ヴァシーリエヴィチ公は、神の御旨とツァーリなる大公である君主の思し召しで、ドミトリー・パレツキー公の娘［ウリヤーナ］を妃に迎えていた。つまりドミトリー・パレツキー公はヴァシーリーをエウフロシーニヤ公妃とその子ウラジーミルに遣わして、公妃とその子がかれを憐れみ、ユーリー・ヴァシーリエヴィチ公とかれ［パレツキー］の娘、ユーリー公妃にたいし、大公の遺言状にある通り、分領を［自分に］下賜してくれるよう［働きかけたのである］。またかれらは、エウフロシーニヤ公妃とその子ウラジーミルが国家［の支配権をにぎること］に反対せず、またかれらに仕える用意ができている［ことをも伝えさせた］。さらに［貴族］会議で君主の傍らに控える士族ら、フョードル・アダーシェフの子アレクセイおよびイグナーチー・ヴェシュニャコフにたいしては、君主がその日の夕方のうちに宣誓させた。」

「だが同じころウラジーミル・アンドレーエヴィチ公とかれの母は己が小士族どもを集め、かれらに褒賞金を与え始めた。そこで貴族ら［ザハーリン家やそれに近い貴族のことであろう、後述参照］はウラジーミル公にたいし、かれの母とかれの行動は好ましくないと告げたのである。すなわち、君主が病床にあるときに、［公が］己の家臣らに褒賞金を配るのは問題であると告げたのである。ところがウラジーミル公とかれの母親は貴族らにたいし激しい怒りを振り向けた。これにたいし貴族らは両名に対し警戒心を抱き、ウラジーミル・アンドレーエヴィチ公を君主の下に通すことを妨げたのである。」

「そのころツァーリの宮殿の入り口にあるブラゴヴェーシチェニエ（受胎告知）教会に」

［以下 Ts, l.651 ob.］「ノヴゴロド生まれの、セリヴェストル［シリヴェーストル］という名の司祭がいた。このセリヴェストル司祭は霊的事柄において、また貴族会議において君主の大いなる崇敬をうけ、無限の権勢を誇って

223

いた。誰もがかれに聴き従い、何びともいかなることについても、ツァーリの後ろ盾ゆえにかれに抗うことはできなかった。かれは府主教や高位聖職者らに、また掌院がた、修道院長、修道士、司祭らにも、さらには貴族、書記官、官庁役人や軍司令官、小士族らすべての者らにたいしても指図をした。要するに、聖俗のあらゆる事柄を取り仕切っていたのである。誰であれかれの命令に反しては何ごとも行うことができなかった。かれはあたかもツァーリや府主教のごとくに、聖俗両権力のすべてをわがものとなしていた。ただ称号と衣服において、また座すべき玉座の点では、府主教でもツァーリでもなく、一介の司祭にすぎなかったが、自身の仲間とともに万人により尊崇されていたのである。このセリヴェストルはウラジーミル・アンドレーエヴィチ公とかれの母エウフロシーニヤ公妃の助言者のひとりであり、かれらと深く誼みを通じていた。というのもかれらはかれの配慮によって監禁から解かれたからである[135]。このときかれは貴族ら[ザハーリン家]に次のように詰問した。「汝らはなにゆえウラジーミル公を君主の下へ通そうとしないのか。兄弟であるかれは君主にたいし、汝ら貴族以上に好意を抱いているのに」と。これにたいし貴族らはかれに答えて言った。自分たち貴族は当然のこととして君主とその子、皇子ドミトリー公に仕え、君主がたの支配がより強力になるよう振舞っているのである、と。この時以来、貴族らとセリヴェストルおよびその助言者たちとの間に敵意が生じた。」

「そしてこの後、翌日にかけて[3月11日夕方]、君主はご自身の側近貴族らに宣誓を行わせ、その翌朝[3月12日]にはご自身の[家臣]すべてに触れを出し、全員がかれの子、皇子ドミトリー公にたいし十字架に接吻して誓うよう命じた。宣誓は入殿の館で行われた。というのも君主の病状はきわめて重く、かれにはご自身のそば近くで全員に宣誓を行わせることが難しかったからである。かれが傍らにおるよう命じたのはご自身の側近貴族であるイヴァン・フョードロヴィチ・ムスチスラーフスキー公、およびウラジーミル・イヴァーノヴィチ・ヴォロティンスキー公とその同輩らであった。」

「そのとき貴族イヴァン・ミハーイロヴィチ・シューイスキーが君主の言いつけに反して、かれら貴族は君主の前でなければ宣誓することはできないと言い始めた。もし君主がいないなら、いったいかれらは誰の前で宣誓した

らよいのか、というのである。また侍従官のフョードル・グリゴーリエヴィチ・アダーシェフは話し始めた。『君主よ、お願いですからおわかりください。われらは君主なる陛下と陛下のお子、皇子ドミトリー様にたいし十字架に接吻いたしましょう。ただわれらはザハーリン家のダニーラとその兄弟らに仕えたいとは思っておりません。わが君主よ、陛下のお子はまだ襁褓とともにあります。そうなりますとわれらを支配するのはザハーリン家のダニーラと兄弟らということになります。ですがわれらはすでに陛下が成人される前に貴族たちから多大な不幸を被りました［ここではとりわけイヴァン幼少期（16世紀30年代末–40年代初）のシューイスキー家などの貴族支配のことが想起されている］。』そして貴族らの間には大きな騒乱と喧嘩があり、かれらは多くのことを口走り、乳飲み子に仕える気などないと言いあった。君主とその子、皇子ドミトリー公に十字架接吻しようと望む貴族らは、ほかの貴族らに向かって、かれらも君主とその子、皇子ドミトリー公にたいし十字架に接吻するようにと語りかけた。これにたいし、君主とその子、皇子ドミトリー公にたいし宣誓しようとしない貴族らは、君主とその子に十字架接吻をした貴族らにたいし、ひどい言葉で罵りはじめた。そしてかれらは、自分たちが支配したいのであり、かれら［君主とその子］に仕えることも、かれらの支配も望んではいないと言ったのである。このように貴族らの間には激しい罵り合いが生じた。叫び声とひどい喧嘩、そして多くの罵詈雑言があった。」

「ツァーリなる大公は貴族らの激しい対立を目の当たりにして、かれらに次のように語り始めた。『もし汝らがわが子ドミトリーに宣誓しないというならば、汝らには君主が別にいるとでもいうのか。汝らは余にたいしてはすでに宣誓をおこなった。それはわれらをさしおいて他の君主を求めないということではなかったのか。余はいま汝らを宣誓させようとしている。汝らに己が子ドミトリーに仕えるよう命じておるのだ。けっしてザハーリン家に仕えるよう命じているのではない。だが余は汝らとこれ以上に多くを語ることはできない。汝らは己の誠［霊、魂］を忘れ、われらとわが子に仕えることを望まないという。しかしながら汝らは余にたいして何にかけて十字架に誓ったのか。そのことを覚えていないとでもいうのか。君主が襁褓をあてているといって仕えることを望まないならば、成長した君主にも仕えようとは

しないであろう。もし汝らにとってわれらが不要であるというならば、汝らの思うとおりにすればよいであろう。』そして君主は先に十字架に接吻した貴族らに向かって、次のように語り始めた。『貴族たちよ、汝らはわれらとわが子ドミトリーにたいし誠をささげ、われらに仕えることを［誓約した］。だがいまや［他の］貴族らはわが子を支配者として見たくないという。もし余がこの世を去るのが神の御旨であるならば、どうかわれらを憐れんで、汝らが余とわが子にたいし十字架に誓ったことを思い起こしてほしい。いかなることがあっても、わが子を貴族らの手に渡し、」

［以下 Ts, l.652］「滅ぼさせるようなことのないように。かれを連れてどこなりと神が指し示されたもう異境の地へ逃げてほしい。』さらにダニーラ・ロマーノヴィチとヴァシーリー・ミハーイロヴィチ［いずれもユーリエフ-ザハーリン家貴族］にたいし君主はこう述べた。『そして汝らザハーリン家の者どもよ、何に怯えているのか。それとも汝らは［反対派］貴族らが汝らを容赦してくれるとでも思っているのか。それどころか貴族らの手で最初に葬られるのは汝らであろう。汝らこそわが子とその母のためにわが身を犠牲にするように。わが妻を貴族らの侮りにゆだねることのないように。』」

「貴族らはすべてこの君主の厳しい言葉に恐れをなして、十字架に接吻するために入殿の館へと急いだ。」

［以下 Ts, l.652 ob.］「貴族らが入殿の館に走ると、ツァーリなる大公はご自身の貴族ウラジーミル・イヴァーノヴィチ・ヴォロティンスキー公と他の貴族らを、またご自身の書記官イヴァン・ミハイロフに十字架を持たせて、かれらの後を追わせた。こうして貴族らは十字架に接吻し始めた。貴族らが十字架に接吻したとき、十字架の傍らには貴族ウラジーミル・イヴァーノヴィチ・ヴォロティンスキー公が立ち、書記官イヴァン・ミハイロフがこの十字架を手にしていたのである。宣誓が始まったとき、貴族イヴァン・イヴァーノヴィチ・プロンスコイ-トゥルンタイ公がやってきて、ウラジーミル・ヴォロティンスキー公にたいし次のように言い始めた。『汝の父と汝は、大公ヴァシーリー［3世］亡き後の最初の裏切者であったのに[136]、いま汝は［他の者を］十字架［宣誓］に誘おうとしている。』これにたいしウラジーミル公はこう答えた。『たしかにわたしは裏切者［の子］だ。それでも汝に、汝が

第3章　イヴァン4世（雷帝）治世（1533-1584年）

わが君主とそのお子、皇子ドミトリー様にたいしお仕えするよう、十字架に接吻させようとしているのだ。汝は汚名とは無縁かもしれない。だがわが君主とその子、皇子ドミトリー公にたいし十字架に接吻もしなければ、仕えようとも望んでいない。』これを聞くとイヴァン・プロンスコイ公はあわてて［十字架に］接吻した。その後、貴族イヴァン・ペトローヴィチ・フョードロフが君主に言った。十字架宣誓を望まぬピョートル・シチェニャーチェフ公、イヴァン・プロンスコイ公、セメン・ロストフスキー公ら貴族が、かれに次のように話した、と。『われらをザハーリン家が支配することになるだろう。われらが幼き君主に仕え、ザハーリン家がわれらを支配することになるよりは、むしろわれらは、成人の君主、ウラジーミル・アンドレーエヴィチ公に仕える方がましであろう。』また侍従官レフ・アンドレーエヴィチ・サルティコフも君主に、貴族ドミトリー・イヴァーノヴィチ・ニェモイ公が、広場の方へ向かいながら、かれに次のように述べた、と伝えた。『誰もが知っていることだが、貴族らは［他人を］宣誓へと誘いながら、自らは十字架に誓いはしない。年長者を差しおいて、幼少の者にどう仕えろというのか。われらをザハーリン家が支配することになるではないか。』」

「貴族らを宣誓へと導くと、君主はウラジーミル・アンドレーエヴィチ公に宣誓を行わせるための誓約書を作成するよう命じた。誓約書が作成されると、ウラジーミル公が君主のもとへ近づいた。君主は公に誓約書に基づき十字架に接吻するよう命じた。ところがウラジーミル公はこれを望まず、そこで君主はかれにこう言った。『汝自ら知るがよい。もし十字架に接吻を望まぬのならば、それは汝の霊［の救い］に関わる問題となろう。今後何が起ころうとも、余には何らの責任もない。』また夕方になって十字架に接吻をした貴族らにたいして君主は次のように言った。『貴族らよ、余はもはや力尽きようとしている。だが汝らは余と余の子、ドミトリーに十字架にかけて誓ったからには、その通りに行うように。』」

［以下 Ts, 1.653］「貴族たちはウラジーミル・アンドレーエヴィチ公にたいし言った。強情を張ることなく、君主の言うことに聴き従い、十字架に接吻するように、と。このように言ったのは外ならぬウラジーミル・ヴォロティンスキー公であり、書記官のイヴァン・ミハイロフであった。これにたいし

第2部　史料としての『集成』——モスクワ大公国の歴史はどう描かれているか——

ウラジーミル・アンドレーエヴィチ公は激しく怒り、ヴォロティンスキーに対しこう述べた。『汝がわたしを非難するとは何事であろうか。わたしには一切指図などしないでほしいし、何も言ってほしくない。』ヴォロティンスキーは公にたいし答えて言った。『公よ、わたしはわが霊を己が君主、全ルーシの大公イヴァン・ヴァシーリエヴィチとその子、皇子ドミトリー公にささげ、かれらにたいし万事につけ誠実に仕えるよう［誓った］のです。そしてわたしに公と話すよう命じたのはかれら、すなわち、わが君主がたなのです。わたしはかれら、わが君主がたに仕えたいと望んでいます。公に仕えたいとは思わないのです。私はかれら、わが君主がたを守るために、公と話したのです。もし必要なら、かれら君主の命に従って、公と対立する覚悟もできています。』他の貴族らも、公は十字架に接吻すべきである、もし公がこれを拒むならば、かれをその場から出さないと、言い始めた。かくしてウラジーミル公を何とか力ずくで十字架に接吻させることができた。かれは不承不承十字架に接吻した。この後、君主は公妃エウフロシーニヤの下に、誓約書をもたせて［使者を］遣わし、公妃がこの文書に公の印章を付す指示をだすように［と伝えさせた］。使者となったのは、ご自身の貴族ドミトリー・フョードロヴィチ・パレツキー公と書記官イヴァン・ミハイロフであった[137)]。かれらは公妃の下へ三度出向いたが、公妃は公印を付す指示をだすことを拒み、次のように言った。『無理強いするなんて、いったいなんという宣誓でしょう。』公妃はそのほか多くの罵りの言葉を口にしたのである。かくしてこの時から君主とウラジーミル・アンドレーエヴィチ公との間には激しい敵意が、貴族らの間には騒動と騒乱が、そして皇国には万事につけ困窮が始まったのである。」

長々と引用してきたが、以上が1553年のツァーリ発病を機に生じた「騒乱」にかんしTsの「追記」が伝えるところである。

要点をまとめておこう。

「病床」にあるツァーリは自ら死期の近いことをさとり、自身の従弟ウラジーミル・アンドレーエヴィチ・スターリツキー公や主だった貴族らに、皇子ドミトリーにたいする宣誓を命じたが、一部の者は、皇子が誕生間もない幼子で

第 3 章　イヴァン 4 世（雷帝）治世（1533-1584 年）

あることを理由にこれを拒んだ、ないし躊躇したという。その際、宣誓に消極的であったのは、スターリツキー公はもとより、D.I. クルリャーチェフ公、I.M. シューイスキー公、F.G. アダーシェフ（侍従官）、I.I. プロンスコイ‐トゥルンタイ公、P.M. シチェニャーチェフ公、S.V. ロストフスキー公、D.I. ニェモイ公らの貴族であった。宣誓「拒否」貴族が皇子に代わって宣誓すべき人物と考えたのは、ウラジーミル・スターリツキー公であった。同公自身もその母エウフロシーニヤとともに、ツァーリの「重病」を利用して、配下の兵を集め、褒賞金を与えるなど、次期皇帝候補としてのデモンストレーションを行ったとされる。また D.F. パレツキー公については、両義的に解釈できるような書き方がなされている。一方では「宣誓」を行った後、スターリツキー公に使者を遣わして接触を図ったとされ、他方では自らツァーリの使者としてエウフロシーニヤ公妃の下へ遣わされ、公妃に「宣誓書」に公印を付すよう要求したとされている。またブラゴヴェーシチェンスキー聖堂の司祭シリヴェーストルや、財務官ニキータ・フーニコフも忠誠を疑われるような書き方がなされている。

　これにたいし一貫してツァーリの側にあったとされたのは、当然のことながら、皇子ドミトリーの母方、ユーリエフ‐ザハーリン家のダニーラ・ロマーノヴィチやヴァシーリー・ミハーイロヴィチなどの貴族であり、側近とされる I.F. ムスチスラーフスキー公、V.I. ヴォロティンスキー公、また書記官の I. ミハイロフ（ヴィスコヴァーティ）らであった。

　さて以上の「追記」がその後行書体で清書され、それが Ts.ll.664-682 ob.（l.680-681 ob. は除く）に収められたことはすでに記した。そこでは細密画も新たに描きなおされた（すべて未彩色である）。ただ細密画が描かれず、テクストだけの頁もあり（l.671）、絵が薄れていまでは何が描かれているかほとんど判別できなくなった頁も多い（ll.667, 667 ob., 668 ob., 671 ob., 672, 672 ob., 677, 677 ob., 678 ob.）。また ll.674, 674 ob., 675, 675 ob., 676, 676 ob., 679 などにおいては、細密画がほとんどまったく消えてしまっており、本当に描かれたかどうかさえわからなくなっている場合もある。

　細密画が判別できる状態でみられるのは、ll.664, 664 ob., 665, 665 ob., 666, 666 ob., 668, 669, 669 ob., 670, 670 ob., 673, 673 ob., 678, 679, 682, 682 ob. である。

このうち1553年「騒乱」に直接関係する細密画を見てみよう。

とはいっても、雷帝が発病した場面を描く細密画は見当たらない。最初に描かれるのは帝が「遺言状」の作成を命じた場面（l.666）である（絵2-36、Kn.21s.535）。この部分のテクストは以下のごとくである（元の草書体「追記」はl.651にある。l.666にはその一部が清書されているのである）。

「そのときツァーリなる大公の書記官イヴァン・ミハイロフ［ヴィスコヴァーティ］は君主に遺言状のことを想起させた。君主は遺言状の作成を命じた。このように君主にあっては、それは常に準備されていたのである。」[138]

これはすでに発病後のことであるが、奇妙なことに、絵では遺言状作成の指示を出す雷帝が病床に伏しているようにはみえない。たしかに帝が座しているのは玉座というよりは寝台のようでもあるが、かれは上半身を起こしており、けっして伏せているわけではない。「追記」（l.651）に「その病はきわめて重く……多くの者にはかれの死期が近いと思われた」とあるようには、とてもみえないのである。絵を見る限りでは、宣誓「拒否」貴族らを詰問ないし威嚇したり、あるいは側近貴族や皇妃の親族（ザハーリン家）にむかって必死に訴えかけを行ったりしたのが「臨終の床」にある人物であるとは到底思えない。ツァーリの症状は重く、「自身のそば近くで全員に宣誓を行わせることは難しかった」（l.651 ob.）とも記されていたのである。少なくともテクストと絵の間には幾分かの乖離、ないしずれがあるといえる。

病床の雷帝の前で貴族らの間に激しい論争が行われている場面は、ll.668-668 ob.にみられる（細密画のあるのはl.668のみ）。ここのテクストは、l.651 ob.を部分的に清書したものであるが、それは次の部分である。

「このように貴族らの間には激しい罵り合いが生じた。叫び声とひどい喧嘩、そして多くの罵りの言葉があった。ツァーリなる大公は貴族らの激しい対立を目の当たりにして、かれらに次のように語り始めた。『もし汝らがわが子ドミトリーに宣誓しないというならば、汝らには君主が別にいるとでも

第3章　イヴァン4世（雷帝）治世（1533-1584年）

いうのか。汝らは余にたいしてはすでに宣誓をおこなった。それはわれらをさしおいて他の君主を求めないということではなかったのか。余はいま汝らを宣誓させんとしている。汝らに己が子ドミトリーに仕えるよう命じておるのだ。けっしてザハーリン家に仕えるよう命じているのではない。だが余は汝らとこれ以上に多くを語ることはできない。汝らは己の誠［霊、魂］を忘れ、われらとわが子らに仕えることを望んでいない。しかしながら汝らは余にたいして何にかけて十字架に誓ったのか。そのことを覚えていないとでもいうのか。君主が襁褓をあてているといって仕えることを望まないならば、成長した君主にも仕えようとはしないであろう。もし汝らにとってわれらが不要であるというならば、汝らの思うとおりにすればよいであろう。』」

l.668の絵では（絵2-37、Kn.21, s.539）、左上方に病床に横たわるツァーリ（五放射状帝冠をいただいている、顎鬚はない。当時23歳と若かったからである）が描かれ、そのすぐ手前左側には貴族に抱かれる幼子ドミトリー（これも頭上に同様の帝冠が描かれる）の姿が見える。病床のツァーリの前（画面上方右側）の三人の人物は（帽子をかぶり、鬚も蓄えているので貴族であろう）、おそらくザハーリン家の者らであろう。画面下半分には宣誓台を挟んで両側に対立する貴族たちが描かれている。かれらの代表格は両手を広げたり、指を相手に向けたりしながら、互いに何事かを言い争っている様子である。一番手前（絵の最下部）に城壁がみえることから、これらの出来事がクレムリ城内で行われていることもわかる。最上部中央には五つの丸屋根をもつウスペンスキー聖堂が描かれている。

　もう一点 l.679 をみてみよう。
　ここのテクストは l.651 の以下の部分の清書である。

「また貴族ドミトリー・フョードロヴィチ・パレツキー公は［皇子への］宣誓の後、エウフロシーニヤ公妃とその子ウラジーミル公に己の義理の兄弟ヴァシーリー・ペトロフ（ボリス・ボロズヂンの子である）を遣わして［連絡をとった］。このヴァシーリーにドミトリー・パレツキーの姉妹が嫁いでいるのである。そしてヴァシーリーの実の姉妹はホヴァンスキー公の妻であ

第 2 部　史料としての『集成』——モスクワ大公国の歴史はどう描かれているか——

るが、ウラジーミル公の母エウフロシーニヤ公妃がホヴァンスキー公の娘であり、かの女はヴァシーリーの姪にあたるのである。さてドミトリー［パレツキー］公がヴァシーリー［ペトロフ］を［エウフロシーニヤ公妃らの下に］遣したのは、次の理由からである。」

l.679 の絵では（絵 2-38、Kn.21, s.561）、右上方でパレツキー公が義理の兄弟ヴァシーリーに何事かを指示している様子（右側の貴族が人差し指を突き出している）が、前面左側主要部にこの同じヴァシーリーがウラジーミル・スターリツキー公とその傍らにいる母エウフロシーニヤに面会している場面が描かれている。ウラジーミル公はあたかも玉座の君主のごとくに描かれるが、頭上にあるのは通常の公冠で、帝冠ではない。顎鬚のないのはかれが実際に若かったからである[139]。

以上が Ts の「追記」とその清書紙葉に付された細密画から得られるおおよその情報である。

次に、1553 年「事件」に関する第二の主要史料、S 本 1554 年の項をみてみよう。こちらは元のテクストと「追記」の両方をみる必要がある。

問題となるのは、いわゆる貴族セメン・ロバーノフ-ロストフスキー公のリトアニアへの逃亡未遂事件（1554 年）に関連する記事である。この記事中に 1553 年「騒乱」のこともでてくるのである。記事は S の ll.106 ob.-110 に記されている（Kn.22, s.26-33）。その一部の紙葉に「監修者」による「追記」が書き付けられており（ll.107 ob., 108 ob.-110; Kn.22, s.28, 30-33）、内容的にテクストと密接に関連している。双方ともに検討する必要がある所以である。

「追記」は紙葉の余白部に記されたが、その場所は上欄であったり、下欄、さらには左右両欄であったりと一定しない。長さもさまざまである。ここでも「追記」は、刊本でも、また口絵に掲げた紙葉（絵 2-41）でも、先に記した事情で全文を見ることができなくなっている[140]。それだけではない。手稿本自体が、装丁が繰り返される中で端の部分が切り揃えられるなどで、いまでは全体を伝えていないとされる。これらの失われた部分は、今回の刊本では編者により、既述の『レベジェフスカヤ年代記』などの記述に基づいて復元され、短

第 3 章　イヴァン 4 世（雷帝）治世（1533-1584 年）

文の場合は基本的にテクストの適当と判断された箇所に括弧つきで組み込まれて、長文の場合は別途当該巻の末尾にまとめられ、印刷されている。

順にみていこう。（以下 S の引用に際しては、「追記」部分は〈　〉で示す。それ以外が元のテクストである。引用文中の（　）は、従前どおり、刊本編者による復元部や補足、［　］は本書著者による補注である。）

最初の S, l.106 ob. には「ロストフスキーの子、ニキータ・ロバーノフ公のリトアニアへの逃亡」という表題が付されている。以下こちらもやや長くなるが、表題に続くテクスト本文から始め、全体を訳出しておこう。

「同年［1554 年］7 月、セメン・ロバーノフ - ロストフスキー公の子、ニキータ公がリトアニアへ逃亡しようとした。かれをトロペツで小士族らが捕らえた。」

［l.107］「そしてかれはツァーリなる大公の下へ連行された。ツァーリなる大公は、かれが何ゆえに逃亡したのか、尋問するよう命じた。ニキータ公は次のように答えた。かれは貴族のセメン・ロストフスキー公によりリトアニアへ遣わされ、セメン公が兄弟や甥らとともに王［ポーランド王・リトアニア大公］の下へ逃れるつもりであることを伝えた、と。またかれ［ニキータ］は、セメン公が以前にも王の下へ自身の家臣のバクシェイを遣わし、通行証を手に入れようとした［ことをも明らかにした］。」

［l.107 ob.］「そこでツァーリなる大公はセメン公を捕らえ、尋問するよう命じた。セメン公は答えた。自分が逃亡を図ったのは、貧窮と愚かさのゆえである。というのも自分にはあらゆる善事に対する思慮が欠けており、ツァーリから拝領した［財産も］、家産も無意味に蕩尽してしまったからである、と。〈さらにまたかれは、君主がかれとかれの一門をかれらより低い［家柄の］多くの者と並んで、不相応な役職に任じたかのごとくに言い立てて、不満を表明し始めた。かれはこれらすべてを、君主を裏切ろうと［する意図で］述べたのである。だが君主はかれとかれの一門のすべてを、かれらに並ぶ者たちとともにその家柄にふさわしく任じたのであった。それにもかかわらずかれらは激しく憤ったのである［この追記は下欄余白に記されている］。〉

［l.108］「そこでツァーリなる大公は、自らが開いた会議において公が名を

233

第 2 部　史料としての『集成』――モスクワ大公国の歴史はどう描かれているか――

あげたその家臣らを、捕らえるよう命じた。かれの家臣の一人セメイカは公［セメン］について次のように述べた。かれ［セメン公］はリトアニアの使節、ドヴォイナとその仲間らと、こちら側のバクシェイを介して、接触を図った。公自身がかれらと二度会見し、かれらと誓約を交わし、ツァーリなる大公の［貴族］会議の模様を使節らに伝えた、と。」

　［l.108 ob.］「〈かれら［リトアニアの使節］がツァーリなる大公と（講和）しないようにである。［追記、上欄余白］〉〈（また）皇国は困窮し、カ（ザン）を（ツァーリなる）大公は維持できず、（すでにそれを）放棄しようとしている。［追記、左欄余白］〉その後［リトアニアの］使節らは講和［条約］を締結しなかった。そして［セメン公は］かれらにたいし、ツァーリなる大公について幾多の罵りの言葉を吐いた。〈君主は（かれらすべてに）恩寵を示すことがなく、［それどころか］（大いなる諸家門の）名誉を毀損し、［一方では］若き［下層の］者どもを自身のそば近くにおき、かれらによってわれらを押さえつけ、（さらにそれにより）われらを抑圧し、自分の貴族らの娘を后に迎え、つまりは自身の奴隷女を妻とした［アナスタシーヤとの結婚にたいする批判である］。いったいわれら［の同輩］の姉妹にどのように仕えろというのかなどと言い、その他にも（罵りの）言葉を口にした。［追記、左欄余白］〉かれ［セメン公］にたいし善を憎むサタンが命じた如くにである。かれは己の家臣のバクシェイを王の下に遣わし、［自らの］君主と［ルーシ］全土にたいする罵詈と非難の語を王に書き送ったのである。」

　［l.109］「そしてセメン公自身が次のように述べた。［自分が］これらすべてを口にし、ツァーリなる大公の会議［の内容］を王とかれの使節らに漏らしたのは、愚かさのゆえである、と。かれとともに［リトアニアへ］行こうと望んだのは、〈オンドレイ・カ（ティレフ・ロストフスキー公）とその他の者［追記、左右の余白］〉、同じく思慮に欠けた、ロバーノフ家やプリイムコーフ家などのロストフスキー諸公やその他の宣誓違反者である。またかれの邪悪な図り事を共にし、かれの指示を実行したのはかれの二名の家臣、バクシェイとセメイカである。かれはこれらの者を通じて［リトアニア側］使節と接触したのである。だがこのことを知らなかったと言った者たちは、ただ逃亡することだけを望んだのである。」

第 3 章　イヴァン 4 世（雷帝）治世（1533-1584 年）

　l.109 では、「追記」は以上のように本文に組み込まれているだけではない。それ以外にもさらに右欄から下欄にかけての余白部を埋め尽くすほどびっしりと書きつけられた「追記」もある（Kn.24, s.424-425）。こちらの方は長文であるため、刊本 Kn.22 の巻末（s.547）にまとめて印刷されている。その部分を以下にみておこう。

　〈そしてツァーリなる大公は、かれ［セメン公］のかくのごとき裏切り行為(を見て)、(自身の貴族である)イヴァン・フョードロヴィチ・ムスチ(スラフスキー公)、イヴァン・ヴァシーリエヴィチ・シェレ（メーチェフ）・ボリショイ、ドミトリー・イヴァーノヴィチ・クルリャーチェフ（公）、ミハイル・ヤーコヴリチ・モロ（ーゾフ）、ドミトリー・フョードロヴィチ・パ（レッキー公）、(侍従官) アレクセイ・フョードロヴィチ・ア（ダーシェフ）、(寝殿官) イグナーチー・ヴェシュニャコ（フ、さらにはユーリエフ［-ロマーノフ］家の貴族ダニー) ラ・ロマーノヴィチとヴァシーリー（・ミハーイロヴィチ）、財務官ミキータ・フ（ーニコフ、書記官イヴァ）ン・ミハイロフを派遣し、かれ［セメン公］を (尋問し、場合によっては) 拷問にかけるよう命じた。(するとセメン公は) 言った。(君主が発病されたとき、) かれに (次のような想念が浮かんだ、と。)［すなわち］われらみなが考えたのは、もし君主が身罷られたならば、(われらはいかにすべきか、ということである。) そのときわたしの家宅にオ［エウ］フロシーニヤ公妃と (ヴォロジー) メル・オ［ア］ンドレーエヴィチ（公）の下から［使者がやってきて］、ヴォロジー（メル）公に仕えるよう、また人々に［そのように］呼びかけるようにと［の誘いがあった］。かくてわれら貴族は多くの者とともに、次のように考えたのである。もしわれらが皇 (子ドミトリー) に仕える場合、われらは (ザハーリン家) の支配に服すことになろう。われらは (ザハーリン家) に支配されるよりは (ウラ) ジーミル・オンドレーエヴィチ（公）に仕える方がよりましであろう。(このような) 考え (を共有したのは)、多くの貴族であり、ピョートル・シチェニャーチェフ公、イヴァン・トゥルンタイ - プロ（ンスコイ）公、(クラーキ) ン一門、ドミトリー・ニェモイ公、ピョートル・セレーブリャン［ヌイ］

235

公、セメン・ミクリンスコイ公（その他多くの）貴族、小士族、諸公の子孫、士族であり、かれらはわれらとともに、もし（神が）君主を憐れまれ、健康を回復されるなら、（このことは）秘密にしておこうと互いに語り合ったのである。だがこのときわが屋敷にセメン・モローゾフがやってきたので、わたしはそれ以来恐れからリトアニアへ逃れようと考えだしたのである。わたしのことでわが家臣らが話したことは、すべてその通りである。〉

続く l.109 ob. のテクストと「追記」である。

「そこでツァーリなる大公は貴族［会議］と協議し、かれ［セメン公］の行為と発言ゆえにかれとその仲間らに死刑を宣告し、さらし刑に渡された。だが府主教マカーリーと大主教［ら高位聖職者］、掌院がたが［ツァーリに］懇願し死刑を免れさせたのである。」
〈この件は市場［笞］刑と書くのがより正しい。［追記、下欄。これはおそらくテクストの「さらし刑」に関わる追記であろう。］〉

最後に、l.110 のテクストと「追記」がこれに続いて、全体の記述が終わる。

「そしてかれ［セメン公］をベロオーゼロの牢獄へ送った。かれの家臣らは釈放するよう命令が出された。」〈そしてこのときから君主とこれらの者どもの間に敵意が生じたのである。［追記、下欄］〉

以上が1553年の出来事について、Sが伝える内容である。テクスト本文と「追記」の内容をそれぞれについて要約しておこう。
　Sのテクストが伝えるのはおよそ以下の点である。
　事の発端は、1554年7月にニキータ・ロストフスキー公がリトアニア国境を越えようとして捕らえられたことである。モスクワへ連行されたかれは尋問され、その結果、かれの父セメン公のポーランド王・リトアニア大公との秘密の関係が明るみにでる。ツァーリはセメン公自身の逮捕、尋問を命じる。同公はツァーリに対する裏切り行為が自らの「貧窮と愚かさのゆえ」であると釈明

第 3 章　イヴァン 4 世（雷帝）治世（1533-1584 年）

する。同時にかれがリトアニアの使節に貴族会議の内幕を暴露したことが明らかにされる。ただしテクストでは、暴露された具体的内容については記述されていない。かれが共犯者として名を挙げたのはロストフスキー諸公らである。ツァーリはセメン公らを死罪とするが、府主教らの執りなしにより、刑は減じられ公はベロオーゼロへ流刑にされる。

　いっぽう「追記」では以上に加えて、セメン公らがツァーリに対して不満を募らせていたことが明らかにされる。ツァーリが下層の者を重用し、ロストフスキー公ら名門貴族の名誉を軽んじ、家柄にふさわしくない職務につけるなどしたとする不満である。さらにテクストには記されていなかった、暴露されたという貴族会議の内幕の具体的内容が、明らかになる。それは当時モスクワ国家が征服したばかりのカザンの統治をめぐって困難を抱えており（「皇国は困窮し、カ（ザン）を（ツァーリなる）大公は維持できず、（すでにそれを）放棄しようとしている」）、リトアニアとの「講和」を急ごうとしていたことと関係していよう。セメン公は相手側にモスクワの和解案に応じたり、休戦を急ぐことのないよう働きかけたと推測される。

　しかし「追記」でとくに重要なのは、ツァーリが「裏切り事件」の真相解明のため、I.F. ムスチスラーフスキー公以下 11 名からなる一種の「査問委員会」を任命したことが明らかにされていることである（なかには D.I. クルリャーチェフ公や N. フーニコフのように、Ts「追記」では必ずしも宣誓に積極的とはみなされていなかった者も査問する側に入れられている。また委員の一人となった D.F. パレツキー公にいたっては宣誓後スターリツキー公に接触を図ったとされていた）。さらにツァーリがセメン公尋問に際して拷問を許可したことも明らかになる。またセメン公の自白では、事のはじまりはツァーリの発病であった。もし病が癒えず、幼子ドミトリーの即位となるならば、ザハーリン家による支配は避けられないと考えられ、セメン公らはウラジーミル・スターリツキー公側からの働き掛けがあったこともあって、後者への忠誠を誓ったが、その後ツァーリの健康が回復し、かれらは事の露見を恐れて逃亡を企図した、とされている。同様の企図を抱いたものとして、さらに P. シチェニャーチェフ公、I. トゥルンタイ-プロンスコイ公、クラーキン一門、D. ニェモイ公、P. セレーブリャンヌィ公、S. ミクリンスキー公の名があげられる。

237

第2部　史料としての『集成』——モスクワ大公国の歴史はどう描かれているか——

　Sのテクストと「追記」を要約すると以上のごとくなるが、言うまでもなく、こちらでも各テクストには細密画（全体で8枚）が先行している。これらはすべて彩色されている。これらの絵は、本書でこれまでみてきたのと比べてきめこまかさに欠け、やや稚拙にみえるが（明らかに異なる絵師集団の手になるものであろう）、それはともかくとして、以下にいくつかを選んでみておこう。

　最初の1.106 ob. の細密画はテクストの表題にあるように、リトアニアへ向かおうとして国境で捕らえられたニキータ・ロバーノフ公を描く（絵2-39、Kn.22, s.26）。ここには三つの場面が描かれている。画面主要部（左側）には帝冠を頭上におくイヴァン雷帝とその前に立つ貴族らの図である。イヴァンが指先で何事かを指示している様子である。テクストから判断して、セメン公の子ニキータが国境で捕らえられたとの報告が雷帝にもたらされた場面であろう。右側には馬で城門を出ようとする貴族が描かれる。これは誰か。リトアニアへ向かって一人ひそかにモスクワを出るニキータ公とみるのがもっとも自然であるかもしれない。しかしおそらくそうではない。というのも画面の右上端に描かれている無帽の人物こそがニキータ公と考えられるからである。絵の左上方から斜め横下に黄色の山並みが描かれている。これはモスクワから遠方であることを示し、その向こうの国境沿いの都市（トロペツであろう）でこの人物が国境警備の小士族らによって捕らえられている様子が描かれている。これがニキータ公である。その場合、画面右下で城門を出ようとする人物はニキータではありえない。衣服は似ているが、赤マントの襟カラーが明白に異なっているからである。おそらくこの騎乗の貴族は、ここのテクストには出てこないが事件の首謀者セメン公その人である。最初に言及した画面主要部は、セメン公がリトアニアへの亡命を図っていると側近貴族らがツァーリに報告し、ツァーリがそれにたいし何か指示を出した場面と考えるべきであろう。ここの主役はあくまでもセメン公なのである。

　次の1.107の絵では（絵2-40、Kn.22, s.27）、ニキータ公尋問の場面をはじめ、いくつかのシーンが描かれる。画面主要部では連行されたニキータ公（土色の長衣姿である。それまでの衣服ははぎ取られ土色の長衣を着せられたと推測される）が二度描かれる。右端（下）では後ろ手に縛られているようにみえる。

第 3 章　イヴァン 4 世（雷帝）治世（1533-1584 年）

そのかれが門を通ってツァーリの前に引き出され尋問を受けている。その上の画面中央部の騎乗の人物はおそらくセメン公が先にリトアニアへ遣わしたバクシェイ（顎鬚なし）であろう。その左側に描かれる諸人物が誰かははっきりしない。その先頭に立つ人物を（立派な顎鬚をもつ）、バクシェイを送り出したセメン公とみるのが自然であるが、ただその帽子の色が l.106 ob. におけるのと異なっているのは気になる。画面右上隅に描かれる特別の被り物（冠）の人物は、ポーランド王（リトアニア大公でもあった）である。その頭上にみえる冠は、とくにポーランド王に特有の形状をしている（絵 2-6、上記 145-146 頁を参照されたい）。この部分のテクストにその名は記されていないが、当時の王はジグムント 2 世アウグストである。この王におそらくは先のバクシェイ（頭部のみが描かれている。顎鬚はなく、帽子の色は画面中央のバクシェイと目された人物と同じである）が面会し、セメン公のために「通行証」を要望している。

　セメン公捕縛の場面は l.107 ob. にみられる（絵 2-41、Kn.22, s.28）。画面下部右端に描かれる無帽の人物（顎鬚あり、赤マントで白い襟カラー、首回りが黄色で緑色の長衣）が同公であろう。帽子は逮捕に際し奪い取られたと考えられるが、その点を除いては、l.106 ob. のセメン公と推測される騎乗の人物と同じ装いである。かれはこれから画面左端に描かれる雷帝の下へ連行されんとしている。画面上方右側に描かれる 3 人の人物をどうみるかは難しい。かれらの前に金貨（？）の入った箱が描かれるが、これはセメン公が「貧窮と愚かさゆえに」「家産を無意味に蕩尽した」と述べた部分に関連するものであろう。あるいはリトアニア側から困窮せる同公にたいし金銭の提供があったと絵師が推測して描いたと考えることもできようが、これはテクストには書かれていないことで、ややうがちすぎた見方かもしれない。なおこの部分には「追記」も書き込まれているが、当然のことながらこの絵には「追記」の内容は反映されていない。追記は後になって書かれたものであるからである。

　最後に l.109 ob. は（絵 2-42、Kn.22, s.32）、府主教マカーリーをはじめとする高位聖職者らが、死刑を宣告されたセメン公のために、ツァーリの前で執りなしを行っている図である。セメン公自身は画面中央部やや右よりに描かれる無帽の人物である。死刑宣告を伝えられ落胆している様子が、右手を頬にあてる仕草で示される。

239

第2部　史料としての『集成』——モスクワ大公国の歴史はどう描かれているか——

　1553年「騒乱」にかんするもう一つの、忘れてならない史料はイヴァン雷帝のアンドレイ・クールプスキー公宛「第一書簡」である。この書簡についてもこれまでも何度もふれたが、貴族で軍司令官でもあったクールプスキー公がリトアニアへ逃亡した直後に送ってきた激烈な批判の書簡に対するイヴァンの反論である。1564年7月5日の日付が付されている。そこにイヴァンがカザンからモスクワへ凱旋した後のこととして、以下のように記されている[141]。

　「だがほどなくしてわれらは、人の世の常のことながら、病気にかかり、ひどく衰弱してしまった。そのとき汝が善意の人々と呼んだ者らがシリヴェーストル司祭や汝らの頭目アレクセイ・アダーシェフとともに、さながら酔漢のごとくにわれらに叛旗をひるがえした。かれらはわれらをもはや死んだものと思い、わが父とわれらにたいしわが子以外に他の君主を求めない、と自ら十字架にかけて誓っていたにもかかわらず、われらの恩寵と己の霊魂［の救い］を忘れて、われらの遠縁のウラジーミル公を即位させようと欲した。そしてかれらはウラジーミル公を即位させた後、神より授かったわが幼子をヘロデ王よろしく殺害せんとしたのであった。（実際かれらが殺害しないということがあろうか！）というのも往古(いにしえ)の書物に次のように記されているからである。『王は別の王に額づかない。一方が死ねば、他方が支配する。』われらが存命中に己の臣民からうけた善意がこのようなものであったとするならば、われら亡き後は一体どうなることであろう！　だが神の憐れみを得て、このときもわれらは意識をとり戻し、全き思考力を回復したので、かれらの謀略は水泡に帰した。ところがシリヴェーストル司祭とアレクセイ・アダーシェフはその後も悪巧みを止めず、［われらを］一層激しく抑圧し、われらに善意を抱く者らにたいしてもさまざまな方法で迫害を加えんと思いめぐらした。一方ウラジーミル公にたいしては、何事であれ、かれの思い通りに計らい、逆にわが皇妃アナスタシーヤには激しい憎悪をもって対し、かの女をあらゆる不信仰な皇妃らと比べるありさまであった。いわんやわが子供らのことを心にかけることなど一切なかったのである。」

第3章 イヴァン4世(雷帝)治世 (1533-1584年)

イヴァンは引き続きセメン・ロストフスキー公の件に関してもふれているので、引用を続けよう。

「さらにその後、昔からの裏切り者であるかの犬、セメン・ロストフスキー公は、己が裏切り者の習いに従って、われらの貴族会議[の審議内容]をリトアニア使節パン・スタニスラフ・ダヴォイナとその一行に漏らし、われらとわが皇妃と子供らのことを悪しざまに罵った。かれが議員身分に取り立てられたのはわれらの恩寵によるものであって、己の才覚によるものではない。われらはかれの悪事を探り出したが、かれにたいする処分は寛大に止めた。だがその後シリヴェーストル司祭が汝ら悪しき助言者らとともに、この犬に特別の庇護を与え、あらゆる便宜を図り始めた……かくてこれ以後すべての裏切り者がわが世の春を謳歌することになる。逆にわれらはこのとき以来、ひどい抑圧に苦しむこととなった。そして汝[クールプスキー公のこと]もかれらの仲間の一人であった。」

以上に1553年「事件」にかんする主要な三史料をみてきた。

そこから何が言えるであろうか。どうしてこのような問いを立てるのかといえば、この三史料は、一読してほぼ同趣旨のことを記しているようにみえながら、その実相当に異なっており、ときにあからさまに矛盾するとさえ思われるからである。三史料の証言をめぐっては、研究史上も激しく議論されてきた。部分的には本書第1部においてもみたが、多くの研究者が、三史料間の矛盾は歴然であると判断しつつ、それが生じる原因として、各史料の執筆時期が異なることを指摘したのであった。

この問題に本格的に取り組んだ最初の研究者は、既述のごとく、D.N. アリーシッツである。かれはS、Ts両本の「追記」の著者(監修者)をクールプスキー宛「書簡」のそれと同一人、すなわち雷帝その人と考え、両「追記」間に見られる矛盾は、まさにそれぞれの執筆時期が異なるからだと主張したのである。アリーシッツによれば、S「追記」の執筆時期は1563年ごろ(オプリーチニナ導入以前)、Ts「追記」の場合は1567-1568年(その導入後)であり、それぞれの執筆時点における政治状況、またイヴァンの意識や態度に大きな変化の

起きていたことが矛盾となって露呈したという[142]。

　本書の著者は『集成』編纂史にかんする近年の研究の進捗状況にかんがみ、アリーシッツらの考え方には重大な誤りが含まれていると考えている。これもすでに記した通り、いまとなってはSおよびTs両本を16世紀60年代の成立とみることはまったくできない。だがそれ以上に問題なのは、両本を独立した別個の作品とみる見方である。両本の追記の執筆時期をオプリーチニナ導入以前と以後に分け、それによりすべてを理解しようとする立場が、そもそも問題なのである。「追記」の著者についても、これを雷帝と断定できるかどうかは問題となる。すべての「追記」が同時期に、同一人物によって書かれたかどうか、断言することはできないが、筆跡の類似性などからしても、おそらくは「監修」（つまり「追記」執筆）作業自体はほぼ同時期に、あるいは比較的短期間に集中的になされた可能性が高いといえる[143]。その意味では著者が、雷帝その人ではないとしても、誰かその周辺の同一の人物である可能性は高い。それゆえ本書ではいまのところ、両「追記」はほぼ同時期に（16世紀70年代以降）、同じ人物によって書かれたと考えたうえで、以下の考察を進めたい。

　そうはいっても、両「追記」間にあるとされてきた「矛盾」はどう理解すべきであろうか。

　最大の「矛盾」は、Ts「追記」が、「騒乱」は1553年のツァーリの病床で起こったとしたのに対し、Sでは、すべては1554年のニキータ、セメン両公（子と父）逮捕後の尋問によりはじめて明るみに出されたとしている点である。Sは「騒乱」については記述していないのである。もし後者の立場に立つならば、前者が記す1553年の公然たる「騒乱」とはいったい何であったのか、そもそも「騒乱」などあったのかということになる。

　まずこの「矛盾」を検証してみよう。Ts「追記」の趣旨は明らかである。これにたいしSはテクストと「追記」を別々に見ておく必要がある。Sテクストでは、1553年に関しては何も記されていない。S「追記」では、セメン公の自白において、ことの発端が1553年のツァーリ発病にあったことが明らかにされる。しかしツァーリの病床の場で宣誓をめぐる「騒乱」が起きたかどうかはここからは明らかでない。というより病床の場のことについては何も記されていないのである。それゆえアリーシッツのように、両「追記」間に矛盾があり、

第3章　イヴァン4世（雷帝）治世（1533-1584年）

その主たる原因は Ts「追記」の方にあった（つまりこちらの方が「ねつ造」であった）、と決めつけることもできない[144]。問題は両「追記」間にあるというよりは、両「追記」と S のテクストとの間にあるというべきなのである。

　結論から言えば、おそらく基本的には S のテクストが記すように推移したと考えられる。というのも以下に見る通り、それは他の史料によっても裏付けられるが、両「追記」、とりわけ Ts のそれには問題が多すぎるのである。具体的にみておこう。

　まず Ts「追記」に多くの事実に反する記述のあることは容易に指摘できる。たとえば、すでにふれたが、誰もが「死期が近い」と考えるほどの容態であったツァーリが宣誓に躊躇する貴族らを詰問したり、ザハーリン家貴族らを叱責したりしたとされている点である。ツァーリが「重病」に陥ったことは、別の史料、たとえば『ニコン』の記述などにも記されているので[145]、少なくともツァーリの発病は事実であろう。しかしもし重体に陥ったとするなら、そのかれが長口舌をふるって貴族らを威嚇、叱責し、懇願したなどということがありえたとは思われない。Ts「追記」はこの点では誇張、ないし虚構であるといってよい。「騒乱」がおこったとする記述が疑わしいのである。

　一方著者は先に、後に清書された紙葉1.666の細密画（絵2-36）が、この点に関してテクストの内容を忠実に描出しているようにはみえないことを指摘しておいた（上述230頁参照）。こちらではツァーリは上半身を起こし、実際に貴族らに話しかける様子が描かれていたのである。もしこの描き方が正確であるならば、ツァーリと貴族間に何らかの（激しかったかどうかはともかく）やり取りが実際あったと考えることもできる。しかしおそらくはそうではなかろう。絵師はあくまでもテクスト（この場合は「追記」のである）に則って描写することが求められていた。つまり絵師は、テクストにツァーリと貴族間に激しい応酬（貴族らの「騒乱」）があったと記されていることを、かれなりに工夫して（つまり「重病」というテクストの記述には反するが、病気の程度をやや弱めて）表現したと考えられるのである。Ts「追記」の記述がこのような意味で虚構であったとする判断を変える必要はないと考える。

　Ts（あくまでも「追記」である）でとりわけ問題なのは、ウラジーミル・スター

リツキー公が公然と反ツァーリ的な行動に出たとする記述である。1553年時点でスターリツキー公側にそうした動きのなかったことは、わが国でも石戸谷がその詳細な史料分析によって説得的に論じている。石戸谷によれば、同公とツァーリとの関係が明確に悪化したのは1563年になってからのことであった[146]。ツァーリ権力とスターリツキー公など分領諸公との間が潜在的に常に緊張関係にあったことは否定できないが、イヴァン3世およびヴァシーリー3世(イヴァン雷帝の祖父と父である)の分領諸公への厳しい抑圧政策後、とくにイヴァン雷帝の親政開始以後の時期には、分領公が公然と反大公、反ツァーリ的行動に出ることはきわめて難しくなっていた[147]。一方分領公の存在(分領制の残滓)に過剰に反応したのは、その「クールプスキー宛書簡」などにもうかがえるように、雷帝の方であった。スターリツキーに対する公然たる攻撃はむしろ雷帝の側から一方的になされたと考えられる。

両「追記」間には「矛盾」のようにみえる記述がほかにもある。たとえば、Tsには宣誓を「拒否」、ないしそれに対し「消極的」であったと指弾された人物が、スターリツキー公を除いて計10名があげられている。ところがSではこれが7人(うち1は家門)だけで、しかもその内的構成にはだいぶ違いがある。すなわち、双方に共通するのは4人で(セメン・ロストフスキー、P.シチェニャーチェフ、I.トゥルンタイ-プロンスキー、D.ニェモイ)[148]、Sだけに記されるのが3人ないし家門(クラーキン一門、P.セレーブリャンヌィ、S.ミクリンスキー)、Tsのみに現れるのが6人である(D.クルリャーチェフ、F.アダーシェフ、I.シューイスキー、D.パレツキー、シリヴェーストル、N.フーニコフ)。この違いをどうみるか。両「追記」が同時期に、同一人物により書かれたことを前提にこれを説明できるであろうか。それは明快にというわけにはいかないが、おそらく可能である。少なくとも両記述が、宣誓「拒否(ないし消極)派」の人物に言及するに際して、相対立しているわけではないからである。双方に列挙された宣誓拒否派の誰一人として、ツァーリにたいし忠実とされた側には記されていない。それゆえ両「追記」の著者がすべてを、ないしは当該部分をねつ造したと考えるのでない限り、次のように考える必要がある。すなわち、ツァーリの病床には貴族を中心に、少なからぬ者たちが列なっており、両「追記」はそのなかの「拒否派」を別様に、全員ではなくとくに目立つ一部の者た

第 3 章　イヴァン 4 世（雷帝）治世（1533-1584 年）

ちを、それぞれに記載したのだと。若干の相違はこうして生じた。ここでも両「追記」が矛盾している、というわけではないのである。

　むしろ問題なのは、S「追記」が記す、セメン・ロストフスキー公にたいする「査問委員」のリストである。それは I. ムスチスラーフスキー、I. シェレメーチェフ、D. クルリャーチェフ、M. モローゾフ、D. パレツキー、A. アダーシェフ、I. ヴェシュニャコフ、D. ザハーリン（ユーリエフ）、V. ユーリエフ、N. フーニコフ、I. ミハーイロフ（ヴィスコヴァーティ）の 11 名であるが、ここには Ts において宣誓「拒否」派とされた人物が 3 人含まれているのである（クルリャーチェフ、パレツキー、フーニコフ）。これこそ矛盾とはいえないであろうか。

　しかしこれも説明できないことではない。たとえばパレツキーにかんしては、Ts の記述でも両義的に記述されており、断定的に「拒否派」と決めつけられていたわけではなかった。というより、そもそも査問委員の任命は 1554 年のセメン公逮捕後に行われたわけであり、もし本書著者が推測する通り、1553 年時点で宣誓「拒否」事件など起きていなかったとするなら、「拒否派」もその時点では存在しえなかったわけで、問題はなくなる。S「追記」の査問委員会リストにみられる「疑問点」は雲散する。

　以上のように、Ts「追記」の記述には明らかな問題もあるが、だからと言って、これを S（「追記」）との矛盾と考える必要はないのである。さまざまな不一致点は、「追記」の著者（監修者）に顕著にみられる、そのときどきの一種感情的な勇み足的記述（これが Ts の方により強く現れていたことは否定できない）にすぎないと思われるからである。おそらく 1553 年のツァーリ発病に際しては、幼子ドミトリーにたいする「宣誓」は、「騒乱」などなしに行われた。Ts「追記」は幼い皇子の帝位継承に不安を覚えた一部貴族らのある種の逡巡を、だいぶ時を経た後に反ツァーリ陰謀に仕立て上げた結果と考えるべきである。

　諸史料間の相違点、「矛盾」の問題との関連で、最後に第三の史料（雷帝のクールプスキー公宛て「書簡」）についてもふれておく必要はあるだろう。もっともこの「書簡」はそもそもの成り立ちからして論争的著作で、三史料のなかでももっとも感情的、主観的傾向が強く、事実史料としては取扱いに最大の注意が必要である。それは 1553 年「事件」にかんしては、とりわけシリヴェーストルとアレクセイ・アダーシェフ（Ts で非難されるフョードル・アダーシェ

245

フの子）にたいする非難で際立っている。

　なかでも問題なのは、アレクセイ・アダーシェフのほうに関してである。すなわち、Sではかれはロストフスキー公に対する査問委員の一人に名を連ねている。Tsにおいてもかれが反ツァーリ的であったとは一言も記されていない。それが「書簡」では、シリヴェーストルとともに「叛旗をひるがえし」、「わが幼子を殺害せんとした」とまで記されている。明らかな矛盾である。はたしてこれはどう理解したらよいのであろうか。しかしここでこの問題に立ち入る必要はなかろう。すでにかれについては、1550年代末まで雷帝の忠臣として国政において主導的役割を果たしていたことは立証されているからである。かれが雷帝の親政開始以後しばらく続いた改革政府の中心人物のひとりであったことは、研究史上ほぼ異論なく受け入れられている[149]。40年代末–50年代の改革政府を、クールプスキー公がそう表現し、その後広く受け入れられるようになった「選抜会議」政府（イズブランナヤ・ラーダ）の名で呼びうるかどうかについては、確かに疑問も出されているが[150]、A. アダーシェフの役割についてここで論じることはしない。かれが50年代末までツァーリの信頼をえていたことはほぼ疑いない事実であるからである。「書簡」の記述がこの点で事実に反していることは明らかである。

　それでは1554年のセメン・ロストフスキー公逮捕に始まる反大公「陰謀」のほうはどうであろうか。

　セメン公がリトアニアへ逃亡を企て、そのために逮捕・処罰されたことは事実と考えてよい。それはたとえば『ニコン』などほかの史料によっても裏付けられている。『ニコン』の1554年の項では、ニキータ公逮捕に始まり、セメン公逮捕、尋問と自白、死刑宣告、府主教の執り成し、ベロオーゼロへの流刑までが、Sのテクストとまったく同じ文言で記されている[151]。

　『ニコン』も『集成』も「公式的」な年代記であり、この部分でテクストが一致しているからと言って、その記述内容をただちに「事実」とするわけにはもちろんいかない。しかし同じ1554年にリトアニアへ派遣されたロシア使節F.V. ヴォクシェーリンに与えられた訓令は、重要な傍証となるであろう。すなわち、このとき使節にはとくに次のような指令がだされていた。かりにリトア

第 3 章　イヴァン 4 世（雷帝）治世（1533-1584 年）

ニア側からセメン公逮捕の理由をめぐって問い合わせがあった場合、使節は、それが公の「愚かさ」ゆえのことであったと回答することになっていたのである[152]。訓令はあくまでも外交の場を考慮したものであり、公逮捕の原因が真にそこにあったとは考えられない。というのも、もし公がたんに「愚か」であったのなら、極刑を宣告されるようなことはなかったであろうからである。ちなみに、この「愚か」（paloum'stvo/maloum'stvo）という言葉は、公自身が尋問に際して述べたとされる言い訳（S の記述）を想起させる。しかしそれはともかく、公がおそらくはリトアニアとの関係で何らかの不法行為を犯し、それゆえ逮捕・処罰されたであろうことはここからも明らかである。

　興味深いのは、国家文書庫に納められていたとされる「セメン・ロストフスキー公一件」にかんする調書である。調書自体は今日に伝わらないが、「ツァーリ・アルヒーフ目録」が保存されており、そこに「[調書は]第 174 函に納めらる」と記されている。そしてその上の箇所に「7071 [1563] 年 7 月 20 日、ウラジーミル・アンドレーエヴィチ[スターリツキー]公の件で君主のもとへ取られる[送付される]」という書き込みがみられ、最後の文（「君主のもとへ取られる」）が繰り返されているので、雷帝は同年（セメン公「一件」の 10 年後のことである）、スターリツキー公にたいする方針見直しとの関連でこの調書を二度にわたって取り寄せ、自ら調査にあたったと推測されるのである[153]。ここでは「セメン公の一件」がどのようなもので、何時のことであったのかは記されていないが、かれがスターリツキー公との関係で問題にされていたことが明記されているのである。

　それゆえ S のテクスト部分の信憑性はかなり高いと言える。問題は S の「追記」である。そこに言われていることはどの程度信頼できるのであろうか。それが Ts の「追記」とほぼ同時期に、同著者によって書かれたと先に推測したが、そうだとするとその記述をめぐっても慎重な取り扱いが必要となる。

　具体的に見ていこう。S の「追記」がとくに記すのは、セメン公が名門家門を軽んじるツァーリにたいし強い不満を抱いていたこと、リトアニア側にたいしモスクワとの講和締結を拒否するよう勧めたこと、そのため貴族会議の審議内容やモスクワの「窮状」（とくに征服後のカザン統治に関してである）を誇張して相手側に伝えたことなどであり、さらには 11 名からなる査問委員が任

命されたこと、審問の結果、スターリツキー公擁立の陰謀が暴露されたこと、公と考えを同じくする貴族らのリストについてなどである。これらすべてが「追記」作者による虚構、ねつ造と考える必要はない。セメン公がツァーリに不満を感じたり、リトアニア側にモスクワの窮状を伝えたりしたことは十分にあり得たからである。おそらく記述に誇張はあったと考えられるが、これらの点にかんし大きな問題は認められない。むしろ問われるべきは、公とともに逃亡を企てた者、また公にたいする査問委員とされた者らのリストの正確性であり、何よりもセメン公らの逃亡企図とスターリツキー公擁立計画との関連の問題であろう。もっともこれらについてはすでにふれた。Sが伝える逃亡を企図した者(ないし「宣誓拒否派」)や査問委員のリストには、明らかな疑問点はなかった。問題なのは、スターリツキー公擁立の陰謀についてうかがわせる記述である。これについてもすでにふれたが、陰謀を裏付ける証拠は存在しなかった。貴族層の間にかれにたいする一種の期待があったこと、スターリツキー公側にもそれにたいする何らかの意識があったであろうことは推測されるし、その可能性は排除できないが、公側にこの時点で明確な反ツァーリ陰謀ないし公然たる反ツァーリ的行動があったことまでをも裏付ける証拠はなかった。すなわちS「追記」の記述は、とくにスターリツキー公との関連で虚偽であることが濃厚なのである。そしてここにはツァーリ（ないしその意を体する者）がだいぶ時を経て後に（すなわち『集成』編纂の最終段階になって）、すでに処刑済みのスターリツキー公への事後的断罪、ないし同公処刑の弁明を改めて行おうとしたことが明確に示されているというべきなのである。

第5節　皇妃アナスタシーヤの崩御（1560年）

　1547年にイヴァン雷帝と結婚し皇妃となったアナスタシーヤは、1560年、30歳に満たない若さでその短い生涯に終止符を打った。
　この件については S, ll.489-490 ob.; Kn.23, s.247-251 において描かれる。2丁にわたって記されるテクストは簡潔であるが、まずはそれをみておこう。

　「大公妃アナスタシーヤの崩御。同年［7068/1560年］、8月7日、水曜日、

第3章　イヴァン4世（雷帝）治世（1533-1584年）

聖殉教者デオミドの記念の日、午後5時、全ルーシの敬神なるツァーリにして大公の皇妃、大公妃アナスタシーヤが身罷られた。」

「[皇妃は] フロロフスキエ門脇の城 [クレムリ] 内の [ノヴォ] ジェーヴィチー修道院のキリストのヴォズネセーニエ [教会] に葬られた。かの女はルーシのモスクワ国家の最初の皇妃であり、ツァーリなる大公と13年半の間、共に生きられた。ツァーリなる大公にはかの女から生まれた二人の男子が残された。皇子イヴァン7歳、皇子フョードル4歳である。かの女の葬儀に参列したのは」、「全ルーシの府主教マカーリー、クルチツキー主教マトフェイ、また掌院、修道院長ら聖なる全聖職者会議 [の成員] である。ツァーリなる大公とともに参列されたのは、かれの兄弟、ユーリー・ヴァシーリエヴィチ公、またヴォロジーメル・オンドレーエヴィチ公、ツァーリなるアレクサンドル・サファ-ギレーエヴィチ [ウチェミシ・ギレイのこと。カザン・カン、サファ-ギレイの子。父の死後自らカザン・カンに推されたが、カザン陥落を待たずにモスクワに帰順した。陥落時のカンはエディガル・メフメトである]、また貴族、高官らである。さらに多数の民衆のみならず、すべての貧民、身障者が町のいたるところから葬儀にやってきた。施しを求めてのことではない。悲しみ嘆き慟哭のうちにかの女を見送るためであった。かくて路上は民衆であふれ、皇妃のご遺体を修道院に運ぶのにひどく手間どったのである。ツァーリなる大公は悲嘆のあまり心も挫け、歩むこともままならず、両脇を抱えられて進んだ……」

S, l.489 ob. (Kn.23, s.248) の細密画をみてみよう（絵2-43）。

画面は二つの部分からなる。描かれる場所がクレムリ内であることが画面最下部にみえる城壁で示されている。前面（下部）には、棺に納められたアナスタシーヤと、その左側に帝冠をいただくツァーリ（30歳になっており、顎鬚がある）や貴族たち（帽子は脱いでいる）、右側に府主教以下の聖職者の一群が描かれている。その背後にみえる聖堂はテクストから判断すると（ノヴォ）ジェーヴィチー修道院であるが、正確に言えば、当時クレムリのフロローフスキエ門（市場、後の「赤の広場」側に通じる門の一つ、後のスパスカヤ塔）脇にあったのはヴォズネセンスキー修道院で、モスクワ郊外に1524年に創建さ

第2部　史料としての『集成』——モスクワ大公国の歴史はどう描かれているか——

れた新(ノヴォ)ジェーヴィチー修道院はここに修道院宿舎を有していただけであった（14世紀末からクレムリ内にあったジェーヴィチー修道院は、おそらく新修道院の創建とともにその存在を終えていた）。したがって棺が運び込まれたのはヴォズネセンスキー修道院の主聖堂（同名の教会）であろう[154]。上部に描かれるのが棺を修道院へ運び込む葬列の様子である。棺の中の皇妃は盛装に改められている。帝冠を着用するツァーリが葬列の左側に見える。二人の皇子も最上段左端に描かれている（かれらも五放射状の帝冠を着用している。幼いので顎鬚はない）。多数の頭部が描かれることで多くの男女（なかには民衆や貧民もいた）が参列ないし押しかけている様子が示されている。

先に、ツァーリとして戴冠したばかりのイヴァンが、直後にアナスタシーヤと結婚した場面を検討した（上記201-202頁）。以下では、アナスタシーヤの死が雷帝とかれのその後の統治にいかなる意味をもったかを明らかにすべく、遡って雷帝の最初の結婚がどのような経緯で成立するにいたったのか（ちなみに雷帝は生涯七度結婚したと考えられている）、アナスタシーヤとはいったいどのような女性であったのかについてみておきたい。

とはいうものの、かの女について実はあまり詳しいことはわかっていない。一般に女性についての記述が少ないというだけではない。ツァーリの結婚相手としては家柄がそれほど高くなかったことが大きい。かの女の父、ロマン・ユーリエヴィチ・ザハーリンは侍従官（オコーリニチー）であり、貴族ではなかった。おまけに娘の晴れ舞台を見ることもなく他界していた。ザハーリン家はいわゆる古参モスクワ貴族の家門で、イヴァン雷帝の父と祖父の時代には若干の影響力を有していた。とくにかの女の伯父、ミハイル・ユーリエフ（ユーリエヴィチ）-ザハーリンはヴァシーリー3世治世晩年に貴族に任じられ（1525年）、ヴァシーリー没後幼いイヴァンの後見人のひとりとなったとみる研究者もいる。しかしそのかれも1539年には没し、以後ザハーリン家は有能な指導者を失って、目立たぬ存在となっていた。この家門からロマノフ家が興り、その後ロシア帝国の皇帝家（ロマノフ王朝）となっていくが、それは動乱を克服した17世紀初頭以降のことである[155]。

当初若きイヴァンにはポーランド王女を后に迎えようとする動きがあった。しかしこの外交交渉は実を結ばず、方針が転換され、国内から同じ正教徒の候

第3章 イヴァン4世(雷帝)治世(1533-1584年)

補を求めることになった。花嫁候補選抜のため、全土に良家の子女を「見分」するよう指令が出され、その結果イヴァンの前に推挙されたのが、アナスタシーヤであった。かの女の生年は明らかでない。イヴァンとほぼ同年齢か少々下であったと考えられる。当時宮廷で勢力をふるっていたのはイヴァンの母方のグリンスキー家であったが、かれらはこの選択に反対しなかった。おそらくザハーリン家が同家にとって危険な存在とはみなされなかったからであろう。アナスタシーヤ自身もかつてのビザンツ皇女ソフィヤや「女君」といわれた雷帝の母エレーナ・グリンスカヤを想い起させるものは何もなく、これもグリンスキー家の警戒を呼ばなかった一因と考えられる。

　イヴァンとの結婚生活は13年ほどであった。その間かの女には男女それぞれ3人の子ができた。最初の男児ドミトリーについて、またかれが幼くして事故死したことについてはすでに記した(上記218頁および第2部注133を参照)。その後に生まれた上記テクストにもでてきたイヴァン(1554年生まれ)とフョードル(1557年)の二人だけが生き永らえた。ちなみにこのイヴァン・イヴァーノヴィチは父に似て才気煥発であったが、1581年にふとした諍いが原因で、父に打たれてまもなく息を引き取った。残されたフョードルの方は統治能力に欠けていたが、父の死後(1584年)ツァーリとして即位した。周知のとおり、フョードル治世は妻イリーナの兄ボリス・ゴドノフが実権を握った。フョードルの死(1598年)とともに700年続いたリューリク朝が断絶し、ボリスが帝位についてロシアの動乱が本格化したこともよく知られている[156]。

　さてそれではアナスタシーヤの死はいかなる意味をもったのであろうか。

　先に見たテクストからも明らかなように、その死は雷帝と時代に大きな衝撃をもって迎えられた。これをたんなる年代記の紋切り型の表現とみることは正しくない。

　まずまさに皇妃の死を契機に、雷帝は暴君に豹変したとする非難が沸き起こった。たとえば、クールプスキー公はその『モスクワ大公の歴史』において、1558年に始まり当初順調であったリヴォニアとの戦争がその後暗転したときに、ツァーリが自らの助言者である司祭シリヴェーストルと忠臣アレクセイ・アダーシェフに怒りを振り向けたと記し、さらに次のように続けている。

251

第 2 部　史料としての『集成』——モスクワ大公国の歴史はどう描かれているか——

「そのころツァーリの妻が亡くなった。するとかれら［ツァーリの「邪悪な追従屋たち」］はこれらの者［シリヴェーストルとアダーシェフ］がかの女にたいし魔法を用いたかのように言ったのである。（それはあたかもかれら自身が得意とし、また信じこんでもいることを、これら聖なる善人の身に負わせようとしているかのごとくであった。）するとツァーリは狂気に満たされ、すぐさまこれらの者のいうことを信じこんでしまったのである。」157)

クールプスキーは亡命直後ツァーリに宛てた自らの「第一書簡」（1564 年 5 月）においても、次のように記していた。

「何ゆえ汝のために生命を惜しまぬ善意の人々にたいし、前代未聞の苦痛と死と迫害とを考え出し、正教徒にたいし裏切者、魔法使いその他不当な罪をきせたのか。」158)

イヴァン自身、クールプスキーへの反論の書簡において、シリヴェーストルとアダーシェフが「わが皇妃アナスタシーヤには激しい憎悪をもって対し、かの女をあらゆる不信仰な皇妃らに比べる有様であった」と記し、さらにこの「不信仰な皇妃」とはビザンツ皇帝アルカディオスの后エウドキアのことであると、明らかにしている。エウドキアはかの女を公然と非難したコンスタンティノープル総主教聖ヨアンネス・クリュソストモスを迫害したことでよく知られた皇妃であった159)。

イヴァンがアナスタシーヤのことでシリヴェーストル司祭らの態度に憤りを感じていたことは確かである。しかしながらツァーリが憤ったのは、クールプスキーの主張するごとく「魔法」云々とは関係なく、より具体的な理由からであった。ツァーリ自身が司祭らの「魔法」に言及したことはなかったのである。かれはリヴォニア戦争が始まって間もなく、一家がモジャイスクにあった時（1559 年 11 月）のこととして、次のように書いている。

「わたしと皇妃、そして子供らがわれらの罪ゆえに病にかかるや、かれらはそれがすべてかれらのために、すなわちわれらがかれらに服従しなかった

第3章　イヴァン4世（雷帝）治世（1533-1584年）

がゆえに起こったと主張した。モジャイスクから病身のアナスタシーヤ皇妃とともに帝都［モスクワ］に戻ろうとしたときのあの辛い旅を思い出さずにおられようか。たった一語の不適切な言葉のゆえであった！　祈禱をささげ、聖地をめぐり、魂の救いと肉体の健康、またわが身とわが皇妃と子供らのまったき安寧のために聖所に寄進を行い誓いをたてること、われらはそれを願ったが、汝らの狡猾な策略によりその機会はまったく与えられなかったのだ。」[160]

リヴォニア戦争が始まって間もなく、一時休戦協定がなったとき、イヴァンはモジャイスクの奇跡行使者ニコラ修道院への巡礼の途上にあった。妻の病気回復祈願のためである。巡礼はリトアニア軍による協定違反の報が入ったため突如中断された。

『集成』S, 1.454 ob.（Kn.23, s.178）はこのときのこととして、次のように記す。

「ツァーリなる君主は直ちにモスクワへの帰還を望んだが、馬で進むこともそりで行くこともできなかった。長年続くぬかるみが常にもましてひどかったからである。かくしてわれらの罪ゆえに皇妃は発病したのである。」[161]

後年イヴァンは、クールプスキーに宛てたその「第二書簡」（1577年）において、この時のことを思い起こしつつ、次のように記している。

「私が汝らから蒙った災難をすべて列挙することはできないほどだ。汝らは何ゆえ私から妻を引き離したのか。もし汝らがわが若き后を奪い取ることがなかったなら、クロノスの犠牲もなかったであろうに。」[162]

すなわちイヴァンはアナスタシーヤの発病と死を、シリヴェーストルとアダーシェフらのリヴォニア戦争指揮の失敗に見ていたのである。具体的には、かれらの戦争への熱意の欠如がリヴォニア軍の休戦協定の破棄を招来し、その結果ツァーリ一家は巡礼の中断を余儀なくされ、モスクワへ戻らざるをえなくされたが、悪路もたたって（秋も深まり冬が近づいていた）旅路が困難極まる

ものとなった。そしてそのことが皇妃の発病、さらには死につながったと考えたのである。アダーシェフら当時のいわゆる「選抜会議政府」が南方のクリミア・カン国との戦争を最優先課題と位置づけ、リヴォニア戦には消極的であったことが研究者らによって指摘されている[163]。これがバルト海への進出を重視するツァーリの怒りの背景にあったことは疑いないであろう。いずれにせよ、イヴァンはとくに司祭シリヴェーストルのツァーリ一家、とりわけアナスタシーヤにたいする威圧的な態度に不満を募らせていたようにみえる。イヴァンの書簡中の「たった一語の不適切な言葉」が何を意味するか議論があるが、もしこれがアナスタシーヤの何らかの不用意な発言が司祭によってとがめられたと解釈できるならば、長らくツァーリの精神的教師として重きをなしてきたシリヴェーストルが、このころにはツァーリ一家にとって煙たい存在になっていたことを暗示するものと考えることができる[164]。

　先の雷帝「第二書簡」からの引用文中に「クロノスの犠牲」と書かれていた。クロノスはギリシア神話でゼウスの父とされる神で、血に飢えた巨人である。「クロノスの犠牲」が何を意味するかも微妙なところであるが、自然に、1565年に導入されたオプリーチニナ期の「テロル」のことが念頭に浮かんでくる。もしそうであるならば、アナスタシーヤの死が雷帝による大規模テロルのきっかけであったことをツァーリ自身が認めていたことになる。かれはシリヴェーストルらを必ずしも「魔法」で非難したのではない。しかしかれが自ら始めたリヴォニア戦争の泥沼化と皇妃の死の責任を、シリヴェーストルとアダーシェフに押し付け、論敵クールプスキーにもその一端を負わせようとしたことは確かであるようにみえる。

　アナスタシーヤの死をイヴァン雷帝とロシアの歴史にとって決定的とするクールプスキーらの見方は、近代の歴史学にも大きな影響を与えた。その代表が流麗な文章と巧みな筋立てで同時代の知識人に多大な影響を与えた作家、歴史家のN.M.カラムジンである。かれは1816年から20年余を費やして全12巻の『ロシア国家史』を著したが、雷帝治世にはその第8、第9巻が充てられている。かれは雷帝治世をいわば二分してとり扱ったが、治世を分かつ分岐点とかれが見たのがまさにアナスタシーヤの死であった。かれによれば、「燃えるような魂とたぐい稀な知力、特別な意志力をもって生まれた」イヴァンは、

早くに母を失って殺伐たる環境に幼少期を過ごした。こうして「権力欲と残忍性への嗜好」を植え付けられ、「奔放な気まぐれ」のままに民や周囲の者に乱暴し、犬猫を傷つけるにいたったツァーリが「悪政」に陥いるのは自然の成り行きであった（VIII: 49）[165]。だがこれを阻み、かれを「別人に変えた」のが「女性としてのすべての徳目……すなわち堅実な知性と結びついた無垢、謙遜、敬虔、多感、寛仁」（VIII: 58）を兼ね備えた皇妃の祈りと、「高名も名誉も富も求めぬ」「謙遜な司祭」シリヴェーストルの訓戒であった（VIII: 62-63）。良き妻と助言者（実際の統治においてはA.F.アダーシェフの指導があった）に恵まれたイヴァンの治世前半は「賢明なる節度、人間愛、柔和と平和の精神」に満たされた統治であった（VIII: 66-67）。だが「天はかれとロシアの運命に恐るべき変化を準備していた」（VIII: 188）。最愛の皇妃アナスタシーヤの死である。「ここにヨアン［イヴァン］とロシアの幸福な日々は終わった」（VIII: 188）。これに続くのは「ヨアンの圧制（tiranstvo Ioannovo）」であった。それはあたかも「ロシアを混乱につき落としずたずたに引き裂くために、地獄の底から送りだされた異国人の襲撃の嵐」にでも譬えられるべきものであった（IX: 10-11）。

　国民的作家としての揺るぎない地位を築いたカラムジンの以上のごとき雷帝観が、読者を魅了してやまない作家の才能豊かな想像力の産物であったことには注意が必要である。心理的分析に過度に傾斜するその歴史観を批判することはそれほど難しいことではない。カラムジンの雷帝理解がもつおそらく最大の問題は、雷帝治世を皇妃の死の前後で完全に二分し、後半、とくにオプリーチニナの否定面を極端に強調したことである。オプリーチニナを他から切り離し、これをもっぱら雷帝をはじめとする個々の人物の行動と心理という側面から説明しようとする方法が非歴史学的であることは言うまでもない。ただここではこうした雷帝観がその後のロシア人の理解にも多大な影響を与えたこと、そしてそれがすでに雷帝その人とその批判者クールプスキー公の著作に萌芽を宿していたことを指摘するにとどめておきたいと思う[166]。

第 2 部　史料としての『集成』——モスクワ大公国の歴史はどう描かれているか——

おわりに

　『集成』はさらに 1567 年の項まで続けて記述されている。本書でそれを見ることはしないが、雷帝治世を最終目標として始められた壮大な世界史とロシア史の記述は完成されることなく中断され、再び取り上げられることがなかったのである。

　晩年の雷帝治世に注目すべき事象がなかったわけでは決してない。しかし『集成』が編纂された時期（16 世紀 70 年代以降）のロシアが、やがて始まる「動乱」を前に多難な時代に入っていたことは明らかであった。入念な編纂作業を継続することは困難になっていたのである。

　本来ならば雷帝治世晩年の最重要事象と言ってもよい「オプリーチニナ」について、『集成』の記述がどうなっているかは確認しておく必要があるだろう。しかしそもそも公式的年代記がそれについて伝えることはそう多くはない。それは『集成』に限ったことではないが、ここで詳しく見ることをしなくとも、さほど大きな瑕疵にはならないと考えられる。

　オプリーチニナの導入に先立って、それを予告するかのような事件が起きた。雷帝の個人的友人で軍司令官、貴族のアンドレイ・ミハーイロヴィチ・クールプスキー公のポーランド・リトアニア王の下への亡命である（1564 年 4 月 30 日）。『集成』はこの件について、ツァーリに対する「裏切り」事件と明記している（S,ll.541-542;Kn.23,s.351-353）。しかしながらその年の 12 月の、雷帝の突然のモスクワ退去から翌年早々のオプリーチニナ導入とその後に至る経緯を記す箇所は、『集成』には欠けている。その理由を探ることは容易ではないが、事実として『集成』には 1564 年 10 月から 1566 年 4 月までの記述がみられないのである[167]。残念ながら本書の記述をここで終えざるを得ない所以である。

第2部・注

1) 『集成』テクストの史料問題については、近年検討が進みつつある。たとえば、Morozov, *Litsevoi svod v kontekste*.s.87-132.
2) 古ルーシ（キエフ公国）とビザンツ帝国との関係がいかなる性格のものであったかについて、本書の著者は、拙著『『ロシア原初年代記』を読む』でいささか論じたことがある（とくに第七章3、第九章2、同補論1）。
3) モスクワ大公国史に関する以下の考察においては、いうまでもなく『集成』のテクストと細密画を中心に据えてみていくことになるが、参照すべき他の年代記などの史料と関連研究文献は膨大である。史料についてはその都度注記したいと考えるが、文献については煩雑になりすぎるので、必ずしも個別的に典拠を示すことはしない。イヴァン3世治世（とくに本書で直接対象とするその後半期）に関しては、さしあたり、Bazilevich, *Vneshniaia politika*; Cherepnin, *Obrazovanie*; Zimin, *Rossiia na rubezhe*; Fennell, *Ivan the Great* またヴェルナツキー『東西ロシアの黎明』などを参照されたい。イヴァン3世の伝記としては、一般読者を想定したものではあるが学術的基盤に立つ、Alekseev, *Gosudar'* や Borisov, *Ivan III* をあげておきたい。
4) イヴァン3世をその存命中に「偉大な」（Velikii）と呼んだロシア史料は、管見の限りない。この呼び方は、その後ヴァシーリー3世期（16世紀前半）に神聖ローマ皇帝およびオーストリア大公の使者としてモスクワ入りしたヘルベルシュタインにみられる（Gerbershtein, *Zapiski*.s.68, 297）。おそらくかれのロシア滞在時にはこのように呼ぶ者がいたと考えられる。近代の歴史家カラムジンもかれを「最高度に偉大なる君主」と呼ぶ（Karamzin, *Istoriia Gosudarstva Rossiiskogo*.T.VI, s.215-216）。研究者ではたとえば上掲フェンネルが端的にそう呼んでいる（Fennell, *Ivan the Great*）。なお本書126頁に掲げたイヴァン3世の肖像画はA.Thevet, *Cosmographie Universelle*, 1555に掲載されたものであるが、本書ではFennellの前掲書から転載した。
5) イヴァン3世とソフィヤとの結婚に関しては、すでにすぐれた邦語文献がある（中村「ゾエの結婚」）。本書は『集成』における描写を中心にすえつつ、この結婚について改めて幾分か立ち入って考察することを目的としている。他の参照文献としては、すでに第2部注3にあげたもの以外に、Pierling, *La Russie*. vol.1, p.107-185.; Savva, *Moskovskie tsari*.s.1-57; Skrzhinskaia, *Rus', Italiia i Vizantiia*.s.180-237; Hellman, *Moskau und Byzanz* などを参照した。著者もまたかつて結婚の歴史的意味と背景について検討したことがある（拙稿「モスクワ第三ローマ理念考」）。
6) 最初期のモスクワ-イタリア関係史を彩るこのきわめて興味深い人物については、

Pierling, *La Russie*. vol.1, p.130 ff. が詳しい。ピルリンク（ピエルラン）によれば、かれは1455年ごろには故郷を離れ、海路クリミア半島のカッファに向かいタタール人の下で何年か過ごした後、遅くとも1459年にはモスクワ入りし、大公に仕えるに至っていたと考えられるという。かれの姉アンジェラ・デ・アンガラーノの遺言状（1459年）に、弟が「ロシアから帰国するまで」その相続分は留保される旨の記述があるという (ibid., p.131)。イヴァン・フリャージンはソフィヤの結婚のお膳立てに関わる大分前からモスクワで勤務していたことになる。この人物については後に改めて立ち返る。

7) Artsikhovskii, *Drevnerusskie miniatiury*.s.119

8) ピルリンクによれば、ボローニャの年代記記述者がソフィヤは当時24歳くらいであったと伝えているという。これによれば、かの女の生年は1448年ごろとなろう（Pierling, *La Russie*.1, p.165）。ソフィヤの生年、年齢についてはさらに下記第2部注53を参照。

9) モレアはビザンツ時代のペロポネソスのこと。ソフィヤの父トマスはビザンツ皇帝マヌエル2世の子である。トマスの二人の兄ヨハネス（8世）、コンスタンティノス（11世）も父を継いで皇帝となったが、後者の治世に帝国はオスマン朝トルコによって滅ぼされ、皇帝自身国家と運命を共にした（1453年）。このときトマスはモレアの君主であったが、これも1460年にはトルコに併合され、トマスは子どもたちを伴いローマに逃れた。トマスの子はソフィヤのほか、その兄アンドレアス、マヌエル、姉エレーナである。上の兄アンドレアスはソフィヤのモスクワ入りの後に「皇子」としてモスクワにも姿を現すなどヨーロッパ各地の宮廷を巡り、自身が継承したと主張する「帝位」の売却に奔走した。もう一人の兄マヌエルはその後1476年に征服者のスルタンの庇護を求めてオスマン帝国下のギリシアに戻っている。姉エレーナはセルビア公ラザル・ブランコヴィチに嫁いでいた。トマスの亡命先での「宮廷」は小規模で、当初は廷臣がわずか18人であったと伝えられる。それを「家令 majordome」として取り仕切ったのが、後述するゲオルギオス・トラハニオーテス（ロシアではユーリー・マヌイロヴィチ・トラハニオートと呼ばれた）である。以上についてはさしあたりオストロゴルスキー『ビザンツ帝国史』（第8章第4節）また詳しくは Pierling, *La Russie*.1, p.107-252（Livre II, Chapitre I, II）; Ti-khomirov, *Greki iz Morei* を参照。なお『集成』テクストでは、ベッサリオンの書簡のなかで皇女が「ソフィヤ」と呼ばれたかのようになっているが、ソフィヤはあくまでもかの女がロシア入りした後につけられた名である。枢機卿書簡では「ゾエ」と記されていたであろう。また『集成』ではビザンツ最後の王朝名（パライオロゴス）はBetkhoslovets と表記されている。これはギリシア語の palaios-logos の意味（すなわ

ち「古い」と「語(言葉)」をとって作られたルーシ語の造語である。
10) ソフィヤがモスクワに輿入れする前に、何度か結婚話があったことは事実である。ただしそれはミラノやフランスの君主との間ではなく、最初はロドヴィーコ・ゴンザーガ侯の子フェデリーコ、次いでイタリアの裕福な家門カラッチオロ家、さらにはキプロス王ジャン2世の非嫡出子との間のことであった。これらを教皇庁がお膳立てしたとは考えにくいが、いずれにせよ、いわば目立たない家門との間の話であった。それもさまざまな理由で、とくにソフィヤの側に大した持参金がないこともあって、実現することはなかったのである(Pierling, *La Russie*.1, p.120-130)。こうした過去の縁談に比べれば、モスクワとのそれはローマ側にとってはるかに魅力的に思われたことであろう。
11) *PSRL*.VI: 197(『ソフィヤ第二年代記』)
12) Pierling, *La Russie*.1, p.132-134. ピルリンクの指摘を受けて、その後スクルジンスカヤも、この結婚の発案と具現化においてイヴァン・フリャージンが母国ヴェネツィアの意向に沿いつつ決定的な役割を果たしたことを主張したが、かの女は、結婚のイニシアティブ自体はモスクワではなく、ローマにあったことを認めている (Skrzhinskaia, *Rus', Italiia i Vizantiia*.s.189-199)。モスクワ大公の外国出身の「勤務人」が活躍したからといって、イニシアティブがモスクワにあったとは必ずしもならない、ということであろう。
13) Bazilevich, *Vneshniaia politika*.s.70
14) 当時のロシアにおける反カトリック感情、またロシア人がそもそも「ローマ」をどうみたかについて、A.L. ホロシュケーヴィチが概観している。それによれば、ロシアの年代記では13世紀後半までは「ローマ」や「ラテン人」にたいしては一定の尊敬の念もみられ、反カトリック感情もさほど強いわけではなかった(13世紀アレクサンドル・ネフスキーの時代にドイツ騎士団との戦いのあったことなどはよく知られているが、そうした出来事もただちに反カトリック的な立場から書きとめられたわけではなかった)。これが変化し始めるのは14世紀であり、15世紀になってモスクワ国家の立場を代弁する知識人(著述家、年代記作者)らが、カトリック圏(リヴォニア、リトアニアなど)との接触の多いノヴゴロドやプスコフなどとの対立の中で反感を強めて行ったとする。フィレンツェ合同公会議やその後の推移(とりわけ1458年のリトアニア(キエフ)府主教座の成立と「キエフおよび全ルーシ府主教座」の分裂)もモスクワの反ローマ感情を強めた(Khoroshkevich, Katoliki論文)。なお本書の著者もキエフ期(9-13世紀初)のルーシにおけるカトリック観について若干検討したことがある(拙著『『ロシア原初年代記』を読む』818-848頁)。
15) Pierling, *La Russie*.1, p.160

16) *PSRL*.V-2: 189-192 (『プスコフ年代記』)
17) 当時ウスペンスキー聖堂は再建中であった。モスクワのウスペンスキー聖堂については13世紀末からその存在が知られているが、重要なのは14世紀初ウラジーミルからモスクワへ居を移したばかりの府主教ピョートルにより建立された石造の聖堂である。だがこれは一世紀半の時を経てイヴァン3世期にはすでに傷みが激しく、何よりも成長を続けるモスクワ国家の首座大聖堂としては規模も小さく見劣りのするものとなっていた。再建工事は、ソフィヤのモスクワ入り直前の1472年4月30日に府主教フィリップの下で開始された。その際にこの木造の副祭壇も設置されたと考えられる。ちなみに再建工事がほぼ完成した1474年5月20日、聖堂は突如崩れ落ち、工事は新たにイタリアから招き寄せた職人（後述するアリストテレ・フィオラヴァンティら）によってまったく新たに再開されなければならなかった。竣工したのは1479年8月12日のことであった。以上については『集成』においてもあらまし記述されているが（Sh, ll.27-30, 99-100 ob.; Kn.15, s.317-323, 461-463）、詳しくはさしあたり Tolstaia, *Uspenskii sobor*.s.5-8 を参照。
18) ロシアの諸年代記はモンゴル人を通常「タタール」と呼んだ。この点を含めロシアにおけるモンゴル支配の構造や歴史的意味をめぐる研究状況については、拙著「タタールのくびき」および拙稿「〈ロシアとモンゴル〉覚書」をご覧いただきたい。
19) 「ウゴールシチナ」Ugorshchina は年代記にみえる用語である（たとえば『ニコン』*PSRL*, XII: 200 など）。研究史上は「ウグラ河畔の対峙」Stoianie na r. Ugre などと表現されることが多い。1480年の出来事は、『集成』以外に後にあげる諸年代記でも記述されているが、独立の作品としても読むことができる（たとえば、*BLDR*. T.7 (Vtoraia pol. XV v.), s.380-385, 549-552. これは『チポグラフスカヤ年代記』*PSRL*. XXIV: 199-202 のテクスト（1480-1481年）を「ウグラ河畔の対峙の物語」と題して採録したものである）。なお1480年をどうみるか、これをロシアが「くびき」から脱却した年とみるか、それともほとんど意味を認めないかについても研究史上複雑に議論されている。ロシア・ソヴィエトの研究者の多くは前者の立場をとるが、決定的な会戦が行われたわけではなかったこともあり、後者の立場に立つ研究者も少なくない。本書はこの年の出来事を『集成』がどう描いているかに焦点を合わせ、その歴史的意義に関する議論には立ち入らない。この件に関する研究文献は多いが、なかでも史料（年代記）の取り扱いなどの点も含めて参考になるのは、Bazilevich, *Vneshniaia politika*.s.94-152; Cherepnin, *Obrazovanie*.s.874-887; Nazarov, Konets zolotoordynskogo iga; Lur'e, Konets zolotoordynskogo iga (Ugorshchina); Alekseev, *Osvobozhdenie Rusi*; Halperin, *The Tatar Yoke*（p.149-166）などである。邦訳のあるハルパリン（『ロシアとモンゴル』109-131頁、ただしこれはここにあげた著書ではなく、別の Hal-

perin, *Russia and the Golden Horde* の訳である）は、中世ロシアの年代記作者（ほとんどが聖職者である）がモンゴルのロシア征服を「支配」と認識することを回避し、それゆえ「解放」があったことをも認めようとしなかったと主張する。いわゆる「沈黙のイデオロギー」という考え方である。これをキーワードとしたかれの独特の解釈は興味深いが、これにたいする本書著者の見解は、拙稿「〈ロシアとモンゴル〉覚書」38-42 頁を参照されたい。

20) ロストフ大主教ヴァシアン・ルィロのウグラ河畔のイヴァン 3 世に宛てた書簡は、『集成』を含む諸年代記に採録されているが、単独でも伝えられ、それがさまざまな形で刊行されている（たとえば、*BLDR*.t.7 (Vtoraia pol. XV v.), s.386-399, 553-555 など）。この「書簡」の写本や研究状況については、*SKKDR*.XIV-XVI v.Ch.1, s.123-124 (Ia.S.Lur'e) を参照。

21) 『集成』においてこの点は、アレクサンドル・ネフスキー公のオルダー参り（1247年）を描く細密画などからも確認できる。すなわちすでに第 1 部でみた絵 1-10（G, l.379; Kn.6, s.119）は、ネフスキー公がバトゥ・カンに面会する場面を描いていたが、そこではバトゥ（「帝冠」を頭上においている）は一見して欧風の装いをしている。かれの本営も欧風の建物である。またとくに掲げることはしないが、G, l.380; Kn.6, s.121 の絵は、バトゥ軍がロシアを攻略した後にハンガリーを襲う場面を描くが、ここのタタール戦士も遊牧民の装いではなく、すでに定住化して久しいハンガリーの人々と同様の姿で描かれる。こうした例は数多くみられる。

22) Artsikhovskii, *Drevnerusskie miniatiury*.s.44-55

23) ibid., s.59-63

24) アルツィホフスキーによれば、『集成』における大砲の描写は概して正確である。かれによればロシアで大砲が最初に用いられたのは 1382 年（トクタムィシ軍に対するモスクワ防衛戦）のことである。また 15 世紀中葉にイタリアで初めて導入された砲架（lafet）がロシアに入ったのは（ドイツ経由か）、16 世紀半ばのことという。もしそうであるならば、この絵は後の『集成』編纂時（つまり 16 世紀 70 年代以降）の状況を表現していることになる（ibid., s.50-55）。初期中世ロシアの軍事、とりわけ火器の発展についてはさしあたり、Kirpichnikov, *Voennoe delo na Rusi v XIII-XV vv*.s.77-94 を参照。キルピーチュニコフによれば、「ウグラ河畔の対峙」は大砲がロシアで最初に効果を発揮した実戦である（Kirpichnikov, Voennoe delo srednevekovoi Rusi.s.67）。ただしこの段階での大砲の技術的完成度を考えると、大砲（火器）をこの「勝利」の決定的な要因と過大に評価することはできない（Alekseev, *Osvobozhdenie Rusi*.s.105-106）。

25) ほぼ一世紀後に A・クールプスキー公によって書かれた著作（『モスクワ大公の

歴史』)の中にみえる表現ではあるが、イヴァン・マラドイが世にそのように謳われていた可能性はある。イヴァン4世雷帝の激烈な批判者であるクールプスキー公はここでイヴァン・マラドイを称えることによって、かれおよびその妻（エレーナ・ヴォロシャンカ）とライバル関係にあったソフィヤ、さらにはその子ヴァシーリー3世（雷帝の祖母と父）、そして究極的には雷帝その人を貶めようとしたといえよう (*Sochineniia Kurbskago*.s.272; Kurbskii, *Istoriia o delakh*.s.130)。なおクールプスキーのこの作品には以下繰り返し言及するが、本書では1914年にG.Z.クンツェーヴィチが刊行した版を利用する。ただし近年 (2015年) K.Iu.エルサリームスキーにより新たな校訂本が刊行されたので、そのページ数も合わせて記すこととする。この作品はさらに、*BLDR*.T.11 (XVI v.), s.310-479, 659-668（テクストの校訂および解説、コメンタリー A.A.Tsekhanovich、現代語訳 A.A.Alekseev）においても読むことができる。

26) Podobedova, *Miniatiury*.s.202-204

27) 主に Bazilevich, *Vneshniaia politika*.s.94-152; Alekseev, *Osvobozhdenie Rusi*.s.77-116 による。

28) 16世紀中ごろに成立した『ヴォログダ‐ペルミ年代記』1480年の項に、ウグラ河畔にあったアフマト・カンがモスクワから派遣された使者にたいし、大公自身がカンの下に出頭するよう要求し、そのうえで「余にタタール税が支払われなくなって9年」と怒りの言葉を発したことが記されている（*PSRL*.XXVI: 265)。ここから判断すると、イヴァン3世がタタール税の支払いを停止したのは1472年ごろということになる。バジレヴィチによれば同年代記の別の版ではこれが「5年」となっているという。この場合は1476年ごろの支払い停止ということになる（Bazilevich, *Vneshniaia politika*.s.108)。イヴァン3世によるタタール税支払いの停止（ないし拒否）は当時の他の多くの年代記には記されていない。その理由をバジレヴィチは、「偉大なる」イヴァン3世の名誉を傷つけたくないとする年代記作者らの配慮に求めている。税支払い停止への言及は、それまでのモスクワがタタールに臣従していた事実をことさらに強調することになるので、年代記作者らは「故意に沈黙すること」にしたとするのである (ibid., s.109)。

29) *PSRL*.XXVI: 264-265. 対峙中のロシア・タタール間の休戦をめぐる交渉の経緯については、Alekseev, *Osvobozhdenie Rusi*.s.108-110 が詳しい。

30) 拙稿「モスクワ国家における貴族の退去権」を参照。

31) 年代記の中には、たとえば『ヴォログダ‐ペルミ年代記』がそうであるが、ソフィヤが「子らとともに……ドミトロフへ、そこからベロオーゼロへ船で行った」とより踏み込んで記すものもある（*PSRL*.XXVI: 264)。なおソフィヤの子らについて詳

しくは後述する（178頁）。

32) *PSRL*.VI: 224.

33) *PSRL*.VI: 232. なお引用文中の「[かの女に同道した] 貴族 [夫人たち] のホロープ」の [　] の部分は、以下に掲げる他の諸年代記を参照して訳者が補ったものである。逃げたとされるソフィヤにはお付きの貴族夫人らが同道しており、その従者ら（「ホロープ」）により途中の町や村が甚大な被害を被ったことが他の諸年代記の記述からうかがえるのである。すなわち『ソフィヤ第二』と類似の記述は、同系統の『ソフィヤ第一』（*PSRL*.VI: 21）にも、また『ノヴゴロド第四年代記』（*PSRL*.IV: 524,「ドゥブロフスキー写本」）や『リヴォフスカヤ年代記』（*PSRL*.XX-1: 347）、『チポグラフスカヤ年代記』（*PSRL*.XXIV: 201）、『15世紀末モスクワ年代記集成』（*PSRL*.XXV: 328）などにもみられるのである。ソフィヤが自ら逃亡したとする説がきわめて広く流布していたことがわかる。

34) Gerbershtein.*Zapiski*.s.68

35) Tatishchev, *Istoriia Rossiiskaia*.T.VI, s.67. タチーシチェフは、ソフィヤのタタール支配に対する批判的な態度を裏付ける典拠を挙げていないが、おそらくは上にみたばかりのヘルベルシュタインはその一つであろう。ほかに年代記の中では17世紀の『グスティンスカヤ年代記』がかれに一つの根拠を与えたと考えられる。そこでは次のように記されている。「このような隷属と不幸に耐えかねて、専制君主 [Tiran] と呼ばれ、公の中で [もっとも] 偉大で勇敢なこのイヴァン・ヴァシーリエヴィチが、ペロポネソスのデスポト、フォマ・パレオローグ [トマス・パライオロゴス] の娘であるギリシア人のその妻アンナの懇請をいれ、タタールを追い出した。」（*PSRL*. XL: 143）ここでアンナとされるのが誤りで、ソフィヤのことを言っているのは指摘するまでもない。この年代記そのものの信頼性は問題となるところであるが、いまその問題はおくとして、ビザンツ皇帝家の血筋を引くソフィヤが、強力な君主権の主張者としてイヴァン3世に大きな影響力をふるったとする風評が根強くあったことは、ここからもうかがえるであろう。

36) Cherepnin, *Obrazovanie*.s.879-882. モスクワ市民の動向は、チェレプニーン以外にもチホミーロフやアレクセーエフら他のソヴィエト研究者も注目するところであったが（Tikhomirov, *Srednevekovaia Moskva*.s.231-237; Alekseev, *Ocvobozhdenie Rusi*. s.99-102）、そこにはややニュアンスの違いも見られる。たとえばアレクセーエフなどは支配層と市民層の階級的対立関係を前提としたチェレプニーンの見方には批判的で、両者が一体となって外敵に対抗しようとした点を重視している。いわゆる絶対主義興隆期における王権と都市民の同盟関係を強調した見解であるが、これがロシアの当時の状況に当てはまるかどうかは微妙である。

37) Bazilevich, *Vneshniaia politika*.s.121-133

38) なおソフィヤを「ローマ女」と記すのは、既述のとおり『ソフィヤ第二年代記』であったが、かの女に対してはさらに、というかむしろより多く、「ギリシア女」とする非難もみうけられた。先に引用したヘルベルシュタインがそうであり、イヴァン雷帝の批判者クールプスキーにもみられる。かれらにあっては「ギリシア」も、正教を捨て去ってローマ教会との合同に走ったがゆえに亡国の憂き目にあった、否定されるべき存在にほかならなかったのである。

39) 『15世紀末モスクワ年代記集成』は1468–1471年の記述の中でイヴァン・マラドイを初めて「大公」と呼び、それ以来首尾一貫して「大公」と表記している (PSRL. XXV: 288 sl.)。厳密にいつの時点でイヴァン・マラドイが「大公」に任じられたかについてつきつめて検討した研究者は多くない。この件についてドイツのP. ニーチェがやや立ち入った考察をしている。かれは、イヴァン3世が1471年にノヴゴロド遠征をおこなった際に、子のイヴァンを「大公」と宣言し、かれを共同統治者に引き上げたと推測している (Nitsche, *Grossfürst*.S.87-94)。

40) イヴァン・マラドイは『集成』によれば、6998 (1490) 年3月7日に「足の通風」(kamchiuga v nogakh) が原因で亡くなった。ヴェネツィアからきた「医師、ユダヤ人マエストロのレオン lekar' zhidovin mistr Leon」が治療に当たったが、救うことができず、医師自身がイヴァン3世にたいし長子の治癒を「生命を賭して」保証していたこともあり、40日の追悼会の後の4月22日に首を刎ねられたという (Sh, ll.427 ob.-430; Kn.17, s.108-113)。『ニコン』にもまったく同じ記述がある (PSRL.XII: 222)。この共同統治者の死については、その後おぞましい噂がささやかれたようである。たとえば、A. クールプスキー公は、イヴァン3世自身とその後妻ソフィヤが最初の結婚からの子を「毒殺した」とする噂のあったことを記している (*Sochineniia Kurbskago*.s.271-272; Kurbskii, *Istoriia o delakh*.s.130)。大公と後添いによる前妻の子の毒殺という噂の背景には、上記の医師レオンが、その直前にソフィヤの兄アンドレアスに同行してモスクワ入りしていたという事実があったように思われる。つまりはソフィヤが後ろで糸を引いていると疑われたのである。これも万事をソフィヤの所為にしようとする広く見られる傾向の一つと考えられるが、いずれにしてもソフィヤ（とその孫イヴァン4世）に対し激しい敵意を示すクールプスキーの、事件後ほとんど一世紀も経た後の記述である。これをそのまま事実として信じるわけにはいくまい。

41) これについては第2部注3にあげた諸文献を、またとくに Fennell, *Ivan the Great*. p.315-352, 355-361; Fine, "The Muscovite Dynastic Crisis" を参照されたい。

42) Lur'e, *Ideologicheskaia bor'ba*.s.383-386; Nitsche, *Grossfürst*.S.128-134

43) *PSRL*.VI: 279. ほぼ同じ記述が *PSRL*.XII: 263(『ニコン』付録)に収録されている。
44) Savva, *Moskovskie tsari*.s.142-143
45) 核心部分の原文は以下の通りである。…, kniaz' Vasilei Dmitreevich' siade na velikom kniazhenii Volodimerskom, na stole ot tsarstva svoego i deda i pradeda, a posazhen tsarevym Taktamyshevym poslom Shiakhmatom (下線は本書の著者による)。ヴァシーリー1世は自ら父祖から受け継いだ伝統的権利でウラジーミル大公位に座したが、同時にそのことをツァーリ(カン)から使者を通じて裁可された、ということであろう。
46) *DDG*.No.61, s.194
47) 1498年戴冠式については、*PSRL*.VI: 241-243; VIII: 234-236; XII: 246-248; XX: 366-368; XXVIII: 330-331などにほぼ同じ内容の記述がみられる(もちろんこれらには細密画はない)。最後者(『1518年の年代記集成』)については田辺が邦訳を試みている(同「モノマフの王冠」)。
48) この箇所に続いて府主教シモンが祈る場面が記述されるが、その部分の原紙葉に2丁分ほどの落丁がある。この部分を前注にあげたその他の年代記によって補うならば、おそらくここにはイスラエルのダビデ王の例が記され、それとの関連で「塗油」(pomazat') の語が用いられていた (*PSRL*.VI: 241-242; VIII: 235; XXVIII: 330-331 など)。『集成』テクストに、戴冠式で府主教が実際にドミトリーにたいし塗油の儀式を行ったとする記述はないが、少なくともこの時点で『集成』編者にその認識があったことは疑いない。
49) 既述の1498年戴冠式に際して作成されたと考えられる『戴冠式規定』には「冠」とあるだけで、「モノマフ」の名は現れない (Barsov, *Drevnerusskie pamiatniki*.s.33, 35)。それが現れるのが『ウラジーミル諸公物語』であり、『集成』を含む諸年代の記述においてである。『物語』と「モノマフの冠」については本書第1部第4章を参照。
50) Artsikhovskii, *Drevnerusskie miniatiury*.s.131
51) *DDG*, No.89, s.354; Zimin, *Rossiia na rubezhe*.s.232, 314
52) 『集成』は、7012(1504)年1月18日「大公妃エレーナ・ヴォロシャンカが幽閉されたまま」(v niatstve) 亡くなり、その亡骸は「モスクワのヴォズネセーニエ[主の昇天]教会に安置された」と、不遇のまま亡くなったことを包み隠さずに記述している (Sh, l.645 ob.; Kn.18, s.46)。ドミトリーの場合も、同じく『集成』に、7017(1509)年2月14日「敬神なる大公、孫なるドミトリー・イヴァーノヴィチ」が「牢獄で」「困窮のうちに」永眠した、と記される。その棺は、クレムリ内の大公家の霊廟であるアルハーンゲリスキー聖堂に父イヴァン3世のそれの傍らに安置された (Sh, l.698; Kn.18, s.151)。意外ではあるが、ドミトリーもエレーナも没後は大公家の一員とし

第 2 部　史料としての『集成』——モスクワ大公国の歴史はどう描かれているか——

て丁重に葬られたのである。なおドミトリーの死については後注 59 に記すように、ヘルベルシュタインが、獄中飢え死にした、ないし「煙で窒息死」させられたという噂のあったことを伝えている。また A・クールプスキーにも、雷帝の祖父イヴァン 3 世によって「絞殺された」とする記述がある（Sochineniia Kurbskago.s.271-272; Kurbskii, Istoriia o delakh.s.130）。ドミトリーの死はイヴァン 3 世没後のことであるので、これはもちろん事実ではない。ヘルベルシュタインにせよクールプスキーにせよ、とくに後者の場合は、雷帝批判を目的としたほとんど一世紀も後のきわめて傾向的な記述であるので、そうした噂がそれぞれの時代に流布していたことを示すものではあっても、確実な事実を伝える情報とはいいがたい。

53）ソフィヤ崩御については『集成』Sh, l.631 ob.; Kn.18, s.18（7011/1503 年 4 月 7 日の項）に記される。棺は「モスクワ城［クレムリ］のヴォズネセーニエ教会」に安置されたが、これは前注に記したエレーナの場合と同じ教会であった。この教会はクレムリのフロロフスキエ（後のスパスキエ）門脇のヴォズネセンスキー女子修道院内にあった。相互にライバルであった二人の大公妃は等しく手厚く葬られたのである。なおこの修道院には、後述するように、イヴァン雷帝の最初の后アナスタシーヤの棺も収められた。つまりこの修道院は、1387 年にドミトリー・ドンスコイの后エウドキヤによって創建されて以来、モスクワ大公家、そしてその後もロマノフ朝の皇妃の菩提所であった。この修道院と教会はロシア革命後の 1929 年に、ソヴィエト政府の決定で完全に撤去されて今日存在しないが、撤去に際して、ソフィヤの棺などはクレムリ内のアルハーンゲリスキー聖堂に、19 世紀初頭に増築された部分の地下に移されたという。これについてはさしあたり、Russkie monastyri i khramy.s.112-114 を参照。ところでこの時棺が開けられて、なかに納められていたソフィヤの頭骨が人類学的調査に付されたが、この調査をもとにして 1994 年に法医学の専門家で彫刻家でもある S.A. ニキーチンがかの女の顔面の復元を試みた。その頭部復元彫刻写真は Panova, O zakhoronenii Sof'i.Ris.6 などにみることができる（本書 131 頁に、Borisov, Ivan III から転載）。T.D. パノーヴァによれば、このときの頭骨調査からソフィヤは享年 50–60 歳であったと推測されるという。パノーヴァはソフィヤの生年を 1443–1449 年と考えている（Panova, O zakhoronenii Sof'i.s.103-104; Filiushkin, Vasilii III.s.19）。ソフィヤの生年を記す確実な史料はないが、すでに記したとおり、ピルリンクなどはソフィヤが 1472 年にモスクワ入りしたとき 24 歳ぐらいであったとする情報のあることを紹介している。この情報に従えばかの女は 1448 年ごろの生まれということになる（上記第 2 部注 8 参照）。

54）正式なタイトルは『大公ヨアン 3 世イヴァーノヴィチの孫なるドミトリー・イヴァーノヴィチ公の大公位への戴冠式規定』である（Barsov, Drevnerusskie pamiat-

niki.s.32-38)。バールソフは自身が刊行したテクストを式自体と「同時代」のものと考えている (ibid., s.32, prim.1)。近年の研究ではこれには疑義も出されているが (Bogdanov, Chiny venchaniia.s.211-212)、本書でこの問題に立ち入ることはできない。さしあたり Zimin, *Rossiia na rubezhe*.s.149 を参照（ジミーン自身はバールソフのテクストはともかくとして、『規定』自体については同時代説をとっている）。1498 年の戴冠式とその『規定』については、『集成』を含む諸年代記にも記述されているが、そのうちもっとも早い段階のテクストを伝えるのが、すでにふれたが、「1518 年のコーデクス（年代記集成）」といわれる（PSRL.XXVIII: 330-331、本書第 1 部注 112、第 2 部注 47 を参照）。

55) この時期に著された数多くの社会時評的作品はモスクワ国家の強化と専制理念の形成と深く関わっているが、これについては次を参照されたい。Budovnits, *Russkaia publitsistika*; Lur'e, *Ideologicheskaia bor'ba*（とくに s.346-499）。

56) 『物語』の成立史（とくにそれと、いわゆるスピリドン・サヴァの「書簡」の関係）をめぐっては、かつて本書の著者も検討したことがあるが、R.P. ドミトリエヴァ、A.A. ジミーン、Ia.S. ルリエー、A.L. ゴーリドベルクらの間で論争があり、著者は当時暫定的にドミトリエヴァ説に従った（拙稿「『ウラジーミル諸公物語』」30-34 頁）。しかしここではジミーンの見解によっている。ジミーンはその後の著書において自説の補強を試み、改めてその正当性を主張している（『物語』のチュードフ写本版を原初的とし、1498 年戴冠式との関連性を主張する。Zimin, *Rossiia na rubezhe*. s.149-159)。問題がこれで決着したというわけにはいかないが、いずれにせよ本書の著者は、モスクワの専制理念や国際的地位上昇の自覚がイヴァン雷帝期に突如噴出したというより、その祖父イヴァン 3 世治世後半（末期）から徐々に醸成されてきたと考えており、その意味でイヴァン 3 世治世がもつ重要性を強調しておきたいのである。

57) Barsov, *Drevnerusskie pamiatniki*.s.36

58) DDG.No.85, s.344. 同 s.575 に説明のコメントがある。174 頁に掲載した図（線画）は Soboleva/Artamonov, *Simvoly Rossii.s*.17 による。「双頭の鷲」の紋章は、タチーシチェフ (Tatishchev, *Istoriia Rossiiskaia*.T.I, s.370) を皮切りに、オストロゴルスキー（『ビザンツ帝国史』727 頁）など多くの研究者が、イヴァン 3 世がソフィヤと結婚したのを契機にビザンツから採用したと主張して、ビザンツ起源説が広く唱えられるにいたったが、G. アレフがその後主張したように、ドイツ（神聖ローマ）帝国の影響をも（それだけを主張するわけにはいかないとしても）考慮に入れるべきであろう (Alef, The adoption 論文)。A.L. ホロシュケーヴィチは、これをとくにソフィヤと関連させるビザンツ説を批判しつつ、ドイツ帝国の重要性を承認する一方で、さらに

それが古今東西の歴史において広く見られる聖俗の権力の象徴であったことを指摘し、どこから、あるいはどこの影響で導入したかよりは（というのもそれが広く見られる図柄であったからである）、この時期のロシアで強力な集権国家のシンボルとして採用されたことの重要性を主張している（*Gerb i flag*.s.112-142）。

59) Gerbershtein, *Zapiski*.s.66. ヘルベルシュタインのソフィヤに関するこの部分の記述全体を以下に引用しておく。「噂では、ソフィヤはたいへんずるがしこく、公［イヴァン3世］はかの女に唆されて多くのことを行ったという。人々がとくに口にするのは、かの女が夫を説き伏せて孫のドミトリーから大公位を奪い、代わってガヴリール［ヴァシーリー3世］を据えたことである。公は妻のたっての願いによりドミトリーを獄に投じ、そのままそこに監禁してしまったというのだ。ただ死の直前、かれはドミトリーを自分のもとに呼び寄せ、次のように言ったという。『愛する孫よ、わたしは神と汝の前に罪を犯した。汝を牢に閉じ込め、汝の正当な継承権を奪ってしまった。だが汝が被った侮辱について、わたしを赦してほしい。汝は自由の身だ。自分の権利を行使するがよい。』この言葉にいたく感激したドミトリーはよろこんで祖父の罪を赦した。しかしながらかれが牢を出るや、叔父ガヴリールの命令で捕らえられ、投獄されてしまった。ある者はかれが飢えと寒さで死んだという。別の者はかれは煙で窒息死させられたという。ドミトリーの生前、ガヴリールはたんに統治者 Gubernator と称していたが、ドミトリーの没後は公権 principatus を我がものにしてしまった［大公となった］。ただ戴冠式は行われず、名をガヴリールからヴァシーリーへと変えただけであった。」なおヴァシーリー3世は、聖人バシレイオス（パリーシュキー）にちなんで名づけられたが、『集成』Sh, l.288-288 ob.; Kn.16, s.355-356 によれば、誕生日1479年3月25日が大天使ガヴリールの祝日の前夜であったので、ガヴリールとも呼ばれた。それゆえヘルベルシュタインがヴァシーリー3世を「ガヴリール」と呼んだのは、間違いではない。おそらく幼少時にはそう呼ばれることが多かったと推測される。

60) クリュチェフスキー『ロシア史講話』2, 189-192頁。Bazilevich, *Vneshniaia politika*. s.79; Zimin, *Rossiia na poroge*.s.283

61) *Sochineniia Kurbskago*.s.326; Kurbskii, *Istoriia o delakh*.s.188. クールプスキーはここではソフィヤの名を出さず、「ギリシアの魔女」charodeitsa Grecheskiia と記す。また *Sochineniia Kurbskago*.s.271; Kurbskii, *Istoriia o delakh*.s.130 では「汝［イヴァン雷帝］のギリシア人祖母」Grechkaia baba tvoia とも表現する。

62) 宮野『「ノヴゴロドの異端者」』

63) イヴァン3世とソフィヤとの間に生まれた子らに関しては、本書は基本的に Nitsche, Die Kinder Ivans III 論文に依拠した。生年などに関し典拠を示して論じる

A.A. ジミーンも参考になる（Zimin, *Rossiia na rubezhe.* s.66-67,283,prim.44）。子の数や生年をめぐっては、研究者により見解が大きく異なっている。数を 12 人とするのは近年の T.D. パノーヴァや、イヴァン 3 世およびヴァシーリー 3 世の伝記の著者 N.S. ボリーソフ、A.I. フィリューシキンらである。ただしかれらが十分な根拠をもってそのような結論に到達したかどうかは疑問である。少なくともかれらはこの件について特別な考察を加えてはいない。こうした状況の中で多くの研究者は、長生きした子を 8 人とする点ではおおむね一致している。本書が依拠するドイツの研究者 P. ニーチェは、これまでの定評ある（ただしやや時代遅れとなった感のある）諸系図（N.de Baumgarten, W.Dworzaczek, A.V.Ekzempliarskii、さらには 1966 年の *Istoriia SSSR,* Bd.1 など）を批判的に総括しつつ、イヴァン 3 世の子らの誕生について 5 度以上言及している全部で 17 の年代記の情報を考慮に入れながら、もっとも蓋然性の高い結論を導き出そうとしている。ニーチェは結論的に子の総数を 9 人とみている。うち 8 人は上記の者らであり、これに 1474 年に生まれた（すなわち結婚からの最初の子である）が、間もなく死去したエレーナが加わる。ニーチェの到達した結論で、おそらくこれまでの通説ともっとも異なると考えられるのは、フェオドーシヤに関してである。従来かの女は 1485 年生まれと考えられてきた（過半の年代記にそのように記述されている。上記バウムガルテン、ドゥヴォジャーチェクらはこれを採用した）。場合によってはフェオドーシヤという名の子は二人いた（それぞれ 1475 年と 1485 生まれ）と考えられることもある。イヴァン 3 世にエレーナ名の子が二人いたことはほぼ確認できるので、これもありえないことではない。ニーチェはその可能性は低いとみなし、別のいくつかの年代記に記載されている 1475 年をより信憑性が高いと判断したのである。

64）Bazilevich, *Vneshniaia politika.* s.293-298, 拙著『『ロシア原初年代記』を読む』839-840 頁。「ポーランド王妃にしてリトアニア大公妃」エレーナ・イヴァーノヴナから父イヴァン 3 世に宛てられた書簡（1503 年）について、またエレーナのポーランド・リトアニアにおけるその後の運命については、さしあたり Lur'e, "Elena Ivanovna" 論文をみられたい。エレーナが弟ヴァシーリー 3 世とも連絡をとっていたことについては、Zimin, *Rossiia na poroge.* s.76, 84, 86, 150 を参照。

65）Shchepkina, Izobrazhenie.s.9. この論文の付録に写真が付されている（頁が付されてないが、s.22 にあたる）。その下段に翻字された寄進文がみられるが、そこに「1499 年……この掛け布は、全ルーシの敬神なる大公イヴァン・ヴァシーリエヴィチの治世、そしてロシアの［v Rossie］大公ヴァシーリー・イヴァーノヴィチの、また大いなる主教にして府主教シモンの治世に、モスクワ大公妃にしてツァーリの都の皇女(ツァレーヴナ)の発意と指示により作製された。［皇女は］モスクワ大公［とともに？］生

命与える聖三位一体に、奇跡行使者セルギーに祈りを捧げ、この掛け布を寄進した」と記されている。シチェプキナによれば、寄進文は下段にあるいくつか（おそらく五つ）の絵の間に挟まれて二つに分けられて刺繍されているというが、著者が取り寄せた論文コピーでは、付された写真は不鮮明で、著者はこれを確認することも、寄進文自体を読み取ることもできなかった（上記訳文はシチェプキナ論文中の引用による）。シチェプキナはこの美術的のみならず歴史的にもきわめて興味深い芸術作品を、前年に作製されたエレーナ・ヴォロシャンカの同様の覆い布（そこにはイヴァン3世の、エレーナとドミトリー、ソフィヤとヴァシーリーを含む家族の姿が描き出されている）と比較することにより、さまざまな貴重な見解を表明しているが、それについてここで立ち入ることはできない。

66）14世紀におけるクリミアとモスクワの交易は「ゴスチ・スロジャーネ」とよばれる商人を中心に行われた。「スロジャーネ」は「スロジの人」の意である（「スロジ」はヴェネツィア植民市スダク／スグダイア／ソルダイアのルーシでの呼び名。1365年以降はジェノアに帰属）。ジェノアや、とくにロシアとの関係の深かったヴェネツィアを中心とするイタリア人のクリミア進出について、また都市スロジやスロジ商人、それとロシアとの関係については、松木「14-15世紀の黒海沿岸とロシア」が詳しく、有益な情報に富んでいる。「ゴスチ・スロジャーネ」については、拙稿「ゴスチ考」4-9頁をご覧いただきたい。ロシアとイタリアのいわば「公式的な」関係は、すでにソフィヤ到来以前のヴァシーリー2世治世末期には始まった（再開した）と考えられるが、イヴァン3世期になって急速に発展した。この時代ロシアにとっては「フリャージン」（イタリア人）こそが西方人を総称する語であった。15世紀後半にロシア側からイタリア諸都市へ派遣された使節は11、イタリア各地からモスクワへのそれは4を数えたといわれている。また同時期に（しかもその中のある4年に集中して）イタリア各地に派遣された使節へ送られ、また返信された外交文書（dépêche）は351通に上ったという。ただしイタリアとの濃密な関係は比較的短期間しか続かず（もちろんけっして途絶えたわけではない）、16世紀のヴァシーリー3世治世以降になると、これに代わってドイツ人を中心とする「ネムツィ」が西方人の代名詞となるに至る。初期ロシア・イタリア関係の歴史については、さしあたり以下を参照。Tikhomirov, *Sredniaia Moskva*.s.205-220; Tikhomirov, Ital'iantsy; Rutenburg, Ital'ianskie istochniki; Rutenburg, U istokov; Skrzhinskaia, *Rus', Italiia i Vizantiia*. s.180-237; Amburger, *Die Anwerbung*.S.13-17; Donnert, *Russland an der Schwelle*.S.435-473; Sharkova, *Rossiia i Italiia*.s.14-46. 邦語文献では松木の上記論文以外に、同「ロシア＝地中海関係史」が14，15世紀のロシア（モスクワ）とイタリアの関係を、北のノヴゴロド・ハンザ関係との対比の中で興味深く論じている。

67) フィレンツェ公会議にたいするロシア教会の関わり方については、さしあたりフェンネル『ロシア中世教会史』第14章を参照。またスーズダリのシメオンの第八公会議に関する記述と、同じくスーズダリ人(氏名不詳)によるフィレンツェへの旅行記については、宮野「15世紀におけるモスクワ教会の独立」が検討している(とくに前者についての分析が詳細である)。後者(「フィレンツェ会議への旅」)は*BLDR*.T.6 (XIV-seredina XV v.), s.464-487, 571-574 (テクストの校訂、現代語訳、解説、訳注はN.A. カザコーヴァ)で読むことができる。この氏名不詳の著者は会議へ向かう聖職者一行の道程を記し、途中見聞した西方諸都市の見事なたたずまいに驚嘆の声を上げている。これらについて、また「会議と旅」の著者シメオンに関しては、*SKKDR*.XIV-XVI v.Ch.2, s.334-336 (N.F.Droblenkova) をも参照。

68) バルバロとコンタリーニの著作のラテン語テクストを校訂し、それにロシア語訳を付して出版したE.Ch. スクルジンスカヤによれば、バルバロの『タナへの旅』が最終的に完成をみたのは1480年代末–1490年代初(1488/1489–1492年の間)であるという(出版は1543年、ヴェネツィア)。一方コンタリーニの『ペルシアへの旅』の出版は1487年(ヴェネツィア)である。このことから、スクルジンスカヤは、モスクワに関するバルバロの記述の主たる史料はコンタリーニの書であると推測している(*Barbaro i Kontarini*.s.15, 21, 83, 89-90, 101, 104)。

69) このときのヴェネツィア使節とイヴァン・フリャージンの、逮捕とその後の処分のことは『集成』自体に記述がある(*Russ.let.ist.*Sh, ll.82 ob.-83, 98-98 ob.: Kn.15, s.428-429, 459-460)。詳しくはPierling, *La Russie*. 1, p.139-141, 176-185 を参照。フリャージンがコロムナでそのまま果てたとするのは、たとえばスクルジンスカヤである(Skrzhinskaia, *Rus', Italiia i Vizantiia*.s.215)。

70) *DDG*.No.74, s.276. M.N. チホミーロフは「遺言状」の「イヴァン・フリャージン」と、ソフィヤの結婚に関わったかのフリャージンが同一人物であることを疑っていない(Tikhomirov, Ital'iantsy.s.346)。

71) Amburger, *Die Anwerbung*.S.14; Tikhomirov, Ital'iantsy.s.346-347; Lazarev, Iskusstvo srednevekovoi Rusi.s.283-284. ボローニャ生まれのフィオラヴァンティはなぜか、ロシアでは「ヴェネツィアの親方アリステリ」などとも呼ばれた(『集成』Sh, l.108 ob.; Kn.15, s.480. さらに*PSRL*.XII: 157(『ニコン』)などでも)。ヴェネツィア出身であるかのごとくに考えられたのは、かれがヴェネツィア経由で徴募されたからであろう(かれは1474年にヴェネツィアへ派遣された大公の使節トルブージンが翌1475年3月末帰国する際に、これに同道してモスクワ入りした)。当時のロシアはイタリア諸都市(諸国家)の中でもとりわけヴェネツィアとの関係が濃密で、そうでなくともロシア人にとってイタリアはヴェネツィアで代表されていたことも理由

の一つであるかもしれない。またかれが「アリストテリ」と呼ばれたのは、建築のみならず、大砲や鐘の鋳造、煉瓦製造その他多彩な能力を発揮したがゆえのことと推測される。「現代の」ないし「ロシアのアリストテレス」といったところであろうか（*RBS*. XXI: 141-144 を参照）。

72) Bazilevich, *Vneshniaia politika*.s.73

73) Zimin, *Formirovanie*.s.275. また下記 186 頁、および注 83 を参照。ヴェルナツキーもバジレヴィチに従ったか、ソフィヤの兄弟とはしないものの、ドミトリー・ラーレフとみている（ヴェルナツキー『東西ロシアの黎明』23 頁）。

74) マヌエル・トラハニオーテスについては、ヘルベルシュタインがヴァシーリー 3 世の助言者で財務官（Schatzmeister）のゲオルギー（ユーリー・ドミートリエヴィチ・トラハニオート、ユーリー・マールィ）に言及した箇所に付された訳注（A.I. プリグーゾフによる）を参照されたい。念のため記すが、ソフィヤに付き従ってモスクワ入りしたのはこのゲオルギー／ユーリー・ドミートリエヴィチ（マールィ）の父のドミトリー・マヌイロヴィチで、ヘレベルシュタインが言及したのは後者の子のほう、つまりビザンツ高官マヌエル・トラハニオートの孫のことである（Gerbershtein, *Zapiski*. s.87, 306, prim.223）。

75) たとえば、Lur'e, *Ideologicheskaia bor'ba*.s.314; Zimin, *Formirovanie*.s.273; Zimin, *Rossiia na rubezhe*.s.74; Fennell, *Ivan the Great*.p.122, 321

76) チホミーロフはユーリー・マヌイロヴィチをトラハニオート家の祖とみたが（Tikhomirov, Greki iz Morei.s.173）、ジミーンが作成した同家の系図（Zimin, *Formirovanie*.s.271, Skhema 31）では、ユーリーに子孫がいることは確認されず、むしろドミトリー・マヌイロヴィチの方が少なくともその後二代にわたって続いており、その意味でドミトリーこそ同家の祖と呼ばれるにふさわしい。

77) 1468 年の「ユーリー／ゲオルギオス」についてはルーシ史料に記述がなく、イタリア史料に現れるだけであるので、同定はとくに難しい。1469 年の「ユーリー」をトラハニオートとみるのは、たとえば D.M.Bulanin（*SKKDR*.XIV-XVI v.Ch.2, s.438）や中村（「ゾエの結婚」3/713 頁）である。M.N. チホミーロフも、そう明記しているわけではないが、同様の立場に立っているようにみえる（Tikhomirov, Greki iz Morei.s.173）。この場合、マヌエルの子であるトラハニオート兄弟のうち、ユーリーのほうは、1472 年にソフィヤとともにモスクワ入りしたドミトリーとは別に、かれに先んじて（すでに 1469 年以前に）モスクワ入りしていたということになる。なお蛇足であるが、ギリシア名のゲオルギオスは、スラヴ（ロシア）名ではゲオルギーないしユーリーである。後注 85 をも参照。

78) ピルリンクの場合。1468 年に関しては、un Grec du nom de Georges ou, selon la

forme slave, Iouri と、1469 年に関しては、un Grec, appelé Iouri とする（Pierling, *La Russie*.1, p.132-133）。1472 年のソフィヤの随員としては、Iouri Trakhaniote と明記する（ibid., p.161）。バジレヴィチの場合。1468、1469 年について「ユーリー」(Bazilevich, *Vneshniaia politika*.s.68, 70)、1472 年については、「ユーリー・トラハニオート」とする（ibid., s.73）。

79) モスクワ時代の外交、とくにその多分に東方的な特徴を示すユニークな慣習については、わが国にも優れた論文がある。Matsuki, "A Diplomatic Custom"（これは最近邦訳されて松木『ロシアと黒海・地中海世界』第 5 章に収められた。）

80) Lur'e, *Ideologicheskaia bor'ba*.s.229-230. 宮野『「ノヴゴロドの異端者」』96、113 頁。

81) ユーリー・ドミートリエヴィチ・トラハニオート（マールィ）の失寵に関連して、「ツァーリ・アルヒーフ（古文書室所蔵文書）目録」第 44 函に、ヴァシーリー 3 世の最初の妻ソロモニヤの「病」にかんするかれの「陳述」という表題の文書があったことが記されている（文書自体は残っていない）。ユーリーはおそらくソロモニヤの「病」、おそらくは「不妊症」に関して何らかの発言をして、罪に問われたと考えられる（*Opisi tsarskogo arkhiva*.s.23; *Gosudarstvennyi arkhiv*.I, s.50, 205-206 (Kommentarii, A.A.Zimin)). さらに Zimin, *Rossiia na poroge*.s.293; Gerbershtein, *Zapiski*.s.306-307 (Kommentarii 223, A.I.Pliguzov). なおソロモニヤについては、後述第 2 部第 2 章を参照。

82) Lur'e, *Ideologicheskaia bor'ba*.s.314-315. なお「清廉派（ニェスチャジャーチェリ）」（「ヴォルガの彼方の隠者たち」と呼ばれることもある）とその指導的修道士ニル・ソルスキーについては、古いがさしあたり拙稿「〈nestiazhatel'〉研究とその問題点」を参照されたい。

83) イヴァン・ラーリとその子らについては、Skrzhinskaia, *Rus', Italiia i Vizantiia*. s.153-179 が詳しい。さらに Zimin, *Rossiia na rubezhe*.s.74-75; Zimin, *Formirovanie*.s.275; Amburuger, *Die Anwerbung*.S.14-15 などを参照。

84) 正教に改宗したアウグスティヌス会士イヴァン・スパシーチェリのことは、モスクワ社会で相当評判になったようである。かれの改宗について年代記（たとえば、『シメオノフスカヤ』など）も記述しているからである（*PSRL*.XVIII: 273, 276)。

85) このギリシア人「ゲオルギオス（ユーリー）・ペルカンコーテス」について、V.I. ルーテンブルクが興味深い指摘をしている。1485 年にミラノとヴェネツィアへ派遣された人物名をこのように呼んだおそらく最初の研究者はピルリンクで（"un Grec du nom de Georges Percancotes" Pierling, *La Russie*.1, p.202)、バジレヴィチなどもこれに従い、これがいわば通説となった（Bazilevich, *Vneshniaia politika*.s.76)。しかし V.I. ルーテンブルクは、E.F. シュムルロのこれまで注目されることの少なかった研究に依拠しながら、これがほかならぬ「ゲオルギオス（ユーリー）・トラハニオー

テス」と同一人物であることを主張した。写筆者の誤記が原因で（ルーテンブルク
はその経緯を詳細にたどっている）、「ペルカンコーテス」なる架空の苗字が創出さ
れるにいたったというのである。もしこの指摘が正しいとするならば、先に検討し
たユーリー・マヌイロヴィチ・トラハニオートの活躍の幅はさらに広がることにな
る。Rutenburg, Ital'ianskie istochniki.s.460-462. ちなみにジミーンは、1485 年にミラ
ノとヴェネツィアに派遣されたこの人物を、「ユーリー・トラハニオート」と明記
している。かれはとくに断っているわけではないが、ルーテンブルクの見解を受け
入れているのである（Zimin, Rossiia na rubezhe.s.74）。

86) 研究史上マルコ・ルッフォの名で広く知られる建築家について。V.N. ラザレフに
よれば、かれは既述のピエトロ・ソラーリらとともにクレムリの聖堂や城壁の建造
に従事したとされるが、実はクレムリのベクレミーシェフ塔やグラノヴィータヤ宮
殿の建築に従事したのは、年代記等でたんに「マルコ」ないし「マルコ・フリャー
ジン」と記される職人で、これをただちにマルコ・ルッフォ（ラザレフによれば正
しくは「マルコ・ロッソ」と呼ぶべきである）と同一視することができるかどうか
は疑わしいとする（Lazarev, Iskusstvo srednevekovoi Rusi.s.284-285, prim.188）。こと
ほど左様に、これまで列挙された職人についての記述の多くは断片的で不確定要素
を多く含み、本来個々のケースごとに慎重な検討が要請されるところである。本書
でこれを行うことはできないが、心しておかなければならないと思っている。

87) Tikhomirov, Srednevekovaia Moskva.s.205-206

88) 拙稿「モスクワの外国人村」

89) 以下ヴァシーリー 3 世治世についての記述は、主にジミーンの著書に依拠してい
る（Zimin, Rossiia na poroge）。なおヨシフ・ヴォロツキー『啓蒙者』第 16 章とアガ
ペートゥスについては、拙稿「ヨシフ・ヴォロツキー（I）」116-124 頁、また『『ロ
シア原初年代記』を読む』577-578, 600-601 頁を参照されたい。

90) PSRL.XXVI: 313（『ヴォログダ - ペルミ年代記』）; Denisov, Pravoslavnye monastyri.
s.505

91) Gerbershtein, Zapiski.s.87, 162, 307 (prim.224), 337 (prim.577). 大公がソロモニヤを
スーズダリ・ポクロフスキー女子修道院に送ったとする記述は前注の『ヴォログダ
- ペルミ』の同じ個所にもみられる。ただこちらの年代記は、剃髪自体は上記ロジェ
ストヴェンスキー修道院で行われ、その後スーズダリへ流されたとするのである。
スーズダリ・ポクロフスキー修道院とソロモニヤの関係については Russkie monas-
tyri i khramy.s.543 をも参照。

92) Sochineniia Kurbskago.s.162-163; Kurbskii, Istoriia o delakh.s.16

93) A.A. ジミーンは、「物語」すなわち「聖山からの書状の抜粋」の写本を合計 17 本

確認している。そのテクストは何度か刊行されている。本書ではジミーンが1976年に最古の写本に基づいて校訂・刊行したテクストを利用する（Zimin, Vypis' o vtorom brake.s.140-148)。「抜粋」（「物語」）はヴァシーリー3世の離婚と再婚を批判したものであるが、その背後には、テクスト自体からも明らかなように、この不法な再婚から生まれた子、イヴァン雷帝に対する批判が隠されている。ジミーンは「抜粋」をイヴァン雷帝没後の16世紀末-17世紀初の作品とみたが、もしそれが正しいとするならば、むしろ雷帝批判が主であると言ってよい。父ヴァシーリーのみならず、子のイヴァンも不法な結婚に走ったことが批判されているからである（ちなみに、雷帝は7度結婚したといわれる）。クールプスキーの著作との類似性などからしても、雷帝批判の可能性の方が高い。研究史上「抜粋」は、早くには16世紀40年代の作とされる場合もあったが（S.O.シュミットなど）、確かに早い時代に遡る部分もあるようにみえるが、最終的には雷帝没後の16世紀末-17世紀初に成立した作品と考えた方が理解しやすい。この作品については、ジミーンの上記論文の解説、また Zimin, *Rossiia na poroge*.s.277-278, 293-294; *SKKDR*.XIV-XVI v.Ch.2, s.230-233 (M.D.Kagan) をみられたい（Kagan は今日知られている17世紀の写本が8本と記す）。

なお「ヴァシーリー3世の再婚の物語」として知られる作品はほかにもある。たとえば、Iu.K. ベグノーフが1970年論文で検討し、テクストを校訂・刊行した作品がそうである。これはパフヌーティ・ボロフスキー修道院で成立した小年代記の1518-1526年の記述で、基本的には大公権を支持する立場に立っている点で、上記「物語」（「抜粋」）とは正反対の立場に立つ（Begunov, Povest' o vtorom brake.s.115-118）。その記述者はソロモニヤが自発的に剃髪を受け、大公は当初これを認めなかったが、府主教ダニールや側近の度重なる助言を受けて、不承不承離婚と再婚に踏み切ったとしている。公式的年代記と共通する記述である。その末尾に近いところに、君主たるもの「鬚を剃るべきではない」とする記述があるが、これは乙女を後添いに迎えるにあたって顎髭を剃ったと言われることもある大公に対する記述者のあてこすり、ないし皮肉、また精いっぱいの抵抗であったかもしれない。パフヌーティ修道院小年代記については Zimin, *Rossiia na poroge*.s.48 をも参照。上記 *SKKDR* の Kagan の解説では、こちらの「物語」は取り上げられていない。

94) Gerbershtein, *Zapiski*.s.87, 307 (prim.224)
95) Gerbershtein, *Zapiski*.s.188-192. M.L. グリンスキーについてはさしあたり Zimin, *Formirovanie*.s.142-143 を参照。
96) Begunov, Povest' o vtorom brake.s.118
97) ヘルベルシュタインは、貴族らによるエレーナ毒殺の噂について記している

(Gerbershtein, *Zapiski*.s.88)。もっともイヴァン雷帝も、雷帝のライバルの A. クールプスキー公も、エレーナの死について何か不審なことがあったとは記していない。雷帝の摂政としてとかく「敵」が多かったとされるエレーナであるが、その死にとくに不審な点があったと考える史料的根拠はない。

98) Gerbershtein, *Zapiski*.s.86-87. 君主の結婚相手の決定に際し、国内の乙女を多数集めて候補者を選抜するのはビザンツで10世紀まで行われた慣習としてよく知られているが、ヘルベルシュタインは、ヴァシーリー3世の結婚に際してもこれが行われたと記す。この箇所に注を施したA.I. プリグーゾフは、これがヴァシーリーの財務官であったユーリー・ドミートリエヴィチ・トラハニオート（ソフィヤの随身としてモスクワ入りした既述のドミトリー・マヌイロヴィチ・トラハニオートの子）の助言に基づくものであったと推測している (ibid., s.306, prim.223)。ここにソフィヤの間接的影響をみて取ることも可能かもしれない。ユーリーとその父ドミトリー・トラハニオートについては、上述 183-185 頁、また第2部注 74, 81 を参照。

99) Tikhomirov, Zapiski o regentstve.s.280; Zimin, *Rossiia na poroge*.s.296

100) Gerbershtein, *Zapiski*.s.87

101) 拙著『ボリス・ゴドノフ』

102) 雷帝とその治世に関する研究文献はとりわけ多い。本書で主に依拠するのは、S.V.Veselovskii, I.I.Smirnov, A.A.Zimin, R.G.Skrynnikov らの諸研究である（利用する各研究者の著書や論文名については参考文献表をみられたい）。雷帝の伝記としてはさしあたり、学術的で比較的にアクセスもしやすい次の三冊をあげておく。スクルィンニコフ『イヴァン雷帝』; Kobrin, *Ivan Groznyi*; Floria, *Ivan Groznyi*. 日本で早くから紹介されているアンリ・トロワイヤの雷帝伝は読み物としては優れているが、かつて石戸谷が丁寧に、また批判的に紹介したように、厳密な意味での研究とはいいがたい（石戸谷「書評・アンリ＝トロワイヤ」）。

103) 「追記」がまとめられているのは、Russ.let.ist.Kn.20, s.549-552; Kn.21, s.573-579; Kn.22, s.547 においてである。「追記」が記された紙葉の全体写真が掲載されているのは、Kn.24, s.404-489 である。

104) Kn.19, s.29 の現代ロシア語訳ではなぜか 1529 年とあるが、正しくは 1530 年であろう。

105) ここで見た絵 2-22 では幼子はまだ無冠であったが、同じ紙葉の裏側（Sh, l.888 ob.）の絵では、家臣に抱かれて父ヴァシーリーに相まみえる幼子はすでに五放射状の帝冠を着用する姿で描かれる（ただし小型である）。これはその後の紙葉でも変わらずに続く。なお『集成』細密画における「色」の問題（意味、象徴性、ヒエラルヒーなど）も重要であるが、本書でこれに立ち入ることはできない。さしあたり、

Amosov, *LLS Ivana Groznogo*. s.258-303 を参照されたい。

106）ロシアの公冠や帝冠にかんしてはすでに本書第1部第4章で検討し、第2部においても何度か言及したが、やがて1547年にツァーリとして戴冠するイヴァン4世との関連であらためて記しておきたい。研究史上、イヴァン4世の前と後で、とくに1547年を境に、君主の称号に明確な変化が現れたと考えられるのが通例であるが、『集成』における君主の冠の描写法から判断するならば、以下に見るように、事はそれほど単純ではない。個々の場合に応じて見ていく必要がある。これにたいし大公妃（皇妃）の場合は、アルツィホフスキーも指摘するように、『集成』「ロシア史」編では常に黄色の五放射状の帝冠の姿で描かれる。諸公やツァーリの場合はそうではないので、なぜ大公妃の場合だけそうなるのか疑問であるが、理由はいまのところ明らかにしがたい（Artsikhovskii, *Drevnerusskie miniatiury*.s.118）。

107）毛皮の縁取りがしてあるようにもみえるので、「モノマフの冠」が簡略化、抽象化されている可能性が指摘されている。「モノマフの冠」は、先にも見たとおり、『集成』ではすでにキエフ大公ウラジーミル・モノマフの時から描かれていたが、歴史的にその使用が確認されるのは、上に見た1498年のドミトリー・イヴァーノヴィチの戴冠式に際してのことである（第1部第4章、第2部第1章第3節を参照）。Sh, l. 888の冠は、ドミトリーのそれとも異なるので、これをどう見るか難しいところであるが、『集成』の描き方は必ずしも厳密でなかったので、ここもそうした不統一の例といえるかもしれない。

108）イヴァン雷帝の戴冠を府主教マカーリーと正教会当局が強力に推進したことについて、研究者間に異論はない。正教会が俗権との緊密な提携関係を築き、モスクワ君主権の強化を図ろうとしていたことは紛れもない事実であった。マカーリーがこのころとくにこうした主張をしたヨシフ派（ヨシフ・ヴォロツキーを祖とする教会内グループ）の立場に立っていたことも広く知られている（Zimin, *I.S.Peresvetov*. s.72-79; *SKKDR*.XIV-XVI v.Ch.2, s.76-88）。ただし、マカーリーの役割を強調するあまり、それ以外の要素を排除するようであれば、それは問題である。たとえば、この件に関しては、やはりイヴァンの母方グリンスキー家の意向も考慮する必要があるであろう。アメリカの研究者D.B. ミラーのように、マカーリーかグリンスキー家かと二者択一的に考え、一方を（ミラーの場合は前者、すなわちマカーリーを）選び取る必要はない。「戴冠式規定」（chin venchaniia）の作成と式自体の挙行についてはマカーリーの主導的役割は疑いえない。しかしジミーンや（その他の点ではかれと対立するところの多い）スクルィンニコフが主張したように、グリンスキー家も貴族諸党派の複雑な勢力関係の中でこれを強く推進したことも確かであったようにみえる。以上については、Miller, "The Coronation".p.560, n.7; Zimin, *Reformy*. s.274-

278; スクルィンニコフ『イヴァン雷帝』38-40 頁。なお本書は以下において、もっぱら『集成』がこの戴冠式をどのように描写しているかに焦点を合わせることになるが、この戴冠式については、式の直前に編まれたと推測される上述の雷帝の『戴冠式規定』も詳細な記述を行っている。これは先に見た 1498 年のドミトリー・イヴァーノヴィチの『規定』を基盤にすえ、さらに今回はたんなる「大公」ではなく、「ツァーリ」としての戴冠である事実を強調するため大幅に増補・改訂がなされている。雷帝の『規定』には類似のテクスト（版）が多数あるが、そのうちのいくつかは刊行されている。なかでも E.V. バールソフが二種類のテクストを公刊している。Barsov, *Drevnerusskie pamiatniki*.s.42-66, 67-90. 本来ならば本書もこれを分析する必要があるが、その余裕はない。これについてさしあたりは上記 Dmitrieva, *Skazanie*. s.110-118; Miller, "The Coronation" を参照されたい。

109) *LLS*.Nauch. ap., Kn.10 の索引では、「o. na r.Neglinnoi」となっている。文字上は「ネグリンナヤ川上の島」という意味であるが、おそらく正しくは「ネグリンナヤ川の向こう（ザネグリンナヤ地区）のオストロフ［と呼ばれた地域］」のことである（「o.」は「オストロフ（ostrov、島）」で、この場合は、開けた土地にあり「島」のようにみえる森の意であろう）。*Ist.Moskvy* の付録地図 No.1（1389 年以前のモスクワ）によれば、ヴォズドヴィジェンスキー修道院のある地域と考えられる。

110) 1547 年モスクワ暴動についてはとくにソヴィエトの歴史家が大きな関心を寄せた。さしあたり Smirnov, *Ocherki*.s.121-136; Zimin, *Reformy*.s.294-315; Shmidt, *Stanovlenie*.s.13-119 を参照。なお Ts の細密画が 1547 年暴動をどう描いたかにかんする本書の以下の考察においては、とくにシュミットの上記著書とかれの 1956 年論文（Shmidt, Miniatiury Ts.kn.）に触発されるところが大きかった。

111) とくに Al'shits, Ivan Groznyi i pripiski.s.271-272 および Shmidt, Miniatiury Ts.kn. を参照。

112) 写真は絵 2-29、すなわち Ts, l.305 (Kn.20, s.347) の細密画とテクストおよび「追記」を紙葉全体が収まるよう撮影したものである。細密画はさほど大きくはなく、「追記」が紙葉の上部、下部の余白を埋め尽くすようにびっしりと書き込まれているのがこちらのほうからはよく見て取れる。なお絵 2-29（Ts, l.305）、および次の絵 2-30（Ts, l.305 ob.）の二紙葉の全体写真は Kn.24 には再録されていない。それゆえここにはシュミットの著書に掲載されている写真（Shmidt, *Stanovlenie*.s.49, 51）を掲げた。

113) Artsikhovskii, *Drevnerusskie miniatiury*.s.132; Podobedova, *Miniatiury*, s.284-286. 古ルーシの絵師が顔の表情をまったく描こうとしなかったわけではない。ポドベードヴァによれば、イコンやフレスコ画、あるいは『集成』以前の細密画においては、人の顔（相貌）は重要な意味を有しており、イコン画家らはこれを丁寧に表現しようと

した。しかし『集成』の場合、絵師は膨大な数の絵を作成し、しかも個々の絵に多くの人物を登場させ、それぞれの行為・行動の軌跡をたどりつつ、歴史の流れを示す必要があったので、多人数の顔を個別的に描くことは断念せざるをえなかったと考えられる。そこで考案された方法が身振りの言語、色彩の言語であり、構図上の工夫であったという（Podobedova, *Miniatiury*.s.310-312、本書76頁をも参照）。

114) クレムリやキタイ・ゴロド、ベールィ・ゴロドなどの城壁建造をはじめとする16世紀の都市モスクワの発展については、さしあたり *Istoriia Moskvy*.I, s.133 sl., とくに s.224-226 また Knackstedt, *Moskau*, S.33-65 などを参照されたい。

115) 拙訳「往復書簡 (I)」155頁

116) 上注110にあげた諸文献を参照。1547年暴動の規模を正確に示すことはもちろんできない。ただこれがモスクワ以外にも広範囲におよび、各地で相当の規模で繰り広げられたことは多くの史料から推測できる。たとえば、後に決定的に対立するに至ったイヴァン雷帝とクールプスキー公の双方が、この点では一致する見解を表明している（イヴァンの場合、上掲の「クールプスキー公宛書簡」、クールプスキーの場合は、たとえば、『モスクワ大公の歴史』中の記述、*Sochineniia Kurbskago*, s.168-169; Kurbskii, *Istoriia o delakh*.s.22）。双方の側にそれぞれの「思惑」があって暴動の大規模性、民衆性を主張したと考えられるが（イヴァンの場合、貴族が大衆を扇動したことを強調する目的から、クールプスキー公の場合は、暴動が貴族ではなく一般大衆のツァーリに対する怒りの爆発であることを主張する目的からである）、ある程度客観的な史料からも、このことはうかがえる。たとえば、『ノヴゴロド第四年代記』7055/1547年の項（*PSRL*.IV-1: 620-621）などを見られたい。

117) Artsikhovskii, *Drevnerusskie miniatiury*.s.131-132

118) Shmidt, Miniatiury Ts.kn.s.271.『集成』細密画におけるツァーリや公、貴族の冠など被り物（庶民は通常無帽とされる）の描写法については、本書でも第1部第4章においてある程度検討を加えたが、詳しくは、Artsikhovskii, *Drevnerusskie miniatiury*. s.111-118（公冠と帝冠について）; Podobedova, *Miniatiury*.s.286-287（公と貴族の相違）; Morozov, *LS v kontekste*.s.211-213, 223-227 などを参照。

119) S.O.シュミットがこのように推測している（Shmidt, Miniatiury Ts. kn.s.272）。ただし、*Ist.Moskvy* の付録地図 No.3（イヴァン3世およびヴァシーリー3世期のクレムリ）ではグリンスキー家の居館がクレムリ内にあったことは確認できない。実際に存在したとしても、一時的なことであったのであろう。

120) 後述参照（Ts, l.305 ob. の「追記」）。*PSRL*.XIII-2: 455（『ニコン』(いわゆる『ツァーリの書』)）や雷帝の回想（拙訳「往復書簡 (I)」155頁）にもこのように記されている。

121) 1547年モスクワ暴動後、処罰を恐れた暴徒が地方都市に逃れ、地方にも騒擾が拡

大したことをジミーンが強調している（Zimin, *Reformy*.s.309-310）。
122)「追記」テクストは、既述のとおり、ファクシミリ版刊本の巻末にまとめて印刷されているので（Kn.20, s.551-552、現代語訳付き）、容易に読むことができる。また *LLS*.Nauch. ap., Kn.10, s.64 にもみられる。こちらは本来のテクストの中に括弧にいれ組み込まれている（ただしこちらには現代語訳も、細密画もない）。
123) たとえば Al'shits, Ivan Groznyi i pripiski.s.271-272
124) 拙訳「往復書簡（I）」155 頁
125) 第 1 部でみたように、18 世紀半ばにシチェルバートフ公が Ts のテクスト部分を装丁、出版したとき、すでにそれらの部分は失われていた（かれはこれを知らなかった）という（Shmidt, Miniatiury Ts.kn.s.275）。
126) カザン征服に関して『集成』は、Ts, ll.310 ob.-656 ob.（Kn.20, s.358-546; Kn.21, s.1-516）において取り扱っている。雷帝政府が本格的にカザン征討を企て始めた 1548 年からカザンを陥落させた 1552 年秋までの時期が、その間に起きたほかのさまざまな出来事の記述も交えながら、紙葉約 350 丁（刊本で約 700 頁）を費やして詳細にたどられている。
127) 拙訳「往復書簡（I-III）」
128) モスクワ国家における貴族（とりわけその大公・ツァーリ権力との関係）をめぐる問題については、わが国でも鳥山成人「モスクワ専制論」以来、いくつかの論考が発表されてきた。本書の著者も限定的ながら論じたことがある。さしあたりそれを参照していただきたい。拙稿「ロシア中央集権国家の形成と貴族階級」、同「ロシアにおける『身分制』および『封建制』の問題」、同「モスクワ国家における貴族の退去権ないし勤務の自由について」、同「中世ロシアにおける法文化」など。
129) カザンは一か月余りの包囲戦の後、1552 年 10 月 2 日モスクワ軍の手に落ちた。若きツァーリはカザンに入城し、9 日間カザンに留まった後帰路についた。同月 11 日、カザン城を出てヴォルガ河岸で夜を明かし、翌 12 日乗船、ヴォルガ川をさかのぼり、途中から陸路をとり、最終的にモスクワに帰着したのは 10 月 29 日と伝えられる。以上について、またモスクワによるカザン攻略前後の事情、さらにはその後の「草原地方」や「アールスク地方」で勃発する反乱（「カザン戦争」）については、拙稿「モスクワ国家のカザン支配」を参照。
130) ツァーリがカザン征服後帰還を決意したときからモスクワ到着までのことは、『集成』では Ts, ll.635 ob.-649; Kn.21, s.474-501 に記述される。モスクワ帰還後しばらくしてツァーリは幼子に洗礼を授けるため后を伴い聖セルギー三位一体修道院に詣でたが（1552 年 12 月）、そのことは以下にみるように、テクストではなく「追記」の方に記される（Ts, l.650 ob.; Kn.21, s.504, 574）。この記事は『年代記全集』中の『ニ

コン年代記』の付録部分(いわゆる「ツァーリの書」として収録)にもみられる(*PSRL*. XIII-2: 529)。

131) 1553年貴族「騒乱」に関しては、さしあたり石戸谷「イヴァン雷帝とスタリツキー侯」を参照。石戸谷は雷帝とウラジーミル・スタリツキー公の関係を問う中で、1553年「騒乱」に関する史料を網羅的に取りあげ、数々の貴重な見解を表明している。今からみて訂正が必要なところもないわけではないが、きわめて精緻な論考で本書もこれに多くを学んでいる。

132) 1553年のツァーリ「発病」に関するTsの「追記」テクスト(ll.650 ob.-653の部分)は、『集成』刊本以外に、以下で読むことができる。*BLDR*.T.11 (XVI v.), s.298-309, 655-658 (テクスト校訂、現代語訳、解説、注はIa.S. ルリエー)。

133) ウラジーミル・アンドレーエヴィチ・スタリツキー公は、ツァーリ「発病」の時点で(1553年3月)、帝位継承の慣習法からして第3の候補者であったと考えることができる。当時雷帝の後継候補者としては三人が考えられた。第1は前年10月に誕生したばかりの雷帝の子ドミトリーであり、第2は雷帝の弟ユーリー・ヴァシーリエヴィチ(1532年生まれ)、そして第3がここで問題となっているウラジーミル公(雷帝の従弟)である。そのうち、ユーリー・ヴァシーリエヴィチ公は知的、精神的に統治能力が欠如しており、現実には後継候補とはみなされなかった(Zimin, *Rossiia na poroge*.s.385)。ちなみに皇子ドミトリーについても記しておくと、かれもその後まもなく生後7か月余りで不慮の事故により生命を落とした(1553年6月、*PSRL*.XIII-1: 232。ドミトリーの死の具体的状況についてはさしあたりスクルィンニコフ『イヴァン雷帝』306-307頁を参照。なおこの皇子の死について『集成』には記述がない。翌年3月の皇子イヴァンの誕生については記述されている。S, l.113; Kn.22, s.39)。もちろんこれらはカザン戦直後の、雷帝の「発病」と貴族「騒乱」の時点では予測不能のことではあった。

134) Ts,l.650 ob. から l.653 までの原紙葉全体のファクシミリ版写真は、別途刊本補巻(第24巻)末尾に掲載されている(Russ.let.ist.Kn.24,s.472-483)。口絵に掲げた2枚(絵2-34(b)と絵2-35(b))はここから転載したものである。

135) シリヴェーストルの「配慮」でスタリツキー公母子が監禁を解かれたことがあったとする「追記」の記述を裏付ける他の史料は知られていない。同母子は、1537年6月にかれらの夫で父のアンドレイ・スタリツキー公が摂政エレーナの政府により逮捕されたときに(その後同年末獄死)、拘束されたことがある。拘束は4年目の7049(1540)年12月に解かれたが、このとき釈放のための執り成しをしたのは「府主教ヨアサフと貴族ら」であった(*PSRL*.XXXIV: 25; *PSRL*.XIII-1: 121, 135)。シリヴェーストルがモスクワで活躍するようになるのが、マカーリーが府主教に任命

された1542年以降と推測する研究者に従えば、この件でかれが大きな働きをしたことはありえない。ただかれのモスクワでの活躍をヨアサフと結び付けて、すでに30年代末からと考える立場に立てば、Ts「追記」の記述もありえないことではなくなる。もし「追記」の通りであるとすれば、かれの名が年代記に現れないのは、有能とはいえまだ無名の司祭に過ぎなかったからであろう。あるいはまた「追記」著者がこれを漠然と「正教会」の仕業と考え、シリヴェストルもその一員とみてこのように記述したということもあり得る。「追記」の記述は本書でも示される通り、きわめて主観的、傾向的であり、取り扱いには慎重を要するが、当然のことながら、信憑性がまったく認められないというわけではない (Zimin, *Peresvetov*.s.44; Zimin, *Reformy*.s.243-247; SKKDR. XIV-XVI v.Ch.2, s.323-333)。

136) おそらく、かれの父I・M・ヴォロティンスキー公がS.F.ベーリスキー公のリトアニア逃亡事件に連座して1534年8月逮捕され、翌年7月死去したことを言っている。ただその子らはイヴァン雷帝期に重用され顕著な働きをみせ、とくにウラジーミル公は1550年に貴族とされていた (Zimin, *Formirovanie*.s, 133, 146)。

137) スターリツキー公が雷帝に提出した誓約書(保証状)は3通が今日に伝わっている。そのうち最初のものが1553年3月12日付である。エウフロシーニヤが公印を付すよう強要されたというのもこれであろう(他の2通は1554年4月および5月のもの)。*SGGD*.ch.1, No.167-169, s.460-468. 石戸谷「イヴァン雷帝とスタリツキー侯」19-21頁; 拙稿「中世ロシアの法文化とモンゴル支配」11-12頁参照。

138) このとき作成されたとされる「遺言状」は今日残っていない。その後文字通り失われた可能性もあるが、むしろ遺言の主要対象（相続人）であった皇子ドミトリーがこの後まもなく不慮の事故で死去したので（上記第2部注133参照）、不要となり破棄されたか、後に改訂されたかしたのである。雷帝はさまざまな時に、たとえば新たな皇子誕生の際など折にふれて「遺言状」を作成したことが知られているが（上記引用文のなかに「このように君主にあっては、それ［遺言状］は常に準備されていたのである」とあるのはそのことを示している）、今日に残るのは1572年のそれのみである (*DDG*, No.104, s.426-444)。以上に関してはZimin, *Reformy*.s.410, prim.4; Nitsche, *Grossfürst*.S.326-328 を参照。

139) 7045 (1537) 年に父アンドレイ・スターリツキー公が当時の摂政エレーナ政府により捕らえられたとき、子のウラジーミルは「生後2年」であったと伝えられている。かれは雷帝より5歳ほど年下であったと考えられる (*PSRL*.XXXIV: 25-26 (Postnikovskii letopisets))。

140) ただしこれもTs本の「追記」の場合と同様に（第2部注134）、S, ll.107 ob., 108 ob., 109 については、編集部分のない原紙葉全体のファクシミリ版が補巻末尾に別

途掲載されている（Kn.24, s.420-425）。

141) 拙訳「往復書簡（II）」105-107 頁。かつての拙訳を若干変えているところがある。なお拙訳の底本は 1979 年に Ia.S. ルリエーと Iu.D. ルィコフが校訂したテクスト（*Perepiska Ivana Groznogo s Andreem Kurbskim*）であるが、それは *BLDR*.T.11 (XVI v.), s.14-101, 590-624 にも若干形を変えて採録されている（上記二人に E.I.Vaneeva と O.V.Tvorogov を加えて編集）。

142) Al'shits, Ivan Groznyi i pripiski. この点は多くの研究者も同意するところであったが、近年では懐疑的な意見も出されていた。本書第 1 部 23 頁以下参照。

143) *PSRL*.XIII-2: VII（『ニコン年代記』第 13 巻第 2 部（補遺）編者序文）．

144) Al'shits, Proiskhozhdenie.s.285-289. アリーシッツの見方にたいしては、I.I. スミルノフも厳しい批判を展開している。ただしこちらはこちらで Ts「追記」を全面的に信頼しうる史料とみており、その結果 1553 年の「騒乱」を事実とみる、いっそう問題の多い結論にいたっている（Smirnov, *Ocherki*.s.483-485）。両者の相反する見方をともに批判するのがジミーンで、かれによれば Ts を全面的に排除したり、受容したりすることは正しくなく、慎重に検討すべき史料として接すべきであるとする。ジミーンは 1553 年に関する Ts の記述は、「騒乱」ではないが、貴族会議内の二つの党派間の対立を反映しているとする。誇張されてはいるが、事実とみなしうる情報が含まれているとするのである（Zimin, *Reformy*.s.407-414）。

145) 『ニコン』7061/1553 年の項に次のように記される。「われらのはなはだしき忘恩ゆえ、またわれらの罪ゆえにそのときに起こったことであるが、わが正教徒のツァーリを病魔が襲った。激しい火［熱］に、すなわち火のごとき病に見舞われたのである。そしてわれらに福音書の言葉が成就した。［主は言われる。］わたしは羊飼を打つ、羊は散らされるであろう、と［マタイ 26: 31］。かの君主はよき羊飼である。かれが強くあるとき、かれは神に憐れみを乞い求め、われらを幸いのうちに保たれる。そしてわれらはかれの思慮深い力により常に堅く庇護されるのである……」（*PSRL*. XIII-1: 230-231）。A.A. ジミーンや B.M. クロスによれば、この引用部分は本来アレクセイ・アダーシェフ、ないしかれに近い人物の手になる『皇国の始まりの年代記』Letopisets nachala tsarstva（ヴァシーリー 3 世没後のイヴァン雷帝治世を記述する）の、後に付加された部分であり（1556 年版）、それがその後『ニコン』（オボレンスキー写本）に入り、後代に伝えられることとなったという（Zimin, *Peresvetov*. s.29-41; Kloss, *Nikonovskaia letopis'*.s.193-199; *PSRL*.XXIX: 3）。なお『皇国の始まりの年代記』は『ロシア年代記全集』第 29 巻に収められているが（*PSRL*.XXIX: 9-116）、それは原初版(1533–1552 年の記述)である。同年代記のその後の追加部分は、『ニコン』（オボレンスキー写本）の一部として伝えられるだけである。つまり上記引用箇所(1553

第 2 部　史料としての『集成』——モスクワ大公国の歴史はどう描かれているか——

年の項）は『全集』29 巻には入っていない。なお既述のごとく、従来、『集成』テクストは基本的に『ニコン』に一致すると考えられ、それゆえ「絵入りニコン年代記」などと呼ばれることがあったが、ここの引用部分は『集成』テクストにはみられない。このことは両者が必ずしも一致するわけではないことを示している。『集成』を「絵入りニコン」とする見方、その呼称が不適切であることはここからも明らかである（上述 11 頁、また第 1 部注 3 参照）。

146）石戸谷「イヴァン雷帝とウラジーミル侯」21、22 頁

147）イヴァン 3 世治世以降の大公権による分領諸公への抑圧政策については、すでに帝政期の歴史家により詳細に検証され、研究史上「専制化」ないし「中央集権化」の趨勢は明らかになっていたといえるが、王朝内政治にそれほど関心を示さなかったソヴィエト史学ではこれらの問題にはあまり大きな注目は払われなかった。この問題については石戸谷上掲論文のほかに、さしあたり、Veselovskii, Poslednye udely; Smirnov, *Ocherki*.s.53-74; Zimin, *Reformy*.s.243-248; Nitsche, *Grossfürst*.S.83 f. などをみられたい。著者もイヴァン 3 世の分領諸公に対する抑圧的政策について、いささかふれたことがある（拙稿「ヨシフ・ヴォロツキーの政治理論（II）」213-215 頁）。

148）S に記されていた、1554 年に国境の町トロペツで拘束されたセメン公の子ニキータ・ロストフスキーは、ここでは問題とならない。子の方は貴族でも何でもなく、その地位から判断して 1553 年のツァーリの病床の場にはそもそも列なってなどいなかったと考えられるからである。

149）さしあたり、Smirnov, *Ocherki*.s.212-231; Zimin, *Reformy*.s.316 sl. アレクセイ・アダーシェフについてはわが国でもすでに伊藤幸男による論考がある。伊藤「アレクセイ・アダーシェフと 1549 年のサボール」等。

150）*Sochineniia Kurbskago*.s.172; Kurbskii, *Istoriia o delakh*.s.26. 「イズブランナヤ・ラーダ」をめぐっては、さしあたり Bakhrushin, Izbrannaia rada; Grobovsky, The "Chosen Council"; 伊藤「〈イズブランナヤ・ラーダ〉考」を参照。

151）PSRL, XIII-1: 237-238.（正確を期して言えば、『ニコン』のこの部分は『集成』S 本の当該箇所を利用して編まれているので、両者が一致するのは当然である。PSRL, XIII-1, 序文, s.IV を参照。）

152）*SRIO*.T.59, s.452-453; Smirnov, *Ocherki*.s.286, prim.50

153）*Opis' tsarskogo arkhiva*.s.35; *Gosudarstvennyi arkhiv*.I, s.76, 386（Kommentariia）

154）*Istoriia Moskvy*.T.I, Prilozhenie の 1533 年および 1605 年地図、また上記第 2 部注 53 を参照。またノヴォジェーヴィチー修道院については、さしあたり Denisov, *Pravoslavnye monastyri*.s.498-503 および *Russkie monastyri i khramy*.s.364-367 を参照されたい。

155) ロマノフ家は古くは、すでに 14 世紀中葉にモスクワ諸公に勤務していたことが知られているアンドレイ・コビラにまで遡るが、直接の祖先はアナスタシーヤの父ロマン・ユーリエヴィチ・ザハーリン、ないしその子のニキータ・ロマーノヴィチ・ザハーリン（アナスタシーヤの兄弟で 1562 年に貴族となり、1586 年に没した）とみることができる。ロマノフ朝初代のミハイル・フョードロヴィチ（皇帝在位 1613–1645 年）はニキータの孫である。コビラ家からコシキン家、さらにはザハーリン家、そしてロマノフ家に至る一門の初期の歴史については、さしあたり Zimin, *Formirovanie*.s.175-190 を参照。

156) 拙著『ボリス・ゴドノフ』

157) *Sochineniia Kurbskago*.s.260; Kurbskii, *Istoriia o delakh*.s.118

158) 拙訳「往復書簡（I）」、116 頁

159) 拙訳「往復書簡（II）」、106、135 頁

160) 拙訳「往復書簡（II）」、108 頁

161) *PSRL*.XIII-2: 321（『ニコン年代記（補遺）』）にも同じ記述がある。

162) 拙訳「往復書簡（III）」、58 頁

163) アダーシェフら改革政府のリヴォニア戦争への対応の問題については、さしあたり Zimin, *Reformy*.s.471-477; Floria, *Ivan Groznyi*.s.116-136; スクルィンニコフ『イヴァン雷帝』92-96 頁を参照。

164) 雷帝書簡の独訳者 K. シュテーリンや、英訳者のフェンネルはこのように解釈している。これについては拙訳「往復書簡（II）」、108 頁、訳注 21 を参照。他方スクルィンニコフはこれをシリヴェーストルの発言とみている（Skrynnikov, *Tsarstvo terrora*.s.135）。

165) Karamzin, *Istoriia Gosudarstva Rossiiskogo*.T, VIII, IX. 引用に際しては VIII: 49 のごとく巻数と頁数のみを記す。

166) カラムジンの雷帝論を含むモスクワ国家史分析がその後のロシア人に与えた多大なる影響については、プーシキンの『ボリス・ゴドノフ』やアレクセイ・コンスタンチノヴィチ・トルストイの『白銀公爵』をあげるまでもなく、よく知られている。アンリ・トロワイヤの『イヴァン雷帝』を含む諸ツァーリの伝記もカラムジンに負うところ大であったことについては、先にあげた石戸谷「書評・アンリ＝トロワイヤ」を参照されたい。

167) *LLS*. Nauchnyi apparat. Kn.9, Sinod. tom, s.112; *LLS*. Russ. let. ist. Kn.23, s.436 の編者注。欠落箇所（S,l.583 ob. と S,l.584 の間の部分）は *ANL*（『アレクサンドロ・ネフスカヤ年代記』）により復元することができる（sm. *PSRL*. XIII: 390-401）。

あとがき

　本書執筆の動機は、冒頭部に記したとおり、「天地創造」の時代から 16 世紀にいたるまでの「世界史」とこれを引き継ぐロシアの歴史を膨大な数の細密画で描き出そうとする類まれな作品が、ロシアでなぜ比較的最近まで公刊されることなく放置されてきたのか疑問に感じたことにあった。この疑問自体には比較的容易に答えられたように思うが、本書で当の『絵入り年代記集成』とそれをめぐる諸問題を十分に分析、究明できたかとなると、はなはだ心もとない。問題となる地理的、時間的範囲が広いというだけでない。編纂の歴史が複雑で解明が難しいことに加え、何よりも、主要な検討対象である細密画が気の遠くなるほどの数にのぼることが最大の難関であった。課題山積のまま筆をおかざるをえなくされたことは明らかである。今後できるだけ多くの研究者に検討を積み重ねていただければと願うのみである。

　本書の執筆も終わりに近づいたころ、松木栄三氏が病魔に冒され余命いくばくもないとの知らせがもたらされた。氏は著者の大学時代以来の中世ロシア史研究の先達である。ビザンツ史のゼミナールや中世ロシア語史料読解のための合宿を悪戦苦闘しながらともに乗り切ったことを思い出す。歴史を長期的、構造的視点から捉えようとする氏の姿勢は著者には新鮮であった。氏は次第にノヴゴロド史研究に重点を移され、数々の注目すべき論考を世に問われた（ノヴゴロド「白樺文書注解（1～5）」(1992-1999 年)；『ロシア中世都市の政治世界』彩流社、2002 年など）。本年 6 月には若い研究者仲間らの尽力によって、残念ながら遺稿集となってしまったが（ご本人がこれを手にされることはなかったのである）、『ロシアと黒海・地中海世界』（風行社）も出版された。著者も氏の研究に触発され、大きな影響を受けたことを改めて自覚させられた。本書を著者の数少ない理解者のひとりであった氏に直接お渡しし見ていただきたかったと今にして痛切に思う。

あとがき

　本書の執筆に際しては、いつものごとく北海道大学附属図書館の蔵書を大いに活用させていただいた。同館相互利用係の方々をはじめ多くの館員の皆様から温かいご支援を頂いたこともこれまでと同様である。『集成』「聖書編」の利用については富山大学の吉田俊則、中沢敦夫両氏のお世話になった。細密画の利用にあたっては出版元のアクテオン社（モスクワ）のご厚情をえることができた。同社は本書の企画を高く評価され、直接原画の写真を送ってこられた。同社との連絡に際しては、堀江広行氏のご協力をえることができた。日本とロシアを実質的に結びつける仕事に従事される同氏のような存在の重要性に改めて気づかされた次第である。成文社の南里功氏は今回も面倒な編集作業を手間を厭わず着実丁寧にこなされた。以上の皆様に心より厚く御礼を申しあげたい。最後に私事になるが、著者が執筆に専念できたのが妻和子のおかげであることをここに記させていただきたいと思う。

　　　　　　　　　　　　　　　　　　　札幌　2018年10月3日
　　　　　　　　　　　　　　　　　　　　　　　栗生沢猛夫

付　録

掲載細密画（口絵）一覧

絵 1-1　O-II, l.75; Russ.let.ist.Kn.9, s.455（クリコヴォの戦い、1380 年）
絵 1-2　O-II, l.76; Kn.9, s.457（同上）
絵 1-3　O-II, l.96; Kn.9, s.497（同上）
絵 1-4　O-I, l.597 ob.; Kn.8, s.382（トヴェーリ公ミハイル、リトアニア大公オリゲルドの下へ逃れる。1368 年）
絵 1-5　O-II, l.13; Kn.9, s.331（モスクワ大公ドミトリーが軍をリトアニアへ差し向ける、1379 年）
絵 1-6　G, l.427; Kn.13, s.143（ユーリー・ガリツキー公、大公ヴァシーリー 2 世に対し軍を起こす。1433 年）
絵 1-7　Sh, l.317; Kn.16, s.413（イヴァン 3 世の二人の弟（アンドレイ・ボリショイとボリス）、大公の下から「退去」する、1480 年）
絵 1-8　G, l.3 ob.; Kn.1, s.6（ビザンツ皇帝コンスタンティノス・モノマコスがキエフ大公ウラジーミル・モノマフに帝権の標章を贈る）
絵 1-9　L, l.547; Kn.3, s.515（ラテン帝国初代皇帝ボードゥアン（「コンド・フラレンド」））
絵 1-10　G, l.379; Kn.6, s.119（アレクサンドル・ネフスキー公、バトゥ・カンの下へ出頭する、1247 年）
絵 1-11　O-II, l.277; Kn.10, s.295（コソヴォの戦い、1389 年。スルタン・ムラトとセルビア公ラザル）
絵 1-12　O-II, l.277 ob.; Kn.10, s.296（コソヴォの戦い、1389 年。ムラト、殺害される）
絵 1-13　O-II, l.496; Kn.11, s.235（スルタン・バヤジットとセルビア公ステファン、テミル・アクサク（ティムール）と戦う、1402 年）
絵 1-14　O-II, l.530; Kn.11, s.251（捕らわれ檻に入れられたバヤジット）
絵 1-15　紙葉番号なし（G, l.54 と l.55 の間）; Kn.1, s.113（ポロツク公女ゴリスラーヴァ＝ログネジ）
絵 1-16　G, l.1; Kn.1, s.1（ウラジーミル・モノマフのキエフ入城、1113 年）
絵 1-17　G, l.1 ob.; Kn.1, s.2（玉座のウラジーミル・モノマフ）

付　録

絵 1-18　G, l.4; Kn.1, s.7（「モノマフの冠」がウラジーミル・モノマフ大公に渡される）
絵 1-19　G, l.4 ob.; Kn.1, s.8（ウラジーミル・モノマフ、キエフでエフェソス府主教より冠を受ける）
絵 1-20　G, l.5; Kn.1, s.9（ウラジーミル・モノマフ大公、ビザンツ皇帝と「友好関係」を築く）

絵 2-1　Sh, l.275 ob.; Russ.let.ist.Kn.16, s.330（ノヴゴロド民会の鐘、モスクワへ移送される、1478 年）
絵 2-2　Sh, l.26; Kn.15, s.315（イヴァン・フリャージン、ローマへ向かう。1472 年）
絵 2-3　Sh, l.73; Kn.15, s.409（ソフィヤ・パレオローグ、ローマを出立。リューベックから海路ロシアへ向かう、1472 年）
絵 2-4　Sh, l.74 ob.; Kn.15, s.412（ソフィヤ一行のラテン十字架）
絵 2-5　Sh, l.79 ob.; Kn.15, s.422（イヴァン 3 世とソフィヤの結婚、1472 年 11 月 12 日）
絵 2-6　Sh, l.332; Kn.16, s.443（「ウゴールシチナ」（ウグラ河畔の対峙）、1480 年、アフマト軍進発の報モスクワに入る）
絵 2-7　Sh, l.339 ob.; Kn.16, s.458（「ウゴールシチナ」、火器を使用するモスクワ軍）
絵 2-8　Sh, l.343; Kn.16, s.465（「ウゴールシチナ」、アフマト・カン殺害される）
絵 2-9　Sh, l.357; Kn.16, s.493（下部、「ウゴールシチナ」、ソフィヤ、ベロオーゼロよりモスクワへ戻る）
絵 2-10　O-II, l.346; Kn.10, s.433（モスクワ大公ヴァシーリー 1 世の即位、1389 年）
絵 2-11　G, l.889; Kn.15, s.23（イヴァン 3 世の即位、1462 年）
絵 2-12　Sh, l.553; Kn.17, s.359（ドミトリー・イヴァーノヴィチの戴冠式、1498 年。玉座のドミトリー）
絵 2-13　Sh, l.556; Kn.17, s.365（ドミトリー・イヴァーノヴィチの戴冠式。大公イヴァン 3 世と府主教の前に立つドミトリー）
絵 2-14　Sh, l.560 ob.; Kn.17, s.374（ドミトリー・イヴァーノヴィチの戴冠式。大公が新大公の頭上に「モノマフの冠」をおく）
絵 2-15　Sh, l.564 ob.; Kn.17, s.382（ドミトリー・イヴァーノヴィチの戴冠式。式後ウスペンスキー聖堂を出る新大公）
絵 2-16　Sh, l.562 ob.; Kn.17, s.378（ドミトリー・イヴァーノヴィチの戴冠式。新大公に跪く公子たち）
絵 2-17　Sh, l.619; Kn.17, s.489（ドミトリー・イヴァーノヴィチとその母エレーナ、「オパーラ」（失寵）を蒙る）
絵 2-18　Sh, l.620; Kn.17, s.491（イヴァン 3 世、ヴァシーリー・イヴァーノヴィチを祝福し後継者とする）

290

掲載細密画（口絵）一覧

絵 2-19　Sh, l.863; Kn.18.s.483（ヴァシーリー3世のエレーナ・グリンスカヤとの再婚、1525年）
絵 2-20　Sh, l.862 ob.; Kn.18, s.482（ソロモニヤの剃髪、ヴァシーリー3世の離婚、1525年）
絵 2-21　Sh, l.649 ob.; Kn.18, s.54（ヴァシーリー3世のソロモニヤとの結婚、1505年）
絵 2-22　Sh, l.888; Kn.19, s.29（イヴァン4世の誕生、1530年）
絵 2-23　Ts, l.288; Kn.20, s.313（イヴァン4世の戴冠式、1547年）
絵 2-24　Ts, l.286; Kn.20, s.309（戴冠式直前のイヴァン4世の冠）
絵 2-25　Ts, l.289 ob.; Kn.20, s.316（イヴァン4世の戴冠式、府主教マカーリーによる祝福）
絵 2-26　Ts, l.293 ob.; Kn.20, s.324（イヴァン4世のアナスタシーヤとの結婚、1547年）
絵 2-27　Ts, l.298; Kn.20, s.333（モスクワ大火、1547年。クレムリが炎に包まれる）
絵 2-28　Ts, l.303 ob.; Kn.20, s.344（モスクワ大火、1547年。市内各所に火が拡大）
絵 2-29　Ts, l.305; Kn.20, s.347（モスクワ大火、1547年。ユーリー・グリンスキー公殺害さる）
写真　Shmidt, *Stanovlenie*. s.49 より（同上、Ts, l.305 の紙葉全体）
絵 2-30　Ts, l.305 ob.; Kn.20, 348（モスクワ大火、1547年。「暴徒」がユーリー公の館を襲う）
写真　Shmidt, *Stanovlenie*. s.51（同上、Ts, l.305 ob. の紙葉全体）
絵 2-31　Ts, l.306; Kn.20, s.349（モスクワ大火、1547年。ツァーリが「暴徒」を捕らえ処罰するよう命令する）
絵 2-32　Ts, l.683; Kn.21, s.569（モスクワ大火、1547年。ユーリー公の殺害、遺体が引きずり出される。Ts, l.305 の「追記」に基づく細密画）
絵 2-33　Ts, l.683 ob.; Kn.21, s.570（モスクワ大火、1547年。反グリンスキー派貴族の謀議。Ts, l.305 ob. の「追記」に基づく細密画）
絵 2-34(a)　Ts, l.650 ob.; Kn.21, s.504（1553年の項に書き込まれた「追記」のテクスト。細密画はなし。部分）
絵 2-34(b)　Ts, l.650 ob.; Kn.24, s.472-473（同上、紙葉の全体）
絵 2-35(a)　Ts, l.651; Kn.21, s.505（同1553年の項に書き込まれた「追記」、細密画はチェルカス公らのモスクワ到来を描く。部分）
絵 2-35(b)　Ts, l.651; Kn.24, s.474-475（同上、紙葉全体）
絵 2-36　Ts, l.666; Kn.21, s.535（病床につくツァーリ、1553年。「遺言状」の作成）
絵 2-37　Ts, l.668; Kn.21, s.539（病床のツァーリが貴族らに皇子ドミトリーへの宣誓を訴える、1553年）
絵 2-38　Ts, l.679; Kn.21, s.561（パレツキー公の使者ヴァシーリー・ペトロフ、スターリツキー公母子の下へ出かける、1553年）
絵 2-39　S, l.106 ob.; Kn.22, s.26（ニキータ・ロバーノフ - ロストフスキー公のリトアニ

291

付　録

アへの逃亡、1554年)
絵 2-40　S, l.107; Kn.22, s.27（ニキータ公の尋問）
絵 2-41　S, l.107 ob.; Kn.22, s.28（セメン・ロバーノフ-ロストフスキー公の逮捕）
絵 2-42　S, l.109 ob.; Kn.22, s.32（府主教らの執り成し、セメン公極刑を免れる）
絵 2-43　S, 489 ob.; Kn.23, s.248（アナスタシーヤ皇妃の崩御、1560年）

その他の写真、図版、地図等一覧

図表　『集成』手稿本群の写本学的構造（Amosov, Iz istorii sozdaniia. s.217より著者作成）［本文45頁］
コンスタンティノス9世モノマコス（モザイク画、部分。コンスタンティノープル、ソフィア聖堂、11世紀中葉）（Zhilina, *Shapka Monomakha*. s.134, Ris.64より）［本文85頁］
モノマフの冠（Borisov, *Ivan III* より）［本文90頁］
今日のウスペンスキー聖堂（モスクワ、クレムリ）南東側（聖堂広場側）から見た写真（Tolstaia, *Uspenskii sobor*. Illiustratsii, 2より）［本文95頁］
ツァーリの座（モノマフの玉座）（同上、Illiustratsii, 16より）［本文96頁］
ツァーリの座の浅浮彫（同上、Illiustratsii, 20より）［本文96頁］
イヴァン3世、16世紀の版画（A.Thevet, *Cosmographie Universelle*, 1555から。Fennell, Ivan the Great より転載）［本文126頁］
ソフィヤの顔面復元彫刻（Borisov, *Ivan III* より）［本文131頁］
ウグラ河畔の対峙、地図2枚（Kargalov, *Sverzhenie Mongolo-tatarskogo iga*. s.88等より著者作成）［本文150、151頁］
双頭の鷲（Soboleva/Artamonov, *Simboly Rossii*.s.17より。イヴァン3世の赤蠟製印章の線画）［本文174頁］

リューリク朝系図 ①

数字はキエフ公(大公)位在位年、ユーリー・ドルゴルーキーからはウラジーミル大公位、ダニール(モスクワの)からはモスクワ公(大公)位を示す。イヴァン3世、ヴァシーリー3世、イヴァン4世(雷帝)の場合は、生年、即位年、没年の順に記す。またこれら3人の大公(ツァーリ)の子らについては生年と没年を記す。

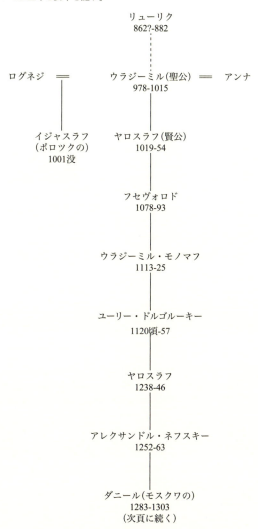

付　録

リューリク朝系図 ②

```
                    ダニール（モスクワの）
                         1283-1303
              ┌─────────────┴─────────────┐
           ユーリー                  イヴァン1世（カリター）
           1303-25                       1325-41
                           ┌─────────────┴─────────────┐
                     セメン・ゴルドゥイ              イヴァン2世
                        1341-53                     1353-59
                                                       │
                                              ドミートリー・ドンスコイ
                                                    1359-89
                                          ┌────────────┴────────────┐
                                     ヴァシーリー1世          ユーリー（ガーリチ
                                       1389-1425                1434没
                                                         ┌────────┴────────┐
         マリヤ・ヤロスラヴナ ═ ヴァシーリー2世    ドミトリー・      ヴァシー
              1484没              1425-62        シェミャーカ     コソイ
                                                   1453没        1448没

    マリヤ・ボリソヴナ ═ イヴァン3世 ═ ソフィヤ・パレオローグ   ユーリー・ドミトロフス
         1467没         1440-62-1505      1448頃-1503            1441-72

エレーナ・ヴォロシャンカ ═ イヴァン・マラドイ   エレーナ  ソロモニヤ ═ ヴァシーリー3世 ═ エレーナ
         1505没              1458-90      1476-1513   1542没       1479-1505-33    グリンス
                                                                                    1538没
                  │
               ドミトリー                      アナスタシーヤ ═ イヴァン4世 ═ マリヤ・ナガ
              1483-98-1509                        1560没         1530-33-84
                                    ┌──────────┬──────────┼──────────┬──────────┐
                                 ドミトリー   イヴァン   フョードル ═ イリーナ・    ドミト
                                  1552-53   1554-81    1557-84-98   ゴドノヴァ    1583
```

リューリク朝系図

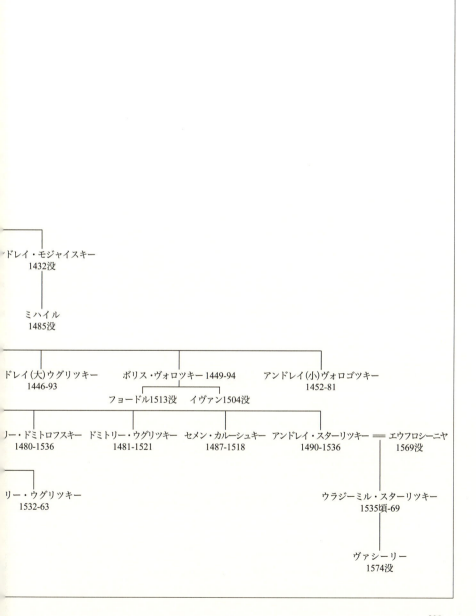

付　録

文献表

略語

AE　*Arkheograficheskii Ezhegodnik*

BLDR　*Biblioteka Literatury Drevnei Rusi*

DDG　*Dukhovnye i Dogovornye gramoty velikikh i udel'nykh kniazei XIV-XVI vv.* M.-L., 1950

EL　*Ellinskii letopisets (Letopisets Ellinskii i Rimskii)*

IORIAS　*Izvestiia Otdeleniia russkogo iazyka i slovestnosti Imperatorskoi Akademii Nauk*

ISSSR　*Istoriia SSSR*

IZ　*Istoricheskie Zapiski*

JfgGO　*Jahrbücher für Geschichte Osteuropas*

LLS　*Litsevoi Letopisnyi Svod*

PSRL　*Polnoe Sobranie Russkikh Letopisei*

RBS　*Russkii Biograficheskii Slovar'*

RIB　*Russkaia Istoricheskaia Biblioteka*

SA　*Sovetskaia Arkheologiia*

SGGD　*Sobranie Gosudarstvennykh Gramot i Dogovorov*

SKKDR.XI-XIV v.　*Slovar' Knizhnikov i Knizhnosti Drevnei Rusi.XI-pervaia polovina XIV v.*, L., 1987

SKKDR.XIV-XVI v.　*Slovar' Knizhnikov i Knizhnosti Drevnei Rusi. Vtoraia polovina XIV-XVI v.* Ch.1-2, L., 1988, 1989.

SRIO　*Sbornik Russkogo Istoricheskogo Obshchestva*

TODRL　*Trudy Otdela Drevenerusskoi Literatury*

VI　*Voprosy Istorii*

VID　*Vspomogatel'nye Istoricheskie Distsipliny*

ZhZL　*Zhizn' zamechatel'nykh liudei*

『原初』『ロシア原初年代記』(『過ぎし年月の物語』)
『集成』『絵入り年代記集成』

史料

Aleksandriia.Roman ob Aleksandre Makedonskom po russkoi rukopisi XV v. Izd.podgotovili M.N.Botvinnik, Ia .S.Lur'e i O.V.Tvorogov.M.-L., 1965

*Barbaro i Kontarini o Rossii.*K istorii Italo-russkikh sviazei v XV v.Vstupitel'nye stat'i,

podgotovka teksta, perevod i kommentarii E.Ch.Skrzhinskoi.L., 1971

Biblioteka Litertury drevnei Rusi

T.2.XI-XII veka.SPb., 1999

T.6.XIV-seredina XV veka.SPb., 1999

T.7.Vtoraia polovina XV veka.SPb., 1999

T.8.XIV-pervaia polovina XVI veka.SPb., 2003

T.9.Konets XV-pervaia polovina XVI veka.SPb., 2000

T.11.XVI vek.SPb., 2001

T.12.XVI vek.SPb., 2003

Sigizmund Gerbershtein, *Zapiski o Moskovii*/Perevod s nem. A.I.Maleina i A.V.Nazarenko.

Vstupitel'naia stat'ia A.L.Khoroshkevich. Pod red. V.L.Ianina. M., 1988

*Gosudarstvennyi arkhiv Rossii XVI stoletiia.Opyt rekonstruktsii.*Ch.1-3. Podgotovka teksta i

kommentarii A.A.Zimina.Pod redaktsiei i s predisloviem L.V.Cherepnina.M., 1978

Istrin V.M. *Knigi vremen'nyia i obraznyia Georgiia Mnikha.Khronika Georgiia Amartola v

drevnem slavianorusskom perevode.*Tekst, issled. i slovar'.T.1.Tekst. Pg.1920; T.2.Grecheskii

tekst «Prodolzheniia Amartola» i Issledovanie. Pg.1922. (Reprint: *Die Chronik des Georgios

Hamartolos in altslavischer Übersetzung.*München, 1972=Slavische Propyläen, Bd.135, 1-2)

Kurbskii A. Istoriia o velikom kniaze Moskovskom//*Sochineniia kniazia Kurbskago.*T.I:

Sochineniia original'nye.Podgotovka tekstov G.Z.Kuntsevicha(*RIB*, T.31, Pg.1914),

s.161-354; *Kurbsky's History of Ivan IV.* Ed. with a translation and notes by J.L.I.Fennell,

Cambridge University Press 1965

Andrei Kurbskii, *Istoriia o delakh velikogo kniazia Moskovskogo.*Izd.podgotovil K.Iu.Erusalimskii,

Perevod A.A.Alekseev.M., 2015

Izbornik Sviatoslava 1073 g. Kn.1: *Izbornik Sviatoslava 1073 g.*: Faksimil'noe izdanie; Kn.2.

Nauchnyi apparat faksimil'nogo izdaniia. M., 1983

*Letopisets Ellinskii i Rimskii.*T.1.Tekst.Red.E.A.Gol'dich, S-Peterburg, 1999; T.2.Kommentarii i

issledovanie O.V.Tvorogova, S-Peterburg, 2001

*Litsevoi letopisnyi svod XVI veka.*Russkaia letopisnaia istoriia.Podgotovka transliteratsii i

perevod s drevnerusskogo iazyka, Kazakova E.N. et al., M., Firma "Akteon", 2009-2010.;

*LLS.*Bibleiskaia istoriia. Podgotovka transliteratsii i perevod s drevnerusskogo iazyka,

Serebriakova E.N., M., Firma "Akteon", 2010-2011; *LLS.*Vsemirnaia istoriia.Podgotovka

transliteratsii i perevod s drvnerusskogo iazyka, Pankova M.M., Kazakova E.N., M., Firma

"Akteon", 2010-2011

付 録

Meshcherskii N.A. *Istoriia Iudeiskoi voiny Iosifa Flaviia v drevnerusskom perevode.*M.-L., 1958

Opisi Tsarskogo arkhiva XVI v. i arkhiva Posol'skogo prikaza 1614 g. Podgot. k pechati S.O.Shmidta i S.A.Levinoi. Pod red.S.O.Shmidta.M., 1960

Ostromirovo Evangelie 1056-1057 goda. Faksimil'noe vosproizvedenie pamiatnika khraniashchegosia v Gosudarstvennoi publichnoi biblioteke.L., 1988(SPb., 1843)

*Perepiska Ivana Groznogo s Andreem Kurbskim.*Tekst podgot.Ia. S. Lur'e i Iu. D.Rykov, L., 1979 (ser. *Literaturnye Pamiatniki*)

Polnoe Sobranie Russkikh Letopisei

T.I *Lavrent'evskaia letops'.*SPb., 1846(2-e izd.L., 1926; M., 1997)

T.IV *Novgorodskaia chetvertaia letopis'.*Ch.1, Pg.1915, L.1925, 1929(M., 2000)

T.V *Pskovskie letopisi.* Vyp.1-2, M., 1955(M., 2000)

T.VI *Sofiiskiia letopisi.* SPb., 1853(Slavica-Reprint, 1973)

T.VII-VIII *Voskresenskaia letopis'.*SPb., 1856, 1859(M., 2001)

T.IX-XIV *Nikonovskaia letopis'.*SPb., 1862, 1885, 1897, 1901, 1904.1910(M., 2000)

T.XVIII *Simeonovskaia letopis'.*SPb., 1913(Slavica-Rep.1971)

T.XX *L'vovskaia letopis'.*Ch.1-2, SPb., 1910, 1914(Slavica-Rep.1971)

T, XXI *Stepennaia kniga.*Ch.1-2, SPb., 1908, 1913(Slavica-Rep.1970)

T.XXII *Russkii khronograf.*Ch.1-2, SPb., 1911, Petrograd, 1914(M., 2005)

T.XXIV *Tipografskaia letopis'.*Pg.1921(M., 2000)

T.XXV *Moskovskii letopisnyi svod kontsa XV veka.*M.-L., 1949(M., 2004)

T.XXVI *Vologodsko-Permskaia letopis'.*M.-L., 1959

T.XXIX *Letopisets nachala tsarstva tsaria i velikogo kniazia Ivana Vasil'evicha.Aleksandro-Nevskaia letopis'. Lebedevskaia letopis'.*M., 1965

T.XXXIV *Postnikoskii, Piskarevskii,Moskovskii i Bel'skii letopistsy.*M., 1978

T.XXXVIII *Radzivilovskaia letopis'.*M., 1989

T.XL *Gustynskaia letopis'.*SPb., 2003

*Povest' vremennykh let.*Podgotovka teksta, perevod, stat'i i kommentarii D.S.Likhacheva.Pod redaktsiei V.P.Adrianovoi-Perets.Izd.vtoroe ispravlennoe i dopolnennoe.Sankt-Peterburg, 1999

*Povest'o Kulikovskoi bitve.Iz LLS XVI veka.*L., 1980

Radzivilovskaia letopis' .Otvetstvennyi redaktor M.V.Kukushkina; Nauchnaia podgotovka O.P.Likhacheva.V.[1], Faksimil'noe vosproizvedenie rukopisi.Sankt-Peterburg, 1994/V.[2], Tekst; Issledovanie; Opisanie miniatiur.M., 1994

*Troianskie skazaniia: Srednevekovye rytsarskie romany o Troianskoi voine po russkim rukopisiam XVI-XVII vekov.*Podgot.teksta i st. O.V.Tvorogova. L., 1972 (ser. *Literaturnye Pamiatniki*)
*Zhitie Aleksandra Nevskogo: Tekst i miniatiury LLS XVI veka.*L., 1990

『ロシア原初年代記』、國本哲男、山口巌、中条直樹(訳者代表)、名古屋大学出版会、1987年
『スズダリ年代記(ラヴレンチー本)』、『古代ロシア研究』XX(2000年)~
『イヴァン雷帝とクールプスキー公の往復書簡試訳(I~III)』(栗生沢猛夫訳)、『人文研究』(小樽商科大学)第72輯(1986年),109-156頁;第73輯(1987年),101-150頁;第74輯(1987年),51-91頁
グイド・デッレ・コロンネ(岡三郎訳・解説)『トロイア滅亡史』(トロイア叢書2)国文社、2003年
山口 巌「ゲオルギー・ハマルトーロスの年代記抄訳」、『古代ロシア研究』III (1963), 67-94頁;IV (1964), 54-66頁

研究文献等

Alef G. "The adoption of the Muscovite Two-Headed Eagle: A discordant view".*Speculum.* XLI(1966), p.1-21(= Alef, *Rulers and Nobles in Fifteenth Century Muscovy.* IX., London, 1983)
Alekseev Iu.G. *Osvobozhdenie Rusi ot ordynskogo iga.*L., 1989
— *Gosudar' vseia Rusi.*Novosibirsk, 1991
Al'shits D.N. Ivan Groznyi i pripiski k Litsevym svodam ego vremeni//*IZ.*23(1947), s.251-289
— Proiskhozhdenie i osobennosti istochnikov povestvuiushchikh o boiarskom miatezhe 1553 goda//*IZ.*25(1948), s.266-291
— Istochniki i kharakter redaktsionnoi raboty Ivana Groznogo nad istoriei svoego tsarstvovaniia//*TODRL.*IV(1957), s.119-146
— Krestotseloval'nye zapisi Vladimira Andreevicha Staritskogo i nedoshedshee zaveshchanie Ivana Groznogo//*ISSSR.*1959-4, s.147-155
— Nachal'nyi etap istorii samoderzhaviia//*VI.*1985-9, s.45-62
Amburger E. *Die Anwerbung ausländischer Fachkräfte für die Wirtschaft Rußlands vom 15. bis ins 19.Jahrhundert.* Wiesbaden, 1968
Amosov A.A. Arkhivy dvinskikh monastyrei.Ocherki po istorii organizatsii i skladyvaniia arkhivov dukhovnykh korporatsii.Avtoreferat dissertatsii na soiskanie uch.stepeni Kandidata ist. nauk. M., 1975

付　録

— K voprosu o vremeni proiskhozhdeniia Litsevogo svoda Ivana Groznogo//*Materialy i soobshcheniia po fondam otdela rukopisnoi i redkoi knigi Biblioteki Akademii nauk SSSR.* Pod red.M.V.Kukushkinoi.L., 1978, s.6-36

— Povesti o kulikovskoi bitve v otechestvennoi arkheografii//*AE* za 1980, M., 1981, s.62-68

— Datirovka i kodikologicheskaia struktura «Istorii Groznogo» v Litsevom letopisnom svode//*VID*.XIII(1982), s.155-193

— Iz istorii sozdaniia Litsevogo letopisnogo svoda (Organizatsiia rabot po napisaniiu rukopisei)//*Drevnerusskoe iskusstvo.Rukopisnaia kniga.*Sb.statii. M., 1983, s.212-227

— K probleme tochnoi datirovki Litsevogo svoda XVI v.(Filigran' «Dvoinaia liliia» v ee proiskhozhdenie) //*Kniga i ee rasprostranenie v Rossii v XVI-XVIII vv.*Sb.nauchnykh trudov. Red.E.I.Kutasova, L., 1985, s.7-13

— Zametki o nekotorykh istoriograficheskikh mifakh//Spornye voprosy otechestvennoi istorii XI-XVIII vekov.Tezysy dokladov i soobshchenii Pervykh chtenii, posviashchennykh pamiati A.A.Ziminu.M., 1990, s.16-17

— *Litsevoi letopisnoi svod Ivana Groznogo.Kompleksnoe kodikologicheskoe issledovanie.*M., 1998

Amosov A.A., Morozov V.V. Metodika issledovaniia ili zadannost' vyvodov? Razmyshleniia po povodu datirovki rukopisei Litsevogo letopisnogo svoda Ivana Groznogo// *Materialy i soobshcheniia po fondam otdela rukopisnoi i redkoi knigi.*S-Peterburg, 1994, s.54-117

Andreev N.E. O "dele d'iaka Viskovatogo"//Seminarium Kondakovianum.V. p.47-98 (Prague, 1932)(=N.Andreev, *Studies in Muscovy.Western Influence and Byzantine Inheritance.* III, London, 1970)

— Ob avtore pripisok v litsevykh svodakh Groznogo//*TODRL*.XVIII (1962), s.117-148(=Andreev, *Studies in Muscovy.*, XI)

Artsikhovskii A.V. *Drevnerusskie miniatiury kak istoricheskii istochnik.*M., 1944

Bakhrushin S.V. Izbrannaia rada Ivana Groznogo//*IZ.* 15 (1945), s.29-56 (=ego: *Nauchnye Trudy.* t.II, M., 1954, s.329-352)

Barsov E.V. *Drevnerusskie pamiatniki sviashchennago venchaniia tsarei na tsarstvo v sviazi s grecheskimi ikh originalami.*S istoricheskim ocherkom chinov tsarskago venchaniia v sviazi s razvitiem idei tsaria na Rusi. M., 1883

Bazilevich K.V. V*neshniaia politika russkogo tsentralizovannogo gosudarstva. Vtoraia polovina XV veka.*M., 2001.(Tekst pechataetsia po izdaniiu 1952 goda)

Begunov Iu.K. Povest' o vtorom brake Vasiliia III//*TODRL*.XXV(1970), s.105-118

Black J.L. *Nicholas Karamzin and Russian society in the Nineteenth Century.*A study in Russian political and historical thought.University of Toronto Press, 1975

— "The Primečanija: Karamzin as a "scientific" Historian of Russia " in: *Essays on Karamzin*, p.127-147

Bogdanov A.P., Pentkovskii A.M. Svedeniia o bytovanii Knigi Tsarstvennoi («Litsevogo svoda») v XVII v.//*Issledovaniia po istochnikovedeniiu istorii SSSR dooktiabr'skogo perioda.* Sb.statei.M., 1983, s.61-95

— Zhitie Nikoly v Litsevom letopisnom svode// *Issledovaniia po istochnikovedeniiu istorii SSSR dooktiabr'skogo perioda.*Sb.statei.M., 1985, s.92-108

— Chiny venchaniia Rossiiskikh tsarei//*Kul'tura srednevekovoi Moskvy XIV-XVII vv.*M., 1995, s.211-224

Borisov N.S. *Ivan III.* Otets russkogo samoderzhaviia.M., 2016 (=ZhZL.Ser.biogr.Vyp.776, M., 2000)

Cherepnin L.V. *Obrazovanie russkogo tsentralizovannogo gosudarstva v XIV-XV vekakh.*M., 1960

Denisov L.I. *Pravoslavnye monastyri Rossiiskoi imperii.*M., 1908

Dianova T.V. Metod datirovki dokumentov s pomoshch'iu vodianykh znakov i printsipy publikatsii filigranei//*AE* za 1974, M., 1975, s.56-61

Dmitrieva R.P. *Skazanie o Kniaz'iakh Vladimirskikh.*M.-L., 1955

Ekzempliarskii A.V. *Velikie i udel'nye kniaz'ia Severnoi Rusi v Tatarskii period, s 1238 po 1505 g.*(v dvukh tomakh), SPb., 1889, 1891(Reprint 1966)

Essays on Karamzin: Russian Man-of-letters, Political Thinker, Historian, 1766-1826.Ed.by J.L.Black, The Hague, Paris, 1975

Evseev I.E. *Gennadievskaia Bibliia 1499 g.*M., 1914

Fennell J.L.I. *Ivan the Great of Moscow.*London, 1963

Filiushkin A.I.*Vasilii III.*M., 2010(ZhZL.Ser.biogr.Vyp.1270)

Fine J.V.A.Jr. "The Dynastic Crisis of 1497-1502". *Canadian Slavonic Papers.*VIII(1966), p.198-215

Floria B.N. *Ivan Groznyi.*M., 1999(ZhZL.Ser.biogr.Vyp.766)

Gerb i flag Rossii X-XX veka. Avtorskii kollektiv: Artamonov V.A., Vilinbakhov G.V., Faizov S.F., Khoroshkevich A.L., M., 1997

*Gosudarstvennaia Oruzheinaia Palata.*Al'bom, M., 1988

Gralia I. *Ivan Mikhailov Viskovatyi.*Kar'era gosudarstvennogo deiatelia v Rossii XVI v.M., 1994

Grigor'ev E.I. O nekotorykh spornykh voprosakh russkogo knigopechataniia//*Vestnik RAN.*71-5(2001), s.443-452

— O nekotorykh spornykh voprosakh sozdaniia Litsevogo Letopisnogo Svoda vremen Ivana

付 録

Groznogo//*Vestnik RAN*.72-12(2002), s.1081-1092

Grobovsky A.N. *The "Chosen Council" of Ivan IV: A Reinterpretation*.NY., 1969

Halperin Ch.J. *Russia and the Golden Horde*.The Mongol Impact of Medieval Russian History. Indiana University Press, Bloomington, 1985（邦訳、ハルパリン（中村正己訳）『ロシアとモンゴル』図書新聞、2008 年）

— *The Tatar Yoke*.Slavica Publishers, Inc.Columbus, 1986

Hellman M. "Moskau und Byzanz".*JbfGO*, 17(1969), S.321-338

Ianin V.L. K stoletiiu so dnia rozhdeniia N.P.Likhacheva(12/24.IV.1862 g.–14.IV.1936 g.)// *SA*.1962-2, s.10-16

— *Aktovye pechati Drevnei Rusi.X-XV vv*.T.I, Pechati X-nachala XIII v; T.II, Novgorodskie pechati.XIII-XV vv., M., 1970

Istoriia Moskvy v shesti tomakh.Tom pervyi.Period feodalizma, XII-XVII vv., s Prilozheniem k pervomu tomu.Plany i karty. M., 1952

Istrin V.M. *Ocherk istorii drevnerusskoi literatury domongol'skogo perioda(XI-XIII vv.)*.Petrograd, 1922(=Ucheb.posobie.Pod red.O.V.Nikitina, M., 2002)

Iuzefovich L.A. Russkii posol'skii obychai XVI veka//*VI*.1977-8, s.114-126

— Iz istorii posol'skogo obychaia kontsa XV-nachala XVI v.//*IZ*.98(1977), s.331-340

— *"Kak v posol'skikh obychaiakh vedetsia... "* M., 1988

Kappeler A. *Ivan Groznyj im Spiegel der ausländischen Druckschriften seiner Zeit*.Ein Beitrag zur Geschichte des westlichen Russlandbildes. Bern, Frankfurt/M, 1972

Kargalov V.V. *Sverzhenie mongolo-tatarskogo iga*.M., 1973

Karamzin, N.M. *Istoriia Gosudarstva Rossiiskogo*.Kn.II(Toma V, VI, VII, VIII), M., 1989; Kn.III(Toma IX, X, XI, XII), M., 1989 (=Reprintnoe vosproizvedenie izdaniia 1842-1844 gg. v trekh knigakh s prilozheniem)

Khoroshkevich A.L. Katoliki v predstavleniiakh russkikh letopistsev XIV-XV vv.//*Katolicyzm w Rosji i Prawosławie w Polsce(XI-XX w)*.Katolitsizm v Rossii i Pravoslavie v Pol'she(XI-XX vv), M., 1997, s.34-50

Kirpichnikov A.N.Voennoe delo srednevekovoi Rusi i poiavlenie ognestrel'nogo oruzhiia//*SA*, 1957-3, s.60-76

— *Voennoe delo na Rusi v XIII-XV vv*.L., 1976

Klepikov S.A. Filigranologiia na sluzhbe arkhivista//*Sovetskie arkhivy*. 1967-3, s.50-58

— Ispol'zovanie filigranei v rabote s nedatirovannymi rukopisnymi i pechatnymi knigami XIII-XVI vekov//*Sovetskie arkhivy*.1968-6, s.50-57

Kloss B.M. O vremeni sozdanii Russkogo khronografa//*TODRL*.XXVI (1971), s.246-252

— Deiatel'nost' mitropolich'ei knigopisnoi masterskoi v 20kh-30kh godakh XVI veka i proiskhozhdenie Nikonovskoi letopisi//*Drevnerusskoe iskusstvo*.M., 1972, s.318-337

— Iosifo-Volokolamskii monastyr' i letopisanie kontsa XV-pervoi poloviny XVI v.//*VID*.Vyp. VI, L., 1974, s.107-125

— *Nikonovskii svod i russkie letopisi XV-XVII vekov*.M., 1980

— Ob istorii tomov Litsevogo svoda, khraniashchikhsia v Publichnoi biblioteke// *Issledovaniia po istochnikovedeniiu istorii SSSR dooktiabr'skogo perioda*.Sb.statei.M., 1985, s.109-115

— *O proiskhozhdenii nazvaniia «Rossiia»*.M., 2012

Knackstedt W. *Moskau.Studien zur Geschichte einer mittelalterlichen Stadt*.Wiesbaden, 1975

Kobrin V.B. *Ivan Groznyi*.M., 1989

Krushel'nitskaia E.V. Litsevoi Khronograf: sostav, datirovka, traditsiia izucheniia//*LLS*.Nauch. apparat. Kn.3.s.19-21

— Litsevoi Khronograf: Kodikologicheskoe, paleograficheskoe i tekstologicheskoe opisanie// *LLS*.Nauch. apparat.Kn.3, s.26-33

Kuchkin V.A. O formirovanii Velikikh Minei Chetii mitropolita Makariia// *Problemy rukopisnoi i pechatnoi knigi*.M., 1976, s.86-101

Kukushkina M.V. *Kniga v Rossii v XVI veke*.SPb., 1999

Lazarev V.N. Iskusstvo srednevekovoi Rusi i Zapad(XI-XV vv.)//Lazarev, *Vizantiiskoe i drevnerusskoe iskusstvo*.M., 1978, s.227-296

Lebedeva I.N. «Khronograficheskii sbornik»-vtoraia kniga *LLS*//*LLS*.Nauch. apparat.Kn.2, s.17-20

— Kodikologicheskoe opisanie «Khronograficheskogo sbornika»//*LLS*.Nauch. apparat.Kn.2, s.21-23

Levochkin I.V. *Ocherki po istorii russkoi rukopisnoi knigi XI-XVI vv*.M., 2009

Litsevoi letopisnoi svod XVI veka: metodika opisaniia i izucheniia razroznennogo letopisnogo kompleksa.Sostaviteli: Belokon' E.A., Morozov V.V., Morozov S.A., Otvetstvennyi red.: Shmidt S.O., M., 2003

Likhachev D.S. *Russkie letopisi i ikh kul'turno-istoricheskoe znachenie*.M.-L., 1947

Likhachev N.P. *Bumaga i drevneishie bumazhnye mel'nitsy v Moskovskom gosudarstve*.Istoriko-arkheograficheskii ocherk.SPb., 1891

— *Paleograficheskoe znachenie bumazhnykh vodianykh znakov*.Ch.1-3, SPb., 1899

Luppov S.P. *Kniga v Rossii v XVII veke*.L., 1970

Lur'e Ia.S. *Ideologicheskaia bor'ba v russkoi publitsistike kontsa XV-nachala XVI veka*.M.-L., 1960

付録

— "Elena Ivanovna, koroleva pol'skaia i velikaia kniaginia litovskaia kak pisatel'-publitsist", *Canadian-American Slavic Studies*. 13-1/2 (1979), p.111-120

— Konets zolotoordynskogo iga(Ugorshchina) v istorii i literature//*Russkaia Literatura*. 1982-2, s.52-69

Matsuki E. "A Diplomatic Custom in Muscovy".in: *Mediterranean World*.XIV(Mediterranean Studies Research Group at Hitotsubashi University), 1995, p.17-29.（邦訳されて松木『ロシアと黒海・地中海世界』第5章に収録）

Miller D.B. "The Coronation of Ivan IV of Moscow".*JbfGO*.15(1967), p.559-574

Morozov S.A. Letopisnye povesti po istorii Rossii 30-70kh XVI veka.Avtoreferat dissertatsii na soiskanie uch.stepeni Kandidata ist. nauk.M., 1979

— O nekotorykh spornykh voprosakh tekstologii srednevekovykh pamiatnikov//*AE* za 1981, M., 1982, s.110-121

Morozov V.V. Tsarstvennaia kniga kak pamiatnik letopisaniia XVI veka. Avtoreferat diss.na soiskanie uch.stepeni Kandidata ist.nauk. M., 1979

— O sostave tak nazyvaemoi Tsarstvennoi knigi(Sin.No.149) //*Voprosy istochnikovedeniia i istoriografii istorii dosovetskogo perioda*.Sb.statei.pod red. V.T.Pashuto i S.O.Shmidta, M., 1979, s.74-87

— K voprosu o sisteme opisaniia razroznennykh rukopisei(Litsevoi letopisnyi svod XVI v.)// *Problemy nauchnogo opisaniia rukopisei i faksimil'nogo izdaniia pamiatnikov pis'mennosti*. Pod red.M.V.Kukushkinoi i S.O.Shmidta.L., 1981, s.203-208

— Fragment Litsevogo svoda v kopii XVII v.//*AE* za 1982, M., 1983, s.96-106

— Ivan Groznyi na miniatiurakh Tsarstvennoi knigi//*Drevnerusskoe iskusstvo.Rukopisnaia kniga*.Sb.statii.M., 1983, s.232-240

— Prakticheskaia arkheografiia knizhnika srednevekov'ia (Iz opita izucheniia Litsevogo letopisnogo svoda XVI v.)//*AE* za 1986, M., 1987, s.59-68

— «Istoriia Groznogo» v letopisanii sovremennikov (Opyt pervichnoi formalizatsii)// *Matematika v izuchenii srednevekovykh povestvovatel'nykh istochnikov*.Sb.statei.Otvet.red. B.M.Kloss.M., 1986, s.98-106

— Ob istochnikakh Litsevogo letopisnogo svoda XVI v.//*Issledovaniia po istochnikovedeniiu istorii SSSR dooktiabr'skogo perioda*.Sb.statei.M., 1987, s.49-60

— *Litsevoi svod v kontekste otechestvennogo letopisaniia XVI veka*.M., 2005

Morozov V.V., Chernetsov A.V. Legenda o Monomakhovykh regaliiakh v iskusstve Moskvy XVI v.//*Rim, Konstantinopol', Moskva: sravnitel'no-istorichekoe issledovanie tsentrov ideologii i kul'tury do XVII v*.M., 1997, s.367-372

Moskva.Entsiklopediia.M., 1980

Moskva.Illiustrirovannaia Istoriia.V 2-kh t., T.1, S drevneishikh vremen do 1917 g.M., 1984

Nazarov V.D. Konets zolotoordynskogo iga//*VI*.1980-10, s.104-120

Nevolin Iu.A. Novoe o kremlevskikh khudozhnikakh-miniatiuristakh XVI v. i sostave biblioteki Ivana Groznogo//*Sovetskie arkhivy*.1982-1, s.68-70

Nitsche P. "Die Kinder Ivans III.Beobachtungen zur Genealogie der Rjurikiden", *JbfGO*.17(1969), S.345-368

— *Grossfürst und Thronfolger*.Die Nachfolgepolitik der Moskauer Herrscher bis zum Ende des Rjurikidenhauses.Köln/Wien, 1972

Orlov A.S. *Vladimir Monomakh*.M.-L., 1946

Panova T.D. O zakhoronenii Sof'i Paleolog v Moskovskom kremle//*Rossiia i Khristianskii vostok*. Vyp.1, M., 1997, s.101-104, Ris.1-6

Perezhogina E.A. Litsevoi Khronograf: istoriia rukopisi//*LLS*.Nauch. apparat. Kn.3.s.22-25

Pierling P. *La Russie et le Saint Siège*. Vol.1, Paris, 1896 (= Russian Reprint Series LXVI, 1, The Hague, 1967)

Pipes R. "Karamzin's Conception of the Monarchy" in: *Essays on Karamzin*.p.105-126

Podobedova O.I. K voprosu o sostave i proiskhozhdenii Litsevogo letopisnogo svoda vtoroi poloviny XVI v.//*Problemy istochnikovedeniia*.IX, M., 1961, s.280-332

— *Miniatiury russkikh istoricheskikh rukopisei: K istorii russkogo Litsevogo letopisaniia*.M., 1965

— *Moskovskaia shkola zhivopisi pri Ivane IV*.Raboty v Moskovskom Kremle 40kh-70kh godov XVI v.M., 1972

Podskalsky G. *Christentum und Theologische Literatur in der Kiever Rus'(988-1237)*.München, 1982

Pokrovskaia V.F. Iz istorii sozdaniia Litsevogo letopisnogo svoda vtoroi poloviny XVI v.// *Materialy i soobshcheniia po fondam otdela rukopisnoi i redkoi knigi Biblioteki Akademii nauk SSSR*.M.-L., 1966, s.5-19

— Ob odnom spiske russkogo khronografa redaktsii 1512 g.//*VID*.III(1970), s.252-269

Presniakov A.E. Moskovskaia istoricheskaia entsiklopediia XVI v.//*IORIAS*. 1900, T.5, Kn.3, s.824-876

— *Moskovskoe tsarstvo*.Petrograd, 1918(=Russian Reprint Series, XL, The Hague, 1967)

Protas'eva T.N. K voprosu o miniatiurakh Nikonovskoi Letopisi(Sin.No.962)// *Letopisi i Khroniki*.1973, M., 1974, s.271-285

Rozov N.N. *Kniga v Rossii v XV veke*.L.1981

付　録

Russkie monastyri i khramy.Istoricheskaia entsiklopediia.M., 2010

Rutenburg V.I. Ital'ianskie istochniki o sviaziakh Rossii i Italii v XV v.// *Issledovaniia po otechestvennomu istochnikovedeniiu*.Sb.statei, posviashchennykh 75-letiiu S.N.Valka.M.-L., 1964, s.455-462

― U istokov politicheskikh sviazei Rossii i Italii//*Issledovaniia po sotsial'no-politicheskoi istorii Rossii*.Sb.statei pamiati B.A.Romanova.L., 1971, s.178-181

Sapunov B.V. *Kniga v Rossii v XI-XIII vv*.L., 1978

Savva V. *Moskovskie tsari i Vizantiiskie vasilevsy*. K voprosu o vliianii Vizantii na obrazovanie idei tsarskoi vlasti moskovskikh gosudarei.Khar'kov 1901(Reprint, 1969)

Serebriakova E.I. «Muzeiskii sbornik»-pervaia kniga *LLS*//*LLS*. Nauch.apparat.Kn.1, s.17-19

― Kodikologicheskoe opisanie «Muzeiskogo sbornika»//*LLS*.Nauch. apparat. Kn.1, s.20-22

Shakhmatov, A.A. Letopisi.Stat'ia iz *Novogo entsiklopedicheskogo slovaria Brokgauza-Efrona.* tom XXV, SPB., 1915, Stb.155-167// Shakhmatov, *Obozrenie Russkikh letopisnykh svodov XIV-XVI vv.* M.-L., 1938, s.361-371// Shakhmatov, *Istoriia Russkogo Letopisaniia*. T.II, SPb., 2011, Prilozhenie 1.s.585-593 （本書での引用は 2011 年の著書から行う）

― «Povest' vremennykh let» i ee istochniki.*TODRL*, IV (1940), s.9-150

Sharkova I.S. *Rossiia i Italiia: torgovye otnosheniia XV-pervoi chetverti XVIII v.*L., 1981

Shchepkin V.N. Litsevoi sbornik Imperatorskogo Rossiiskogo Istoricheskogo Muzeia// *IORIAS*.1899, T.4, Kn.4, s.1345-1385

Shchepkina M.V. Izobrazhenie russkikh istoricheskikh lits v shit'e XV veka//*Trudy gosudarstvennogo istoricheskogo muzeia*.Pamiatniki kul'tury.Vyp.XII, M., 1954, s.8-26

Shmidt S.O. Miniatiury Tsarstvennoi knigi kak istochnik po istorii Moskovskogo vostaniia 1547 g.//*Problemy istochnikovedeniia*.V(1956), s.265-284

― Zametki o Sinodal'nom spiske Litsevogo letopisnogo svoda//*Kul'tura drevnei Rusi.* M., 1966, s.300-301

― Kogda i pochemu redaktirovalis' Litsevye letopisi vremeni Ivana Groznogo//*SA*.1966-1, s.31-36; 1966-2, s.46-51

― *Stanovlenie rossiiskogo samoderzhavstva*. Issledovanie sotsial'no-politicheskoi istorii vremeni Ivana Groznogo.M., 1973

― Opis' gosudarstvennogo arkhiva kontsa XVI v.//*AE* za 1974.M., 1975, s.346-348

― Issledovanie N.N.Zarubina "Biblioteka Ivana Groznogo i ego knigi"//*Materialy i soobshcheniia po fondam otdela rukopisnoi i redkoi knigi Biblioteki Akademii nauk SSSR.* Pod red.M.V.Kukushkinoi.L., 1978, s.37-53

― K izucheniiu Litsevogo letopisnogo svoda//*Drevnerusskoe iskusstvo. Rukopisnaia kniga.*

Sb.statii.M., 1983, s.204-211

— K 60-letiiu so dnia konchiny akademika N.P.Likhacheva(Ob izdaniiakh poslednykh let)// *VID*.XXVI(1998), s.11-18

— K faksimil'nomu izdaniiu Litsevogo letopisnogo svoda//*LLS*. Nauchnyi apparat. Kn.1, M., 2006, s.11-14

Skrynnikov R.G. *Nachalo Oprichniny*.L., 1966

— *Perepiska Groznogo i Kurbskogo*.Paradoksy Edvarda Kinana.L., 1973

— O vremeni raboty Ivana Groznogo nad Litsevom svodom//*Kul'turnoe nasledie drevnei Rusi, Istoki, stanovlenie, traditsii*.L., 1976, s.154-161

— Zagadka drevnego avtografa//*VI*.1977-9, s.98-112

— *Tsarstvo terrora*.SPb., 1992

Skrzhinskaia E.Ch. *Rus', Italiia i Vizantiia v srednevekov'e*.SPb., 2000

Smirnov I.I. Ivan Groznyi i boiarskoi «miatezh» 1553 g.//*IZ*.43(1953), s.150-181

— *Ocherki politicheskoi istorii Russkogo gosudarstva 30-50kh godov XVI v.* M.-L., 1958

Soboleva N.A., Artamonov V.A. *Simvoly Rossii.Ocherki gosudarstvennoi simvoliki Rossii*.M., 1993

Solov'ev A.V. Vizantiiskoe imia Rossii//*Vizantiiskii vremennik.* 12 (1957), s.134-155

Tatishchev V.N. *Istoriia Rossiiskaia.*V semi tomakh.M.-L., 1962-1966

Tikhomirov M.N. O proiskhozhdenii nazvaniia «Rossiia»//*VI*.1953-11,s.93-96(=Tikhomirov M.N.,*Rossiiskoe gosudarstvo XV-XVII vekov*.M.,1973,s.11-17)

— Zapiski o regentstve Eleny Glinskoi//*IZ*.46(1954),s.278-288

— *Srednevekovaia Moskva v XIV-XV vekakh*.M.,1957

— Greki iz Morei v srednevekovoi Rossii//*Srednie veka*.25(1964),s.166-175

— Ital'iantsy v Rossii XIV-XV stoletii//Tikhomirov, *Rossiiskoe gosudarstvo XV-XVII vekov.* M., 1973, s.342-347

Tolstaia T.V. *Uspensii sobor Moskovskogo kremlia*.M., 1979

Tvorogov O.V. K istorii zhanra khronografa//*TODRL*.XXVII(1972), s.203-226

— Russkie khronograficheskie svody XI-XVI vv.Avtoreferat diss.na soiska. uch.stepeni Kandidata ist.nauk. M., 1973

— Povest' vremennykh let i Khronograf po velikomu izlozheniiu//*TODRL*.XXVIII(1974), s.99-113

— O sostave i istochnikakh khronograficheskikh statei Litsevogo svoda//*TODRL*.XXVIII (1974), s. 353-364

— *Drevnerusskie Khronografy*.L., 1975

付　録

— Khronografy Drevnei Rusi//*VI*.1990-1, s.36-49

Ukhanova E.V. Vodianye znaki LLS//*LLS*.Nauch. apparat.Kn.11(Prilozhenie), s.38-45（=*LLS*. Bib.ist., Soprovod. tom, s.192-208; *LLS*.Vsemir.ist.Soprovod.tom, s.306-322; *LLS.Russ.let. ist*.Kn.24.Soprovod.tom.s.382-398; Ukazatel' vodianykh znakov LLS. s.399-402）

Valk S.N. Nikolai Petrovich Likhachev.//*VID*.IX(1978), s.335-340

Veselovskii S.B. Poslednye udely v Severo-vostochnoi Rusi.*IZ* 22 (1947), s.101-131

— *Issledovaniia po istorii oprichniny*.M., 1963

Vernadsky G. *The Mongols and Russia*.Yale Univ.Press, 1953

Waugh D.C. "Soviet Watermark Studies—Achievements and Prospects", *Kritika.* VI-2(1970), p.78-111

Winter E. *Russland und das Papsttum*.Teil.I, Berlin, 1960

Zhilina N.V. *Shapka Monomakha*.Istoriko-kul'turnoe i tekhnologicheskoe issledovanie.M., 2001

Zimin A.A. Kratkie letopistsy XV-XVI vv..//*Istoricheskii arkhiv*.V(1950), s.4-39

— *I.S.Peresvetov i ego sovremenniki*.M., 1958

— *Reformy Ivana Groznogo*.M., 1960

— *Russkie letopisi i khronografy kontsa XV-XVI vv.*Uchebnoe posobie. Otvet.red.A.I.Merzon. M., 1960

— *Oprichnina Ivana Groznogo*.M., 1964

— Trudnye voprosy metodiki istochnikovedeniia drevnei Rusi// *Istochnikovedenie. Teoreticheskie i metodicheskie problemy*.M., 1969, s.427-449

— *Rossiia na poroge novogo vremeni (Ocherki politicheskoi istorii Rossii pervoi treti XVI v.)*, M., 1972

— O metodike izucheniia drevnerusskogo letopisaniia//*Izvestiia ANSSSR.*Seriia literatury i iazyka, T.33, No.5, 1974, s.454-464

— Vypis' o vtorom brake Vasiliia III//*TODRL*.XXX(1976), s.132-148

— *Rossiia na rubezhe XV-XVI stoletii*.M., 1982

— *Formirovanie boiarskoi aristokratii v Rossii vo vtoroi polovine XV -pervoi treti XVI v.*M., 1988

石戸谷重郎　「1570年のノヴゴロド壊滅——関連史料の試訳——」、『奈良文化女子短大紀要』14号、別冊、昭和58年、1-22頁

— 「イヴァン雷帝とウラジーミル＝スタリツキー侯」、『奈良文化女子短大紀要』15号、別冊、昭和59年、13-32頁

— 「書評・アンリ＝トロワイヤのツァーリ四部作——特に『イヴァン雷帝』につい

て——」、『ロシア史研究』41（1985年）、59-71頁
伊藤幸男　「〈イズブランナヤ・ラーダ〉考」、『山梨大学教育学部研究報告』36、昭和60年、27-35頁
——「アレクセイ・アダーシェフと1549年のサボール」、『帝京史学』3、昭和62年、1-20頁
G・ヴェルナツキー（松木栄三訳）『東西ロシアの黎明　モスクワ公国とリトアニア公国』、風行社、1999年
ゲオルク・オストロゴルスキー（和田廣訳）『ビザンツ帝国史』、恒文社、2001年
栗生沢猛夫　「ヨシフ・ヴォロツキーの政治理論 (I)(II)」、『スラヴ研究』16（1972年）、91-124頁、17（1973年）、203-239頁
——「〈nestiazhatel'〉研究とその問題点」、『史学雑誌』83-1（1974年）、41-54頁
——「モスクワ第三ローマ理念考」、金子幸彦編『ロシアの思想と文学』、恒文社、1977年、9-61頁
——「『モスクワ第三ローマ』以前」、『えうゐ』7、1979年、41-51頁
——「『ウラジーミル諸公物語』覚書」、『スラブ研究』24（1979年）、21-50頁
——「ゴスチ考」、『スラブ研究』31（1985年）、1-25頁
——「モスクワの外国人村」、『人文研究』（小樽商大）69（1985年）、1-28頁
——「ロシア中央集権国家の形成と貴族階級——V.B. コブリンの近業によせて」、『商学討究』（小樽商大）36-4、1986年、1-25頁
——「モスクワ国家のカザン支配——モスクワ国家によるカザン統合の初期段階」、『北海道大学文学部紀要』41-2、1992年、79-139頁
——「ロシアにおける『身分制』および『封建制』の問題——『近世』ロシアの国制理解のための手がかりとして——」、『研究報告シリーズ』（スラブ研究センター）55、1994年、1-18頁
——「いわゆる『戦う教会のイコン』について」、坂内ほか編『ロシア　聖とカオス　文化・歴史論叢』、彩流社、1995年、65-87頁
——「モスクワ国家における貴族の退去権ないし勤務の自由について」、和田春樹ほか編『スラブの歴史』、弘文堂、1995年、3-31頁
——『ボリス・ゴドノフと偽のドミトリー　「動乱」時代のロシア』、山川出版社、1997年
——「ある歴史家の軌跡——A.A. ジミーンとソヴィエト中世史学」、『西洋史論集』（北海道大学大学院文学研究科西洋史学研究室）、4、2001年、82-111頁
——『タタールのくびき——ロシア史におけるモンゴル支配の研究』、東京大学出版会、2007年

付　録

- 「〈ロシアとモンゴル〉覚書」、『西洋史論集』、11、2008 年、27-59 頁
- 「中世ロシアにおける法文化——モンゴル支配の影響の問題をめぐって——」、『中世ロシアにおける法と社会』(『研究報告集』、21 世紀 COE プログラム「スラブ・ユーラシア学の構築」24)、2008 年、1-24 頁
- 『『ロシア原初年代記』を読む——キエフ・ルーシとヨーロッパ、あるいは「ロシアとヨーロッパ」についての覚書——』、成文社、2015 年
- 「ロシア中世の世界——年代記編纂の歴史から、とくに『絵入り年代記集成』について——」、『秋大史学』63、2017 年、1-30 頁
- 「『胚胎期』ロシアにおける「統治理念」——「ロシアとヨーロッパ」問題について——」、『北東アジア研究』別冊第 3 号、2017 年、13-28 頁

V.O. クリュチェフスキー（八重樫喬任訳）『ロシア史講話』2、恒文社、1981 年
スクルィンニコフ（栗生沢猛夫訳）『イヴァン雷帝』、成文社、1994 年
鈴木道也　「『フランス大年代記』の普及とフランス・アイデンティティ——パリ国立図書館写本 fr.10132 を巡って——」、『埼玉大学紀要（教育学部、人文・社会科学）』54 (2)、2005 年、17-27 頁
- 「『フランス大年代記』とナショナル・アイデンティティ——歴史叙述研究を巡る最近の動向から——」、『西洋史研究』、36（2007 年）、21-41 頁

田中陽兒　「『ニコン年代記』とダニール府主教——B.M. クロスの近業に寄せて——」、『東洋大学文学部紀要』、史学科篇第 36 集 VIII（1982）、1-38 頁
田辺三千広　「モノマフの王冠」、『名古屋明徳短大紀要』18（2003 年）、105-113 頁
チャアダーエフ　P.Ia（訳と解説　外川継男）『哲学書簡 I-III』、『スラヴ研究』6（65-87 頁）、7（105-144 頁）、8（109-144 頁）、1962-1964 年
鳥山成人『ロシアとヨーロッパ　スラヴ主義と汎スラヴ主義』、白日書院、昭和 24 年
- 「モスクワ専制論——比較史の試み——」、鳥山『ロシア東欧の国家と社会』第四章所収（原論文は英文、1973 年）
- 『ロシア東欧の国家と社会』、恒文社、1985 年

アンリ・トロワイヤ（工藤庸子訳）『イヴァン雷帝』、中央公論社、1983 年
中村喜和　『ロシア中世物語集』、筑摩書房、1970 年
- 「ゾエの結婚」、『一橋論叢』84-6（1980 年）、1-16（通巻 711-726）頁

J. フェンネル（宮野裕訳）『ロシア中世教会史』、教文館、2017 年
モーリーン・ペリー（栗生沢猛夫訳）『スターリンとイヴァン雷帝』、成文社、2009 年
T.G. マサリク（石川達夫・長與進訳）『ロシアとヨーロッパ　ロシアにおける精神潮流の研究』（全三巻）、成文社、2002-2004 年
松木栄三　「ロシア＝地中海関係史の一断面〜15 世紀ロシアとイタリア人〜」、『地中海

海域における集落形成の諸問題』（一橋大学地中海研究会編）、1980年、43-54頁（松木『ロシアと黒海・地中海世界』第1章所収）
── 「14-15世紀の黒海沿岸とロシア」、『地中海論集 IX』、1984年、55-72頁（松木『ロシアと黒海・地中海世界』第2章所収）
── 「ノヴゴロド大主教の白頭巾──14-15世紀ノヴゴロドと地中海世界」、『地中海世界 XII』、1989年、29-39頁（松木『ロシアと黒海・地中海世界』第3章所収）
── 『ロシアと黒海・地中海世界──人と文化の交流史』、風行社、2018年
間野英二訳注　『バーブル・ナーマ　ムガル帝国創設者の回想録』（全3巻）、平凡社（東洋文庫 853, 855, 857）、2014-2015年
宮野裕　「15世紀におけるモスクワ教会の独立とその正当化作業──フェラーラ・フィレンツェ公会議観の変化を中心に──」、『西洋史論集』（北海道大学大学院文学研究科西洋史研究室）、11、2008年、60-90頁
── 『「ノヴゴロドの異端者」事件の研究──ロシア統一国家の形成と「正当と異端」の相克』、風行社、2009年

索　引

事項索引

あ

アストラハン・カン国　140
アルハーンゲリスキー聖堂（モスクワ・クレムリの）　168, 265, 266
「アレクサンドリヤ物語」　57, 113
　「クロノグラフ版〜」　60, 111
　「セルビア版〜」　111
『アレクサンドル・ネフスキー伝』　100, 112
『アレクサンドル・ネフスキー年代記』（ANL）　35, 36, 66, 105, 114, 285
『イーリアス』　58
イスラーム（〜教、〜教徒）　75, 76, 86, 87, 132, 142, 143, 145, 152, 154, 160
『イパーチー年代記』　120
「ヴァシーリー3世の再婚の物語」　122, 191, 274, 275
『ヴォスクレセンスカヤ年代記』　11
ヴォズネセンスキー女子修道院　249, 250, 266
『ヴォログダ - ペルミ年代記』　152, 262, 274
ヴォロゴツコエ分領公国　155
ヴォロツコエ分領公国　155, 188
ウグリツコエ分領公国　155, 188
ウゴールシチナ（ウグラ河畔の対峙）　絵2-6〜2-9；140, 149, 151, 153, 154, 157, 160, 260, 261
ウスペンスキー聖堂（モスクワ・クレムリの）　95, 104, 122, 137, 138, 165, 167〜169, 182, 189, 194, 202, 205〜207, 209, 213, 231, 260
ウニアート（帰一教会信徒）　130

『ウラジーミル諸公物語』　90〜95, 119, 120, 122, 169, 174, 265, 267
『絵入りエゴーロフ集』　28, 31, 44, 98, 104
「絵入りクロノグラフ」（LKh）　14, 28, 43〜48, 56, 62, 64, 111〜113
「絵入りトロイツキー写本」　55, 108, 114
『絵入りニコラ伝』　6, 21, 31, 44, 98, 104
「絵入りニコン年代記」　11, 98, 125, 284
『絵入り年代記集成』→『集成』
エミール（アミール）　73, 117
「往復書簡」、「イヴァンとクールプスキーの〜」、「クールプスキーのイヴァンへの書簡」、「イヴァンのクールプスキーへの書簡」　24, 58, 102, 110, 191, 205, 210, 211, 217, 218, 240, 241, 244〜246, 252〜254, 279, 280, 283, 285
「黄金宮殿」　57, 95, 109, 122
「黄金のオルダー」　140
「黄金の冠」　91, 92, 121, 166
「大いなる叙述によるクロノグラフ」　55, 107
「オステルマン第一本」（O-I）　14, 17, 28, 43, 45〜49, 65, 78, 79, 146
「オステルマン第二本」（O-II）　14, 17, 28, 43, 45〜49, 65, 72, 73, 75, 76, 78〜80, 82, 84, 86〜88, 100, 116〜118, 146, 165
『オストロミール福音書』　114
オスマン朝（〜帝国、〜軍）　87, 88, 132, 154, 181, 258
オプリーチニナ　23〜27, 30, 31, 42, 241, 242, 254〜256
オルダー（キプチャク・カン国、ジョチ・ウ

312

ルス) 84, 86, 117, 118, 121, 126, 127, 140, 141, 144, 148, 198, 261

か

火器 絵2-7；143, 147, 148, 152, 154, 261
『学術補助史料編』 6, 49, 71, 99, 102, 108, 110, 112, 196
カザン・カン国 140, 150, 216, 249
カザン征服（〜戦、〜遠征） 39, 41, 42, 217, 219, 280, 281
「カザン戦争」 221, 280
カトリック（ローマ教会） 107, 130, 132, 134, 136, 139, 161, 186, 187, 259, 264
　反〜（反ローマ） 133, 161, 178, 259
カネーヴィチ 86, 118
兜 72, 147
カルーシュコエ分領公国 188
カルデア（新バビロニア） 59
カン 絵1-10, 2-8；73, 76, 83, 84, 86, 117, 118, 121, 140, 145, 146, 148, 149, 153, 156, 159, 165, 166, 176, 193, 221, 249, 261, 262, 265
貴族層 23, 37, 189, 192, 217
キプチャク・カン国（ジョチ・ウルス）→オルダー
教皇庁→ローマ教皇庁
「キリスト教世界」 54, 67, 142
『ギリシア年代記』（『ギリシア・ローマ年代記』） 60, 61, 65, 111, 113
『グスティンスカヤ年代記』 263
グラノヴィータヤ・パラータ（多稜宮） 186, 218, 274
クリコヴォの戦い 絵1-1〜1-3；48, 71, 73, 74, 76, 79, 80, 86, 100, 116, 117, 140
クリミア・カン国 140, 150, 152, 188, 254
クレムリ 7, 21, 40, 42, 57, 89, 95, 109, 115, 119, 122, 127, 138, 145, 169, 182, 186, 189, 190, 197, 202〜207, 209, 211〜214, 218, 231, 249, 250, 265, 266, 274, 279
「クロニカ」 53, 55, 56, 58, 59, 61, 68, 107, 108, 110, 111, 114

「クロノグラフ」 15, 53〜56, 58〜60, 68, 107, 108, 110, 111
「クロノグラフ編」（『集成』の） 15, 17, 18, 25, 33, 46, 53, 56〜58, 62, 65, 66, 104, 113, 115, 116
「クロノグラフ集成」（KhS） 14, 22, 28, 44〜47, 50, 51, 56〜59, 62, 110, 111
『原初』→『ロシア原初年代記』
「原初集成」 54, 108
「ゲンナージー聖書」 109
『皇国の始まりの年代記』 11, 283
公冠 72〜74, 78〜83, 89, 92, 94, 170, 197, 200, 213, 232, 277, 279
ゴスチ・スロジャーネ 117, 270
コソヴォの戦い 絵1-11, 1-12；87
五放射状（五鋸歯状）の冠→帝冠
「ゴリーツィン本」(G) 14, 17, 19, 28, 33, 43〜49, 65, 78, 81, 82, 84, 86, 88, 92〜94, 119, 124, 129〜131, 166, 261
コンスタンティノープル総主教（〜座、〜教会） 7, 126, 177, 179, 252

さ

サーベルと剣 146
『ザドンシチナ』 116, 117
使節庁 21, 39, 40
「シノド本」(S) 12, 14, 16〜18, 22〜30, 33〜38, 43〜45, 64, 65, 71, 77, 78, 98〜100, 102, 103, 113, 124, 146, 196, 203, 218, 232, 233, 236, 238, 241〜249, 253, 256, 281, 282, 284, 285
『シメオノフスカヤ年代記』 273
錫杖 78, 86, 94, 128, 166, 168, 171, 212
『15世紀末モスクワ年代記集成』 263, 264
『集成』 本書全体を通じて現れる。
「シュミーロフ本」(Sh) 14, 17, 28, 33, 43〜49, 65, 78, 82, 83, 100, 121, 127, 128, 130, 131, 134〜137, 141, 145〜148, 157, 163, 167〜170, 172, 189, 190, 194, 197, 260, 264〜266, 268, 271, 276, 277
白頭巾 129, 172

313

神聖ローマ→ローマ
『スヴャトスラフの1073年選集』 114
『過ぎし年月の物語』→『ロシア原初年代記』
ステップ世界　54
スラヴ主義　56
スラヴ世界　55
スルタン　絵1-11, 1-13；87, 88, 258
スロジャーネ→ゴスチ・スロジャーネ
正教（〜キリスト教、〜世界）　4, 53, 63, 64, 66, 76, 86, 107, 110, 126, 127, 130, 131, 136, 137, 141, 142, 144, 152, 160, 161, 176~178, 185~189, 198, 201, 216, 221, 250, 252, 264, 273, 277, 282, 283
ゼームシチナ　37
「1518年の年代記集成」　121, 265
選抜会議（イズブランナヤ・ラーダ）　25, 39, 40, 116, 246, 254, 284
専制（〜化、〜権力、〜君主、〜国家）　37, 162, 169, 172~174, 176, 177, 179, 188, 192, 198, 2o1, 215, 217, 263, 267, 280, 284
双頭の鷲　174, 175, 267
即位式　165~167, 169
ソフィア聖堂（コンスタンティノープルの）56, 85, 118
『ソフィヤ第一年代記』　263
『ソフィヤ第二年代記』　158, 164, 259, 263, 264
ソロヴェツキー修道院　62, 112

た

大オルダー　140, 148, 149, 151, 181
戴冠式、『戴冠式規定』
　ドミトリー・イヴァーノヴィチの（1498年の〜）絵2-12~2-16；83, 91, 92, 121, 127, 161, 162, 165~167, 169~171, 173~175, 189, 265~267, 277, 278
　イヴァン・ヴァシーリエヴィチの（1547年の〜）絵2-23~2-25；83, 84, 95, 173, 198~200, 277, 278
　フョードル・イヴァーノヴィチの（1584年の〜）　19, 22, 34, 35, 66, 100
退去、「退去権」　絵1-7；83, 156, 164, 262, 280
『大教会暦』　31, 104, 112
大公冠　80~83, 92~94, 129, 145, 169, 172, 190
『大フランス年代記』　69
大砲　147, 182, 186, 261, 272
多層的空間構造　76, 145, 148, 200
タタール（〜軍）　48, 71, 73~76, 83, 86, 117, 140, 142~149, 152, 153, 155~161, 166, 176, 200, 258, 260~263
タタール税（ヴィーホド）　149, 176, 262
「タタールのくびき」　127, 140, 175, 179, 198, 260
『チポグラフスカヤ年代記』　260,
ツァーリ（〜権力）　7, 11, 18, 24, 26, 31, 36~39, 43, 58, 60, 64, 68, 73, 74, 78, 83~88, 90, 95, 96, 102, 104, 115~118, 122, 124, 141, 142, 144, 147, 148, 166, 168, 179, 188, 198~204, 207~210, 212~219, 221~226, 228~231, 233~239, 242~256, 265, 269, 277~281, 284, 285
「ツァーリ・アルヒーフ目録」（古文書室所蔵目録）　31, 104, 247, 273
「ツァーリの座」　95, 96, 122
「ツァーリの書」（Ts）　12, 15~20, 22~30, 32~38, 40, 43~45, 48, 51, 65, 66, 71, 77, 78, 98~103, 113, 124, 196, 199~204, 211, 218, 220, 221, 223, 226~229, 232, 237, 241~247, 278~283
追記　絵2-32, 2-33, 2-34(a), 2-35(a)；12, 18, 23~27, 29, 35, 37~40, 70, 71, 102, 113, 196, 203~206, 208~216, 218~222, 228~230, 232~239, 241~245, 247, 248, 276, 278~283
帝冠　絵1-3, 1-8~1-15；36, 73, 74, 78, 80, 83~90, 93, 94, 96, 116, 118, 129, 137, 145, 147~149, 197, 199, 200, 207, 212, 231, 232, 238, 249, 250, 261, 276, 277, 279
「テミル・アクサクの物語」　118
塗油（〜の儀式）　165, 167, 265

「特別構成のクロノグラフ」 56
ドミトロフスコエ分領公国 156
トロイア戦争（〜史、「〜物語」） 46, 56~58, 110, 113
トロイツェ・セルギエフ修道院（トロイツキー〜） 34, 142, 179, 218

な

『ニコン年代記』 11, 17, 21, 28, 34, 62, 98, 102, 103, 114, 119, 120, 124, 125, 243, 246, 264, 265, 271, 279, 283~285
ネムツィ 270
『年代記全集』→『ロシア年代記全集』
ノヴォジェーヴィチー女子修道院 249, 250, 284
『ノヴゴロド第一年代記』 6, 108
『ノヴゴロド第四年代記』 263, 279
ノガイ・オルダー 140, 144, 148, 153

は

『バーブル・ナーマ』 69, 115
「博物館集成」（M, MS） 6, 13, 22, 28, 30, 31, 43~47, 50, 51, 56~58, 101, 108~110
パノーヴァ Panova T.D. 266, 269
バビロニア捕囚 60
ハプスブルク朝（〜家） 159, 193
パフヌーティ・ボロフスキー修道院 275
パライオロゴス朝 129, 186, 258
ハンザ 271
ビザンツ（〜帝国） 4, 7, 14, 53, 55~58, 62~66, 68, 84, 85, 90, 92, 94, 95, 99, 107, 108, 111, 114, 120, 121, 126, 127, 129, 130, 132, 133, 135, 138, 154, 159, 163, 166, 173~175, 177, 183, 188, 198, 200, 251, 252, 257, 258, 263, 267, 272, 276, 287
「ビザンツの遺産」 133, 163
フィレンツェ（フェラーラ・〜）公会議 130, 132, 271
『プスコフ年代記』 260
ブラゴヴェーシチェンスキー聖堂（〜カヤ教会、モスクワ・クレムリの） 168, 223
フリャージン 128, 130, 180, 219, 270, 271
分領（〜公、〜諸公、〜公国） 81, 82, 155, 156, 161, 176, 177, 188, 223, 244, 284
「封建的官等（位階）表」 78, 118
ポーランド・リトアニア（連合国家） 95, 115, 156, 256, 269
ポーランド王 141, 146, 149, 152, 153, 233, 236, 239
ポクロフスキー女子修道院（スーズダリの） 190, 195, 274

ま

「ママイ戦記」（『ママイ合戦の物語』） 100, 116, 117
モスクワ印刷局（国家〜） 7, 21, 64
モスクワ大火 絵2-27~2-33；23, 40, 95, 106, 115, 122, 202~204, 210, 214
『モスクワ大公の歴史』 191, 251, 261, 279
「モスクワ第三ローマ」（〜理念）→ローマ（第三の）
『モスコーヴィア事情』 159, 192
「モノマフの冠」 絵1-8, 1-18~1-20；83, 84, 89~94, 119, 121, 166~169, 174, 189, 200, 265, 277
モンゴル→タタール

や

遺言状（モスクワ諸公の） 絵2-36；91, 121, 166, 172, 181, 222, 223, 230, 271, 282
『ユダヤ戦史』（『ユダヤ戦記』） 62, 112
「ユダヤ派異端」 176
ヨーロッパ 21, 54, 56, 58, 66, 107, 109, 115, 258
ヨシフォ・ヴォロコラムスキー修道院 109, 192

ら

「ラープチェフ本」（L） 14, 17, 28, 35, 43~49, 65, 78, 84, 85, 100

『ラヴレンチー（スーズダリ）年代記』　86,
　118, 119
『ラジヴィウ（ラジヴィル）年代記』　69,
　115, 148
ラテン人（〜帝国、〜皇帝、〜十字架）　絵
　1-9, 2-4；85, 128, 136, 259
リヴォニア戦争　252~254, 285
リトアニア大公　79, 80, 146, 149, 151, 236,
　239
リューリク朝　18, 19, 179, 251
ルーシ→ロシアとルーシ
「レートピシ」　11, 15, 17, 28, 33, 53~55, 65,
　108
『レベジェフ年代記』（Leb.L）　35, 105, 232
「ルーシ年代記断片、1445－1553年」　164
ローブノエ・メスト　212
ローマ
　〜（古代の）　14, 55, 57, 60, 62, 65, 66, 113
　〜（中世の）　128~139, 154, 179, 181, 182,
　184, 186, 258, 259
　〜帝国（〜皇帝）　60~63, 66, 113
　キリスト教〜　66
　〜教皇（〜庁、ヴァティカン）　129, 130,
　134, 135, 139, 183, 186
　〜（第二の）　66
　〜（第三の）　66, 114, 118, 163, 175, 198,
　257
　「〜女」　155, 158, 161, 264
　神聖〜（帝国、皇帝）　58, 159, 174, 175,
　185, 257, 267
ロシア科学アカデミー図書館（BAN）　12,
　14, 105, 115
『ロシア・クロノグラフ』（『1512年版ロシア・
　クロノグラフ』）　59, 65, 110, 113
『ロシア原初年代記』（『原初』、『過ぎし年月
　の物語』）　6, 47, 54, 55, 66, 68, 69, 90, 99,
　108, 114, 119, 120, 257, 259, 269, 274
ロシア国立図書館（RNB）　12, 14
ロシア国立歴史博物館（GIM）　12~15, 57, 99
ロシア精神　56

「ロシアとルーシ」　4, 5, 7, 8
『ロシア年代記全集』（PSRL）　4, 6, 17, 35,
　102, 105, 110, 111, 118~121, 125, 259, 260,
　262~265, 267, 271, 273, 274, 279~285
ロジェストヴェンスキー女子修道院　190,
　274
ロマノフ朝（〜家）　37, 38, 41, 173, 250, 266,
　285

人名・家門索引

＊外国の研究者の名にはアルファベットの綴りを付した。
＊イヴァン3世、ヴァシーリー3世、イヴァン4世については、
それぞれ第2部第1章、同第2章、同第3章以外の頁数を記す。

あ

アイネアース　58, 60
アウグストゥス（オクタヴィアヌス）　61, 112
アガペートゥス（ビザンツの思想家）　188, 274
アダーシェフ、アレクセイ・フョードロヴィチ（侍従官）　39, 40, 105, 223, 235, 240, 245, 246, 251, 252, 254, 255, 283, 285
アダーシェフ、フョードル・グリゴーリエヴィチ（貴族）　223, 225, 229
アナスタシーヤ・ロマーノヴナ（イヴァン4世の后）　絵2-26, 2-43；37, 201, 217, 248～255, 266, 285
アフマト（ツァーリ～、～・カン）　141, 142, 145, 148, 149, 151～153
アモーソフ Amosov A.A.　27, 32, 33, 36～38, 42～45, 47～51, 98～107, 110, 112, 114, 115, 277
アリーシッツ Al'shits D.N.　23～28, 30, 31, 38, 40, 102, 241, 242, 278, 280, 283
アリストテレ・フィオラヴァンティ→フィオラヴァンティ、ロドルフォ
アルツィホーフスキー Artsikhovskii A.V.　69, 78, 119, 146, 147, 171, 261, 277
アレクサンドル（リトアニア大公）　178
アレクサンドル・ネフスキー（ウラジーミル大公、在位1252-1263）　絵1-10；48, 86, 118, 259, 261
アレクサンドロス（大王）　55, 60, 61, 111, 113
アレクセイ・ミハーイロヴィチ（皇帝、在位1645-1676）　7, 173
アレクセーエフ Alekseev Iu.G.　262, 263
アレフ Alef G.　267
アンドレアス・パライオロゴス（ソフィヤの兄）　133, 138, 183, 186, 258
アンドレイ・オリゲルドヴィチ（ポロツク公）　80
アンドレイ（大）・ウグリツキー（ヴァシーリー2世の子）　絵1-7；83, 138, 149
アンドレイ（小）・ヴォロゴツキー（ヴァシーリー2世の子）　138, 148, 149, 181
アンドレイ・イヴァーノヴィチ・スターリツキー（イヴァン3世の子）　170, 171, 178, 193, 219, 281, 282
アンドレイ・モジャイスキー　142
アンドレーエフ Andreev N.E.　24, 40, 41, 106
アンドロニク・ネヴェジャ（チモフェイの子）　31
アントン・フリャージン（アントニオ・ジスラルジ）（イヴァン・フリャージンの甥）　130, 132, 182
アンナ（フセヴォロド・ヤロスラヴィチ大公の二度目の妻）　120
アンナ・グリンスカヤ（ヴァシーリー3世の妃エレーナの母、イヴァン4世の祖母）　193, 209～211
アンリ・トロワイヤ　276, 285
イヴァク（ノガイ・カン）　144
イヴァン1世・カリター（大公、在位1325-1341）　91, 92, 121
イヴァン2世（大公、在位1353-1359）　91
イヴァン3世（大公、在位1462-1505）　絵2-5, 2-11；7, 48, 49, 82～84, 91, 124, 188, 194, 197, 198, 244, 279, 284

317

イヴァン4世（雷帝）（大公、皇帝、在位 1533-1584）　絵 2-22~2-26, 2-35~2-37；10~12, 15, 18~27, 29~42, 48, 49, 57, 58, 65, 66, 71, 77, 83, 84, 89, 91, 92, 95, 96, 98, 100~102, 104, 105, 109, 110, 112, 113, 116, 118, 122, 124, 156, 173, 176~178, 187~189, 191, 192, 194, 195

イヴァン5世・アレクセーエヴィチ（皇帝、在位 1682-1696）　119

イヴァン・イヴァーノヴィチ・マラドイ（イヴァン3世の子）　7, 133, 137, 138, 141~143, 148, 152, 162, 168, 186, 262, 264

イヴァン・イヴァーノヴィチ（イヴァン4世の子）　249, 251

イヴァン・ドミトレーエヴィチ・フセヴォロシキー（貴族）　81, 82

イヴァン・スパシーチェリ・フリャージン（アウグスティヌス会士、オルガン職人）　186, 187, 273

イヴァン・フリャージン（ジャン-バティスタ・デラ・ヴォルペ）　絵 2-2；128-136, 138, 139, 181, 183, 184, 258, 259, 271

イヴァン・ボリソヴィチ（イヴァン3世の甥）　174

イヴァン・ラーリ・パレオローグ（ギリシア出身の外交官）　183, 186, 273

石戸谷重郎　244, 281, 282

イシドール（府主教）　180

イジャスラフ・ウラジーミロヴィチ（ウラジーミル聖公の子）　89

イストリン　Istrin V.M.　108

イリーナ・ゴドノヴァ（フョードル帝の后）　36, 37, 251

ヴァシアン・パトリケーエフ（ヴァシーリー・イヴァーノヴィチ・コソイ）　192

ヴァシアン・ルイロ（ロストフ大主教）　142, 145, 155, 160, 261

ヴァシーリー1世（大公、在位 1389-1425）　絵 2-10；48, 81, 91, 118, 142, 165, 166, 169

ヴァシーリー2世（大公、在位 1425-1462）　絵 1-6；81, 121, 138, 151, 155, 156, 166, 167, 179, 270

ヴァシーリー3世（大公、在位 1505-1533）　絵 2-18~2-21；21, 49, 84, 91, 121, 122, 124, 157, 162~165, 170~173, 176~178, 185, 197, 219, 244, 250, 257, 262, 268~270, 272~276, 279, 283

ヴァシーリー・ウラジーミロヴィチ・スターリツキー（公）　100

ヴァシーリー・コソイ（ガーリチ公ユーリーの子）　81

ヴィスコヴァーティ（イヴァン・ミハイロフ）（書記官、使節庁長官）　25, 39, 40, 105, 106, 116, 222, 229, 230, 245

ヴェシュニャコフ、イグナーチー（会議士族）　223, 235, 245

ヴェスパシアヌス（ローマ皇帝）　62, 113

ヴェルナツキー　Vernadsky G.　257, 272

ヴォクシェーリン、フョードル・ヴァシーリエフ（小貴族、リトアニアへの使節）　246

ヴォロティンスキー、ウラジーミル・イヴァーノヴィチ（貴族）　222, 224, 226~229, 282

ウシャコフ、シモン（宮廷イコン画家）　109, 122

ウハーノヴァ　Ukhanova E.V.　6, 49~51, 106, 107

ウラジーミル・アンドレーエヴィチ（勇敢公（フラーブルイ）、セールプホフ公）　72~75, 80, 81, 116, 117

ウラジーミル・アンドレーエヴィチ・スターリツキー（公）　絵 2-38；40, 100, 219, 220, 222~224, 227~229, 235, 237, 243, 244, 247, 248, 281, 282

ウラジーミル・スヴャトスラヴィチ（聖〜、キエフ大公在位 978-1015）　88, 89, 108, 119

ウラジーミル・フセヴォロドヴィチ・モノマフ（キエフ大公、在位 1113-1125）　絵 1-8, 1-16~1-20；79, 84, 85, 92~95, 120, 121, 166, 168, 169, 200, 277

ウラジーミル・ヤロスラヴィチ（ヤロスラフ賢公の子）　120

索　引

エイゼンシュテイン　102
エウドキア（ビザンツ皇帝アルカディオスの后）　252
エウドキヤ（ドミトリー・ドンスコイの妃）　266
エウドキヤ・イヴァーノヴナ（イヴァン3世の子）　178
エウフロシーニヤ、ホヴァンスカヤ（ウラジーミル・スターリッキー公の母）　220, 222~224, 228, 231, 232, 282
エカチェリーナ2世　16
エピファニオス（エルサレムの修道士）　61, 112, 113
エピファニオス（キプロスの）　60, 112
エルサリームスキー Erusalimskii K.Iu.　262
エレーナ（ソフィヤの姉）　258
エレーナ・イヴァーノヴナ（イヴァン3世の子）　178, 269
エレーナ・ヴォロシャンカ（イヴァン・マラドイの妃）　絵2-17；162, 171~173, 176, 177, 262, 265, 266, 270
エレーナ・グリンスカヤ（ヴァシーリー3世の妃）　絵2-19；189, 193, 194, 197, 251, 275, 276, 281, 282
オイディプス　56
オストロゴルスキー Ostrogorsky G.　258, 267
オリゲルド（アルギルダス）（リトアニア大公）　絵1-4；79

か

ガヴリール→ヴァシーリー3世
カエサル、ユリウス　55, 61
カジミェシ・ヤギェロンチク（カジミール）（ポーランド王・リトアニア大公）　141, 149
カラムジン Karamzin N.M.　17, 100, 254, 255, 257, 285
カルロ・ヴォルペ・フリャージン（イヴァン・フリャージンの兄）　130, 132
キプリアン（「キエフと全ルーシの府主教」）　7
キュロス2世　60
キルピーチュニコフ Kirpichnikov A.N.　261
グイド・デッレ・コロンネ（シチリアの宮廷詩人）　58, 109
クールプスキー、アンドレイ・ミハーイロヴィチ（公）　24, 58, 102, 176, 177, 191, 192, 205, 210, 217, 218, 240, 241, 244~246, 251~256, 261, 262, 264, 266, 268, 275, 276, 279
クラーキン家　235, 237
グリンスキー家　207, 209, 251, 277, 279
グリンスキー、ヴァシーリー・リヴォヴィチ（エレーナ・グリンスカヤの父）　189, 193
グリンスキー、ミハイル・ヴァシーリエヴィチ（エレーナ・グリンスカヤの兄弟）　209, 210
グリンスキー、ミハイル・リヴォヴィチ（エレーナ・グリンスカヤの伯父）　193, 275
グリンスキー、ユーリー・ヴァシーリエヴィチ（エレーナ・グリンスカヤの兄弟）　絵2-29, 2-30, 2-32, 2-33；204~206, 209, 210, 212~215
クルリャーチェフ、ドミトリー・イヴァーノヴィチ（公）　222, 229, 235
クロス　Kloss B.M.　7, 8, 27~34, 42, 43, 47, 49~51, 62, 66, 103~107, 110~112, 114, 116, 283
ゲオルギオス・モナコス（ハマルトーロス）（ビザンツの年代記作者）　55, 59, 68, 108, 111, 114
ゲルマン・ポーレフ（カザン大主教）　41, 106
ゲロンチー（モスクワ府主教）　142, 161
ゲンナージー（ノヴゴロド大主教）　109, 185
ゴリスラーヴァ→ログネジ
コンスタンティウス（クロルス）（ローマ皇帝）　63
コンスタンティヌス（大帝）　55, 63, 64, 113
コンスタンティヌス2世（ローマ皇帝）　63

319

コンスタンティノス7世ポルフィロゲニトス（マケドニア朝皇帝） 62, 63
コンスタンティノス9世モノマコス（ビザンツ／マケドニア朝皇帝） 絵1-8；84, 85, 90, 93, 120, 200
コンスタンティノス11世（ビザンツ／パライオロゴス朝皇帝） 127, 129, 137, 138
コンスタンティノス（マウヌク公） 185
コンタリーニ、アムブロジオ（ヴェネツィアのペルシアへの使節） 180, 271
コンド・フラレンド→ボードゥアン

さ

サウル 58
ザハーリン（ザハーリン-ユーリエフ）家 37, 38, 223~227, 229~231, 235, 237, 243, 250
ザハーリン、グリゴーリー・ユーリエヴィチ（貴族、アナスタシーヤの伯父） 210, 211
ザハーリン、ダニーラ・ロマーノヴィチ（貴族、アナスタシーヤの兄弟） 222, 225, 226, 229, 235, 245
ザハーリン、ニキータ・ロマーノヴィチ（貴族、アナスタシーヤの兄弟、ミハイル・ロマノフの祖父） 285
ザハーリン、ミハイル・ユーリエヴィチ（貴族、アナスタシーヤの伯父） 250
ザハーリン、ロマン・ユーリエヴィチ（アナスタシーヤの父、侍従官） 201, 250, 285
サファ-ギレーエヴィチ、アレクサンドル（カザン・カン、サファ-ギレイの子） 249
サルティコフ、レフ・アンドレーエヴィチ（侍従官） 227
ジーリナ Zhilina N.V. 91, 92, 118, 121, 122
シェレメーチェフ、イヴァン・ヴァシーリエヴィチ（貴族） 222, 235, 245
ジグムント2世アウグスト（ポーランド王、リトアニア大公） 239
シチェニャーチェフ、ピョートル・ミハイロヴィチ（公） 227, 229, 235
シチェプキナ Shchepkina M.V. 269, 270

シチェプキン Shchepkin V.N. 101
シチェルバートフ Shcherbatov M.M. 16~20, 22, 43, 66, 100, 101, 105, 280
ジミーン Zimin A.A. 24, 103~105, 121, 122, 172, 257, 265, 267~269, 272~278, 280~285
シメオン（スーズダリの長司祭） 180, 271
シメオン・ロゴテテース（ビザンツの年代記作者） 55
シモン（モスクワ府主教） 167, 169, 194, 265, 269
シャーフマトフ Shakhmatov A.A. 54, 98, 108, 115
ジャン・ガレアッツォ・マリア（ミラノ侯） 186
シューイスキー家 24, 37, 38, 225
シューイスキー、イヴァン・ミハーイロヴィチ（貴族） 224, 229, 244
シューイスキー、ヴァシーリー・イヴァーノヴィチ（皇帝、在位1606-1610） 38
シュースキー-スコピン、フョードル・イヴァーノヴィチ（公） 209~211
シュミット Shmidt S.O. 27, 101, 104, 105, 122, 204, 212, 275, 279
シリヴェーストル（セリヴェストル、司祭） 39, 40, 105, 223, 224, 229, 240, 244~246, 251~255, 281, 282, 285
スクルィンニコフ Skrynnikov R.G. 25, 26, 41, 102, 106, 276~278, 281, 285
スクルジンスカヤ Skrzhinskaia E.Ch. 259, 271
スターリン Stalin I.V. 27, 102
ステファン（セルビア公） 絵1-13；88
スミルノーフ Smirnov I.I. 283
セミオン（カザン・カン） 221
セメン・イヴァーノヴィチ（ゴルドゥイ、大公、在位1341-1353） 91
セメン・イヴァーノヴィチ・カルーシュキー（イヴァン3世の子） 170, 178
セルギー・ラドニェシュキー（修道士、聖人） 221, 270, 280

セレーブリャンヌイ、ピョートル・セメノヴィチ（公）235, 244
ソフィヤ・パレオローグ（パライオロゴス家のゾエ）絵2-3~2-5, 2-9；127~131, 133~139, 154, 155, 157~165, 170, 171, 173, 175~187, 251, 257~260, 262~264, 266~268, 270~273, 276
ソフィヤ（修道名）→ソロモニヤ
ソボレフスキー Sobolevskii A.I. 101
ソラーリ、ピエトロ・アントニオ（ミラノの建築職人）186, 274
ソロモニヤ（ヴァシーリー3世の妃）絵2-20, 2-21；190, 191, 193~195, 273~275

た

タチーシチェフ Tatishchev V.N. 16, 159, 160, 263, 267
ダニール（モスクワ府主教）103, 189, 190, 192, 275
ダニエル（預言者）59, 60
ダビデ 57, 265
ダレイオス1世（ペルシア/アケメネス朝王）59, 60
ダレイオス3世（ペルシア/アケメネス朝王）60
チェルネツォフ Chernetsov A.V. 95
チェレプニーン Cherepnin L.V. 161, 172, 263
チホミーロフ Tikhomirov M.N. 7, 184, 263, 271, 272
チモフェーエフ、イヴァン（書記官、歴史記述者）41
ティトゥス（ローマ皇帝）62, 64, 113
ティムール（ティムール朝創設者）絵1-13；87, 88, 118
デウレト・ギレイ（クリミア・カン）122
テオドシウス（ローマ皇帝）63
テオフィロス（ビザンツ/イサウリア朝皇帝）55
テミル・アクサク→ティムール
デメトリオス・パライオロゴス（「ドミトリー」、マヌエル2世の子、ソフィヤのおじ）137, 138
デメトリオス・ラーレフ・パライオロゴス（イヴァン・ラーリの子）186
トゥヴォーロゴフ Tvorogov O.V. 107, 109~111
ドヴォイナ（ダヴォイナ）、パン・スタニスラフ（リトアニアのモスクワへの使節）234, 241
トゥチコフ、ミハイル・ヴァシーリエヴィチ（公）24
トクタムィシ（カン）118, 166, 261
トマス・パライオロゴス（フォマ、ソフィヤ・パレオローグの父）129, 130, 137, 138, 184, 258, 263
ドミトリー・イヴァーノヴィチ（ドンスコイ、大公、在位1359-1389）絵1-5；48, 71, 74, 76, 91, 140, 166, 266
ドミトリー・イヴァーノヴィチ・ウグリツキー（イヴァン3世の子）170, 178
ドミトリー・イヴァーノヴィチ（イヴァン3世の孫、イヴァン・マラドイの子）絵2-12~2-17；83, 91, 127, 161, 162, 164, 167, 168, 171~173, 178, 265, 266, 268, 277
ドミトリー・イヴァーノヴィチ（イヴァン4世の子、1552-1553）絵2-37；218, 221, 222, 224~229, 251, 281, 282
ドミトリー・イヴァーノヴィチ（イヴァン4世の子、1583-1591）38, 195
ドミトリー・イヴァーノヴィチ・ボブロク（ヴォルィニ公、軍司令官）75, 76, 80
ドミトリー・シェミャーカ（ガーリチ公ユーリーの子）81
ドミトリー（デメトリオス）・マヌイロヴィチ・トラハニオート（ソフィヤの「貴族」）135, 182~185, 272, 276
ドミトリー（デメトリオス）・ラーレフ・パライオロゴス（モスクワの外交官）183, 186, 272
ドミトリエヴァ Dmitrieva R.P. 267

トルブージン、セメン（モスクワの外交官） 182, 271

トレヴィザン、ジャン-バティスタ（ヴェネツィアの書記、外交官） 181

な

中村喜和 117, 257, 272

ナゴイ家 38

ナゴイ、フョードル・ミハーイロヴィチ（侍従官） 38, 210, 211

ニェモイ、ドミトリー・イヴァーノヴィチ（小貴族） 227, 229, 235

ニコロ・ジスラルジ（イヴァン・フリャージンの使者・代理人） 132, 139

ニーチェ Nitsche P. 264, 268, 269

ニル・ソールスキー（修道士） 185, 273

ネブガドネザル 59

ネロ（ローマ皇帝） 61, 62

は

バーブル（ムガール朝始祖） 69, 115

バールソフ Barsov E.V. 267, 278

パウロ（パウルス）2世（ローマ教皇） 131, 134

バシレイオス1世（ビザンツ/マケドニア朝皇帝） 63, 113

バジレヴィチ Bazilevich K.V. 132, 133, 161, 183, 184, 262, 272, 273

バトゥ（カン） 絵1-10；86, 118, 140, 261

ハマルトーロス→ゲオルギオス・モナコス

バヤジット（オスマン朝スルタン） 絵1-13, 1-14；88

ハルパリン Halperin Ch.J. 117, 260, 302

バルバロ、ヨサファト（ヴェネツィアの商人、外交官） 180, 271

パレツキー、ドミトリー・フョードロヴィチ（公） 222, 229, 235

ピョートル（「キエフと全ルーシの府主教」） 260

ピョートル1世（大帝） 7, 8, 19, 115, 119

ピョートル（クイダクル）（カザンの皇子） 178

ピルリンク Pierling P. 132, 133, 135, 139, 184, 258, 259, 266, 272, 273

フィオラヴァンティ、ロドルフォ（アリストテレ、ボローニャ出身の建築職人） 182, 260, 271, 272

フィリップ（モスクワ府主教） 128, 136, 137, 260

フィリューシキン Filiushkin A.I. 269

フーニコフ、ニキータ（財務官） 222, 229, 235

フェオドーシヤ・イヴァーノヴナ（イヴァン3世の子） 178, 269

フェンネル Fennel J.L.I. 257, 271, 285

フォマ→トマス・パライオロゴス

フセヴォロード・ヤロスラヴィチ（キエフ大公、在位1078-1093） 120

フセスラフ・ブリャチスラヴィチ（ポロツク公） 88

フョードル・イヴァーノヴィチ（皇帝、在位1584-1598） 18, 19, 22, 34~36, 66, 100, 114, 249, 251

フョードル・バルミン（長司祭） 209, 211, 213

フョードル・ボリソヴィチ（イヴァン3世の甥） 174, 188

フョードロフ、イヴァン・ペトローヴィチ（貴族） 227

プラトノフ Platonov S.F. 17, 41, 102

プレスニャコフ Presniakov A.E. 20, 98, 101, 102, 114

プロンスコイ-トゥルンタイ、イヴァン・イヴァーノヴィチ（公） 226, 227, 229, 235

ベーリスキー、ボグダン・ヤーコヴレヴィチ（公） 37

ベーリスキー・セメン・フョードロヴィチ（公） 282

ベグノーフ Begunov Iu.K. 275

ベッサリオン（枢機卿） 128~132, 137, 139,

184, 258
ペトロフ、ヴァシーリー（ドミトリー・パレツキー公の義理の兄弟）222, 223
ベルセニ・ベクレミーシェフ、イヴァン・ニキーチチ（小貴族）176, 177, 188
ヘルベルシュタイン（ジギスムント・フォン）（神聖ローマ帝国外交官）121, 159, 160, 176, 177, 190, 192~195, 257, 263, 264, 266, 268, 272, 275, 276
ヘレナ（聖、コンスタンティヌス大帝の母）56, 64
ペントコフスキー Pentkovskii A.M. 64, 113
ボードゥアン（フランドル伯、ラテン帝国初代皇帝）絵 1-9；85
ボグダーノフ Bogdanov A.P. 64, 113, 267
ポクロフスカヤ Pokrovskaia V.F. 62
ポッペ Poppe A. 120
ポドベードヴァ Podobedova O.I. 25, 39, 69, 109, 114~116, 148, 278
ボヌンブレ、アントニオ（アジャクシオ司教、教皇特使）135~137, 182
ホメーロス 58
ボリス・ヴァシーリエヴィチ・ヴォロツキー（イヴァン3世の弟）絵 1-7；83, 137, 138, 143, 151, 155, 156, 174
ボリス・ゴドノフ（皇帝、在位1598-1605）19, 36~38, 42, 114, 251, 285
ボリーソフ Borisov N.S. 269
ホロシュケーヴィチ Khoroshkevich A.L. 174, 259, 267

ま

マカーリー（モスクワ府主教）絵 2-25；31, 39, 40, 104, 105, 112, 115, 199~201, 209, 219, 236, 239, 249, 277, 281
マクシミリアン1世（神聖ローマ皇帝）193
マクシム・グレク（修道士）176, 177
松木栄三 129, 270, 273
マナセス、コンスタンティノス（ビザンツの年代記作者）58, 110

マヌエル2世（ビザンツ／パライオロゴス朝皇帝）137, 138, 258
マヌエル・パライオロゴス（ソフィヤの兄）138, 183, 258
マヌエル・トラハニオーテス（ビザンツ高官）135, 182, 183, 272
「マヌエルの子ドミトリー」→ドミトリー（デメトリオス）・マヌイロヴィチ・トラハニオート
マヌエル・ラーレフ・パライオロゴス（イヴァン・ラーリの子）186
ママイ（タタールの「カン」）73~75, 83, 117, 193
マララス、ヨハンネス（ビザンツの年代記作者）61, 111
マリヤ・ナガヤ（イヴァン4世の后）38
マリヤ・ボリソヴナ（イヴァン3世の妃）129, 138, 162
マリヤ・ヤロスラヴナ（マルファ、ヴァシーリー2世の妃）128, 129, 137, 138, 142, 157
ミカエル3世（ビザンツ／イサウリア朝皇帝）63
ミクリンスキー、セメン・イヴァーノヴィチ（公）236
ミストロ（マエストロ）・レオン（ヴェネツィア出身の医師）186, 264
ミハイル・アンドレーエヴィチ（イヴァン3世の大叔父の子）142
ミハイル・フョードロヴィチ（・ロマノフ）（皇帝、在位1613-1645）122, 285
ミハイル・アレクサンドロヴィチ（トヴェーリ大公）絵 1-4；79, 114
ミハイル・ヤロスラヴィチ（トヴェーリ大公）68, 114
宮野裕 177, 185, 268, 271, 273
ミラー Miller D.B. 277
ムスチスラーフスキー、イヴァン・フョードロヴィチ（公）37, 222, 235
ムラト1世（オスマン朝スルタン）絵 1-11, 1-12；87

メシチェールスキー Meshcherskii N.A. 112
メングリ・ギレイ（クリミア・カン） 142
モローゾフ、セメン・イヴァーノヴィチ（侍従官） 236
モローゾフ、ミハイル・ヤーコヴレヴィチ（貴族）) 222, 235, 245
モローゾフ Morozov S.A. 27
モローゾフ Morozov V.V. 27, 33, 34, 36~38, 42, 69, 95, 98, 100, 101, 103, 105, 106, 114

や

ヤーニン Ianin V.L. 120
山口巌 108
ヤロスラフ・ウラジーミロヴィチ（賢公、キエフ大公、在位 1019-1054） 120
ユーリー・イヴァーノヴィチ・ドミトロフスキー（イヴァン 3 世の子） 168~171, 178, 193
ユーリー・ヴァシーリエヴィチ（イヴァン 4 世の弟） 194, 219, 221, 223, 249, 281
ユーリー・ヴァシーリエヴィチ・ドミトロフスキー（イヴァン 3 世の弟） 156
ユーリー・ドミートリエヴィチ（「ドミトレーエヴィチ」）（ヴァシーリー 1 世の弟、ガーリチ公） 絵 1-6；81, 82,
ユーリー・ドミートリエヴィチ・トラハニオート（マールィ） 184, 185, 272, 273, 276
ユーリー（ゲオルギオス）・マヌイロヴィチ・トラハニオート（スタールィ） 184, 185, 258, 272~ 274,
ユーリー・ペルカンコーテス 186, 273, 274
「ユーリーという名のギリシア人」 130, 132, 139, 184, 272
ユーリエフ、ヴァシーリー・ミハーイロヴィチ（貴族） 222, 226, 229, 235
ユスティニアヌス 1 世（ビザンツ皇帝） 63
ユリウス・カエサル 55, 61
ヨアサフ（ロストフ大主教） 185
ヨアサフ（モスクワ府主教） 281, 282
ヨアンネス・クリュソストモス（コンスタンティノープル総主教） 252
ヨシフ・ヴォロツキー（修道士） 112, 188, 274, 277
ヨセフス・フラヴィウス（『ユダヤ戦史』作者） 62, 112, 113
ヨハネス 8 世（ビザンツ / パライオロゴス朝皇帝） 129, 137, 138, 258

ら

ラザル（セルビア公） 絵 1-11；87
リハチョフ Likhachev D.S. 98
リハチョフ Likhachev N.P. 20, 23, 25~28, 40, 101, 102, 113
ルィバコフ Rybakov B.A. 114, 115
ルーテンブルク Rutenburg V.I. 273, 274
ルッフォ（ロッソ）、マルコ（イタリア人建築家） 186, 274
ルブリョフ、アンドレイ（イコン画家） 202
ルリエー Lur'e Ia.S. 163, 185, 267, 281, 283
レオン 3 世（ビザンツ / イサウリア朝皇帝） 63
レベジェヴァ Lebedeva I.N. 110
ログネジ（ウラジーミル大公の妃） 絵 1-15；89
ロストフスキー家（～諸公） 234, 237
ロストフスキー - カティレフ、アンドレイ・イヴァーノヴィチ（公） 234
ロストフスキー - ロバーノフ、セメン・ヴァシーリエヴィチ（公） 絵 2-41, 2-42；227, 229, 232, 233, 236, 241, 244~246, 284
ロストフスキー - ロバーノフ、ニキータ・セメノヴィチ（公、セメンの子） 絵 2-39, 2-40；233, 236, 238, 246, 284
ロピャーロ Lopialo K.K. 109
ロマノス 1 世（ビザンツ / マケドニア朝皇帝） 55
ロマノフ家（～朝） 37, 38, 41, 122, 173, 250, 266, 285
ロモノーソフ Lomonosov M.V. 16

索 引

地名索引

あ

アールスク地方　221, 280
赤の広場　204, 212, 214, 249
アトス山（聖～）　121, 191, 192
アゾフ（～海）　179, 180, 271
アレクサンドロフ村（アレクサンドロフスカヤ・スロボダー）　30, 31, 42, 43, 116
イタリア　28, 60, 92, 128, 132, 135, 179, 180, 185~187, 219, 257, 259~261, 270~272
市場（トルク）→赤の広場
ヴィチェンツァ　128, 135
ヴィルニュス　146
ヴェスビオ山　63
ヴェネツィア　125, 132, 180, 181, 186, 187, 259, 264, 270, 271, 273, 274
ヴェリーキエ・ルーキ　83
ヴォルィニ　80
ヴォルガ川　41, 140, 151, 280
ヴォルホフ川　182
ヴォログダ　152, 164, 262, 274
ヴォロビヨヴォ村　207, 210
ウグラ川　140~142, 147~149, 152~155, 158, 260~262
ウグリチ　38
ウラジーミル（～大公国、～大公位）　90, 94, 114, 118, 164, 166, 167, 172, 218, 260, 265
エジプト　57, 60, 61, 86, 113, 121
エルサレム　60~62
オカ川　118, 141, 144, 149, 151, 152
オドエフ　142, 152

か

ガーリチ　4, 81, 82
ガーリチ・ヴォルィニ　4
カザン　140, 178, 188, 193, 218, 221, 237, 240, 247, 249, 280, 281
カッファ（フェオドシヤ）　92, 144, 258
カフカース　180
カルーガ　151, 152
カルゴーポリ　191, 195
キエフ　絵1-8, 1-16, 1-19；4, 7, 53, 84, 85, 88, 90~96, 114, 168, 179, 257, 259, 277
キタイ・ゴロド　204, 214, 279
クラクフ　146
クレメネツ　142, 143, 149, 152, 153
クリミア（ペレコプ）　92, 142, 144, 150, 179, 185, 258, 270
コルィヴァン（レヴァル、タリン）　135
コロムナ　141, 152, 153, 167, 181, 271
コンスタンティノープル（コンスタンティノポリス、帝都）　56, 63, 66, 84, 85, 113, 118,

さ

サライ-バトゥ　140
サライ-ベルケ　118, 148
サンクト・ペテルブルク（レニングラード）　12, 14, 99, 105, 115
シエナ　135
ジェノア　92, 270
スヴィヤシク　41, 42
スウェーデン　147
スーズダリ　79, 167, 180, 190, 192, 195, 271, 274
スモレンスク　4, 79, 80, 188
スロジ（スダク、スグダイア）　150, 270
セールプホフ　72, 80, 141, 151, 167
セルビア　86~88, 144, 258

た

大ポサード　203
タナ→アゾフ

325

帝都（ツァーリグラード）→コンスタンティノープル
ドイツ　28, 147, 149, 174, 175, 182, 187, 259, 261, 264, 267, 269, 270
トヴェーリ　4, 68, 79, 80, 114, 129, 162, 167, 182
トルコ　86, 132, 135, 144, 154, 160, 180, 258
トロイア　13, 58, 60, 110
トロペツ　233, 238, 284
ドン川　71~73, 150, 151

な

ニジェゴロド（ニジニ・ノヴゴロド）　4, 79, 80
ネグリンナヤ川　190, 202, 278
ノヴゴロド（大～）　絵 2-1；4, 79, 83, 127, 136, 139, 149, 156, 178, 182, 219, 223, 259, 270
ノヴゴロド - セーヴェルスキー　188

は

バルト海　135, 179, 254
ハンガリー　261
フィレンツェ　130, 132, 135, 179, 180, 259, 271
プスコフ　136, 139, 188, 219, 259, 260
フランス　21, 28, 69, 115, 130, 259
ブルガリア（ブルガル）　7, 86, 108, 111, 144
ベールィ・ゴロド　190, 205
ペルシア　55, 59, 60, 69, 113, 180, 181, 271
ペレコプ→クリミア
ベロオーゼロ　157, 158, 164, 236, 237, 246, 262
ポーランド　28, 135, 150, 152, 161, 250, 269
ポドリスク（ポドリヤ）　142, 152
ボローニャ　135, 182, 258, 271
ポロツク　80, 88, 119
ボロフスク　143, 149, 152~154

ま

マケドニア　55, 56, 60, 113

マンククゥ（マウヌク、マンクプ）　144, 185
ミラノ　130, 186, 259, 273, 274
ムツェンスク　142, 152
モジャイスク　252, 253
モスクワ川　164, 202
モスコーヴィア　54, 180
モレア（ペロポネソス）　129, 130, 137, 138, 144, 154, 180, 184, 186, 258, 263

や

ヤロスラヴリ　79, 80
ユーリエフ（ドルパート、タルトゥ）　135

ら

リヴォニア（～騎士団）　147, 149, 251, 253, 259
リトアニア　24, 79~81, 83, 141, 142, 147, 150, 156, 177, 188, 191, 193, 233, 234, 236~240, 246~248, 253, 259
リャザン　4, 79, 80, 118, 167, 188
リューベック　絵 2-3；135, 139, 186
リュブテスク　142, 152
ローマ→事項索引
ロストフ　79

著者紹介

栗生沢　猛夫（くりうざわ・たけお）
1944年岩手県生まれ。北海道大学名誉教授。
著書：『ボリス・ゴドノフと偽のドミトリー──「動乱」時代のロシア』（山川出版社、1997年）、『タタールのくびき──ロシア史におけるモンゴル支配の研究』（東京大学出版会、2007年）、『図説　ロシアの歴史』（河出書房新社、増補新装版、2014年）、『『ロシア原初年代記』を読む──キエフ・ルーシとヨーロッパ、あるいは「ロシアとヨーロッパ」についての覚書』（成文社、2015年）、『世界の歴史（11）ビザンツとスラヴ』（共著：井上浩一、中央公論社、1998年／中公文庫、2009年）
訳書：A・Ia・グレーヴィチ『歴史学の革新──「アナール」学派との対話』（吉田俊則と共訳、平凡社、1990年）、R・G・スクルィンニコフ『イヴァン雷帝』（成文社、1994年）、モーリーン・ペリー『スターリンとイヴァン雷帝──スターリン時代のロシアにおけるイヴァン雷帝崇拝』（成文社、2009年）

イヴァン雷帝の『絵入り年代記集成』
モスクワ国家の公式的大図解年代記研究序説

2019年1月29日　初版第1刷発行

著　者　栗生沢猛夫
装幀者　山田英春
発行者　南里　功

発行所　成文社
〒240-0003　横浜市保土ヶ谷区天王町2-42-2
電話 045 (332) 6515
振替 00110-5-363630
http://www.seibunsha.net/

組版　編集工房 dos.
印刷・製本　シナノ

落丁・乱丁はお取替えします

© 2019 KURYUZAWA Takeo
Printed in Japan
ISBN978-4-86520-030-0 C0022

歴史・思想
ロシアとヨーロッパⅢ
ロシアにおける精神潮流の研究

T・G・マサリク著　石川達夫・長與進訳

978-4-915730-36-8
A5判上製
480頁
6400円

第3部第2編「神をめぐる闘い。ドストエフスキー」は、本書全体の核となるドストエフスキー論であり、ドストエフスキーの思想を批判的に分析する。第3編『巨人主義かヒューマニズムか。プーシキンからゴーリキーへ』では、ドストエフスキー以外の作家たちを論じる。2005

歴史・思想
ロシアとヨーロッパⅡ
ロシアにおける精神潮流の研究

T・G・マサリク著　石川達夫・長與進訳

978-4-915730-35-1
A5判上製
512頁
6900円

第2部「ロシアの歴史哲学と宗教哲学の概略」(続き)では、バクーニンからミハイロフスキーまでの思想家、反動家、新しい思想潮流を検討。第3部第1編「神権政治対民主主義」では、西欧哲学と比較したロシア哲学の特徴を析出し、ロシアの歴史哲学的分析を行う。2004

歴史・思想
ロシアとヨーロッパⅠ
ロシアにおける精神潮流の研究

T・G・マサリク著　石川達夫訳

978-4-915730-34-4
A5判上製
376頁
4800円

第1部「ロシアの歴史哲学と宗教哲学の諸問題」では、ロシア精神を理解するために、ロシア国家の起源から第一次革命に至るまでのロシア史を概観する。第2部「ロシアの歴史哲学と宗教哲学の概略」では、チャアダーエフからゲルツェンまでの思想家たちを検討する。2002

歴史・思想
原典によるロシア文学への招待
古代からゴーゴリまで

川﨑隆司著

978-4-915730-70-2
A5判上製
336頁
3200円

古代から近代までのロシア文学・思想を、その特異な歴史的背景を解説しながら、それぞれの代表的作品の原典を通して紹介。文学を理解するために一番大切なことはなによりも原典を読むことであるとする著者が、独自の視点で描く。2008

歴史
『ロシア原初年代記』を読む
キエフ・ルーシとヨーロッパ、あるいは「ロシアとヨーロッパ」についての覚書

栗生沢猛夫著

978-4-86520-011-9
A5判上製貼函入
1056頁
16000円

キエフ・ルーシの歴史は、スカンディナヴィアからギリシアに至る南北の道を中心として描かれてきた。本書は従来見過ごされがちであった西方ヨーロッパとの関係〈東西の道〉に重点をおいて見直し、ロシアがヨーロッパの一員として歴史的歩みを始めたことを示していく。2015

歴史
スターリンとイヴァン雷帝
スターリン時代のロシアにおけるイヴァン雷帝崇拝

モーリーン・ペリー著　栗生沢猛夫訳

978-4-915730-71-9
四六判上製
432頁
4200円

国家建設と防衛、圧制とテロル。矛盾に満ちたイヴァン雷帝の評価は、その時代の民衆と為政者によって、微妙に大胆に変容を迫られてきた。スターリン時代に、その跡を辿る。国家、歴史、そしてロシアを考えるうえで、示唆に満ちた一冊。2009

価格は全て本体価格です。